Anonymous

Düsseldorf im Jahre 1898

Festschrift den Theilnehmern an der 70. Versammlung deutscher Naturforscher und Aerzte, dargereicht von der Stadt Düsseldorf

Anonymous

Düsseldorf im Jahre 1898
Festschrift den Theilnehmern an der 70. Versammlung deutscher Naturforscher und Aerzte, dargereicht von der Stadt Düsseldorf

ISBN/EAN: 9783337413484

Hergestellt in Europa, USA, Kanada, Australien, Japan

Cover: Foto ©ninafisch / pixelio.de

Weitere Bücher finden Sie auf **www.hansebooks.com**

DÜSSELDORF IM JAHRE 1898.

FESTSCHRIFT

DEN THEILNEHMERN AN DER 70. VERSAMMLUNG

DEUTSCHER NATURFORSCHER UND AERZTE

DARGEREICHT

VON

DER STADT DÜSSELDORF.

MIT 31 ABBILDUNGEN UND PLÄNEN.

Vorwort.

Die nachstehenden Blätter sind in erster Linie dazu bestimmt, den Mitgliedern der Versammlung Deutscher Naturforscher und Aerzte ein möglichst übersichtliches Bild der hygienischen Einrichtungen und Verhältnisse und der naturwissenschaftlichen Anstalten der Stadt Düsseldorf zu geben.

Um dem Werke aber auch für den Nicht-Fachmann ein erhöhtes Interesse zu verleihen, haben in dem ersten Theile einige Abhandlungen allgemein interessirenden Inhalts Aufnahme gefunden.

Die einzelnen Abschnitte sind, soweit der Verfasser nicht ausdrücklich genannt ist, nach den Originalberichten der städtischen Behörden und Aemter hergestellt. Das Ganze ist redigirt von dem bei der Stadtverwaltung beschäftigten Assessor

Dr. iur. Wilh. Simonis.

INHALT.

Allgemeiner Theil.

	Seite
Ueberblick über die Geschichte Düsseldorfs. Von Staatsarchivar Dr. phil. Wachter . .	3
Die bauliche Entwickelung Düsseldorfs. Nach der in der Festschrift des Geschichtsvereins vom Jahre 1888 veröffentlichten Abhandlung von Ottomar Moeller, zusammengestellt von Obergeometer Walraff .	12
Die Kunst in Düsseldorf.	
1. Zur Geschichte der bildenden Kunst in Düsseldorf. Von Eduard Daelen .	17
2. Das Düsseldorfer Stadttheater. Von Assessor Dr. Simonis	34
3. Die Tonkunst in Düsseldorf. Von Professor Julius Buths	41
Düsseldorfs Handel und Industrie. Von Dr. W. Beumer, Mitgl. d. preufs. Abgeordnetenhauses	50

Besonderer Theil.

Volksbewegung und Sterblichkeitsverhältnisse . .	63
Wohnungsverhältnisse, Bauwesen und öffentliche Anlagen.	
1. Wohnungspolizei . . . :	72
2. Baupolizei	75
3. Bebauungsplan der Stadt Düsseldorf . .	78
4. Oeffentliche Anlagen	82
Allgemeine hygienische Einrichtungen.	
1. Die Wasserversorgung . . .	90
2. Die Kanalisation	93
3. Strafsenreinigung, Strafsenbesprengung und Beseitigung der Abfälle	108
4. Die Badeanstalten	110
5. Beleuchtungswesen. a) Die Gaswerke . . .	112
b) Das Elektricitätswerk	113
6. Feuerlöschwesen	114
7. Der städtische Schlacht- und Viehhof	118
8. Nahrungsmittel-Untersuchungsamt	130
9. Desinfectionswesen	133
10. Begräbnifswesen und Friedhöfe	135

Das Schulwesen.

 1. Die Kunstgewerbeschule . . 140
 2. Gewerbliche Fortbildungsschule . 142
 3. Die höheren Schulen 143
 4. Die Volksschulen . . . 151
 5. Die Kleinkinderschulen 155
 6. Die Hülfsschule für schwachbegabte Kinder . . 155

Die Düsseldorfer Sternwarte. Von Professor Dr. Robert Luther . . . 157

Die Armenfürsorge.

 1. Die Armenpflege der Stadt Düsseldorf . 175
 2. Die städtische Waisenpflege 182
 3. Das städtische Pflegehaus an der Himmelgeisterstrafse . 184
 4. Das Kinder-Pflegehaus an der Ratingerstrafse 193
 5. Das Wöchnerinnen-Asyl. Von Sanitätsrath Dr. Hucklenbroich 194
 6. Der Wöchnerinnen-Pflegeverein 195
 7. Ferien-Colonien, Soolbad- und Milchkuren 196

Die Arbeiterfürsorge.

 1. Krankenkassenwesen 198
 2. Die Adersche Wohnungsstiftung für Arbeiter . 199

Die Krankenanstalten.

 1. Das Marienhospital. Von Oberarzt Dr. Sträter 205
 2. Das Evangelische Krankenhaus. Von Oberarzt Dr. R. Schultze . 207
 3. Das Königliche Garnison-Lazareth. Von Divisionsarzt Dr. Siemon . 210
 4. Das Hospital der Töchter vom h. Kreuz. Von Sanitätsrath Dr. v. Kühlwetter . 215
 5. Das städtische Baracken-Krankenhaus 216
 6. Die Rheinische Provinzial-Irrenanstalt zu Grafenberg. Von Sanitätsrath Dr. Perutti 219
 7. Die Departemental-Irrenanstalt. Nach Mittheilungen des Curatoriums 223

Vereine zur Pflege der Naturwissenschaft und Medicin.

 1. Der Naturwissenschaftliche Verein zu Düsseldorf. Von Oberlehrer Dr. Bergholf 226
 2. Der Verein der Aerzte Düsseldorfs. Von Dr. med. Pfalz 229
 3. Die Ingenieur-Vereine Düsseldorfs. Von Civilingenieur Fr. W. Lührmann . 232

Allgemeiner Theil.

Ueberblick über die Geschichte Düsseldorfs.
Von Staatsarchivar Dr. phil. Wachter.[*]

Düsseldorf, die ehemalige Haupt- und Residenzstadt des Herzogthums Berg, jetzt Hauptstadt des Regierungsbezirks Düsseldorf, liegt in einer fruchtbaren Gegend am rechten Rheinufer unter dem 51° 13' 46" nördlicher Breite und dem 24° 26' 17" östlicher Länge von Ferro. Die Zeit der Gründung des im alten Keldachgaue gelegenen Düsseldorf ist historisch nicht nachweisbar. In einer Urkunde des Papstes Hadrian IV. vom 23. Mai 1159 wird dasselbe zum erstenmal erwähnt. Diese bestätigt dem Ursulastifte zu Köln die Erhebung von 5 Schillingen Duisburger Münze in Düsseldorf. Anscheinend stand damals diesem Stifte auch das Patronat der Düsseldorfer Pfarrkirche zu. Die erste Ausbreitung des Christenthums in dieser Gegend erfolgte jedenfalls auch von Köln aus, die Vollendung der Bekehrung dagegen von Kaiserswerth aus, der Stiftung des hl. Suitbertus. Als Besitzer des Grund und Bodens von Düsseldorf werden die altfreien Grundherren von Tyvern oder Tevern genannt, welche wahrscheinlich aus der Maasgegend stammten. Zu diesem Besitzthum gehörten nebst anderen Gütern auch Monheim und Himmelgeist. 1189 trat der anscheinend kinderlose Arnold von Tevern sein Allodium gegen 100 Mark Silber an den Grafen Engelbert I. von Berg ab, der ihn dafür zu seinem Hausgenossen auf dem Schlosse Burg machte. Diesem Grafen, einem Sprößling des nach seiner Stammburg bei Odenthal sich nennenden Dynastengeschlechtes vom Berge, gelang es, mit Unterstützung von Friedrich Barbarossa, mit welchem er nach der unglücklichen Schlacht von Legnano (1176) in mailändische Gefangenschaft gerathen war, nach dessen Rückkehr aus Italien seinen Hausbesitz ansehnlich zu vergrößern. So erwarb er unter anderm auch die von Kurköln lehnrührigen Orte Hilden und Elberfeld. Seine Nachfolger — seit Erzbischof Engelberts Ermordung 1225 aus dem Hause Limburg — gaben längs des Rheines ihrem auf dem rechten Ufer desselben gelegenen Gebiete allmählich die Ausdehnung des gegenüber liegenden kur-

[*] Der nachstehende Aufsatz ist theilweise bereits im Adrefsbuche für das Jahr 1891 veröffentlicht worden. D. Verf.

kölnischen Territoriums, die älteren Grundherren zur Abtretung ihrer Eigengüter zwingend. Ihr Ziel war es, einen Ort am Rhein zu befestigen, um hierdurch einen Stützpunkt zur Beherrschung dieser wichtigsten Verkehrsstraße jener Zeit zu erhalten und zugleich in Concurrenz mit dem mächtigen Köln treten zu können. Mehrere Male hatten sie den Versuch gemacht, unterhalb Kölns gelegene Orte wie z. B. Monheim in günstigen Zeitumständen mit Wall und Graben zu versehen, aber stets mußten sie diese Anlagen wieder zerstören. Da errangen die verbündeten niederrheinisch-westfälischen Territorialherren in der Schlacht bei Worringen (5. Juni 1288) den Sieg über den kurkölnischen Erzbischof Siegfried von Westerburg, und Graf Adolf V. benutzte die Gefangennahme des Erzbischofs, den lange gehegten Plan zur Ausführung zu bringen. Nach Zerstörung der von Siegfried zu Zons als Stützpunkt Kurkölns gegen Berg errichteten Burg verliehen er und seine Gemahlin mittels Urkunde vom 14. August desselben Jahres nach dem Muster des von ihm zwei Jahre vorher zur Stadt erhobenen Ratingen, welches bestimmt war, dem Lande Berg nach Norden hin Schutz zu gewähren, Düsseldorf städtische Freiheiten, also Steuerfreiheit und Zollexemtion, sowie das Recht der Schöffenwahl und eigene Gerichtsbarkeit. In diese städtischen Freiheiten wurden die Besitzungen der Ritter Adolf von Flingern und Rumpold von Pempelfort mit einbegriffen. Gleichzeitig ließ er sich von dem Erzbischof das Geleit auf dem Rheine und den Leinpfad abtreten. Die Errichtung einer Zollstätte in Düsseldorf, wo die Schiffe landen mußten, unterließ er jedoch aus Rücksicht auf die ihm verbündete Stadt Köln. Die Verlegung des Rheinzolles von Duisburg nach Düsseldorf erfolgte erst 1377. Behufs schnellerer Entwickelung der neuen Stadt, deren Umfang wir uns sehr gering zu denken haben, und wohl auch zur Besänftigung des Papstes wegen der Gefangenhaltung des Kölner Erzbischofs schritt Graf Adolf zur Errichtung eines geistlichen Collegiums. Die Trennung Düsseldorfs in kirchlicher Beziehung von Bilk und die Erhebung zu einer eigenen Pfarrei hatte bereits im Jahre 1206 stattgefunden. Graf Adolf erhielt schon unter dem 5. September desselben Jahres von dem Papst Nicolaus IV. die Ermächtigung, in der Pfarrkirche zu Düsseldorf, deren Sprengel nicht nur die Stadt, sondern auch mehrere Dorfschaften, darunter Golzheim, Derendorf und Mörsenbroich, Düsselthal und Flingern umschloß, ein Kanonichencapitel zu errichten. Der Abt von Siegburg wurde vom Papste angewiesen, die Kirche zur Collegiatkirche zu erheben. Graf Adolf erlebte aber die vollständige Durchführung seiner Absicht nicht, da er schon am 28. September 1206 starb. Erst seinem ihm nachfolgenden Bruder, dem Grafen Wilhelm, war das beschieden, und Erzbischof Heinrich von Köln bestätigte 1304 die Stiftung.

Nachdem den Grafen von Berg am 24. Mai 1380 von König Wenzel aus Dankbarkeit für die Unterstützung in dem kirchlichen Schisma die Herzogswürde ertheilt war, schloß der erste Herzog Wilhelm (1360—1408) im Frühling des Jahres 1384 die zunächst gelegenen Dorfschaften Golzheim, Derendorf und Bilk bis zur Kirche in den Verband und die Freiheiten der Stadt mit der Bedingung ein, daß die Bewohner derselben nach Düsseldorf ziehen, daselbst Häuser errichten und von diesen aus ihre Güter bewirthschaften sollten. Zehn Jahre später wurde auch das Kirchspiel Hamm unter den nämlichen Bedingungen in den Stadtverband aufgenommen. Geleitet von der richtigen Erkenntnis der Wichtigkeit Düsseldorfs in Bezug auf seine günstige geographische Lage an der hier in den Rhein mündenden Düssel und in Erwägung seiner zukünftigen Bedeutung als Mittelpunkt der Herzogthümer Berg und Jülich — die Vereinigung erfolgte unter Herzog Adolf 1423 — erhob er dasselbe zu seiner steten Residenz und erweiterte es um das Dreifache seiner damaligen Größe. Bereits im Jahre 1371 hatte Herzog Wilhelm die der Stadt Düsseldorf von seinen Vorfahren verliehenen Freiheiten und Rechte bestätigt. Er verlieh ihr ferner in derselben Urkunde das Recht, nach Art anderer

Städte einen steten freien Wochenmarkt am Samstag halten zu dürfen, bewilligte ihr die Erhebung von Mafs- und Wagengeld in der Stadt und erweiterte ihre Befugnisse in gerichtlichen Dingen. Weitere Privilegienverleihungen reihten sich an. Wir erwähnen diejenigen vom Jahre 1393 (Befreiung der Stadt und ihrer Bürger von Dienst, Schatzung und Ungeld) und vom Jahre 1395, in welcher der Stadt die Erhebung des Wegegeldes zur Strafsenpflasterung, zur Erhaltung von Brücken und Baulichkeiten zugestanden wird. Ganz besondere Sorgfalt liefs der Herzog der Collegiatkirche angedeihen. Zahlreiche Dotationen rühren von ihm her. Aus den alten Stiftskirchen zu Siegburg, Köln und selbst weit entlegenen Orten liefs er Reliquien, Paramente und Manuscripte herbeiholen. Aus Dankbarkeit für solche Erwerbungen stellte er den umgestürzten Thurm der Severinskirche in Köln wieder her. Ständige Renten wurden ausgesetzt zur Erhaltung und Vermehrung der goldenen und silbernen Kirchengefäfse. Besonders bedeutsam erscheint es, dafs der Herzog die Stiftspfarrkirche zu seiner Familienkirche erwählte. Als solche galt bis dahin die Ordenskirche zu Altenberg, eine Stiftung der alten Dynasten von Berg. In derselben waren die Gebeine seiner Vorfahren beigesetzt. Herzog Wilhelm errichtete bei dem St. Petersaltare der Collegiatkirche eine Familiengruft, in welcher zuerst 1384 die irdischen Ueberreste der Gräfin Margaretha von Berg ihre Ruhestätte fanden. Ihn selbst und seine Gemahlin Anna von Bayern († 1415) sowie seine Nachfolger nahm diese Fürstengruft ebenfalls auf. Der letzte Spröfsling dieses Hauses, Herzog Wilhelm II. († 1511), hinterliefs aus seiner zweiten Ehe mit Sibylla von Brandenburg, Tochter des Kurfürsten Albrecht Achilles, eine Tochter Marie, die durch ihre Heirath mit Johann III., dem Erben von Cleve, Mark und Ravenstein, die Herzogthümer Jülich, Cleve, Berg vereinigte (1521). Auch diese wie ihr Sohn und Nachfolger Wilhelm, der Reiche genannt (1539—1592), fanden daselbst ihre Ruhestätte. Wilhelms Sohn und Nachfolger Johann Wilhelm (1592—1609), dessen Hochzeit mit der schönen, unglücklichen, in der Nacht auf den 3. September 1597 »mit Billigung des Herzogs auf Befehl der Räthe« ums Leben gebrachten Jacobe von Baden* 1585 mit ganz aufsergewöhnlicher Pracht (Turnier, Mummenschanz, Feuerwerk und Lustfahrten auf dem Rheine) acht Tage hindurch gefeiert worden war, schlofs die Reihe der daselbst beigesetzten Herrscher dieses Hauses. Ein tragisches Geschick brachte es mit sich, dafs dieser letzte, im Wahnsinn endende Sprofs des Hauses, welcher das kostbare Marmordenkmal in der Stiftskirche errichten liefs und an dessen Seite desselben einen Altar zur Feier der Memorie für sich und seine Vorfahren stiftete, erst lange Jahre (1628) nach seinem Tode daselbst seine Ruhe fand. Bis dahin hatte seine Leiche in der Schlofskapelle gestanden. Mit ihm war das altclevische Herrscherhaus im Mannesstamm in das Grab gesunken. Pfalz-Neuburg   Anna, eine Tochter Wilhelms des Reichen, hatte den Pfalzgrafen Philipp Ludwig von Neuburg geheirathet — setzte sich nun in den Mitbesitz der Jülichschen Erblande, verkannte aber keineswegs bei seiner nur geringen Hausmacht die Schwierigkeit seiner Stellung. Herzog Wilhelm der Reiche — ursprünglich ein Anhänger der von Erasmus von Rotterdam vertretenen irenischen kirchlichen Richtung — hatte nach seinem unglücklichen Kampfe mit Kaiser Karl V. in dem Friedensschlusse von Venlo (1543) geloben müssen, die katholische Religion als die einzig zu Recht bestehende anzusehen und daher die Ausbreitung des Protestantismus in seinen Landen möglichst verhindert. Und so trat denn Pfalzgraf Wolfgang Wilhelm in dem Bestreben, in den mächtigen spanischen Niederlanden ein Gegengewicht zu finden gegen Brandenburg, welches aus der Heirath der ältesten Tochter Herzog Wilhelms

---

* Ritter Dietrich von Hall zu Uphoven, welchen man des Ehebruchs mit Jacobe beschuldigte, wurde 1601 auf immer »in Indiam oder Americam« verbannt, das erste nachweisbare Beispiel dieser Art.

des Reichen, Maria Eleonore, mit Albrecht Friedrich, Herzog in Preußen, ebenfalls ein Anrecht geltend machte, und dessen Kurfürst, aus natürlichem Gegensatz gegen Pfalz-Neuburg auf die Generalstaaten sich stützend, dem reformirten Bekenntniß beitrat. 1614 feierlich zum Katholicismus über. Durch den dreißigjährigen Krieg wurde Wolfgang Wilhelm in eine eigenartige Stellung versetzt. Die Lage seines Landes inmitten der kämpfenden Parteien — auf der einen Seite die Generalstaaten, die spanischen Niederlande und Frankreich mit seiner stets ostwärts gerichteten Politik, auf der anderen Seite die deutschen Mächte — brachte es mit sich, daß er sich keiner der beiden Parteien anschloß, sondern strenge Neutralität innezuhalten suchte. Trotzdem konnte er dadurch von seinem Lande die Leiden des Krieges nicht fern halten. Durchzüge und Einquartierungen von schwedischen, kaiserlichen und französischen Truppen verursachten die schwersten Nachtheile. Die Mittel zur Anwerbung von Soldaten hatten Wolfgang Wilhelm die Stände verweigert. Aus Aerger berief der Pfalzgraf dafür Vertreter der Landgemeinden 1639 nach Düsseldorf. Unter seinem Sohne Philipp Wilhelm fand die Vereinigung von Kurpfalz mit Jülich-Berg statt. —

Von ganz besonderm Glanz und epochemachend für Düsseldorfs Entwickelung als Kunststadt war die Regierung von Wolfgang Wilhelms zweitem Nachfolger Johann Wilhelm (1690—1717), bekannt unter dem Namen Jan Wellem, dessen Reiterstandbild, von Grupello gegossen, noch heute den Marktplatz ziert. Diesem Kunstwerk drohte im Jahre 1736, als man nach dem Tode Johann Wilhelms alle Kostbarkeiten aus dem Nachlasse desselben nach Neuburg und Mannheim-Schwetzingen überführte, die Gefahr, in zwei Theile zerschnitten und nach Mannheim geschafft zu werden. In letzter Stunde stand man hiervon ab. Dagegen wurde der ebenfalls von Grupellos Meisterhand gefertigte Springbrunnen, dessen Wasserfang aus Erz gearbeitet und mit herrlichem Zierrath bekleidet war, von dem Schloßhofe entfernt und nach Mannheim gebracht. Was Pracht und Luxus betrifft, so war Johann Wilhelms Hof ein Abbild der glänzenden Hofhaltung Ludwigs XIV. von Frankreich. Seine zweite Gemahlin, die kunstsinnige Anna Maria Loisia, eine Tochter des Großherzogs Cosmos III. von Toskana, unterstützte ihn in seinen Plänen und brachte ihn in noch nähere Berührung mit dem von ihm in seiner Jugend persönlich aufgesuchten Medicäerhofe. Die namhaftesten Künstler jener Zeit: Antonio Pellegrini aus Padua (1675—1741), bekannt durch seine Deckengemälde und durch einen englischen Gruß für den Hauptaltar der Garnisonkirche zu Düsseldorf — den Architektur- und Perspectivmaler Antonio Milanese - den zu Roermonde 1656 geborenen, später geadelten und 1682 zum Hofmaler ernannten Portraitmaler Johann Franz Douven - Anton Schoonians aus Antwerpen (1655—1726), den Meister in der Kenntniß und Anwendung des Halbdunkels — den Landschaftsmaler Eglon van der Meer (1643—1703) — Adrian van der Werff (1659 - 1722), welchen der Kurfürst in Rotterdam persönlich aufsuchte — den Düsseldorfer Wilhelm Breckvelt — den bereits oben genannten, aus Mailand stammenden, selbstbewußten Meister in Erz und Marmor Grupello (1648—1730), oder nur vor Gott, seinem Landesherrn und seiner Herzensdame den Hut lüfteten u. s. w., berief er an seinen Hof und gründete mit ihrer Hülfe jene berühmte Gemäldegalerie, welche wegen der Seltenheit ihrer Schätze (von Rubens allein zählte sie etwa 50 Gemälde) eine Menge von Fremden nach Düsseldorf zog. Diese Galerie entging glücklich der auch ihr unter Karl Philipp 1736 drohenden Wegführung. 1758 wurde sie des Krieges wegen nach Mannheim überführt, jedoch auf Betreiben der Stände nach wiederhergestelltem Frieden zurückgebracht; 1805 erfolgte ihre Fortführung nach Kirchheim-Bolanden und von dort nach München, wo sie jetzt endgültig in der Pinakothek als kostbarster Theil derselben aufbewahrt wird, nachdem Preußen 1871 auf den schiedsrichterlichen Austrag des wegen der Wiedergewinnung schwebenden Rechtsstreites (Artikel 13 des Friedensvertrages vom 26. August 1866) zu Gunsten der Krone Bayern definitiv verzichtet hat. Schritte zur Wiedererlangung derselben waren oft gemacht worden. Bekannt ist, dafs König Max Joseph von Bayern bei seiner Anwesenheit in Paris dem Herzog von Bassano gegenüber den Ausspruch that: Vous pourriez aussi bien demander ma capitale. Der Werth der Galerie wurde im Jahre 1872 auf 2 100 000 Thlr. angegeben.

Johann Wilhelm erwählte 1697 nach wiederhergestelltem Frieden Düsseldorf zu seiner Residenz und zum Sitz der Regierung. Seine hochfliegenden Ideen — so trug er sich mit dem Plane der Befreiung Armeniens von dem Joche der Türken und der Erwerbung der amerikanischen Königskrone — hinderten ihn nicht, Düsseldorfs weiterer Entwickelung sein Augenmerk zuzuwenden. Das Vorhaben, an Stelle des dem Verfalle drohenden alten Schlosses einen gewaltigen Neubau im Stile italienischer Renaissance aufzuführen, scheiterte an dem Widerstand der Stände, welche aus Rücksicht auf seine überaus kostspielige Hofhaltung u. s. w. möglichste Einschränkung für geboten erachteten. Für die bauliche Erweiterung der Stadt geschah unter seiner Regierung sehr viel. In einer Verordnung vom 9. April 1709 ertheilte er allen Neubauern, welche sich auf den mit Wällen und Mauern umgebenen neuen Bauplätzen Düsseldorfs ansiedelten, das Bürgerrecht unentgeltlich und bewilligte auf dreifsig Jahre völlige Abgabenfreiheit. Behufs Hebung des ihm sehr am Herzen liegenden Handels wurde ein Commerzienrath zur Schlichtung aller Streitigkeiten in Handelssachen eingesetzt. Dem Fuhrmann Maurenbrecher ertheilte der Kurfürst 1699 die Erlaubnifs, einen »fahrenden« Postwagen nach Nimwegen einzurichten. — Die Erweiterung der Stadt, die in derselben und ihrem Umkreise steigende Bevölkerung machten mit Rücksicht auf den Umstand, dafs Düsseldorf eine Festung war, deren Thore der kriegerischen Zeitläufte wegen vom frühen Abend bis zum Morgen geschlossen gehalten werden mufsten, so dafs die Ausübung der Seelsorge in den Aufsenbezirken während der Nachtstunden unmöglich wurde, die Errichtung einer aufserhalb des Stadtkreises gelegenen Pfarre nothwendig. Hierzu wurde das stark bevölkerte Derendorf ausersehen und auf Betreiben des Geheimen Rathes von Redinghoven, welcher den Platz dazu bewilligte, von dem Düsseldorfer Canonikus Heinrich Arnold Sommers 1691 die Errichtung der Pfarre urkundlich vollzogen. Im Anschlufs hieran sei bemerkt, dafs die erste evangelische Kirche in den Jahren 1683—1687 in Düsseldorf errichtet wurde.

Johann Wilhelms Nachfolger war sein Bruder Karl Philipp († 1743), welcher niemals Düsseldorf betreten hat aus Abneigung gegen die im Bergischen bestehende landständische Verfassung. Ihm folgte Karl Theodor aus der Sulzbachischen Linie des pfalzgräflichen Hauses, welcher während seiner langen Regierung (er starb 1799) Düsseldorf zweimal, 1740 und 1785, besuchte, jedoch niemals daselbst residirte. Trotzdem hat seine Regierung den segensreichsten Einflufs auf Stadt und Land ausgeübt. Sein Name ist dauernd mit Düsseldorf verbunden. Unter den von Karl Theodor, — welchem in dem Statthalter Grafen von Goltstein (er starb 1776) ein uneigennützig denkender Beamter von unbeugsamem Charakter zur Seite stand — hervorgerufenen Neuschöpfungen verdient hier genannt zu werden die Maler-, Zeichen- und Baukunstakademie (bestätigt 1774). Erster Director derselben war der zu Düsseldorf geborene Johann Lambert Krahe (1720—1790), Hofmaler und Professor an den Akademien zu Rom und zu Florenz. Sein Nachfolger war der in dem Nachbarorte Calcum geborene Johann Peter Langer, welcher mit seinem begabten Sohne Robert und dem Inspector Bouillot später der Gemäldegalerie nach München folgte. Die Errichtung einer Juristenfacultät, bei welcher die Professoren Camphausen Institutionen des römischen Rechtes, Henoumont Pandekten und Dewies Canonisches Recht und Lehnrecht, sowie der Licentiat Lenzen

Institutionen und der Referendar Kiefer Pandekten lasen, fand im Jahre 1785 statt. Die Anzahl der Hörer wird auf 50 angegeben, über welche den Professoren die akademische Gerichtsbarkeit zustand. Nach der Verordnung vom 11. April 1787 war zur Erlangung einer Anstellung in den Herzogthümern Jülich-Berg ein zweijähriges Studium an dieser Facultät oder an der pfälzischen Universität zu Heidelberg erforderlich. An der chirurgischen Lehranstalt wirkten der Stabsarzt Naegele (Physiologie, Pathologie und Anatomie) und Professor Stein (Geburtshülfe). Theologie und Philosophie waren den Jesuiten überlassen, welche nach der 1773 erfolgten Aufhebung des Ordens in Düsseldorf in gemeinsamer Haushaltung als eine Congregation von Weltgeistlichen lebten und im Lehrfache thätig waren. In die Zeit Karl Theodors fällt auch die erste Anlage des Hofgartens, des Stolzes jedes Düsseldorfers. Eine gegen Ende des siebenten Jahrzehnts in Düsseldorf herrschende grosse Beschäftigungslosigkeit gab den ersten Anlafs dazu. Der bereits genannte Graf Goltstein, dem Düsseldorf die Anlage des neuen Rheinwerfts sowie die Herstellung der Landstrafsen von Düsseldorf über Ratingen und Kettwig nach Mülheim a. d. Ruhr und über Mettmann nach Elberfeld verdankt, bewilligte dazu einschliefslich des Ankaufes der Grundstücke 10 000 Thlr. Der Grundrifs wurde von dem Oberbaudirector von Pigage entworfen. Ganz besonderes Verdienst erwarb sich Karl Theodor durch Erbauung der nach ihm genannten Karlstadt. Die zwischen der Stadt und der Reuterkaserne gelegenen Festungswerke wurden geschleift und mittels Urkunde vom 7. September 1787 jedem Anbauer eine Steuerfreiheit von 20 Jahren zugesichert. Der Kaufpreis der Ruthe betrug einen Thaler. Als Curiosum aus dieser Zeit sei erwähnt, dafs der Plan des Stadtrathes Lenzen, eine fortlaufende Nummerirung der einzelnen Häuser durchzuführen, ernstlichen Widerstand bei dem Magistrate fand, welcher befürchtete, dadurch dem Feinde die Anzahl der vorhandenen Häuser bekannt zu machen. Die Verdienste Karl Theodors und seines zweiten Vorgängers Johann Wilhelm um Düsseldorf fanden schon in der unmittelbar nachfolgenden Generation dankbarste Anerkennung. Dies zeigt der in der Beilage zu Nr. 184 des Niederrheinischen Beobachters von 1810 mitgetheilte Aufsatz: »Was war; was ist Düsseldorf; was wird es sein?« Darin heifst es: »Düsseldorf wurde die Lieblingstochter und gute Stadt Johann Wilhelms und Karl Theodors. Jenem verdankte es die Keime des Wohlstandes und des Gedeihens, die sich unter dem letztern zu Blüthen entwickelten, welche ihm alle die Vorzüge verliehen, durch die es sich zu einer der interessantesten, gebildetsten und genufsreichsten Städte des Rheinstroms emporhob. Regelmäfsige helle Strafsen, geschmackvolle Bauart der Häuser, eine neue schönere Fortsetzung der ursprünglich alten Stadt längs des Rheines (die Neustadt), und eine zweite aus sechs wohlproportionirten Viertheilen, deren beinahe ganz gleich geformte Gebäude einen grofsen freien Platz einschliefsen, bestehende Fortsetzung (die Karlsstadt); ferner die in der Kunstwelt so berühmt gewesene Galerie, reizende, sinnig gedachte und mit Liebe ausgeführte Anlagen, musterhafte Bildungs- und Wohlthätigkeitsanstalten, und, aus dem Sitze des Hofes, der Regierung und sämmtlicher Landescollegien herfliefsende reiche Erwerbsquellen! Dieses waren die Segensfrüchte der Regierung jener beiden Fürsten, deren Andenken in ihren Schöpfungen fortlebt.«

Die kriegerischen Ereignisse unter Karl Theodors Regierung brachten Düsseldorf manche Bedrängnisse und Leiden, deren Folgen nicht so schnell zu überwinden waren. 1757 befand sich ein grofser Waffenplatz der Franzosen vor Düsseldorf, im folgenden Jahre erfolgte die Beschiefsung der Stadt durch die Hannoveraner und zwei Jahre darauf der Brand des an der Citadelle gelegenen Gouvernementsgebäudes. Das Feuer war durch die Unvorsichtigkeit der Franzosen entstanden, welche in demselben ein Liebhabertheater errichtet hatten. Auch darf die Rheinüberschwemmung vom 28. Februar 1784 hier nicht unerwähnt gelassen werden, welche die verheerendsten Verwüstungen in Düsseldorf anrichtete. Nach Zerstörung der Rheindämme bei Himmelgeist überschwemmte das Wasser mit Ausnahme der Wall- und der oberen Ratingerstraſse die gesammte Stadt. In die letzten Jahre der Regierungszeit Karl Theodors fällt der Ausbruch der französischen Revolution, deren Folgen sich bald am Niederrhein und in Düsseldorf bemerkbar machten. Zur Kennzeichnung der damaligen Stimmung in der Bevölkerung mag hervorgehoben werden, daſs zwei Mitglieder der Jülich-Bergischen Ritterschaft nach Paris reisten, daselbst sich unter die Nationalgarde einreihen lieſsen und Schildwache standen. Der Strom der Emigranten ergoſs sich bald über Düsseldorf, und die Anzahl derselben nahm so zu, daſs am 7. Februar 1793 die Anordnung getroffen werden muſste, die Aufnahme nur gegen besonderen Erlaubniſsschein zu gewähren. Unter den Emigranten befanden sich viele Tonkünstler, welche bei den öffentlichen Concerten mitwirkten und so zur Hebung derselben nicht unwesentlich beitrugen. Aber auch den Krieg in unmittelbarster Nähe sollte Düsseldorf kennen lernen. Am 5. October 1794 überschritten die Oesterreicher auf ihrem Rückzuge, hart verfolgt von den Franzosen, den Rhein bei Düsseldorf unter dem Oberbefehl des Prinzen von Coburg; die fast muthwillige Erschieſsung eines französischen Offiziers gab den Anlaſs zum Bombardement der Stadt. Dasselbe begann 11 Uhr Nachts und dauerte unausgesetzt zwei Stunden. Das Schloſs stand nach einer Stunde in Flammen, ebenso der Marstall, das Cölestinerkloster und viele Privathäuser. Die allgemeine Verwirrung benutzte der Pöbel zu einer Plünderung der Stadt, an welcher sich auch das Militär betheiligte. Der entstandene Schaden wurde auf 500 000 Thlr. berechnet. Es folgten unausgesetzt Durchmärsche sowie von 1795 bis 1801 dauernde französische Einquartierung. Innerhalb dieser Jahre erforderten die von den Franzosen unternommenen Festungs- und Batteriebauten die Summe von 6 Millionen Livres. Erpressungen u. s. w. nahmen kein Ende, so daſs Handel und Wandel stockte, der Wohlstand abnahm und Stadt und Land in Schulden geriethen. —

Nach Karl Theodors Tode — am 16. Februar 1799 — folgte Max Joseph von Pfalz-Zweibrücken, welcher durch den »Apanagialrecess« vom 30. November 1803 die Verwaltung des Herzogthums Berg seinem Schwager, Herzog Wilhelm von Bayern, übertrug. Am 15. März 1806 geschah die Abtretung des Herzogthums Berg an Napoleon, welcher es unter Hinzunahme der rechtsrheinischen Theile des Preuſsen entrissenen Herzogthums Cleve und des Fürstenthums Nassau-Oranien sowie unter Erhebung zum Groſsherzogthum Berg seinem Schwager Joachim Murat überwies. Dieser hielt am 24. März 1806 seinen Einzug in Düsseldorf und mit ihm erschienen französische Beamte, welche die Verwaltung des Landes nach französischem Muster einrichteten. Contributionen, wie die Franzosen sie sonst in den eroberten Gebietstheilen zu erheben pflegten, wurden dem Groſsherzogthum nicht auferlegt, da dasselbe nicht nur mit Frankreich verbündet und von diesem abhängig war, sondern auch seit dem Sommer 1808 Napoleon als gemeinschaftlichem Oberhaupte thatsächlich gehorchte, wiewohl in beiden Landen getrennte Staatsverwaltungen bestanden. Als Statthalter des Kaisers fungirte Graf Beugnot in Düsseldorf, welcher es verstand, sich das Vertrauen der Bevölkerung zu erwerben. Nach dem Sturze Napoleons fiel das Groſsherzogthum Berg auf dem Wiener Congreſs im Jahre 1815 an Preuſsen, und damit an ein deutsches Herrscherhaus, das die auf edelster Frömmigkeit beruhende Duldung und Beschirmung der verschiedenen Confessionen auf sein siegreiches Panier geschrieben hatte. Die in Wien unterm 5. April 1815 von König Friedrich Wilhelm III. vollzogenen Patente wegen Besitzergreifung des Herzogthums Niederrhein, sowie der Herzogthümer Cleve, Berg, Geldern, des Fürstenthums Moers und der

Grafschaften Essen und Werden wurden mit einer Proclamation des Königs vom gleichen Tage, am 5. Mai, in Düsseldorf bekannt gegeben. Die Huldigung der anderen Landestheile fand in Aachen am 15. Mai statt und die von Preufsen im Mai des Jahres 1818 bei dem Bundestage abgegebene Erklärung wegen der Zugehörigkeit der Provinzen Cleve-Berg und Niederrhein zum deutschen Bund beseitigte die etwa noch gehegten letzten Zweifel an der dauernden Vereinigung mit Preufsen.

Für Düsseldorf brachte der Uebergang manche Härten, die bei allen gröfseren Neuorganisationen umfassenderer Gebiete für einzelne Theile unvermeidlich sind und die gerade Düsseldorf um so schwerer empfand, als es in seinem Lebensnerv getroffen wurde. Seit seiner Gründung war Düsseldorf die Residenz der Landesfürsten und als solche Sitz der obersten Behörden des Landes. Hierdurch hatte es in seinen inneren Verhältnissen eine bestimmte Richtung empfangen. Auch die Jahre der Fremdherrschaft hatten in Düsseldorfs Mauern fast alle Behörden des Grofsherzogthums vereinigt und den Wohlstand der Bevölkerung gefördert. Nach der Einverleibung gingen die beiden Ministerien, deren Ressorts die in gröfseren Ländern unter verschiedenen Ministerien vertheilten höheren Administrationen in sich vereinigten, und der Staatsrath ein, andere Behörden mit zahlreichem Personal wurden in die Städte Coblenz, Bonn, Köln und Münster verlegt. Für die nach Bonn kommende Universität war die Wiederherstellung der Akademie doch nur ein ungenügender Ersatz. Die unausbleibliche Folge war der Niedergang des Wohlstandes der Bevölkerung. Eingetretene Handelsstockung, Ueberschwemmung des Marktes mit englischen Waaren und die dadurch hervorgerufene Schädigung der einheimischen Industrie, Mifsernten und in deren Gefolge Hungersnöthe und Seuchen kamen hinzu, und bange Sorge um die Zukunft beherrschte einen Theil der Gemüther Düsseldorfs. Die kommenden Jahre brachten dann einen früher nicht für möglich gehaltenen Aufschwung in allen Verhältnissen, der auch jetzt noch andauert und von dem die nachfolgenden Aufsätze beredtes Zeugnifs ablegen. An Stelle des Zweifels trat festes Vertrauen zu den neuen Verhältnissen, freudige Mitarbeit an den Aufgaben der Zeit und treue Dankbarkeit für die in allen Zweigen der Verwaltung getroffenen Neuerungen, die in Anordnung der Provinzialstände für die Rheinprovinzen mit dem Sitze in Düsseldorf, Einführung der Gemeinde- und Städteordnungen u. s. w. bestanden und reges Leben in der Bevölkerung hervorriefen. Die Beziehung der neuen Unterthanen zu ihrem in weiblicher Linie von den alten Grafen von Berg abstammenden Herrscherhause wurden durch immer wiederholte Besuche von Angehörigen derselben, durch den langjährigen Aufenthalt des kunstsinnigen, an Düsseldorfs Aufschwung regsten Antheil nehmenden Prinzen Friedrich von Preufsen (1821—1848) und des edlen, mit Düsseldorfs Geschichte eng verwobenen Fürsten Karl Anton von Hohenzollern (1862 bis 1871) immer herzlicher gestaltet und schufen ein Band des Vertrauens und der liebevollen Verehrung mit dem Herrscherhause, das auch die hochgehenden Wogen der Sturm- und Drangjahre von 1848 und 1849 nicht zu zerreifsen vermochten. Der patriotische Geist, der Düsseldorf beseelte, hat sich bei allen Gelegenheiten, in Kriegs- und Friedenszeiten, aufs beste bewährt.

Düsseldorf hatte im Jahre 1815 eine Einwohnerzahl von 19552 Köpfen, jetzt zählt es über 195000 Einwohner. Folgende höheren Behörden haben hier ihren Sitz:

1. die Provinzialverwaltung der Rheinprovinz,
2. die Königliche Regierung,
3. Landgericht und Amtsgericht,
4. die Königliche Generalcommission für die Rheinprovinz und die Hohenzollernschen Lande.
5. das Königliche Staatsarchiv,

6. die Kaiserliche Oberpostdirection,
7. Nachstehende Militärbehörden:
   a) Stab der 14. Division,
   b) Stab der 28. Infanterie-Brigade,
   c) Stab der 14. Cavallerie-Brigade,
   d) Niederrheinisches Füsilier-Regiment Nr. 39,
   e) Westfälisches Ulanen-Regiment Nr. 5,
   f) 2. Westfälisches Husaren-Regiment Nr. 11,
   g) Reitende Abtheilung 1. Westfälischen Feldartillerie-Regiments Nr. 7;

aufserdem befindet sich das Bekleidungsamt des 7. Armeecorps in Düsseldorf.

Wir schliefsen die kurze Uebersicht über die Geschichte Düsseldorfs mit dem Wunsche, der auf dem altehrwürdigen Stadtthor einer früheren Hansastadt weithin sichtbar die Worte enthält: Sit intra te concordia et publica felicitas, die Eintracht wohne in deinen Mauern, es wachse der allgemeine Wohlstand, und, fügen wir hinzu: sub umbra alarum tuarum, unter dem Schutze deiner Fittiche, stolzer Hohenzollernaar.

Marktplatz in Düsseldorf.

Die bauliche Entwickelung Düsseldorfs.

Nach der in der Festschrift des Geschichtsvereins vom Jahre 1888 veröffentlichten Abhandlung von
Ottomar Moeller, zusammengestellt von Obergeometer **Walraff**.

Düsseldorf wurde kurz nach der Schlacht von Worringen am 14. August 1288 durch den Grafen Adolf V. von Berg zur Stadt erhoben und mit Wällen und Gräben befestigt. Der Umfang von Düsseldorf betrug um diese Zeit nur 4½ Hektar.
Er beschränkte sich auf die noch jetzt die »Alte Stadt« genannte Strafse, die »Lewengasse« (später Liefergasse genannt), die von dem Oberkellnerei-Gebäude, dem sogenannten Lewenhause (Lieferhaus), nach der Lambertuskirche führende »Gasse« und die nur auf der Ostseite bebaute, gegen den Rhein durch eine Mauer abgeschlossene Krämerstrafse. Die letztere sowie die Lewengasse und die später ausgebaute untere Ritterstrafse waren ursprünglich Bürgergänge hinter den Gräben, später den Mauern der Stadt.
Noch unter der Regierung des Grafen Adolf wurde der Stadt ein Aufsenbezirk zugelegt, der die Besitzungen des Ritters Adolf von Vlingern und Rumpolds von Pempelfort umfafste, von denen erstere aus der am jetzigen Friedrichsplatze belegenen Mühle an der Düssel nebst Garten und Wiesen, letztere aus dem Pempelforter Hofe, dem späteren Jägerhofe, bestanden.

Im Jahre 1377 verlegte Graf Wilhelm den bisher vor dem Duisburger Walde erhobenen Rheinzoll nach Düsseldorf. Zugleich wurde die Regulirung des Rheinufers in Verbindung mit der Errichtung eines Werftes vorgenommen und an der nordwestlichen Ecke der Stadt an der Stelle, an welcher später die Schlachthalle stand, ein Wachtthurm zur Erhebung des Zolles, und daneben, zwischen der heutigen Kirche der Barmherzigen Schwestern und der Ritterstraße, ein Eder oder Lagerhaus erbaut.

Im Laufe des 14. Jahrhunderts war die Stadt allmählich nach Süden vergrößert worden; die Mühlenstraße, die Kurze Straße, die untere Bolkerstraße und ein Theil des Burgplatzes wurden angebaut und bildeten einen Stadttheil, der im Gegensatze zu der innerhalb der Ringmauern liegenden alten Stadt die Bezeichnung »neue Stadt« erhielt und dieselbe auch bis zum Anfang des 17. Jahrhunderts führte.

Den oben erwähnten Aufsenbezirken wurden im Jahre 1384 durch den ersten Herzog von Berg, Wilhelm I, welcher Düsseldorf zur dauernden Residenz wählte, die Dorfschaften Golzheim, Derendorf und Bilk, und zehn Jahre später das Dorf Hamm hinzugefügt.

Der weitere Ausbau der Stadt wurde durch Wilhelm I. dadurch angeregt, daß er nach einer Urkunde vom Jahre 1394 den Platz zwischen der Oberdüssel, dem Rheine und der neuen Stadt den Bürgern zur Bebauung anwies, infolge welcher Aufforderung allmählich die Flinger-, Berger- und Rheinstraße entstanden. Eine wesentliche Unterstützung der auf Vergrößerung der Stadt gerichteten Bestrebungen des Herzogs wurde dadurch erzielt, daß derselbe den zwischen der Stadt und der Oberdüssel sich Anbauenden 1395 die Ermächtigung verlieh, behufs Deckung der Pflaster- und Brückenbaukosten von allem durchgehenden Fuhrwerk eine Abgabe zu erheben. Zu dieser Zeit war auch die »neue Stadt« bereits mit Mauern und Gräben umgeben, welche beim Hinzutritt der zuletzt genannten drei Straßen abermals erweitert wurden.

Nachdem die Stadt, wie oben gezeigt, durch Herzog Wilhelm I. nach Süden erheblich erweitert worden war, erfuhr sie unter der Herrschaft Gerhards II. eine umfangreiche Vergrößerung nach Osten. Der Herzog hatte 1443 die Kreuzbrüder nach Düsseldorf berufen und ihnen an der Stelle einen Platz zur Erbauung eines Klosters angewiesen, an welcher die Liebfrauenkapelle und das Hospital standen. Neben dieser Kapelle wurden die Kreuzbrüderkirche (das jetzige Montirungsdepot) und das Kloster erbaut; das Hospital wurde nach der Ecke der Flinger- und Mittelstraße, später (1709) nach der Kasernenstraße und zuletzt 1772 nach der Neustadt verlegt, wo es noch jetzt besteht.

Im Laufe weiterer zweier Jahrhunderte hatte die Stadt sich um ungefähr das Fünffache ihres damaligen Umfanges vergrößert. Die nördliche Grenze bildete, von dem an der nordwestlichen Ecke der Stadt stehenden Zollthurme ausgehend, der noch unbebaute Weg, welcher an die Gärten hinter den Häusern der Altestadt grenzte und bis zu dem am Eiskeller stehenden, die nordöstliche Ecke der Stadt bildenden Thurme (die Fundamente dieses Thurmes liegen im jetzigen Eiskellerberge) reichte. Die Ostgrenze erstreckte sich vom Thurme am Eiskellerberge bis zu dem Thurme am Stadtbrückchen und setzte sich aus dem Mühlengäßchen und einem von da (Ratinger Mauer) über den Friedrichsplatz und hinter den Gärten der Hunsrückenstraße (Neustraße) entlang bis zur Ecke der Neu- und Wallstraße führenden Wege zusammen. Ebenso wie am Ende der Ratingerstraße, stand auch am Ausgange der Flingerstraße ein fester Thorthurm, ferner befand sich zwischen beiden in der Gegend des heutigen Friedrichsplatzes ein vorspringender fester Thorthurm, jedoch ohne Thoröffnung. Die Südgrenze bildete keine gerade Linie, sondern lief vom Thore am Stadt-

erstrecken in südwestlicher Richtung bis zum Zusammenstofs der jetzigen Hafen- und Akademiestrafse, wo ursprünglich das nach dem Bergischen Lande führende Bergerthor stand, und wandte sich von da nordwestlich durch die Akademie- und Rheinstrafse zu dem am Ausgange der letzteren stehenden Rheinthore. Die Südgrenze war durch zwei Thürme befestigt. Die Westgrenze wurde durch den Rhein bezw. durch den bis an letzteren sich erstreckenden, damals auf der westlichen Seite noch unbebauten Marktplatz, durch das Schlofs und die Krämerstrafse gebildet. Nahe der südlichen Ecke stand das Zollthor.

Die innerhalb der vorbeschriebenen Grenzen liegenden, oben bereits in der Reihenfolge ihrer Entstehung namentlich aufgeführten Stralsen waren am Ende des 15. Jahrhunderts, ja auch noch bis zur Mitte des 16. Jahrhunderts, nichts weniger als geschlossene Strafsen. Die Häuserreihen zeigten stellenweise noch sehr erhebliche Lücken, welche durch mehr oder minder umfangreiche Gärten, Felder und Wiesen ausgefüllt wurden. Dies war aus dem früher bereits erwähnten Umstand zu erklären, dafs Herzog Wilhelm I. viele Bewohner der Dorfschaften Golzheim, Derendorf, Bilk und Hamm veranlafst hatte, sich Häuser innerhalb der Ringmauern zu erbauen und von da aus ihr früheres Gewerbe, das hauptsächlich in Garten- und Feldbau bestand, fortzusetzen. Viele dieser eingewanderten Bauern hatten es indefs für zweckmäfsig befunden, aufser auf ihren in den Vororten belegenen Grundstücken auch auf dem bei ihren städtischen Häusern befindlichen Grund und Boden der früheren Beschäftigung nachzugehen, Getreide und Gemüse zu bauen und Vieh zu ziehen, und so kam es, dafs innerhalb der Ringmauern bis ungefähr zur Mitte des 16. Jahrhunderts der landwirthschaftliche Betrieb in hoher Blüthe stand. Einen wirklich städtischen Charakter erhielt Düsseldorf erst in der folgenden Periode.

Von den öffentlichen Bauwerken dieser annähernd drei Jahrhunderte umfassenden Periode der Baugeschichte Düsseldorfs sind aufser dem Thurme der Bilkerkirche, der Lambertus-, der Kreuzherrenkirche und dem Schlofsthurme nur geringfügige Reste auf uns gekommen.

Von der Mitte des 16. Jahrhunderts an, unter der Regierung Herzog Wilhelms III., bedingten das Wachsen der Einwohnerzahl und die dauernde Niederlassung zahlreicher Beamten und wohlhabender Privatpersonen eine vermehrte Herstellung von Wohngebäuden, wodurch der Stadt der ländliche Charakter allmählich genommen wurde, so dafs in den letzten Jahren des 16. Jahrhunderts die Stralsen fast gänzlich geschlossene Häuserreihen aufwiesen.

Eine ganz ansehnliche Zahl von Häusern aus jener Zeit, am Burgplatze, in der Kurze- und Bolkerstrafse mit den Jahreszahlen 1584, 1589, 1595 u. a. m., sind bis zur Gegenwart erhalten geblieben, auch das Haus an der Krämerstrafse mit dem erkerartig übergebauten oberen Geschosse stammt aus dieser, wenn nicht vielleicht schon aus noch früherer Zeit, ebenso das alte Bürgerhaus in der Ratingerstrafse und vor allem das heutige Rathhaus auf dem Marktplatze.

So grofs auch in der Zeit von 1550—1600 die Veränderungen gewesen waren, welche die Stadt im Innern erfahren hatte, so waren doch die Grenzen und der äufsere Umfang gänzlich unverändert geblieben. Erst mit dem Beginne des 17. Jahrhunderts trat in dieser Hinsicht eine Aenderung ein, welche durch die im Jahre 1614 vom Pfalzgrafen Wolfgang Wilhelm begonnene, im Jahre 1620 fortgesetzte Erweiterung der Fortification veranlafst war.

Durch dieselbe wurden die bisher als Wallgänge bestandene Neu- und Wallstrafse sowie der Parade-, jetzige Friedrichsplatz, geschaffen. Aufser den vier Bastionen am Eiskeller, am Mühlenplätzchen, am alten Flingerthore und am Bergerthore wurde auch die bereits 1552 begonnene Citadelle auf der Südwestseite der Stadt mit zwei Bastionen nach der Neustadt hin, und mit einer

Bastion am damaligen Hafen, gegenüber dem Rheinörtchen, ausgebaut. Auch hatte dieser Umbau der Festungswerke die Verlegung des Flingerthores an das Ende der neuangelegten Communicationsstrafse, und des Bergerthores in die Courtine der Citadelle zur Folge. Zum Zwecke der Verbindung der Stadt mit der Citadelle wurde an der dort gelegenen Mühle eine Brücke hergestellt.

Die Besiedelung der Citadelle wurde 1641 begonnen.

Der Umfang der Stadt betrug im Jahre 1620 26,6 Hektar.

In der zweiten Hälfte des 17. Jahrhunderts wurden die Hafenstrafse, die Citadellstrafse mit ihren Nebengassen, die Dammstrafse, und im Jahre 1709 die Neustadt angelegt.

Zur Verbindung der Stadt mit der Extension (das ist die Ausdehnung der Festungswerke) wurde das Stadtbrückchen angelegt; eine zweite nach der Citadelle führende Brücke war am Franziskanerkloster, der jetzigen Max-Pfarrkirche, vorhanden.

Nach dem im Jahre 1716 erfolgten Tode Johann Wilhelms trat in der baulichen Entwickelung Düsseldorfs eine jahrzehntelange Ruhepause ein; es wurden zwar in und aufser der Stadt eine gröfsere Anzahl öffentlicher Gebäude, wie z. B. die Galeriegebäude, der Marstall, das Gouvernementshaus, der Jägerhof u. a., zum gröfsten Theile unter Leitung des Grafen Goltstein, aufgeführt, aber neue Strafsen und Plätze sind bis 1787 nicht angelegt worden. In diesem Jahre ward eine in ihren Folgen noch in der Gegenwart sehr wichtige und bedeutungsvolle Aenderung angebahnt.

Da durch den oben erwähnten weiteren Ausbau der Festungswerke nach Südosten die bisherige Südfront vom Flinger- bis zum Bergerbastion entbehrlich geworden war, so gab man sich daran, diese Front zu schleifen, das Terrain einzuebnen und auf der gewonnenen grofsen Fläche ein neues Stadtviertel, die Karlsstadt, anzulegen.

Die Pläne zur Bebauung waren auf Veranlassung der Regierung durch mehrere Artillerie- und Genieoffiziere entworfen worden.

Anfänglich wurde die Baulust der Privatleute durch den für die Quadratruthe Grund und Boden geforderten Preis von 1 Thaler zurückgehalten, nachdem man diese Forderung aber hatte fallen lassen und den Bauenden 20jährige Steuerfreiheit zugesichert worden war, die Regierung überdies die Auffüllung und Planirung der Strafsen ausführen liefs, machte die Bebauung des neuen Viertels so rasche Fortschritte, dafs im Jahre 1791 die Karlsstadt bereits 86 Häuser hatte und der ganze Umfang der Stadt 60,9 Hektar betrug. Es entstanden der Karlsplatz und im Anschlusse daran die Kasernen, die Anfänge der Hohe-, Bilker- und Poststrafse, sowie die Benrather- und Bastionsstrafse nebst einem Theile der Südstrafse als Grenze. Ferner wurden auf dem zugefüllten Festungsgraben die heutige Mittel- und Grabenstrafse angelegt.

Durch die im Friedensschlusse zu Luneville 1801 festgesetzte Schleifung der Festungswerke in Düsseldorf wurde der Vergröfserung und Verschönerung der Stadt ein günstiges Feld eröffnet. Der Kurfürst Maximilian Joseph erkannte die hohe Bedeutung der Stadterweiterung für die zukünftige Entwicklung seiner Residenz und ernannte durch Erlafs vom 28. Januar 1802 eine besondere Commission für die Leitung der Bebauungs-Angelegenheiten, an deren Spitze der Hofrath Jacobi stand. In dieser Zeit, und zwar bis zum Jahre 1809, entstanden die Breite- und die Elberfelderstrafse. Die Verlängerung der Hohestrafse wurde durch Austrocknung eines Theiles des sogenannten Karlsstädter Sumpfes ermöglicht (etwa 1805 1806). Gleichzeitig, ungefähr mit der Niederlegung des alten Flingerthores (nur das Wachthäuschen blieb stehen) (1808—1810), erfolgten auch die ersten Anbauten auf dem Terrain der heutigen Alleestrafse, die Anlage des Boulevard Napoléon; der weitere Ausbau desselben fand aber erst in Gemäfsheit des Kaiserlichen Decrets vom

17. December 1811 statt, durch welches die alten, nach 1801 schon theilweise demolirten Festungswerke nebst den Glacis behufs Umschaffung in Baumanlagen und öffentliche Promenaden der Stadt geschenkt worden und zugleich auch die Erweiterung des Rheinwerfts bis zum neuen Hafen (der Sicherheitshafen war von der Hafenstraſse an die nördliche Grenze der Stadt verlegt worden) angeordnet ward.

In diese Zeit der beginnenden Verschönerung Düsseldorfs fällt auch die erste Anlage der Kaiserstraſse (rue de l'empereur). Einer späteren Periode dagegen (etwa seit 1816) gehört die Bebauung des Kälbermarktes, jetzigen Schadowplatzes, und des Steinwegs, der jetzigen Schadowstraſse, an, von welch letzterer indefs bis 1848 erst der bei weitem kleinere Theil vorhanden war. Ferner sind in den Jahren nach 1830 die Jägerhof- und die Hofgartenstraſse, und nach 1850 die Victoria-, Bleich-, Goltstein- und Jacobistraſse entstanden. Etwas später (um 1860 herum) ist mit der Bebauung der Duisburger- und der Feldstraſse, sowie der Mehrzahl der übrigen Straſsen des nördlichen Stadttheils begonnen worden. Im Süden entstanden, seit 1830 etwa, die Haroldstraſse, der Schwanenmarkt und ein Theil der Südstraſse, desgleichen, wenn auch etwas später, die zum westlichen Theile der Stadt zu rechnenden Straſsen am Karlsthor und die Bergerallee, jüngeren Ursprungs sind in diesem Stadttheile die Wasser- und die Cavalleriestraſse mit den sie durchkreuzenden Nebenstraſsen.

Wie aber die Königsallee, den Namen vom König Friedrich Wilhelm IV. führend, erst von 1840 ab bebaut wurde, so auch die Hauptstraſse der nach demselben König benannten Friedrichsstadt, die Friedrichsstraſse. Die übrigen Straſsen dieses Stadttheiles, die Louisen-, Herzogs-, Elisabeth-, Kraut- (jetzt Reichs-) Straſse gehören derselben, der Fürstenwall und dessen Nebenstraſsen der neuesten Zeit an.

In der jetzigen Oststraſse standen 1848–1850 erst einige wenige, damals einstöckige Häuser mit Vorgärten in der Nähe der Einmündung der Bismarckstraſse. Die Bahnstraſse wurde zu der vorgenannten Zeit angelegt. Der Königsplatz und die angrenzenden Theile der Bismarck- und Marienstraſse, sowie die Klosterstraſse, früher die Pfannenschoppenstraſse genannt, sind erst nach 1850 und zwar auf dem Terrain des ehemaligen Schnableschen Gutes angelegt; die übrigen Straſsen des östlichen Stadttheiles sind erst in den letzten zwei Jahrzehnten erbaut worden.

Während der Umfang der Stadt Düsseldorf im Jahre 1854 nur 193,6 Hektar betrug, beträgt derselbe heute rund 900 Hektar. Der im Jahre 1884 aufgestellte allgemeine Bebauungsplan sieht für die Bebauung ein Gebiet von 2400 Hektar vor, während das Gebiet des ganzen Stadtbezirks 4803 Hektar beträgt.

Die Kunst in Düsseldorf.

1. Ueberblick über die Geschichte der bildenden Kunst in Düsseldorf.
Von **Eduard Daelen**.

Ueber die Bedeutung der Düsseldorfer Kunst gehen die Ansichten im allgemeinen sehr weit auseinander, und nicht selten führt dieser Umstand die erregtesten Debatten herbei. In der Kölnischen Zeitung, die sich gerne als Autorität hinstellt, wurde vor etlichen Jahren Düsseldorf »Preufsens erste Kunststadt« genannt, und damit also selbst über die Reichshauptstadt Berlin gestellt. Jedenfalls war das Weltblatt damals in aufserordentlich guter Laune, denn in den meisten Fällen lautet sein Urtheil weit weniger günstig, ja sogar schon manche herbe Abkanzelung hat die hochgestrenge Richterin über ihre Nachbarin am Rhein und ihre Kunst ergehen lassen. Und nicht sie allein; besonders in jüngster Zeit ist es für die Presse sichtlich Mode geworden, die Düsseldorfer Kunst mit einer scharfen Verächtlichkeit rücksichtslos herabzusetzen und sie mit der wegwerfenden Bezeichnung »versimpelte Düsseldorferei« als unmodern achselzuckend beiseite zu schieben. Da nur sehr wenige Menschen ein eigenes Urtheil haben und die meisten gewöhnlich das, was sie gedruckt vor sich sehen, ruhig nachbeten, hat jene systematische Verlästerung, um so mehr, da sie der Liebhaberei der Menge entspricht, natürlicherweise eine grofse Anzahl Nachbeter gefunden.

Düsseldorf könnte sich nun am Ende damit trösten, dafs ein ähnliches Schicksal jederzeit die Edelsten und Besten getroffen hat. Viel Feind', viel Ehr'!

Aber mit dem Trost und der Resignation allein ist es nicht gethan. Der Kampf ist immer eine Prüfung, in der Kraft und Gröfse sich zu bewähren haben. Der harte Kampf macht ernst und führt zu vertieften und gereiften Anschauungen. Darum ist zu hoffen, dafs die vielen gehässigen Anfeindungen der Düsseldorfer Kunst in diesem Sinne auch zum Segen gedeihen.

Es läfst sich nicht leugnen, dafs der Grundcharakter der rheinischen Kunst ein heiterer ist. Wie könnte das auch anders sein? Ein echt rheinisches Kind, als das sie sich immer bekundet, hat ein heiteres Gemüth. Nun wird manchmal der Grundsatz aufgestellt: Heiter sei die Kunst! Man glaubt mit der Erheiterung des Lebens ihre Aufgabe erledigt. Darin documentirt sich nur eine traurige Beschränktheit. Die Kunst ist ein Spiegel des Lebens, und ebenso wie das Leben eine heitere und eine ernste Seite hat, in ewigem Wechsel zwischen beiden sich bewegend, so muſs auch das Spiegelbild beide reflectiren, wenn es nicht ein höchst unvollkommenes bleiben will. Ja es lieſsen sich schwerwiegende Gründe dafür beibringen, daſs die ernste Seite sogar die wichtigere ist.

Jedenfalls ist zu allen Zeiten in der Kunst das Tragische als ihre höchste, edelste Aufgabe geschätzt worden. Gewiſs zu bedauern ist der Mensch, der keinen Humor besitzt, aber noch weit beklagenswerther ist derjenige, der nicht mit bebender Ergriffenheit in die dunklen Tiefen hinabzuschauen vermag, wo weitverzweigt die Wurzeln des menschlichen Schmerzes verborgen liegen.

Ist das Gemüth des Rheinländers auch ein heiteres, so fehlt es ihm doch auch nicht an Tiefe, um mit vollem, warmem Herzen den Ernst des Lebens zu erfassen. Das aber ist es, was aller Kunst den Impuls und Grundton, was ihr den eigentlichen dauernden Werth verleiht. Alles oberflächliche Getändel ist nur Dunst, den der nächste Windstoſs verweht. Kein niederschmetternderes Urtheil läſst sich über ein Werk, das einen Kunstwerth beanspruchen will, fällen, als die Bezeichnung seiner ephemeren Bedeutungslosigkeit.

Nicht ganz und nicht immer ist die Düsseldorfer Kunst von dem Vorwurf der Oberflächlichkeit und der Philisterhaftigkeit freizusprechen. Der erstere Fehler ist wohl eine Folge der gefahrvollen Klippe, welche in ihrem frohsinnigen Grundcharakter steckt. Eine heitere Lebensauffassung wird gern mit Sorglosigkeit und Leichtsinn verwechselt und ihre einseitige Pflege vergiſst die nöthigen Grenzen, so daſs sie in gedankenloser Spielerei jeden gediegenen Halt verliert. Die letztere Eigenschaft hängt zum groſsen Theil mit den engen, kleinstädtischen Verhältnissen und deren praktischen Bedürfnissen zusammen.

In neuerer Zeit, in den letzten zwanzig Jahren, vollzieht sich mit Düsseldorf eine ganz gewaltige Umänderung; die kleine altmodische Provinzstadt bekundet seitdem in immer deutlicheren Zeichen das Gepräge der werdenden Groſsstadt. Den ersten mächtigen Schritt auf dieser Bahn machte Düsseldorf mit der so erfolgreichen, groſsen Kunst- und Gewerbeausstellung im Jahre 1880. Es kann gar nicht markant genug hervorgehoben werden, daſs dieser phänomenale Fortschritt von einer Ausstellung her datirt und daſs somit hier auf das überzeugendste dargethan wurde, wie sehr Düsseldorf in jeder Beziehung als Ausstellungsplatz begünstigt ist. Das ist namentlich für die Kunst, die heutzutage vor allem auf die Ausstellung verwiesen ist, von grundlegender Bedeutung. Zwar zeigte sich der Aufschwung, den die achtziger Ausstellung hervorrief, zunächst hauptsächlich in den zunehmenden gewerblichen Anlagen und in einem fabelhaften Anwachsen der Einwohnerzahl; aber auch die Kunst konnte von diesem sichtlichen Emporblühen, von all den Anzeichen einer aufziehenden neuen Zeit nicht unberührt bleiben. War sie doch aufs innigste mit ihrem Boden, in dem sie so tief Wurzeln geschlagen, mit der Stadt verwachsen. Seit langer Zeit war ja Düsseldorf eigentlich nur Kunststadt gewesen. Dieser Ruf hatte ihm mit seiner Signatur auch seinen Hauptwerth verliehen; jetzt aber wurde ihm die Alleinherrschaft des alten Nimbus allen Ernstes streitig gemacht. Nach dem Erfolg der letzten Ausstellung zeigte es sich immer deutlicher, daſs Düsseldorf von jetzt ab auch als eine im raschen Emporblühen begriffene Industriestadt zu gelten habe.

Doch war auch der Kunst ein Antheil, und wahrlich nicht der geringste, an dem Erfolge der Ausstellung zuzuschreiben; nur durch ein Zusammenwirken aller Kräfte konnte so Groſses erreicht werden. In monatelanger, rastlos aufopfernder Thätigkeit hatten viele Künstler für das Gelingen des kühnen Unternehmens ihre ganze Arbeitskraft eingesetzt; in jeder der drei Abtheilungen der Ausstellung, Kunst, Industrie und Kunstgewerbe, war die Mitarbeit der schaffenden Künstlerhand offen und eindrucksvoll ersichtlich. Eben in dieser harmonischen Wirkung des Ganzen, in der geschmackvollen und einladenden Anordnung und Ausschmückung aller Räume, in der glücklichen Verbindung des Angenehmen mit dem Nützlichen lag ja der eigentliche Reiz dieser Ausstellung, und darin war auch ihre aufsergewöhnliche Anziehungskraft hauptsächlich begründet. Wie manche ganz interessante Fachausstellung verläuft resultatlos im Sande; hier war der Besuch ein die kühnsten Erwartungen noch übertreffender.

So hatte in jeder Hinsicht die Kunst sich die volle Berechtigung erworben, auch an den segensreichen Folgen der grofsen Errungenschaft theilzunehmen. Es lag aber in der Natur der Dinge begründet, dafs sie zunächst sich einigermafsen zurückgedrängt fühlte. Sie mufste sich erst nach und nach darin finden, dafs sie nicht mehr wie früher allein den ersten Platz einnahm, wenn da draufsen von Düsseldorfs Bedeutung die Rede war. Insofern befand sich die Entwickelung der Stadt nach 1880 im Stadium einer Krisis, wie eine solche mehr oder weniger jede Umwälzung mit sich bringt. Allen Anzeichen nach ist jedoch zu erwarten, dafs dieselbe zu einem günstigen Ausgang führt. Nach manchen unvermeidlichen Reibungen und Erörterungen bricht sich doch immer klarer die Erkenntnifs Bahn, dafs nur ein harmonisches Zusammengehen beider Factoren zu einem vollen Erblühen die beste Gewähr leistet. Und wie dazu gerade die Kunst und die Industrie geeignet sind, das hat die Ausstellung im Jahre 1880 aufs glänzendste bewiesen.

Auch das seitdem so erfreulich emporwachsende Kunstgewerbe kann ein Dank- und Loblied davon singen. Hoffentlich wird aber erst recht in nächster Zukunft eine neue Kunst- und Gewerbeausstellung vor aller Welt ein beredtes Zeugnifs davon ablegen, dafs Düsseldorf im ganzen Umfange die Gunst des ersten durchschlagenden Erfolges wahrzunehmen verstanden hat und somit verdient, den zweiten mächtigen Schritt auf der betretenen Bahn glanzvoller Entwickelung voranzusetzen.

Der Plan dazu ist bereits entworfen und allseitig genehmigt worden. Nach jahrelangem Hinschlummern scheint endlich die Krisis zum Durchbruch gekommen zu sein. Nach vielen vergeblichen Aufrüttelungen hat sich die Künstlerschaft einmüthig aufgerafft, indem sie sich wohl allmählich darauf besann, wie für ihre ganze Existenz geradezu unbedingt nothwendig ein ausreichendes Ausstellungsgebäude für zweckmäfsige Veranstaltungen der Düsseldorfer Kunst sei. So ist denn von ihr, wie es die Sachlage erforderte, die öffentliche Anregung ausgegangen. In einer sehr zahlreich besuchten Versammlung der gesammten Künstlerschaft die am 8. März 1898 in den Räumen des »Malkasten« stattfand, wurde einstimmig der Beschlufs gefafst, eine grofse deutsch-nationale Kunstausstellung, verbunden mit einer Gewerbe- und Kunstgewerbe-Ausstellung, für das Jahr 1902 in Aussicht zu nehmen und mit vereinten Kräften ins Werk zu setzen, um dadurch die Mittel zu dem so dringend erforderlichen dauernden Ausstellungsgebäude zu erlangen. Sowohl in dem zahlreichen Besuch — alle Kreise der Künstlerschaft, die Alten wie die Jungen und hervorragend auch die Kunstakademie, waren vertreten — wie auch in der regen Antheilnahme und der Einmüthigkeit der Beschlufsfassung mufste die Versammlung die frohe Hoffnung erwecken, dafs von ihr ab eine bedeutsame Wendung im Kunstleben Düsseldorfs datiren wird.

Grofse Umwälzungen, bedeutende Fortschritte müssen in erster Linie von der Jugend ausgehen. In ihr ruht das frisch aufkeimende Frühlingselement, sie kennt noch nicht das bedächtige Erwägen und Berechnen, womit der Thatkraft in ihrem Vorwärtsstürmen so oft die besten Pläne im Keime erstickt werden. Die Jugend ahnt das Kommende, das Ziel, das erreicht werden mufs, und zieht ihm blindlings und kampffreudig entgegen. Wenn sie nicht einmüthig diesem Drange folgt, wenn sie in feiger und schlaffer Indolenz verweichlicht dahinsimpelt, dann ist alle Hoffnung verloren.

Die Düsseldorfer Kunst hat lange genug rückwärts geschaut und sich mit staubbeladenen Hirngespinsten die Zeit vertrieben, jetzt gilt es muthig vorwärts zu schauen, und um hierin ihr eifriges Streben gegensätzlich zu bekunden, wird es ihr selbst nicht zu verargen sein, wenn ihr das Neueste nicht mehr neu genug ist. Sie hat ein so grofses anhängliches Interesse für das Alte, ja selbst für das Veraltete gezeigt, dafs es die höchste Zeit wird, nun auch, um nicht zu den Entschlummernden gezählt zu werden, das rechte Verständnifs für das neu aufsprossende Werdende darzuthun, in dem ahnungsvollen Vorgefühl, dafs hier eine wunderbar feine Culturblüthe erfrischend ihren unendlich ätherischen Duft in nebelige Morgenluft haucht.

Zu den bedeutsamen Anzeichen des letzten Jahres, dafs diese nothwendige Selbsterkenntnifs immer mehr zur Klarheit gelangt, sind auch die Aufführungen zu rechnen, welche die neugegründete Freie Bühne« im April d. J. veranstaltete und zwar auf der Bühne des »Malkasten«. So war schon in der Wahl des Locals das Zusammengehen auch der Malerei mit den modernen Regungen documentirt. Mit Freuden nahm sie in ihrem trauten Künstlerheim die geliebte Schwester Poesie auf und bereitete ihren frischesten Blüthen, einigen hervorragenden Erzeugnissen der modernen Literatur, eine Darbietung und dementsprechende Aufnahme, wie sie entzückender und begeisterter sich nicht denken läfst.

In schweren Kämpfen hat sich die Kunst zu dem Bewufstsein durchgerungen, was noth thut. Zu ernster Einsicht ist ihr redliches Bemühen herangereift. Nun öffnet sich eine hoffnungsfrohe Zukunft, dafs mit dem Beginn des kommenden Jahrhunderts auch die Düsseldorfer Kunst zu neuer, schönerer Blüthe gedeiht, dafs sie vor allem die ihr dazu gebührende Heimstätte findet.

Auf diesem erfreulichen Aussichtspunkt mag auch ein kurzer Rückblick auf den zurückgelegten Weg, wie er in Folgendem geboten werden soll, als unterhaltend und belehrend von Interesse sein. —

An seiner Wiege wurde es dem unscheinbaren Fischerdörfchen an der Düssel schwerlich vorgesungen, dafs es dereinst eine berühmte Kunststadt werden solle. Schon Jahrhunderte lang war es zur Stadt erhoben, ehe sich das Künstlertalent bei dem früheren Dorfbuben zu entwickeln begann, ehe sich zeigte, dafs hier für eine blühende Kunststätte ein empfänglicher und günstiger Boden vorhanden sei.

Was anfangs von Kunstwerken in Düsseldorf zur Ausstellung kam, in den Kirchen oder im Schlosse, war hauptsächlich von auswärtigen Künstlern verfertigt: so die unter dem Namen »Das Kreuz« bekannte, vor der Lambertikirche an der Nordseite errichtete steinerne Gruppe des gekreuzigten Heilandes, zu beiden Seiten die mitgekreuzigten Schächer, unterhalb Maria, Johannes und der römische Hauptmann, ein werthvolles Denkmal der altdeutschen Kunst mit ihrer Auffassung voll naiver Innigkeit. Leider hat es im Jahre 1887 einer modernen Arbeit Platz machen müssen. Ungefähr derselben Zeit, dem fünfzehnten oder dem Anfang des sechszehnten Jahrhunderts, entstammt auch das Bildwerk des heil. Christophorus, das Christuskind über den Flufs tragend, im Innern der Lambertikirche; dem Ende des sechszehnten Jahrhunderts das ebendaselbst vorhandene prunkvolle Denkmal, welches dem Herzog Wilhelm V. von seinem Sohne Johann Wilhelm I. errichtet und von einem italienischen Künstler verfertigt wurde.

Als ein Begebnifs von Bedeutung aus der frühesten Zeit der Düsseldorfer Kunst ist es erwähnenswerth, dafs der berühmte Meister Hans Holbein 1539 einige Zeit in Düsseldorf weilte und im Auftrage des Königs Heinrich VIII. von England das Bildnifs der Prinzessin Anna, der Tochter des Herzogs Johann III. (1511—1539) malte. Der Meister war von dem englischen Minister mit Weisung versehen und zauberte von der Prinzessin ein Bild auf die Leinewand, das den König in Entzücken versetzte und ihn sofort zum Abschlufs der Verlobung bewog. Beim

Anblick des Originals in persona war er nachher dann allerdings so enttäuscht, dafs er sofort hinausstürzte und eine Fluth von Schimpfnamen (wie »grande cavale de Flandre« etc.) in sehr unköniglicher Weise über die arme Braut losliefs. Eine prachtvolle Pergamenturkunde, die Ehepackten enthaltend, ein Meisterwerk der Kalligraphie mit Miniaturen und Initialen, welche dem kunstreichen Pinsel Holbeins zugeschrieben werden, befindet sich auf dem Düsseldorfer Provinzial-Archiv.

Schon um die Mitte des sechszehnten Jahrhunderts, also im dritten Geburtsjahrhundert der Stadt, soll dieselbe nach älteren Chronisten eine berühmte Kunststadt, die seit 1545 eine Malerschule besafs, gewesen sein. Doch wird bei dieser Behauptung wohl etwas localpatriotische Färbung mitgewirkt haben, denn ganz abgesehen von den wirklich bedeutenden Kunststädten aus jener Zeit wird damals Düsseldorf auch einen Vergleich mit seinen niederrheinischen und westfälischen Nachbarinnen, am wenigsten beispielsweise mit Köln und seiner Malerschule oder selbst mit dem kleinen Calcar und seinem bedeutenden Meister schwerlich haben aufnehmen können. Scheinen seine Künstler sich zunächst doch nur im Porträtfach, weniger dagegen in freigeschaffenen Compositionen hervorgethan zu haben. Namentlich auf jenem Gebiete taucht denn auch zuerst ein Künstlername mit einem gewissen Klang aus dem Dunkel der Localgeschichte auf.

Als Rathsverwandter der Stadt Düsseldorf und aus guter alter Düsseldorfer Familie abstammend, stand der Maler Spielberg in Diensten des Herzogs Johann Wilhelm von Jülich-Cleve-Berg und genofs bei diesem hohe Ehren. Er malte in Oel und auf Glas. Sein Bruder Gabriel Spielberg war Hofmaler des Königs von Spanien. Mehr Bedeutung erlangte sein Sohn Johann Spielberg, zu Düsseldorf geboren (1619–1690). Er erhielt seine Ausbildung zunächst in der Düsseldorfer Schule, die zum gröfsten Theil wohl eine wissenschaftliche Anstalt war, und durch den ergänzenden Unterricht seines Vaters. Auf sein sich früh entwickelndes Talent aufmerksam geworden, sandte ihn der Herzog Wolfgang Wilhelm mit einem Empfehlungsschreiben an den ihm befreundeten Peter Paul Rubens. Während Spielberg auf der Reise nach Antwerpen begriffen war, starb Rubens und nun ging der junge Künstler zu dem berühmten Govert Flink, bei dem er seine vollständige Ausbildung erhielt. Von seinem Gönner und Mäcen, Herzog Wolfgang Wilhelm, zum Hofmaler ernannt und nach Düsseldorf zurückberufen, malte er hier zahlreiche Porträts, sowie mehrere Historienbilder.

Obwohl Düsseldorf schon seit langer Zeit eine Residenzstadt regierender Fürsten war, so wählte sie nach der Gepflogenheit der damaligen kleinstaatlichen Regenten zunächst doch keiner der Herrscher zum beständigen Aufenthalt. Noch Herzog Philipp Wilhelm residirte abwechselnd hier, zu Neuburg und Heidelberg. Erst sein Sohn Kurfürst Herzog Johann Wilhelm, zu Düsseldorf am 19. April 1658 geboren, zeigte eine grofse Vorliebe für seine Geburtsstadt und wählte sie zur bleibenden Residenz. Unter seiner glanzvollen Regierung entwickelte sich die bis dahin kleine Stadt zu einer mächtig blühenden Prachtentfaltung und jetzt beginnt sie auch in der Kunst eine gröfsere Bedeutung zu gewinnen. Schon in seiner Jugend, namentlich während eines Aufenthaltes in Italien am medicäischen Hofe, hatte Johann Wilhelm das Studium der Kunstgeschichte und der schönen Künste mit Begeisterung gepflegt. Als er 1691 nach dem Tode seiner ersten Gattin eine zweite Ehe mit der kunstsinnigen und heiteren Erbprinzessin von Toscana, Anna Maria Loisia, einer Tochter des Grofsherzogs Cosmos III., einging und dadurch auch seine Kunstliebe immer reichere Anregung erhielt, reifte in ihm der Plan, in einer umfangreichen Galerie Werke der bedeutendsten Meister zu sammeln. Aufser durch seine Gemahlin und schon vor seiner Verehelichung wurde er zu jenem Unternehmen am meisten durch den Maler Johann Franz Douven angeregt und durch ihn in seinen Bestrebungen aufs eifrigste unterstützt.

Nach dem Tode seines Vaters (1690) gelangte Johann Wilhelm in den Besitz der herrlichen Kunstsammlungen seiner Ahnen, namentlich seines kunstsinnigen Grofsvaters Wolfgang Wilhelm. Von ihm, dem Freunde des Malerfürsten Rubens, hatte er wohl auch die begeisterte Verehrung für den grofsen Meister geerbt und es heifst deshalb wohl nicht mit Unrecht, dafs Johann Wilhelm vor den gewaltigen Kunstwerken desselben den ersten Impuls empfing zu dem grofsartigen Plan, dessen Ausführung eine Hauptthat seines wirkungsreichen Lebens bildet, die Errichtung der weltberühmten, herrlichen Düsseldorfer Gemälde-Galerie. In den genialen Rubensschen Schöpfungen liegt ein so von edler Leidenschaft durchglühter und zu hoher Begeisterung fortreifsender erhabener Schwung, dafs es leicht erklärlich ist, wie unter ihrer Einwirkung ein jugendlich schwärmerisches und empfängliches Gemüth zu der enthusiastischen Kunstliebe entflammt wird, welche zu der Lösung einer so grandiosen Aufgabe entschieden erforderlich ist.

Wenn man bedenkt, welch eine Wichtigkeit und Bedeutung die Ausführung jener Idee Johann Wilhelms für die ganze fernere Entwickelung Düsseldorfs gewonnen hat, so kann man ahnend ungefähr abwägen, wieviel diese Kunststadt dem gewaltigen Genius des grofsen Niederländers zu verdanken hat.

Seiner Neigung entsprechend richtete Johann Wilhelm zunächst sein Augenmerk darauf, in den Besitz Rubensscher Werke zu gelangen und mit ihnen das Fundament zu der Sammlung zu legen. Gleich nach seinem Regierungsantritt liefs der Fürst aus seinen Schlössern der verschiedenen Residenzen, so aus Neuburg und auch aus der dortigen Kirche allmählich die geeigneten Meisterwerke nach Düsseldorf überführen. Bezeichnet werden speciell von Rubens' Werken »Niederlage der Amazonen am Thermodon«, »Die Märtyrer«, »Das Weltgericht« und »Die Himmelfahrt Mariä«, welch letzteres Bild wegen seiner grofsen Dimensionen hier nur in der Stiftskirche placirt werden konnte und in der That zu dem Plan eines neuen geräumigen Galerieaufbaues in der Folge den Austofs gegeben haben soll. Auch im weiteren Verlauf hat dieses letztere Bild eine speciell für Düsseldorf interessante, ereignifsreiche Geschichte. Ist es doch das einzige Werk von Bedeutung, welches aus dem überreichen Schatz der alten Galerie der Stadt bis auf den heutigen Tag erhalten worden ist in einer manchmal an das Wunderbare grenzenden Weise, so bei den mehrfachen Entführungen der Galerie und bei dem letzten grofsen Brande des alten Schlosses. Schon diese Vergangenheit verleiht dem Bilde einen besonderen Reiz; vornehmlich aber auch wegen seines hohen Kunstwerthes, den ihm seine hehre, lichtvolle Schönheit verleiht, besitzt es für Düsseldorf eine Bedeutung, die gar nicht hoch genug geschätzt werden kann.

Hatte Johann Wilhelm eine besondere Vorliebe für die Kunst der Niederländer, so wufste er doch auch die grofsen Italiener nach ihrem vollen Werth zu schätzen und war jedenfalls hocherfreut, als seine zweite Gemahlin Anna Maria Loisia von Medici nebst einer Mitgift von Millionen Gold auch bedeutende Kunstschätze aus ihrem damit so gesegneten Heimathlande nach Düsseldorf brachte und fortan ihren Gemahl in seinem grofsartigen Unternehmen, eine hochbedeutende Kunstanstalt zu errichten, auf das eifrigste unterstützte. Aufser im Sammeln von Kunstwerken, zu deren Ankauf vertraute und bewährte Kunstkenner ausgesandt wurden, wetteiferte das Fürstenpaar jetzt auch in der Berufung berühmter Meister, welche zum Theil, wie Douven, nun ihren ständigen Wohnsitz wählten, zum Theil wenigstens längere Zeit in Düsseldorf wirkten.

Der gröfsten Gunst des prunkliebenden Hofes erfreute sich besonders Adrian van der Werff, geboren im Kralinger Amt bei Rotterdam (1659—1722). Als Johann Wilhelm 1696 nach dem Haag kam, besuchte er auch van der Werff zu Rotterdam, kaufte verschiedene seiner Bilder und bestellte ihm noch einige andere mit der Weisung, nach Vollendung dieselben in Person nach Düsseldorf zu bringen. Als der beglückte Künstler im folgenden Jahre sich dieses ehrenvollen Auftrages entledigte, erwarb er sich damit so sehr die Zufriedenheit des Kurfürsten, dafs dieser ihn auf sechs Monate des Jahres gegen ein Gehalt von 4000 Gulden holländisch in Dienst nahm. Seit dieser Zeit blieb van der Werff dauernd in naher Beziehung und Verbindung zum Düsseldorfer Hofe sowie auch zur Stadt. Viele seiner besten Werke fanden Aufnahme in der neugegründeten Galerie und wenn dieselben auch heutzutage wegen der ihnen anhaftenden Süfslichkeit und Gelecktheit nicht mehr die übertriebene Würdigung finden, welche ihnen zur Zeit ihrer Entstehung zu theil wurde, so dürfen sie immerhin doch als eine Zierde der glänzenden Sammlung betrachtet werden.*

Die feierliche Eröffnung der Galerie, deren kunstgerechte Anordnung hauptsächlich durch die Meister Douven und van der Werff bewerkstelligt worden war, erfolgte 1710, und Tausende von Bewunderern strömten nun durch die fünf prachtvollen Säle in der Beletage, hochentzückt von dem Anblick des wundervollen Farbenzaubers. Einer der Säle war vollständig mit Rubensschen Meisterwerken angefüllt, ein anderer enthielt fast nur solche van der Werffs; auch Rembrandt und Gerhard Dow fanden sich sehr reich vertreten. Im ersten Saal (der Niederländer) hing obenan das prächtige Bild von Douven »Kurfürst Johann Wilhelm hoch zu Rofs in voller Rüstung, mit freundlichem Antlitze seinem Volke Frieden und den Künsten Schutz verkündend«. — In zwei Sälen des Erdgeschosses waren die Modelle der erhabensten Statuen und Antiken Italiens enthalten. Jene so zahlreiche und herrliche Gemäldesammlung bildete nur einen Theil der unschätzbaren Kunstkammer, zu welcher der Sammlerfleifs und die Kunstliebe des Kurfürsten mit aufserordentlichem Kostenaufwande das Düsseldorfer Schlofs umzugestalten wufste. Auch beschäftigte Johann Wilhelm aufser den beiden genannten, vorzugsweise unter den Strahlen seiner Gunst lebenden Künstlern noch eine grofse Anzahl von Künstlern und Künstlerinnen in seinem Dienste.

Eine hervorragende Persönlichkeit des damaligen Kunstlebens in Düsseldorf war der Bildhauer, spätere Chevalier Grupello aus Mailand (1648—1730). Sein Hauptwerk war die Bronzestatue des Kurfürsten. Wie der letztere in effigie auf dem Douvenschen Gemälde stolz und hoch zu Rofs dem in die Galerie Eintretenden gewaltig imponirend entgegenritt, so sollte nun auch auf dem Hauptplatz der Stadt, auf dem öffentlichen Markt, sein in Erz gegossenes Bildnifs jedem Beschauer, jedem Besucher Düsseldorfs als hervorragendstes Wahrzeichen seiner Sehenswürdigkeiten zu unvergefslichem Eindruck in die Augen fallen. Bei den kolossalen Ehrgeize Johann Wilhelms war es wohl selbstverständlich, dafs er in hohem Mafse die menschliche Schwäche besafs, sich gerne beweihräuchern zu lassen. Keine gröfsere Freude konnte ihm also jedenfalls gemacht werden, als indem ihm von seinen Unterthanen in Stadt und Land als Zeichen der Dankbarkeit für die Wohlthaten seiner Regierung, namentlich der Stiftung der Galerie, jenes imposante Monument, seine Reiterstatue, errichtet wurde. Und leicht erklärlich ist es danach auch, dafs er dem vortrefflichen Künstler, welcher dasselbe so sehr zu seiner Zufriedenheit auszuführen verstanden hatte, Zeit seines

---

* Dafs übrigens auch zu jener Zeit nicht Alle so begeisterte Verehrer der van der Werffschen Muse waren wie der Kurfürst, zeigt sich schon in folgender Beurtheilung eines Zeitgenossen, welcher schreibt: »ein Maler, der zwar durch seine Werke einen grofsen Ruhm erworben, aber dennoch sie mit einer so peinlich gezwungenen Sorgfältigkeit ausgeführt hat, wie die Michel Angelo, die Raphael, die Titian von ganzem Herzen verabscheuten. Ueberlasset, sagten diese grofsen Genies, diese kindischen Spielereien den Flämingern, welche nichts als Sclavenarbeit thun, weil ihre Kaltsinnigkeit unerschöpflich ist.« — Aehnlich sind auch heute noch die Contraste zwischen Publikumsgeschmack und Künstlerurtheil. Für Süfslichkeiten, die kaum etwas mit der Kunst zu thun haben, werden von Liebhabern Hunderttausende ausgeworfen, während oft echte Künstler in äufserster Noth darben müssen.

Lebens eine ganz besondere Munificenz angedeihen liefs. Davon bringt die Geschichte mehrfache augenscheinliche Beweise, wogegen sie im übrigen über das Leben und Wirken eines Künstlers von der Bedeutung eines Grupello auffallend wenig authentisches Material liefert. Um so lebhafter hat sich der Volksmund mit seiner Person beschäftigt und weifs noch heutzutage eine Menge ganz märchenhaft klingender Geschichten von ihm zu erzählen, so dafs er danach fast zu einer mythischen Figur geworden ist.

Das Piedestal der Reiterstatue Johann Wilhelms ist nicht nach dem ursprünglichen Project, welches noch wesentlich grofsartiger war, vollendet worden. Nach diesem Entwurf waren bereits im Modell hergestellt vier grofse Löwen, zu deren Gufs der Kurfürst schon den Befehl ertheilt hatte, sammt der Lapidarinschrift, welche das Piedestal zieren sollte; in symbolischer Darstellung wurden von diesen vier Löwen die vier Cardinallaster Hoffarth, Geiz, Neid und Völlerei unterdrückt. Aufser jenem Standbild wurden von Grupello eine hohe Pyramide in Bronze sowie ein anmuthiger Springbrunnen mit Aktäon und Diana nebst ihrer Umgebung, den lieblichen Nymphen, welche auf dem Galeriehofe in Düsseldorf ihre Aufstellung fanden, hergestellt.

Der auf das Grofsartige gerichtete Sinn Johann Wilhelms, der sich in allen seinen Bestrebungen bethätigt hat, zeigt sich vor allem auch in dem Project eines neuen kolossalen Palastes, welcher im Anschlufs der Lorettokapelle, also auf der heutigen Wegelinie bis zur Neustadt errichtet werden sollte.* Der Entwurf, im hiesigen Archiv aufbewahrt, legt noch heute Zeugnifs davon ab, wie bedeutend Düsseldorf damals schon hätte erstehen können. Ein Tourist aus jener Zeit schreibt: »Ich habe den Plan eines neuen Palastes gesehen, dessen Bau beabsichtigt war; derselbe würde, ausgeführt, sicher eines der grofsartigsten Gebäude Europas geworden sein.« Johann Wilhelm liebte sein Düsseldorf ungemein, und sein gewaltiger Ehrgeiz träumte kühn von der ihm vorschwebenden Errungenschaft, es in die Reihe der ersten, berühmtesten Kunst- und Weltstädte erhoben zu sehen, nicht bedenkend, dafs zu einem solchen grandiosen Unternehmen nicht die Lebenskraft eines Einzelnen, und sei sie noch so thatenreich, ebensowenig wie die materiellen Mittel ausreichen. Noch in voller Beschäftigung mit der Ausführung seiner enormen Projecte begriffen, wurde er plötzlich durch den Tod dahingerafft.

Wie in der Regel ein Extrem das andere hervorruft, wie der übertriebenen Action schleunigst die Reaction folgt, so geschah es auch hier. Der verschwenderischen Prachtliebe Johann Wilhelms gegenüber stellte sich das engherzige Sparsamkeitsprincip seines Nachfolgers, seines Bruders Karl Philipp, in denkbar schärfsten Contrast. Nicht genug, dafs die gewaltigen Pläne des Verstorbenen unausgeführt blieben, es sollte auch möglichst das von ihm Ausgeführte wieder vernichtet, resp. zu baarem Gelde umgewandelt werden; wenigstens sollte es nicht in Düsseldorf verbleiben. Johann Wilhelms ganzer Nachlafs wurde mit Beschlag belegt, alle Kostbarkeiten, Gemäldesammlung, Möbel etc. nach den Residenzen Neuburg und Mannheim-Schwetzingen des neuen Kurfürsten fortgeführt. Sogar die Reiterstatue auf dem Marktplatz sollte zu dem Zweck zerschnitten werden, welch letzterer Befehl jedoch zurückgenommen wurde; man beschränkte sich auf die Wegnahme der fertigen Theile des bestimmungsmäfsigen Postaments in Grupellos Laboratorium, der vier Löwen, sowie des Springbrunnens und der Pyramide. Nur die Bildergalerie blieb unangetastet.

War in dem Sonnenglanz der Gunst des vorigen Kurfürsten die Stadt schnell zu üppigster Prachtentfaltung erblüht, so sank sie unter der kalten Abwendung seines kargen Nachfolgers, der ihr während seiner 20jährigen Regierungszeit keinen einzigen Besuch abstattete, noch schneller zu siechem

---

* Das im neuen Rathhause befindliche Wandgemälde von F. Klein-Chevalier »Kurfürst Johann Wilhelm besichtigt den Entwurf zu dem neuen Schlofs« bringt diese Episode in trefflicher Weise zur Anschauung.

Königliche Kunstakademie.

Kunsthalle.

Hinwelken dahin. Namentlich das künstlerische Leben war auf ein Minimum reducirt und wies nicht einen Vertreter von Bedeutung auf. Als Director der Galerie fungirte Hofmaler Gerhard Joseph Karsch. Auswärtige Künstler, durch die Schätze der Galerie angezogen, hielten sich Studiums halber nur vorübergehend in Düsseldorf auf. Es war etwas wie eine nebelgraue Aschermittwochsstimmung über die heitere buntfarbige Residenz gekommen; auf den herrlichen sonnigen Feiertag schien eine endlose trübe Nacht folgen zu sollen. Die Saat aber, welche Johann Wilhelm, der illustre Beschützer seiner Residenz, in so überreichem Mafse ausgestreut hatte, konnte doch nicht von dem plötzlich hereinbrechenden Rauhfrost gänzlich vernichtet werden. Sie schlummerte nur dem kommenden Frühlingserwachen traumbefangen entgegen.

Nach dem Tode Karl Philipps succedirte Karl Theodor, welcher Düsseldorf und seiner Galerie wieder mehr Aufmerksamkeit wie sein Vorgänger zuwandte und sie auch zeitweise mit seinem Besuche beehrte. Seine hohe Gunst für die Stadt zeigte sich vor allem in der für sie so hochbedeutsamen Weise, dafs er im Jahre 1767 hier mit unmittelbarem Anschlufs an die Gemäldegalerie eine Kunstakademie errichtete. Zum Director der neuen Anstalt wurde Johann Lambert Krahe (1720—1790), Hofmaler und Professor der Akademien zu Rom und Florenz, ein geborener Düsseldorfer, ernannt. Seinem Rufe und seinen eifrigen Bemühungen gelang es bald, junge Talente heranzuziehen, und so war 1774 die Anstalt vollständig organisirt und aufser von Deutschen selbst von Engländern, Franzosen und Holländern besucht. War nun aber auch ohne Zweifel Krahe ein in seiner Art strebsamer, kenntnifsreicher und tüchtiger Charakter, so mangelte ihm doch die selbständige schöpferische Kraft, welche den bedeutenden Künstler macht. An diesem Mangel krankte, wie überhaupt die damalige Zeit, so auch die seinem Directorium unterstehende Akademie; sie war wie alle übrigen eine Zopfakademie. Unter dem directen Einflufs der prächtigen Gemäldegalerie bezeichnet die damalige Kunstrichtung eine schwankende Mittelstufe zwischen decorativer Zopfkunst, dem neu sich regenden Classicismus und niederländischen Anklängen. Immerhin aber war ein bedeutungsvoller Anfang, der erste Schritt zu einem frischen Aufstreben gemacht. So konnte also die Stadt aus dem fünften Jahrhundert ihres Bestehens,* das in seinem Anfang ebenso glorreich wie in seinem weiteren Verlaufe betrübend gewesen war, nun mit einer hoffnungsfrohen Aussicht auf die Zukunft in das sechste Jahrhundert übertreten. Das letztere sollte ungefähr den umgekehrten Verlauf wie das vorangegangene nehmen; es brachte zu Anfang die niederschmetterndsten Schicksalsschläge für die Stadt und ihre Kunst, führte dagegen im weiteren Verlaufe bis zum Schlufs eine stetig wachsende Entfaltung ihres Aufblühens mit sich. Und in dieser stetigen, gesunden Entwickelung liegt einerseits die Begründung für die tiefgehende Bedeutung, anderntheils aber auch die Gewähr für die Dauerhaftigkeit der daraus hervorgegangenen Errungenschaften.

Nach dem Tode Krahes (1790) wurde Johann Peter Langer, geboren zu Calcum bei Düsseldorf, zum Director der Akademie und Galerie ernannt. War seine Bedeutung als Künstler zwar auch nicht viel höher anzuschlagen als die seines Vorgängers, so gewann sein Directorium doch eine gröfsere Wichtigkeit zunächst schon dadurch, dafs sein weit berühmterer Sohn Robert, der 1806 Professor der Münchener Akademie wurde, im vorigen Jahrhundert Schüler der Düsseldorfer Akademie war, sowie vor allem aber dadurch, dafs Robert Langers Altersgenosse und Mitschüler kein Geringerer als Peter Cornelius (geboren zu Düsseldorf 1787) war, also Derjenige, welcher für die Glanzperiode der Düsseldorfer Kunst als der eigentliche Grundpfeiler zu betrachten ist.

---

* Im Jahre 1288 war Düsseldorf zur Stadt erhoben worden.

Bevor aber mit diesem Namen die Lenzessonne der neuen Kunst der vielgeprüften Stadt aufging, sollte erst noch einmal eine recht finstere Sturmnacht mit allen ihren Schrecken niederschmetternd und zerstörend über sie dahinbrausen, um sie vor ihrer Erhebung bis zur tiefsten Verwüstung herabzuwürdigen. Von einer stolzen Residenzstadt, die sich vormals, den gröfsten Städten der Welt den Rang ablaufen zu können, war Düsseldorf schon seit langer Zeit, namentlich nach der Vereinigung der kurpfälzischen Lande mit Bayern, immer mehr zu einer bescheidenen stillen Provinzialstadt herabgesunken. Sein einziger Stolz war nur noch seine weltberühmte Gemäldegalerie. Schon hatte sie einmal beim Bombardement der Stadt (1758) nach Mannheim geflüchtet werden müssen, war aber bei hergestellter Ruhe (1764) unversehrt zurückgeführt worden. Sie zog aufser den Malern auch die Koryphäen anderer Künste zeitweise nach Düsseldorf, so Lessing, Wieland, Claudius, Heynse, Humboldt, Herder, Bürger, Hölderlin und vor allem den Gröfsten, Goethe, zum Besuche seines Freundes Joh. Heinr. Jacobi. Da zog das schwere Ungewitter der französischen Revolution über die erschreckten Lande dahin; mit infernalischer Gewalt prasselte es auch auf das unbeschützte Düsseldorf nieder. Bei dem Bombardement am 6. October 1794, welches viele Gebäude zerstörte und beschädigte, war glücklicherweise die schon vorbereitete Flüchtung des Galerieschatzes kurz vorher bewerkstelligt. Die Sammlung wurde über Bremen nach Glückstadt gebracht und kam erst nach dem Lüneviller Frieden nach Düsseldorf zurück (1801). Aber die ob der Wiederkunft laut jubelnde Bürger- und Künstlerschaft sollte sich ihres theuersten Schatzes nicht lange in Ruhe erfreuen. Kaum begannen die friedlichen Gaue wieder aufzuathmen, da fuhr aufs neue und mit vermehrter Vehemenz wie die wilde Jagd ein Heer von Furien, Alles mit Schrecken, Entsetzen und Graus erfüllend, von Frankreich her über das zitternde Europa dahin. Und zum drittenmal mufste die Düsseldorfer Galerie geflüchtet werden (1805). Diesmal — wie es in dem allerhöchsten, vom Präsidenten von Hompesch bestätigten Befehle aus München heifst — weil »von den andringenden feindlichen Preufsen ein Ueberfall zu befürchten stehe«. Und diesmal war es auf Nimmerwiedersehen. Der Schatz gelangte unter grofsen Gefahren bis nach München und hier verliebte man sich derart in ihn, dafs man sich nicht mehr von ihm trennen konnte. Wie sehr der Schmerz Düsseldorfs um den unersetzlichen Verlust ein tiefer, ein ungeheurer war, das beschreiben zu wollen, würde stets ein vergeblicher Versuch bleiben. Dem von Johann Wilhelm gepflanzten, prächtigen Baume, der seinem Acker zu Nutz und Schutz gedeihen sollte, dem aber schon so mancher schöne Zweig entrissen wurde, war jetzt die Krone geraubt und sein Lebensmark bis ins Innerste zerstört worden. Die Größe dieses Leids war so tödlich verwundend, dafs sie sich kaum noch steigern liefs, als nun auch die mit der Galerie verbundene Kunstakademie ihrem Schatze folgen und ebenfalls nach München verpflanzt werden sollte. Der Director Langer und sein Sohn Robert sowie der Inspector Bouillot zogen bereits 1806 nach dorthin ab.

So schien die junge Düsseldorfer Akademie glücklich entschlafen; in dem Staatskalender von 1805 geschah des Instituts schon keiner Erwähnung mehr, und blieb es auch factisch noch bestehen, so gab es doch kaum ein Lebenszeichen mehr von sich. Nur ein paar untergeordnete Lehrer, die mit der Namen-Akademie ein kümmerliches Dasein fristeten, waren übrig geblieben. In diesem desolaten scheintodähnlichen Zustande gelangte das arme Düsseldorf in den Besitz der gefürchteten »feindlichen Preufsen«. Damit sollte nun endgültig sein Todesurtheil gesprochen werden.

Die barbarischen Preufsen schienen aber doch seltsamerweise ein menschliches Rühren zu fühlen. Sie erkundigten sich bald ganz theilnehmend nach dem Befinden des im Scheintod schlummernden Pfleglings. Unterm 5. December 1816 forderte das Ministerium des Innern einen Bericht ein

»über den Zustand der Kunstakademie und deren Sammlungen« und in dieser Forderung ergab sich die Handhabe zur weiteren Verfolgung des Gedankens einer Neubegründung der Düsseldorfer Kunstakademie. Allerdings war jenes Mitgefühl anfangs nur eine schwache Regung, die noch lange mit allerhand praktischen Bedenken und Erwägungen zu kämpfen hatte, ehe sie sich so weit erwärmen konnte, dafs sie zu einem klaren definitiven Entschlufs kam. Und bei diesem Zögern und Ueberlegen wäre beinahe die Gunst des Augenblicks ungenutzt vorübergegangen.

In Erwägung der wenig günstigen Finanzlage und der daraus resultirenden Sparsamkeitsrücksicht hatte nämlich die Königliche Regierung zu Düsseldorf einen praktischen Vorschlag gemacht. Sie fand ganz richtig in der Berufung tüchtiger Künstler an die neu zu gründende Anstalt die beste Gewähr für deren Aufblühen, und da »auf eine nicht sehr reichliche Ausstattung zu rechnen« war, welche ausgezeichnete Männer ihr zuzuwenden geeignet gewesen wäre, so machte man Rechnung auf den Umstand, dafs zwei damals sich hervorthuende Künstler aus hiesiger Gegend gebürtig waren und sich von ihnen annehmen lassen durfte, dafs vielleicht die Liebe zur Heimath sie geneigt machen möchte, eine Anstellung hier anderen vortheilhaften Anträgen vorzuziehen. Die beiden ins Auge gefafsten Personen waren der Bildhauer Flatles in Paris, gebürtig aus Crefeld, und der Maler Peter Cornelius in Rom aus Düsseldorf.

Diese Annahme zeigte sich denn auch als durchaus gerechtfertigt. Auf eine Anfrage erklärte Cornelius in einem Briefe vom 2. Mai 1818 sich sehr bereit, die Leitung der neueinzurichtenden Kunstschule zu übernehmen, indem er als Hauptgrund seine Liebe zur Heimath und seine Anhänglichkeit an den Preufsischen Staat, an welchen er »mit allen seinen Angehörigen durch wahrhaft innige Bande geknüpft sei«, betonte. Aber trotz der diesen Brief begleitenden warmen Empfehlung Niebuhrs, der kein Bedenken trug, Cornelius »den ersten Maler zu nennen, der seit dem 16. Jahrhundert erstanden und dessen Werth man bis dahin in Deutschland noch lange nicht hinreichend kennen zu lernen Gelegenheit gehabt habe« und was unter Malern sei, was Goethe unter den Dichtern«, und trotz der eifrigen Befürwortung der Königlichen Regierung zu Düsseldorf konnten die gegenstehenden Bedenklichkeiten nur langsam zertheilt werden. Erst auf ein nochmaliges dringenderes Schreiben Niebuhrs vom 5. Juni 1819 hatte die preufsische Regierung sich entschliefsen können, Cornelius für die Directorstelle an der Akademie zu Düsseldorf in Aussicht zu nehmen und mit dieser ihm zugleich das Anerbieten zu machen, sich an der Ausmalung des neuerbauten Schinkelschen Schauspielhauses zu betheiligen. Ungefähr kam dieser Entschlufs aber jetzt zu spät. Cornelius war inzwischen von Rom nach München übergesiedelt und es war schon lange kein Geheimnifs mehr, dafs er durch die Huld des kunstliebenden Kronprinzen Ludwig, die ihn durch grofsartige Aufträge dahin gezogen, nun dort auch vollständig gefesselt werden sollte. So war also die äufserste Gefahr in Verzug, dafs München, welches dem wetteifernden Düsseldorf schon seine Galerie und seine erste Akademie entführt hatte, ihm nun auch noch seine schönste Hoffnung für die Erstehung der neu zu gründenden Akademie vorweg nehmen würde. Cornelius aber, der treue Sohn Düsseldorfs, gerieth andererseits in schmerzlichen Conflict, dem ehrenvollen Ruf in das geliebte Vaterland, in seine theure Heimathstadt nicht folgen zu sollen. Lag ihm doch das hier zu beginnende reformatorische Werk nicht minder am Herzen wie die eigene Kunstthätigkeit. Da entschlofs sich der preufsische Minister zu einem Act freisinniger Protection der Kunst und liberaler Behandlung des Künstlers. Cornelius war nämlich der Meinung, dafs in Düsseldorf Bau und Einrichtung so weit zurück seien, dafs wohl noch zwei Jahre hingehen könnten, bis alles vorbereitet sei; inzwischen könne er in München seine Arbeit fördern, in Berlin sich berathen und in Düsseldorf leiten und ordnen.

Die Regierung ging auf alle Vorschläge ein: Cornelius wurde zum Director der Kunstakademie in Düsseldorf vom 1. October 1819 ab ernannt und erhielt die von ihm zur Bedingung gemachte Erlaubnifs, während zweier Jahre die Sommermonate hindurch in München zur Vollendung der dort bedungenen Arbeiten zubringen zu dürfen.

Für Düsseldorf war somit die junge geniale Kraft, welche sich seinem Erblühen so gerne mit voller Sohnesliebe gewidmet hätte, wenigstens nicht ganz verloren gegangen; nachdem es so Vieles vollständig hatte abgeben müssen, durfte es seinen Cornelius wenigstens theilen mit dem glücklicheren München. So war nun der Regenerator zugleich für beide Kunststädte gewonnen, welche denn auch hinfort die beiden Stätten wurden, an denen sich die Glanzperiode der deutschen Kunst entfalten sollte. Ende Januar 1820 folgte er einer Einladung nach Berlin zum Zweck der Vereinbarung der Reorganisation der Düsseldorfer Schule.

Die Gediegenheit und Grofsartigkeit seiner Arbeiten im Göttersaal der Münchener Glyptothek, welche mit Beihülfe talentvoller Schüler zum grofsen Theile bereits vollendet waren, verschafften dem Meister einen rasch sich verbreitenden Ruf, und dies äufserte bei seinem Amtsantritt in Düsseldorf sofort seine Wirkung. Zu den einheimischen Eleven gesellten sich mehrere tüchtige auswärtige Schüler, worunter C. Stürmer, H. A. Stilke, J. Götzenberger, W. Kaulbach, C. Hermann, H. Anschütz, Chr. Ruben und mehrere Andere. Freilich war nun diese Anstalt weniger Akademie als Corneliusschule und ihr Haupt weniger Director als Meister, um welchen sich die Schaar der Jünger mit begeisterter und doch wieder familiärer Hingebung drängte. Alles Reglement fiel und mit den Theorien war es vorüber; Lehren und Rath des Hauptes dagegen, unsystematisch und mehr gelegentlich hingeworfen, eingestreut in gemeinsame Arbeit wie in unterhaltende Gespräche, wirkten wahrhaft orakelhaft auf dem empfänglichen Boden. Kein Wunder, dafs in kurzem die ganze Schule wie aus einem Gusse dastand. Es gab für den Meister nur ein Ziel: die monumentale Kunst. Diese fafste er jedoch keineswegs in einen engbegrenzten Rahmen, sondern betrachtete Antike, Sage, das religiöse Gebiet nud die Geschichte als ebenbürtig. Hinsichtlich der Stoffwahl rieth er im allgemeinen von Dichter-Illustrationen ab: »Es taugt nicht, den Dichtern nachzudichten. Unsere Kunst ist frei und mufs sich frei gestalten. Erwärmen sollen wir uns an der Begeisterung der Dichter, das ganze Leben mufs von ihnen durchdrungen sein; aber wo wir dichten, sollen wir selbst dichten und nicht für uns dichten lassen. . . . Scenenmalerei ist Nachdruck; die freie Kunst mufs sich dessen schämen.« – Das waren goldene Worte, denn Selbständigkeit um jeden Preis, stolzes Selbstbewufstsein, das war es, was der Kunst vor allem noth that und namentlich der überall nur nachäffenden Malerei.

So war denn in Düsseldorf als Pflanzstätte endlich eine erfreuliche Saat aufgegangen, die anfing kräftig Wurzel zu schlagen. Es hatte nun eine Schule mit tüchtigen selbstschaffenden Künstlern, die zwar noch zum größten Theil Zugvögel waren, die die Sommermonate in München arbeiteten, aber doch auch einen guten Theil ihrer Kraft der Düsseldorfer Kunstthätigkeit widmeten. Die erste monumentale Bethätigung der Schule war die Ausmalung der Aula der Bonner Universität. Unvollendet blieb das jüngste Gericht für die Decke des Assisensaales zu Coblenz, ebenso ging's mit einigen Privatbestellungen in der Umgegend Düsseldorfs; denn mit der ganzen Herrlichkeit der jungen aufblühenden Schule war's plötzlich wieder zu Ende. Als der alte Langer, der Director der Münchener Akademie, 1824 starb und nun Cornelius zur Annahme dieser Stellung durch seinen Protector König Ludwig auf das energischste gedrängt wurde, waren die Gründe, welche dafür sprachen, so überwiegender Natur, dafs sie doch ausschlaggebend wirken mufsten und über die treue Heimathsliebe siegten. Bevor der Meister jedoch — schweren Herzens — seine junge Schöpfung verliefs, gab er sich alle Mühe, ihren Bestand in der von ihm begründeten Richtung zu sichern. Er ermahnte seine Schüler, auch nach seinem Abgange von der Anstalt rüstig in seinem Sinne fortzuarbeiten, aber die überwiegende Mehrzahl und gerade die hervorragenderen derselben erklärten mit E. Förster: »Die Anstalt, zu der wir gekommen, sind Sie; wohin Sie gehen, folgen wir Ihnen!«

So stand denn die Düsseldorfer Kunstakademie abermals verwaist, verödet da, doch sollte dieses neue Mifsgeschick nur die Einleitung sein zu einem gröfseren glänzenderen Glücke. Nach einem kurzen Interregnum, während welcher Zeit Mosler die Leitung der Anstalt übernommen hatte und es damit allerdings recht kläglich bestellt war, wurde 1826 Wilhelm Schadow zum Director der Akademie berufen und in ihm war eine Lehrkraft und ein organisatorisches Talent von so hervorragender Bedeutung für die neue Kunstanstalt gewonnen, wie sie eines solchen zu frischem Emporblühen bedurfte. So hebt denn auch mit Schadow eine stetige und gedeihliche Entwickelung der Düsseldorfer Kunst an.

Cornelius und Schadow — das sind für die Düsseldorfer Malerschule die beiden hell leuchtenden Koryphäen, wenn auch in ganz verschiedener Richtung, geworden. Es wäre ein vergebliches Unterfangen, Schadow zur künstlerischen Höhe eines Cornelius emporschrauben zu wollen. Es sind eben zwei verschiedene Dinge, ein grofser Künstler und ein tüchtiger Lehrer zu sein, ebenso wie es zwei ganz verschiedene Dinge sind, was der Künstler lernen kann und was er von Hause aus mitbringen mufs. Die Akademie kann niemals einen Künstler erziehen, wenn nicht bereits die Hauptsache, die künstlerische Beanlagung, vorhanden ist. Den grofsen Künstler macht die ihm innewohnende Gewalt der Idee, die schöpferische Phantasie. Sie mufs von Anfang an in ihm leben, sie mufs ihn zum Ausdruck treiben; um aber den Ausdruck dieser inneren Idee in einer möglichst vollendeten äufseren Form zu ermöglichen, dafür lernt er die Form — das ist das Technische. Dies ist es demnach vor allem, worin eine künstlerische Lehranstalt ihre Eleven zu fördern hat, wenngleich sie damit auch keineswegs die Entwickelung der ideellen Beanlagung aufser Acht lassen darf. Es liegt somit in der Natur der Sache, dafs der grofse Künstler, getrieben von dem verzehrenden Feuer der zum Ausdruck drängenden Idee, weniger befähigt ist für eine directe Lehrthätigkeit, so sehr er sich auch stets einer Menge geistiger Zöglinge erfreuen wird, deren innere Gluth von dem vorleuchtenden Flammenzeichen zum Nachstreben solcher unbewufsten Führer hingerissen wird. Der geringere Künstler wird in der Regel aber ein viel nüchternerer Denker, ein praktischerer Mann sein und darum mehr befähigt, auf das rein Technische, das Handwerksmäfsige, sein Augenmerk zu richten und mit aller Ruhe darin auch lernbegierige Zöglinge zu unterweisen. So überwog sicher in der That auch nach Schadows Uebernahme des Directoriums die Cultivirung und Weiterbildung in der Technik des Malens das eigentlich artistische Interesse der Schüler, und es ist nicht zu leugnen, dafs viele Haupterfolge der Düsseldorfer diesem Umstande zu danken sind. Es waltete eben ein günstiges Geschick über die neu erstandene Düsseldorfer Akademie, dafs ihr zur Leitung gleich zu Anfang der gröfste Künstler und der gröfste Lehrer folgerichtig nacheinander beschieden wurden, wodurch die Namen Cornelius und Schadow überhaupt die Leitsterne der Düsseldorfer Kunst geworden sind.

Schadow fand bei seinem Eintritt ein Feld vor, auf dem Alles wild und kraus durcheinander wuchs und das deshalb des Umackerns und der Neusaat bedurfte, um gesunde Früchte zu tragen. Je mehr dieses der Fall war, um so mehr mufs man die Weisheit und Zweckmäfsigkeit seiner Anordnungen anerkennen, welche in nicht zu langer Zeit die glücklichste Umgestaltung der Verhältnisse zustande brachte.

Die Einflüsse aus dem Lustrum des Cornelius-Directorats, mit welchem Schadow etwa zu rechnen gehabt hatte, waren kaum nennenswerth. Wenn in der ersteren Zeit etwas im Geiste des Cornelius geschah, so war es namentlich die durch Mosler durchgesetzte Bestimmung des 1829 gegründeten Kunstvereins für die Rheinlande und Westfalen, dafs ein Fünftel der Jahresbeiträge in den sog. öffentlichen Fonds fliefsen sollte, welcher zur Herstellung monumentaler Arbeiten bestimmt war und seinen Zweck vielfach glänzend erreichte, wie z. B. die Gemälde Rethels im Aachener Rathhause, die Overbecksche Himmelfahrt Mariä im Dom zu Köln, der Bendemannsche Fries in der Realschule zu Düsseldorf u. s. w. beweisen.

Schadow wählte als Künstler vorwiegend das biblische Stoffgebiet; darin am nächsten, obzwar Protestant, stand ihm R. J. B Hübner, welcher sein gleichstrebender Genosse, wie eine gleichfalls verwandte Erscheinung, Chr. Köhler sein Lieblingsschüler war. Wie letzterer an Schadow, so schlofs sich Ed Bendemann an Hübner an, auf welchen letzteren übrigens des Schülers unstreitig gröfseres Talent reichlich zurückwirkte.

Die genialste Künstlerkraft erstand der Schule auf dem Felde der profanen Geschichtsmalerei in dem unglücklichen Alfred Rethel. Er ist wohl die glänzendste Erscheinung der Düsseldorfer Schule; seine Schöpfungen gehören zu dem Grofsartigsten, was die Kunst je hervorgebracht hat. War der Schule in Rethel der gröfste Genius aufgegangen, allerdings leider nicht zur vollen Entwickelung ausgereift, so erblühte ihr in Karl Friedrich Lessing das gröfste und zugleich vielseitigste Talent und zwar in voller ausgiebigster Kraftentfaltung; er leistete gleich Bedeutendes auf dem Felde der Historien-, Genre- und Landschaftsmalerei. Seine Werke waren als der vollendetste und prägnanteste Ausdruck der damaligen Düsseldorfer Schule ihr höchster Stolz.

Schon in der Zeit ihrer Blüthe rief die übertriebene romantische Richtung eine leichterklärliche Reaction hervor, die sich namentlich im Genre in humoristisch-satirischer Weise äufserte. Der Hauptvertreter dieser Gegenströmung war Ad. Schrödter, der geistreiche Verherrlicher des Don Quijote, Falstaff, Eulenspiegel, Münchhausen und ähnlicher köstlicher Gestalten. Ihm würdig zur Seite stand P. Hasenklever. Unter den Malern des Volks zeichnete sich Rudolf Jordan, der Helgoland sich als Domäne erwählte, besonders aus. Eine andere Gruppe der Düsseldorfer Genremaler suchte seine Stoffe mehr in der Nähe im häuslichen Kleinleben der bürgerlichen wie der bäuerlichen Sphäre. Als das hervorragendste Talent mufs hier jedenfalls Ludwig Knaus, welcher noch heute als Altmeister der Genremalerei den ersten Ehrenplatz einnimmt, genannt werden.

Mit besonderem Stolz durfte die rheinische Kunstschule auf ihre Landschaften blicken, denn gerade für diesen Zweig hatte sie vortreffliche Talente gefunden und gebildet. Als eigentlicher Begründer der historisch-stilistischen Richtung darf Joh. Wilh. Schirmer betrachtet werden. Die zu ihm stehende Gruppe, welche gewissermafsen die Poesie der Reflexion zum Ziele hatte, wurde bei weitem überflügelt von den naturalistischen Landschaftsmalern, welche die Poesie der Wahrheit, der Kraft, der Fülle auf ihre Fahne geschrieben hatten. Die glänzendsten Vertreter dieses Kreises waren die Brüder Andreas und Oswald Achenbach, das leuchtende Doppelgestirn der Landschaft, dem eine lange Reihe tüchtiger Talente folgte auf der verlockenden Bahn.

In der ersten Zeit des Schadowschen Directoriums, in den dreifsiger Jahren, schien der jungen Schule eine ähnliche Einseitigkeit und Abgeschlossenheit wie der Cornelianischen gefährlich werden zu sollen. Es war von vornherein Sitte, dafs alle Künstler in Akademiegebäude arbeiteten, keiner dachte daran, selbst dann, wenn er in technischer Beziehung nichts mehr zu lernen hatte, sein eigener Herr und Meister zu werden. Diese Künstlerwirthschaft hatte etwas äufserst Gemüthliches.

Einer hockte neben dem andern im Atelier, selbst die Erholung bei der Arbeit war höchstens dem Besuch in einer anderen Werkstätte gewidmet. Unter diesen Umständen kann es nicht auffallen, wenn die Ideen gewissermafsen ansteckend wirkten, wenn eine seltsam kindliche, naiv anmuthige Uebereinstimmung nicht allein im Stoffe, sondern auch in der Farbengebung zur Erscheinung kam Aber diese biedere Urgemüthlichkeit blieb nicht lange ungestört, und heute darf man sagen, zum guten Glück der Düsseldorfer Kunst, die denn doch höhere Ziele zu erreichen hatte Eine grofse Anzahl der besten Künstler bezog die Werkstätten aufserhalb der Akademie und damit trat eine neue höchst bedeutungsvolle und heilsame Wendung in der Geschichte der Düsseldorfer Kunst ein.*
Die etwas sehr das Treibhaus verrathende Pflanze fafste von jetzt ab in dem gesunden Mutterboden immer mehr und fester Boden. Und das merkte man ihren Blüthen an, die eine immer kräftigere Naturfarbe zeigten, einen immer würzigeren Duft spendeten. Sie athmeten die frische, freie Rheinluft, und so gewann jetzt bald ihre Bezeichnung als Erzeugnifs der »Düsseldorfer Kunst« einen immer eigenartigeren, bedeutenderen Klang.

Die vierziger und fünfziger Jahre waren eine Vorbereitung auf die kommende erhebende Zeit, die überall ersehnt und vorausgeahnt wurde, ebenso auf dem Gebiete der Politik wie auf dem der Kunst. Wieviel Ahnendes durchklingt nicht die Worte, mit denen 1853 W. Müller von Königswinter sein vortreffliches Buch über die Schadowsche Schule abschliefst: »Haben die Düsseldorfer nun freilich auf den Gebieten der Genremalerei und der Landschaft die gröfste Vielseitigkeit entwickelt, so soll damit nicht gesagt sein, dafs sie nicht auch eine künftige Berechtigung zur geschichtlichen Kunst haben. Hoffentlich werden wir wieder einmal ein geschichtliches Volk, wie wir es vor Zeiten waren Dann wird uns auch die Geschichte in Bild, Drama, Epos nicht fehlen. Damit diese frommen Wünsche aber in Erfüllung gehen, ist es durchaus an der Zeit, dafs die Regierung mehr für die hiesige Schule thue, wie besonders in der letzten Zeit geschehen ist. Vor allem bedarf die alternde Akademie eine Erfrischung im Lehrpersonal und in ihren Einrichtungen. — Es ist auch nöthig, dafs an einem solchen Institut in der Geschichte, Kunstgeschichte und Literatur von tüchtigen Leuten unterrichtet werde, damit ein höherer Schwung in die Ideen, die zu genrehaft sind, kommt. Ueberdies könnte es nicht schaden, wenn gleichfalls Lehrer für die Genremalerei und Sculptur angestellt würden Und könnte nicht die Historienmalerei dann und wann durch Bestellungen, die der Staat giebt, gefördert werden?«

Alle diese frommen Wünsche sind nun in Erfüllung gegangen; die heifsersehnte Zeit ist gekommen, der Traum der vierziger und fünfziger Jahre zur Wirklichkeit geworden. Die grofse Wandlung, die sich auf politischem Gebiete vollzog, die glänzende Erstehung des neuen Deutschen Reiches, hatte auch die Erhebung auf den meisten anderen Gebieten, so auch auf dem der Kunst, zur Folge. In Düsseldorf vollzogen sich gewaltige fortschrittliche Veränderungen, die langsam vorbereitet mit immer lebhafterer Bewegung vor sich gingen. Der Hauptanstofs dazu war, wie erwähnt, schon in der Loslösung der Künstlerschaft von der Akademie gegeben worden. Die nächstliegende Folge war, dafs die freie Künstlerschaft sich auch einen Sammelpunkt zu errichten suchte und dies durch die Gründung des Künstlervereins »Malkasten« (1848) documentirte, der durch seine

---

* Es äufserte sich darin eine Episode des ewigen Kampfes um die Akademie, der nach jedem Waffenstillstand immer wieder von neuem begonnen wird. Der Akademiedirector Anton von Werner sagte: »Wenn wir alle Menzels wären, brauchten wir überhaupt keine Akademie.« Das gleiche liefse sich hier sagen. Ein Andreas Achenbach, der den Anstofs zu dem Auszug gab, hat die Akademie nicht nöthig. Aber wie viele giebt's deren unter allen denen, die sich dafür halten. — Für die meisten ist eben doch die Akademie eine nothwendige und darum gute Schule.

liberale Tendenz, des gemeinsamen collegialischen Wirkens eine segensreiche Thätigkeit entfaltete und allein schon durch seine glänzenden und geistreichen Feste einen wesentlichen Factor im Culturleben der Kunststadt ausmachte. Eine nicht minder ersprießliche Wirksamkeit wurde durch andere vereinigende Institute, die »Kunstgenossenschaft« sowie den »Verein der Düsseldorfer Künstler zu gegenseitiger Unterstützung und Hülfe« erzielt. Um für die unwiederbringliche alte Gemäldegalerie einigen Ersatz zu schaffen, wurde eine Städtische Gemäldegalerie ins Leben gerufen und zwar aus vorzüglichen Werken der eigenen Schule. Hatte sie durch ihr Emporblühen doch eclatant gezeigt, daß sie das directe Vorbild der Alten entbehren konnte. Ja es war hier das auffallende Factum zu constatiren, daß eben das Emporblühen sich eigentlich gerade von der Entführung der alten Galerie her datiren ließ, während zur Zeit der Anwesenheit derselben kein rechtes Kunstleben gedeihen wollte. Sehr wohl verdient war es demnach, daß die preußische Regierung der Stadt und Künstlerschaft zur Entschädigung für das vollständige Aufgeben der Ansprüche auf die alte Galerie eine Summe zur Erbauung einer neuen Kunsthalle überwies und daß in ihr der Städtischen Galerie eine würdige Aufnahme bereitet wurde.

Diese sich nach und nach vollziehenden günstigen Veränderungen blieben natürlich nicht ohne Rückwirkung auf die Akademie, deren sich nun auch der Staat mehr annahm. Vor allem wurde die so nöthige Vervollständigung des akademischen Lehrkörpers vorgenommen, theils durch die anerkanntesten der selbständig in Düsseldorf lebenden Künstler, theils durch die hervorragendsten Schüler der Akademie selbst, theils durch von auswärts berufene Lehrer, welche bis dahin nicht vertretene Fächer lehrten. Der glänzendste Erfolg dieser wichtigen Neuerungen, ein überall sichtbarer begeisterungsvoller und thatkräftiger Aufschwung ließ nicht lange auf sich warten. Und so kann Düsseldorf, das mittlerweile sich aus dem kleinen, Lindenblüthenduft durchzogenen Landstädtchen zu einer weit ausgedehnten, handel- und industriereichen prächtigen Hauptstadt des Rheinlandes mit fast 200.000 Einwohnern emporgeschwungen hat, mit vollberechtigter Genugthuung das Prädicat einer Kunstmetropole in Anspruch nehmen. Die treue gute Mutter, die sie der Kunst allzeit war, darf mit Stolz auf die vorzüglichen Meisterwerke ihrer Söhne blicken, deren Ruhm die ganze Welt durchklingt, sie darf hoffnungsfreudig in die Zukunft schauen, da die Jugend, das »jüngste Düsseldorf«, sich regt und das Bestreben zeigt, in dem heißen Ringen um den Ehrenpreis mit frischem Wagemuth einzutreten.

Die Deutschen sind eifrige und gründliche Wahrheitsucher. Das zeigt ihr energisches Erforschen und Vorwärtsstreben auf allen Gebieten des menschlichen Lebens. Es zeigt aber auch, wie schwer es ist, die Wahrheit zu finden. Hat doch länger wie ein Jahrtausend das Volk gerungen und geblutet, um die Idee des einigen Deutschthums zu einem einigermaßen entsprechenden Ergebniß zu bringen. Ein ähnliches mühevolles Streben zeigt sich auch auf dem Gebiete der Kunst. Auf großen Umwegen und im Kampfe mit den schwierigsten Hemmnissen muß jede kleine Vermehrung des Lichts errungen werden.

Um nur das nächstliegende Beispiel zu nehmen: welche seltsamen Bahnen hat schon die Entwickelung der religiösen Malerei, die das höchste Problem aller Kunst sich als Ziel steckt, im Laufe der Zeit eingeschlagen, welche Wandlungen bezeichnen allein die Namen Cornelius, Schadow, Bendemann und Deger. Und dann verlor sie sich immer mehr in oberflächlichen Eklekticismus, der weitab in entlegenen Gefilden schweifte und in Rom sein einziges Heil suchte. Von gesundem Natursinn, von kräftigem Deutschthum konnte keine Rede mehr sein.

Erst durch Eduard von Gebhardts Auftreten wurde wieder eine lebhafte Reaction hervorgerufen, indem er mit keckem Griff an die realistische Art der alten Meister der Reformationszeit anknüpfte. Darauf gingen Munkaczy und Uhde, letzterer in München, einen Schritt weiter zu modernerem Empfinden über, aber Munkaczy, der Ungar, und nicht einmal Uhde fühlten sich ganz als Kerndeutsche, sie besannen sich nicht genug auf ihre Eigenart und schickten nach Paris mit seinen blendenden Verlockungen des eiteln Scheins. Bei Max Klinger und F. Stuck vermifst man trotz einem anerkennenswerthen Streben nach originellem Empfinden doch in den meisten Fällen zu sehr die naive Auffassungsweise. Ihre Sucht, um jeden Preis absonderlich und sensationell zu wirken, treibt sie zu abstofsenden und ungeniefsbaren Verrücktheiten, die als Blüthen eines geistreichen Tiefsinns genommen zu werden beanspruchen; nicht wenige Gimpel gehen auf diesen Leim, und die schlauen Vogelsteller lachen sich ins Fäustchen. — Vielverheifsend ist auf dem Gebiete der religiösen Malerei in letzter Zeit Willy Spatz hervorgetreten und es ist zu hoffen, dafs seine kräftige Natur die ihm etwa noch anhaftenden Beeinflussungen überwinden und sich zu einer imponirend selbstbewufsten Eigenart entwickeln wird.

So zeigt es sich täglich aufs neue, welche Schwierigkeiten es verursacht, die Wahrheit zu finden, auch wenn sie einfach und klar vor Augen liegt. Ein einziges Wort ist es hier, das den Kern der Wahrheit, das den Wegweiser bezeichnet. Dies eine grofse Zauberwort heifst: Natur! und immer wieder Natur! — Die ärgsten Feinde jeder Kunst aber heifsen: Unnatur und Verlogenheit. Um so geringer bemifst sich ihr Werth, je mehr sie deren Schmeichelwort Gehör leiht.

Nun sagt zwar ein alter Spruch: der gerade Weg ist der beste; aber es läfst sich auch nicht leugnen, dafs in der Regel ein gerader Weg auf die Dauer entsetzlich langweilig wird. Und der Langeweile soll die Kunst erst recht aus dem Wege gehen. Zudem sind die unbekannten und dunkeln Nebenwege zu verführerisch, um an ihnen ganz ungerührt vorüber zu gehen.

Deutschland hat eine gesunde Natur — sagt A. Rosenberg — es hat immer alle fremden Körper ausgestofsen und so wird auch die deutsche Kunst am Ende gesund und unversehrt aus den Kämpfen hervorgehen, die ihr die Hast der Zeit und die Wühlerei selbstsüchtiger Volksverführer aufgezwungen haben. Augenscheinlich handelt es sich heute wieder um eine durchgreifende Veränderung der Weltanschauung und damit die Umgestaltung der Ideale. Die Wissenschaft leuchtet mit der Prometheusfackel voran, und der kühnen Schwester darf die Kunst getrost zur Seite schreiten.

In früherer Zeit bedurfte es Jahrhunderte zu einer solchen Umwälzung. Mehr wie fünf Jahrhunderte waren nöthig, um den Triumph des Christenthums und seinen vollen Sieg über die heidnische Philosophie zu besiegeln. In der heutigen Zeit der Elektricität erleben wir in zwei Jahrzehnten ebenso viele Ereignisse wie früher in hundert Jahren, und diese Beschleunigung des Fortschritts steigert sich noch von Tag zu Tag. Die phänomenalsten Erfindungen drängen sich aufeinander mit erstaunlicher Schnelligkeit. Und wie auf diesem Gebiete, so auch vollzieht sich vor unseren Augen eine ungeheure moralische Krisis. Wie bald kann auch sie ihren gültigen Abschlufs finden! Vorläufer und Propheten sind genug schon erstanden. Auch die deutsche Kunst harrt mit sehnsüchtiger Inbrunst auf einen Messias. Welche Kunststadt wird ihn uns bringen? —

2. Das Düsseldorfer Stadttheater.
Von Assessor Dr. Simonis.

Die nachstehenden Zeilen machen keinen Anspruch darauf, dem Leser eine erschöpfende historische Darstellung des gesammten Düsseldorfer Theaterwesens zu geben. Sie sollen vielmehr in erster Linie den auswärtigen Theilnehmern der Naturforscher- und Aerzte-Versammlung in kurzen Zügen vor Augen führen, wie das hiesige Stadttheater im Laufe des Jahrhunderts sich nach wechselvollen Schicksalen zu dem entwickelt hat, was es heute ist: zu einer der bestgeleiteten Provinzialbühnen des deutschen Vaterlandes. Aber auch den in Düsseldorf selbst wohnenden Festgenossen, welche die Geschichte des Theaters bereits durch die vorzügliche, umfangreichere Abhandlung des Oberlehrers Dr. G. Wimmer kennen*, dürfte die vorliegende Gabe nicht unwillkommen sein. Bringt sie doch aus dem reichen Schatze des städtischen Archivs manches Wissenswerthe, was in der Abhandlung Wimmers überhaupt nicht oder nur in ganz nebensächlicher Weise zum Ausdruck gelangt ist.

Der nachweisbare Ursprung des städtischen Theaters, d. h. einer den Interessen der Bürgerschaft dienenden öffentlichen Schaubühne, fällt in die Mitte des vorigen Jahrhunderts. Zwar berichtet uns Brosius, der Chronist der bergischen Herzöge, dafs bereits im 17. Jahrhundert eine italienische Oper hier bestanden habe, die bei festlichen Gelegenheiten »ludi theatrales« zur Aufführung brachte,** diese Oper diente jedoch nur dem Kunstbedürfnisse des Hofes, dem gröfseren Publikum war sie nicht zugängig.

Die erste gröfsere Schauspielertruppe, die hier öffentliche Vorstellungen gab, war diejenige des Komödiantendirectors N. Schuch.

Das alte Giefshaus, in welchem 1706 der Ritter Grupello die auf dem Markte stehende Reiterstatue des Kurfürsten Johann Wilhelm gegossen hatte, diente ihm im Winter 1751/52 als Kunststätte, nachdem das Gebäude, wie wir einer im Jahre 1804 erschienenen Flugschrift A. Fahnes entnehmen, bereits einige Jahre vorher nothdürftig zu einem Theater umgestaltet war.

Nach Schuch traten noch mehrere italienische und französische Gesellschaften in dem alten Giefshause*** auf, jedoch machten der überaus baufällige Zustand der Bühne, die hohen Abgaben und schliefslich auch das mangelnde Interesse des Publikums eine gedeihliche Entwickelung des Theaters unmöglich. Erst im Jahre 1781 trat eine Wendung zum Bessern ein. Auf die eindringlichen Vorstellungen kunstsinniger Bürger hin schritt der damals residirende Pfalzgraf Karl Theodor zu einer durchgreifenden Reorganisation des Theaters Das gesammte Theaterwesen wurde einem fürstlichen Commissarius unterstellt, das Gebäude einer gründlichen Reparatur unterzogen, neue Decorationen wurden auf Kosten des Fürsten angeschafft, und den Directoren mancherlei Erleichterungen gewährt. Dafs diese Besserung in den Theaterverhältnissen auf die

* Vergleiche Festschrift des Düsseldorfer Geschichtsvereins zum 600jährigen Jubiläum der Stadt Düsseldorf, 1888. Seite 385 ff.
** Vergleiche Brosius, Geschichte der Herzöge von Jülich, Cleve und Berg, Seite 108, 208 ff.
*** Wimmer a. a. O. Seite 300 und 301.

Dauer nicht anhielt, ist weniger dem guten Willen der betheiligten Factoren, als den unruhigen kriegerischen Zeitläufen beim Ausgange des vorigen Jahrhunderts zuzuschreiben. Verschiedentlich wurden durchziehende Truppen in das Theatergebäude einquartiert, die bei ihrem Wegzuge arge Spuren ihrer Zerstörungswuth zurückliefsen. Als bemerkenswerth aus dieser Zeitperiode wäre nur die im Jahre 1794 erfolgte Erstaufführung von Mozarts »Zauberflöte« zu erwähnen, die unter der Leitung des Schauspieldirectors Hunnius und unter lebhafter Theilnahme der zum grofsen Theil aus kunstsinnigen französischen Emigranten bestehenden Zuhörerschaft stattfand.*

Während über das hiesige Theaterwesen bis hieran nur dürftige Nachrichten zu uns gekommen sind,** fliefsen die Quellen vom Jahre 1805 an bedeutend reichlicher. Insbesondere enthalten die Theateracten des städtischen Archivs mancherlei Material.

In das Jahr 1805 fällt die Gründung der Bergischen Nationalbühne. Ein Mitglied dieser Bühne, Karl A. Heufser, giebt über deren Entstehung in einem von ihm herausgegebenen Theateralmanach interessanten Aufschlufs. »Beseelt von dem Eifer für das Beste der Kunst«, so schreibt er, »angefeuert durch den patriotischen Wunsch, ihren Mitbürgern ein nach bestimmten Grundsätzen organisirtes, dem Verhältnifs und der pecuniären Kraft angemessenes regelmäfsiges Schauspiel zu verschaffen, traten mehrere angesehene und rechtliche Männer aus Düsseldorfs wohlhabendster Volksklasse zu dieser Absicht zusammen.« Dem patriotischen Unternehmen wurde von der Landesregierung ein vieljähriges Privilegium ertheilt. Am 1. September 1805 trat das neue Theater zusammen. Die besseren Schauspieler erhielten als Gage 2000—3000 Gulden, für die damalige Zeit recht ansehnliche Summen.

Als erste Aufführung wurde am 8. November das Vogelsche Lustspiel »Reue und Ersatz« gegeben, welches — wie der Westphälische Anzeiger vom 28. Januar 1806 berichtet — »mit einer Vollendung in seinen einzelnen Theilen aufgeführt wurde, wie wir sie bisher auf unserer Bühne noch wenig kannten.«

Aus dem uns erhaltenen Repertoire-Verzeichnifs ersehen wir, dafs die Direction des Theaters dem Publikum durchgehends eine gute Kost bot. An Schau- bezw. Trauerspielen sind dort aufgezeichnet: Clavigo, Don Carlos, Minna von Barnhelm, Emilia Galotti, Kabale und Liebe, Fiesco, die Braut von Messina, Maria Stuart, daneben, dem Geschmacke der damaligen Zeit entsprechend, eine grofse Zahl Kotzebuescher und Ifflandscher Schauspiele. Die Oper wurde anscheinend weniger gepflegt; unter den wenigen Opern, die in den Jahren 1805—1807 zur Aufführung gelangten, finden wir fast nur solche von Mozart.

Was aus dem bergischen Nationaltheater, dessen Directoren Jacobi, Reimann und Winkelmann sich mit dem Beginne der französischen Fremdherrschaft durch ein schamloses Wettkriechen vor Napoleon und den Franzosen hervorthaten, schliefslich geworden ist, wissen wir nicht. Jedenfalls wird es mit dem Zusammenbruch der Napoleonischen Herrlichkeit ein unrühmliches Ende gefunden haben.

Mit dem Jahre 1818 tritt an die Spitze des Theaters ein Mann, der dessen Geschicke über zwanzig Jahre lang unter recht schwierigen Verhältnissen zu leiten berufen war. Joseph Derossi, aus dem Oesterreichischen stammend, war seit 1814 unter seiner Vorgängerin, einer gewissen Madame Müller, Mitglied der hiesigen Bühne. Er übernahm dann im Jahre 1817 zunächst die Direction des Aachener Theaters. Während des Aachener Congresses, 1818, verstand er es,

---

* Wimmer a. a. O. Seite 304.

** Wimmer hat die Quellen mit grofsem Fleifse gesammelt und verwerthet.

die dort anwesenden Fürstlichkeiten, insbesondere den Königlichen Hof, für sein Unternehmen zu interessiren. Der Fürsprache des letzteren verdankte er dann die Concession für das hiesige Theater. Es ist nicht leicht, sich ein richtiges Bild über das Wirken und die künstlerische Thätigkeit dieses Mannes zu verschaffen. Auf der einen Seite klagt der Oberbürgermeister, der dem Director wegen seines selbstherrischen Wesens persönlich wenig geneigt war, in zahlreichen Berichten an die Regierung und das Ministerium über die ungenügenden Leistungen des Derossi und fordert dringend die Aufhebung bezw. Nichterneuerung der Concession. Trotz alledem erhält Derossi auf der anderen Seite die Concession seitens des Oberpräsidenten stets wieder erneuert, »weil er es verstanden habe, sich die Gunst des Theaterpublikums zu erwerben«. Ob letzteres der Fall war, mag dahingestellt sein, jedenfalls erfreute er sich der mächtigen Fürsprache des hier residirenden kunstsinnigen Prinzen Friedrich von Preufsen. Verschiedene Umstände lassen es übrigens erklärlich erscheinen, wenn man die künstlerische Thätigkeit des Derossi nicht allzuhoch anschlagen darf. Er erhielt nicht nur keine pecuniäre Unterstützung seitens der Stadt, mufste vielmehr seinerseits für die damalige Zeit recht hohe Abgaben an die Armenkasse bezahlen. Diese Abgaben, die durch das bergische Decret vom 17 December 1811 eingeführt waren, betrugen für jede Abonnements-Vorstellung 3 Thaler. Aufserdem wurden von jeder Benefizvorstellung 5% der Einnahme erhoben, von denen 1 Thaler an die Theaterbaukasse, eine von dem Oberbürgermeister zu bestimmende Quote an die mit dem Dienste während der Vorstellung beauftragten Polizeibeamten, der Rest wieder an die Armenkasse abzuführen war. Hierzu kam dann noch die an die Stadt zu zahlende Miethe für das Theatergebäude. Um bei diesen Auslagen auf seine Rechnung zu kommen, liefs Derossi seine Truppe zugleich in Aachen bezw. seit 1828 in Elberfeld — während einer Saison sogar aufserdem in Köln und Coblenz! - spielen. Es liegt auf der Hand, dafs bei dieser Theilung der Kräfte die künstlerischen Leistungen manches zu wünschen übrig lassen mufsten.

Zu Anfang der dreifsiger Jahre, als die Gebrechen der hiesigen Bühne sich immer mehr fühlbar machten, entstand plötzlich eine mächtige Bewegung zur Verbesserung der Theaterverhältnisse, die die besten Kreise der Bürgerschaft ergriff. An der Spitze dieser Bewegung stand ein Mann, der dazu ausersehen war, der Schöpfer einer der glanzvollsten Epochen deutscher Schauspielkunst zu werden, und den Ruhm der Düsseldorfer Bühne über die ganze gebildete Welt zu verbreiten: Karl Immermann.

Es kann nicht unsere Aufgabe sein, dem Leser die Persönlichkeit Immermanns als Dichter und Dramaturg in erschöpfendem Bilde vorzuführen. Wir müssen uns damit begnügen, seiner hiesigen Thätigkeit in grofsen Zügen zu gedenken.

Im Jahre 1829 trat Immermann, der zwei Jahre vorher als Rath zum hiesigen Landgericht versetzt war, zum erstenmal in Beziehung zur Düsseldorfer Bühne, indem er auf den Wunsch des Director Derossi mit den Schauspielern sein Trauerspiel »Andreas Hofer« einstudirte, und so der Aufführung einen erfreulichen Erfolg verschaffte.* Noch aber war das Düsseldorfer Theaterpublikum nicht reif für die Reformpläne des grofsen Dramaturgen. »Wir haben hier Pferderennen, Musikfeste, Badereisen u. dergl.,« schreibt Immermann,** »welche unser Geld und unsere Sinne absorbiren, die aber natürlich für eine zur Ehre des deutschen Volkes gegründete Anstalt nichts übrig lassen.« So suchte er dann zunächst, in der Bürgerschaft das Verständnifs für die Dichtungen

* G. zu Putlitz, Karl Immermann. Seite 202.
** Immermanns Werke XX, Seite 126.

unserer Geistesheroen zu wecken und die Sehnsucht nach einer würdigen Darstellung derselben zu verallgemeinern. Als Mittel dazu dienten ihm vornehmlich die im Hause Schadows, dem Sammelpunkte der damaligen gebildeten Gesellschaft, stattfindenden Dilettanten-Vorstellungen, bei denen er stets als Regisseur und Schauspieler mitwirkte. Noch wirksamer erwiesen sich für seine Zwecke die dramatischen Vorlesungen, welche er zunächst nur seinen engeren Freunden, seit Ende 1831 aber einem gröfseren Kreise zugänglich machte. So konnte er denn im Frühjahre 1832 mit seinen Reformen beginnen. Wie er hierbei zu Werke ging und welche Absichten er verfolgte, ist aus einem von ihm verfafsten, im städtischen Archiv aufbewahrten Promemoria ersichtlich: Er will eine Societät von Freunden der Bühne bilden, welche durch mehrjähriges Abonnement dem Director Derossi, der noch auf mehrere Jahre concessionirt war, eine gewisse finanzielle Garantie bieten soll. Als Gegenleistung soll die Societät befugt sein, durch ihre gewählten Organe wesentlich auf das Institut einzuwirken. Diese Einwirkung soll sich in dreifacher Art äufsern; in der Wahl und dem Engagement der Schauspieler, der Zusammensetzung des Repertoires und der Darstellung einzelner klassischer Werke selbst.

Auf Grund dieses Promemoria traten am 10. December 1832 eine Anzahl hervorragender Männer zu einem provisorischen »Theaterverein« zusammen. Die Ziele, die sie verfolgten, legten sie in einem Aufruf an die Bürgerschaft dar, in welchem es unter anderem heifst:

»Zu den Mitteln, die Vervollkommnung des Theaters zu erreichen, mufsten die Unterzeichneten vor allem rechnen, eine Reihe von Darstellungen im recitirenden Schauspiel hervorbringen zu helfen, welche vor dem Auge des Gebildeten und des Kenners als möglichst vollkommene Ausführungen anerkannt werthvoller dramatischer Gedichte gelten könnten.« Es sind dies die Vorstellungen, welche für die Folge als sogenannte »Musteraufführungen« den Ruhm der Düsseldorfer Bühne begründet haben. Der Aufruf hatte einen vollen Erfolg. Die vornehmen Kreise Düsseldorfs, an der Spitze der kunstsinnige Prinz Friedrich von Preufsen, förderten das Unternehmen auf das eifrigste, und so konnte am 1. Februar 1833 die erste Mustervorstellung — Emilia Galotti — vor überfülltem Hause in Scene gehen.* Der Erfolg war ein unbeschreiblicher. Anfangs still, erwärmte sich das Publikum von Scene zu Scene. Stürmischer Beifall erscholl Rede für Rede, und am Schlusse der Vorstellung kannte der Jubel keine Grenzen. Mehrere Tage lang war Emilia Galotti das Tagesgespräch. Man sprach davon, als sei der Stadt ein Glück widerfahren. Und Immermann? Er war verblüfft über die Wirkung seiner Leitung, über den Erfolg, den er mit so geringen Mitteln erzielt hatte. »Ich kann wohl sagen,« schrieb er, »dafs mich das Gefühl von der Nüchternheit des Werkes nicht einen Augenblick verlassen hat. Gleichwohl empfand ich ein reines Behagen; ich löste mir den Widerspruch endlich dadurch, dafs ich mir sagte: überall, wo das Product bedeutender Menschenkraft uns unverfälscht geboten wird, fühlen wir den Zusammenhang mit allem besten Menschlichen, selbst wenn ein solches Erzeugnifs unserer individuellen Eigenart nicht gerade zusagt. Diese Unverfälschtheit möchte ich aber als das Hauptverdienst jenes Abends herausheben; ich hatte wirklich einmal deutsche Schauspieler sich verleugnen und Lessing in seiner kalten, klaren, haarscharfen Originalität reproduciren gesehen.«

Als weitere Mustervorstellungen kamen in dieser Saison »Der standhafte Prinz« von Calderon und Kleists »Prinz Friedrich von Homburg« mit vollem künstlerischen Erfolge zur Darstellung. Der materielle Erfolg entsprach indessen wenig den gehegten Erwartungen. Die Gesammtausgaben

---

* Werke XX, Seite 184.

des Theatervereins, der die Kosten der Mustervorstellungen zum gröfsten Theil aus eigenen Mitteln deckte, betrugen 420 Thaler; die Einnahmen aus den Vorstellungen 108 Thaler, an freiwilligen Beiträgen gingen 305 Thaler ein. Das Deficit bestritt Immermann aus seiner Tasche.

Von vornherein war im Theaterverein der Gedanke lebendig gewesen, auch der Oper in Düsseldorf mehr Fürsorge wie bisher angedeihen zu lassen. Diese Absicht fand im Sommer 1833 in überraschender Weise ihre Verwirklichung. Felix Mendelssohn-Bartholdy, der Düsseldorf als Gast Wilh. von Schadows wiederholt besucht hatte, leitete zu Pfingsten das Rheinische Musikfest hierselbst. Die musikalische Gesellschaft, die eifrig bestrebt war, die nach dem Tode des alten Burgmüller (derselbe war 1806—1824 städtischer Musikdirector) verwilderten musikalischen Verhältnisse wieder in Ordnung zu bringen, suchte Mendelssohn mit allen Mitteln für Düsseldorf zu gewinnen. Er willigte ein und wurde für 3 Jahre zum städtischen Musikdirector gewählt. Als solcher hatte er die Concertaufführungen des städtischen Gesang- (heute Musik-) Vereins zu leiten. Den Bemühungen Immermanns und Schadows gelang es schliefslich, ihn auch zur Uebernahme der Kapellmeisterstelle am Theater zu bewegen. Unter seiner Leitung wurde am 19. December 1833 Mozarts »Don Juan« als erste Mustervorstellung gegeben. — In dieser Vorstellung kam es zunächst zu einem grofsen Skandal. Die Erhöhung der Eintrittspreise für die Mustervorstellungen hatten eine lebhafte Zeitungspolemik zwischen einigen Kunstfreunden und dem Theaterdirector Derossi veranlafst. Als letzterer nicht nachgeben wollte, beschlofs man die Vorstellung zu stören. Beim Aufgehen des Vorhanges erscholl wüster Lärm. Mendelssohn schreibt hierüber.* »Nachdem der grande scandale angefangen hatte, der Vorhang dreimal gefallen und wieder aufgezogen worden war, nachdem sie das erste Duett des zweiten Actes durchgesungen hatten, ohne vor Pfeifen, Trommeln und Brüllen gehört worden zu sein, nachdem sie Immermann die Zeitung aufs Theater geworfen hatten, damit er sie vorlesen solle, und der darauf sehr pikirt weggegangen war, und der Vorhang zum viertenmal fiel, wollte ich meinen Stock hinlegen, oder ihn wahrhaftig lieber den Kerls an den Kopf werfen, als es wieder ruhig wurde — die Schreier waren heiser geworden, die ordentlichen Leute lebhafter, kurz, wir spielten den zweiten Act unter tiefer Stille und vielem Applaus weiter und durch.«

Bei der Wiederholung der Oper, die Mendelssohn mit grofsem Eifer vorbereitet hatte, wurde er begeistert empfangen. Ohne Störung konnte die Vorstellung zu Ende geführt werden und sie erzielte eine Abrundung, über die sich Mendelssohn selbst am meisten freute.

Das finanzielle Ergebnifs dieser Saison war für den Theaterverein ein im grofsen und ganzen erfreuliches. Die Einnahmen aus den sechs Mustervorstellungen deckten nicht nur die sächlichen Ausgaben und die an die Mitglieder der Bühne zu zahlenden Prämien (letztere etwa 670 Thaler), sondern ergaben auch noch einen kleinen Ueberschufs.

Die günstige Entwickelung des Theaters unter Immermanns und Mendelssohns Leitung liefsen bei dem kunstsinnigen Theile der Bürgerschaft immer mehr den Wunsch aufkommen, diese Männer dauernd an die hiesige Bühne zu fesseln. Zu diesem Zwecke sollte das Theater in städtische Regie genommen und, damit die Stadt finanziell nicht in Anspruch genommen zu werden brauchte, die zur Ausführung des Unternehmens erforderlichen Mittel durch Actien beschafft werden. Nachdem Immermann und Mendelssohn sich zur Uebernahme der artistischen Leitung bereit erklärt hatten, nachdem man ferner den Director Derossi zum Verzicht auf seine Concession gegen eine jährliche Entschädigung von 600 Thaler bewogen hatte, trat die Actiengesellschaft am 24. Juli 1834, nach

* Vergl. S. Hensel. »Die Familie Mendelssohn.«

obrigkeitlicher Genehmigung ihres Statuts, in Wirksamkeit. — Nach den Satzungen sollte das Theater, — welches von nun an den Namen »Stadttheater zu Düsseldorf« führte, — in administrativer und regulativer Hinsicht durch einen aus Mitgliedern der städtischen Behörde und der Actiengesellschaft gebildeten, unter dem Vorsitz des Oberbürgermeisters berathenden Verwaltungsrath verwaltet werden, während die artistische Leitung einem Intendanten (Immermann) und einem Musikdirector (Mendelssohn) anvertraut werden sollte. Die 25 Gründer der Actiengesellschaft, unter denen sich der gesammte hohe Adel Düsseldorfs — an der Spitze Prinz Friedrich von Preufsen — befand, übernahmen 40 Actien, jede zum Betrage von 250 Thaler, so dafs das in Aussicht genommene Kap'tal von 10 000 Thalern sofort zur Verfügung stand. Man konnte somit frisch ans Werk gehen. Immermann, der im Herbste 1834 einen ihm vom Justizminister bewilligten dreimonatlichen Urlaub dazu benutzt hatte, eine Reihe frischer Kräfte für die Bühne zu engagiren, wurde auf seinen Wunsch von dem Könige für ein weiteres Jahr aus dem Justizdienste beurlaubt, und konnte sich nun ganz dem neuen Unternehmen widmen.

Gleich zu Anfang erhielt die neue Bühne einen argen Stofs durch den Rücktritt Felix Mendelssohns von der Leitung der Oper. Mendelssohn, der sich nach seinen eigenen Worten für das Theater nie sonderlich begeistert hatte, war seiner Verpflichtung, »eine ästhetisch-technische Obsorge über die Oper zu führen, für die Componirung eines tüchtigen Personals und die Vorbereitung eines Repertoirs zu sorgen«, nur in ungenügender Weise nachgekommen. Es kam dieserhalb zu einem heftigen Auftritt zwischen ihm und Immermann, der die unmittelbare Veranlassung zum Rücktritte Mendelssohns »aus Gesundheitsrücksichten« wurde. An seine Stelle trat Julius Rietz.

Die Erfolge der neuen Bühne drangen bald durch ganz Deutschland und darüber hinaus. Auswärtige Bühnenleiter und Künstler fanden sich in Düsseldorf ein, um mit eigenen Augen die Wunder der »Musteranstalt« anzustaunen. Der Verkehr mit ihnen war für Immermann eine Quelle neuer Anregungen, während jene Eindrücke, die sie hier fanden, in ihrer Heimath zu verwerthen suchten.

Was hingegen die finanzielle Seite des Unternehmens angeht, so zeigte es sich bald, dafs dasselbe ohne Inanspruchnahme gröfserer Mittel nicht durchzuführen war. Bereits am Ende der Wintersaison ergab sich ein gröfseres Deficit und man war genöthigt, als die Tageseinnahmen nicht einmal die allernothwendigsten Ausgaben deckten, das bis dahin intact gebliebene Actienkapital von 10 000 Thalern anzugreifen und ihm 6932 Thaler zu entnehmen. Um diesen Ausfall auf andere Weise zu decken, liefs man die Schauspieler in den Sommermonaten in Elberfeld spielen. Die Bitte, auch in Coblenz und Bonn Vorstellungen geben zu dürfen, wurde vom Oberpräsidenten abgeschlagen, für Bonn mit der sonderbaren Begründung, dafs die Studenten durch ein Theater zu sehr vom Studium abgehalten würden.

Düsseldorfs kunstsinnige Bürger dagegen, die immer mehr inne wurden, welch kostbaren Schatz sie in ihrem Theater besafsen, zeigten sich zu neuen Opfern bereit: Die Mitglieder des Theater-Actienvereins verzichteten auf Zahlung der Zinsen und gaben ihre Zustimmung, dafs das auf ein Drittel zusammengeschrumpfte Actienkapital vollständig zur Fortführung des Unternehmens Verwendung finde. Dann trat man mit einem Aufrufe um Zeichnung freiwilliger Beiträge an die Bürgerschaft heran mit dem Erfolge, dafs in wenigen Tagen 2479 Thaler zusammenkamen, zu denen bei einer weiteren Sammlung noch 1500 Thaler hinzutraten. Schliefslich streckte auch die Stadt 1200 Thaler vor und verzichtete später ganz auf deren Rückzahlung.

Eine durchgreifende Besserung wurde indefs durch diese Opferwilligkeit nicht erzielt. Die finanziellen Schwierigkeiten seines Unternehmens bereiteten Immermann viel Sorge und Verdrufs. Hierzu kam, dafs die ungeheuren Anstrengungen, welche das doppelte Amt als Intendant und Richter mit sich brachte — Immermanns Gesuch um Verlängerung des Urlaubs war vom Könige abschlägig beschieden worden — seine Gesundheit untergruben und seine Spannkraft lähmten. Er dachte ernstlich daran, sich von der Bühne ganz zurückzuziehen. Noch einmal gelang es aber seinen Freunden, insbesondere der idealen, für alles Schöne begeisterten Gattin des Geheimraths von Sybel, ihn von diesem Vorhaben abzubringen. Und so sehen wir denn im Winter 1836/37, dem letzten des Düsseldorfer Unternehmens —, seine geniale Kunst noch einmal ihren schönsten Glanz entfalten.

Im Januar 1837 zeigte es sich, dafs das Unternehmen mangels jeglicher Mittel nicht mehr zu halten war und so sah sich der Verwaltungsrath gezwungen, die Auflösung endgültig zu beschliefsen.

Ueber die Ursache des Verfalles der Bühne äufsert sich Immermann bitter:* »Die Düsseldorfer Bühne ist nicht an einem inneren Leiden, sondern einzig und allein daran untergegangen, dafs die mehreren Millionen, welche das Kapital unserer hiesigen Optimaten bilden, nicht ein ferneres jährliches Subsidium von 4000 Thalern mehr abwerfen wollen . . . .; nur wegen ihrer zertrümmerte ein Institut, welches bestimmt zu sein schien, in die Reihen der rheinischen Culturanstalten mit einzurücken.«

Als Schlufsvorstellung wurde am 31. März 1837 das Halmsche Drama »Griseldis« gegeben. Noch einmal hallten die Räume des Theaters wieder von begeistertem Beifall, »der nur durch das Schluchzen der Rührung unterbrochen wurde«. Und als dann nach den rührenden Worten des von Immermann gedichteten Epiloges der Vorhang zum letztenmal sich senkte, »da fühlten alle, was untergehe, und dafs die Poesie hier auf lange Zeit zu Grabe getragen werde«.

Welchen Grundsätzen verdankt nun Immermann seine dramaturgischen Erfolge? Der Grundgedanke, von dem er ausging, war, die Einheit der Dichtung zu wahren. »Des Dichters Werk entspringt einem Haupte; deshalb kann die Reproduction desselben auch nur aus einem Haupte hervorgehen. Der Satz von der künstlerischen Freiheit der darstellenden Individuen ist zwar nicht ganz zu verneinen, darf aber nur eine sehr beschränkte Anwendung finden«.** Den Traditionen der Weimarer Schule folgend, legte er sein Hauptbestreben darauf, die Kunst der Rede bei den Schauspielern bis zur höchsten Vollendung auszubilden, um so die richtige Interpretation des Dichterwerkes zu erreichen. Das hohle Pathos, welches damals die deutsche Bühne überwucherte, war ihm verhafst, und es mag ihm Mühe genug gekostet haben, den Schauspielern die Ueberzeugung beizubringen, dafs sie nichts Anderes seien, wie Menschen, die mit ihresgleichen zu reden hätten. Um den Schauspielern das richtige Erfassen ihrer Rollen zu erleichtern, las er ihnen das Stück, welches gegeben werden sollte, vor, wobei er zugleich kurze Erläuterungen über den Vortrag des Verses gab. Dann hielt er mit jedem einzelnen Special-Leseproben, denen die allgemeine Leseprobe folgte. Ergaben sich in dieser noch Ungleichartigkeiten der Aussprache, so wurden die schadhaften Stellen so lange ausgebessert und wenn nöthig vorgesprochen, bis die Recitation als fertig gelten konnte. Die Handlung stellte Immermann zuerst in Zimmerproben fest,

* Werke XX, Seite 110.
** Werke XX, Seite 182.

Städtisches Theater.

Stadttheater.

dann probte man im Theater und zum Schlusse folgten Costüm- und Decorationsproben. Gegeben wurde das Stück nicht eher, als bis jeder, bis zum Bedienten, seine Rolle vollständig beherrschte.* Die Energie, mit der Immermann seine Ziele verfolgte, verschaffte ihm die unbeschränkte Autorität über seine Schauspieler. Sie fühlten, dafs es eine Ehre sei, unter seiner Leitung Mitglieder der Düsseldorfer Bühne zu sein. Er schreibt von ihnen:** »Den Schauspielern mufs ich das Zeugnifs ehrenhaften Fleifses bis zuletzt geben. Ich habe ihnen nie geschmeichelt; ich habe ihnen Anstrengungen zumuthen müssen, wie sie sonst nirgends den Leuten aufgegeben werden . . . . Dafs zu den Proben unter solchen Umständen nicht selten ein Theil der Nacht verwendet werden mufste, begreift sich . . . . ; so lieferten sie mir den Beweis, dafs auch der deutsche Schauspieler sogleich wieder ein ganz anderes Wesen wird, wenn man ihn nur richtig anfafst«.

Die Befürchtung Immermanns, dafs mit dem Untergange seiner Bühne die Poesie in Düsseldorf für lange Zeit zu Grabe getragen werde, hat sich für die Folge nur zu sehr bewahrheitet. Die Leistungen der Schauspieler wurden immer schlechter, das Publikum zeigte immer weniger Interesse, und so bildet die Theatergeschichte, wie sie sich in den Acten des städtischen Archivs wiederspiegelt, bis zum Ende der siebziger Jahre nur einem fortwährenden Kampf der Directoren um ihre Existenz, dem ohne Ausnahme alle unterlagen.

      Wilhelm August Henkel (1841 - 1845),
      Karl Grabowski (1845 - 1846),
      Gustav Brauer (1846 - 1847),
      Wilhelm Böttner (1847 - 1849),
      Wilhelm Löwe (1849 - 1850),
      Ludwig Kramer (1850 - 1854),
      Georg Jakob Meisinger (1855 - 1859),
      Michael Greiner (1859 - 1861),
      Wilhelm Bensberg (1861 - 1864),
      Wilhelm Sasse (1867 - 1871),
      Franz Kullack (1871 - 1873),
      Karl Scherbarth (1873 - 1876),
      Karl Erdmann (1876 - 1877), —

. . . diese Namen zählt die Theaterchronik auf, ohne von ihren Trägern etwas Anderes zu berichten, als dafs sie in fortwährenden Geldnöthen waren, die Stadtverwaltung in rührenden Eingaben um Unterstützung angingen und schliefslich froh waren, von ihrem Contracte entbunden zu werden, wenn sie es nicht, wie Bensberg, vorzogen, den Düsseldorfer Staub heimlich von ihren Füfsen zu schütteln.

Eine Ausnahme nach der künstlerischen Seite bildete nur der Director Eberhard Theodor L'Arronge, der in den Jahren 1854—1855 und 1864—1867 die Leitung der hiesigen Bühne inne hatte. Er hatte in den Jahren 1858—1868 das Kölner Thaliatheater geleitet, und hielt diese Leitung auch während seiner hiesigen Thätigkeit bei, mufste sich aber verpflichten, für Düsseldorf ein eigenes Personal zu halten. Durch Heranziehung hervorragender Gäste, z. B. Dörings, gelang es ihm, den Sinn des Publikums für das Theater zu beleben. Die pecuniären Erfolge blieben aber aus. Gleich nach der ersten Saison hatte er einen Verlust von etwa 3000 Thalern, und nur dadurch, dafs er

 * Fellner, Geschichte einer deutschen Musterbühne. Seite 202.
 ** Werke XX. Seite 108.

im folgenden Winter zu gleicher Zeit in Essen und Duisburg Vorstellungen gab, die einen kleinen Ueberschufs erzielten, und dafs ihm die Stadt wegen seiner guten Leistungen einen monatlichen Zuschufs von 400 Thalern bewilligte, gelang es ihm, sich drei Jahre lang über Wasser zu halten. — Albert Schirmer (1877—1880), der bereits in dem neuen Theatergebäude, — über welches weiter unten die Rede sein wird —, spielte, verstand es zwar, die künstlerischen Ansprüche des Publikums im grofsen und ganzen zu befriedigen, aber auch er sah sich gezwungen, um nicht ruinirt zu werden, nach drei Jahren seiner Thätigkeit um seine Entlassung einzukommen, die auch von der Stadtverordneten-Versammlung angenommen wurde.

Seinem Nachfolger Carl Simons (1881—1891) gelang es endlich nach langen Kämpfen, das Theater nach der künstlerischen und materiellen Seite hin lebensfähig zu machen. — Seine langjährige Thätigkeit als Sänger und Regisseur an den Theatern zu München, Köln, Breslau und Hamburg sowie die glückliche Leitung des Floratheaters zu Köln und des Grand-Théâtre zu Gent — eines der ersten Theater Belgiens — befähigten ihn zur Leitung eines gröfseren Bühnenunternehmens in hervorragendem Mafse. Der zunächst auf die Dauer einer Saison abgeschlossene Pachtvertrag ist mehrfach, zuletzt bis zum Jahre 1893, auf Antrag des Directors, seitens der Stadtverordneten-Versammlung verlängert worden, ein Zeichen, dafs sowohl das Publikum mit seinen Leistungen zufrieden war, als auch dafür, dafs die finanziellen Ergebnisse günstige waren.

Seiner künstlerischen Thätigkeit wurde Carl Simons im December 1889 durch einen vorzeitigen Tod jäh entrissen. Die Wittwe und sein Sohn Rainer, der derzeitige Director des Mainzer Stadttheaters, durften die Direction für den Schlufs der Saison und den nachfolgenden Winter 1890/91 fortführen. —

Seit 1891 wirkt Eugen Staegemann als Leiter der hiesigen Bühne, nachdem er vorher in Bremen, Meiningen, Hannover, am Thalia- und Stadttheater zu Hamburg, in Frankfurt a. M. als Schauspieler, und zuletzt an dem neugegründeten Lessing-Theater zu Berlin als Regisseur thätig war. Der Aufschwung, den das Theater unter seinem Vorgänger genommen, hat sich unter seiner Leitung mehr und mehr gesteigert. Die Oper, an deren Spitze der Oberregisseur Fiedler und der musikalisch feingebildete und thatkräftige Kapellmeister Göllerich stehen, — der Vorgänger des letzteren, der hochbedeutende Karl Gille, wirkt augenblicklich als Kapellmeister am Stadttheater zu Hamburg —, hat sich eine beachtenswerthe Stellung unter den deutschen Bühnen erobert; und auch das Schauspiel, dessen künstlerische Inscenirung sich der Director mit besonderem Eifer und allseits anerkanntem Erfolge angelegen sein läfst, — zeigt im grofsen und ganzen jenen Zug von Harmonie und runder Abgeschlossenheit, der die Grundbedingung einer guten Aufführung ist.

Es wird hier interessiren, die wichtigsten Bestimmungen des inzwischen bis zum 1. Mai 1900 verlängerten Pachtvertrages zwischen dem Director Staegemann und der Stadt kennen zu lernen.

Die Miethe für Benutzung des Theatergebäudes und des Fundus beträgt Mark 8000. Aufserdem hat der Director für Restauration und Garderobe eine Pacht von Mark 6500,— zu zahlen. Für die Theilnahme des städtischen Orchesters an den Opernaufführungen erhält dieses seitens des Pächters den Betrag von Mark 21 000,— pro Saison.

Die Bühnenleitung unterliegt der Beaufsichtigung des Theater-Comités.* Der Director hat

---

* Dasselbe besteht in seiner jetzigen Verfassung seit dem 1. Januar 1851 und zählt gegenwärtig folgende Mitglieder: Beigeordneter Feistel als Vorsitzender, Stadtverordnete Commerzienrath A. Bagel, C. L. Fushahn, R. Schulte und J. Simonis, Maler Boppo, Geheimen Justizrath Courth, Justizrath Herz, Gymnasialdirector a. D. Dr. Kiesel, Maler Kruger und Kaufmann J. Selner.

dem Theater-Comité von 14 zu 14 Tagen ein Repertoire der aufzuführenden Stücke vorzulegen. Stücke, welche das Comité für ungeeignet erklärt, dürfen nicht aufgeführt werden; tadelnden Ausstellungen des Comités, insbesondere auch bezüglich der künstlerischen Austattung, hat der Director Abhülfe zu verschaffen.

Nach dem Etat pro 1898/99 sind an Einnahmen Mark 31 907, an Ausgaben Mark 50 297 vorgesehen, so dafs die Stadtkasse einen Zuschufs von Mark 18 390 zu Theaterzwecken zu leisten hat.

Es erübrigt nunmehr noch, mit einigen Worten der Stätte zu gedenken, in welcher die Muse ihr Heim aufgeschlagen hat. Es ist bereits oben angedeutet worden, dafs auf Veranlassung des Kurfürsten Karl Theodor die Werkstätte, welche für Grupello zum Gusse der Reiterstatue Johann Wilhelms 1706 erbaut war, 1747 provisorisch zu einem Theater umgestaltet worden war. Am 11. April 1818 schenkte König Friedrich Wilhelm III. das Gebäude der Stadt. Bis zum Jahre 1822 behalf man sich mit ihm, so gut es ging. Als aber die baulichen Zustände immer bedenklicher wurden, verlangten sachkundige Männer, insbesondere die Regierungsbauräthe von Vagedes und Götz, energisch einen Neubau. Statt dessen beschlofs man aus mifsverstandener Sparsamkeit, den alten Rumpf mit einer neuen Ausschmückung zu versehen. Nach jahrelangem Warten — 1831 — wurden endlich die nothwendigen Verbesserungen mit einem Kostenaufwande von 20 000 Thalern hergestellt. 1832 pflanzte man den allen Düsseldorfern noch wohlbekannten Porticus aus 4 jonischen Säulen vor den Giebel. So blieb es bis zum Jahre 1864. In diesem Jahre traten 300 angesehene Bürger mit einer Eingabe an den Oberbürgermeister Hammers heran; sie forderten dringend den Neubau eines städtischen Theaters mit Plätzen für mindestens 1600 Personen. Die in der Bürgerschaft allenthalben für den Plan entfachte Agitation hatte zur Folge, dafs die Stadtverordneten am 21. Februar 1865 120 000 Thaler für einen Neubau bewilligten. Am 21. März 1865 beschlossen dann die Stadtverordneten weiter, bei der Königlichen Regierung die Hergabe eines Theiles des Botanischen Gartens an der Alleestrafse als Baustelle zu beantragen. Dem Antrage wurde am 14. August stattgegeben. So vortrefflich die Lage dieses Platzes für das zu errichtende Gebäude war, so wenig geeignet erwies sich derselbe als Baustelle, da sich hier ursprünglich ein Theil der zu Anfang des Jahrhunderts geschleiften Festungswerke befand. Erst in der Tiefe von 24 Fufs stiefs man auf brauchbaren Baugrund. Am 26. November 1867 genehmigten die Stadtverordneten den von Professor Ernst Giese zu Dresden eingereichten Plan. Zum Bauen sollte es indefs noch nicht kommen. Die Prüfung der Baupläne seitens der Regierung nahm über ein Jahr in Anspruch. Mehrere angesehene Bürger erhoben gegen den Neubau überhaupt Einspruch, da die Stadt durch nothwendigere Arbeiten finanziell zu sehr belastet sei, und so zog sich die Ausführung des Projectes, das überdies durch die Kriegsereignisse an Interesse verloren hatte, bis zum Jahre 1873 hin. Im September dieses Jahres begann man endlich mit dem Neubau nach den Gieseschen — inzwischen abgeänderten Plänen — nachdem die Stadtverordneten die nunmehr auf 270 000 Thaler veranschlagten Kosten bewilligt hatten. Am 29. November 1875 fand die erste Vorstellung in dem neuen Musentempel statt.

Das Gebäude, im italienischen Renaissancestil der Dresdener Schule gehalten, enthält in bequemer Anordnung 1200 Sitz- und 90 Stehplätze. Die Bühne ist 15,70 Meter tief und 22,50 Meter breit, die Breite der Bühnenöffnung beträgt 10,50 Meter.

Die maschinellen Einrichtungen sind unter Leitung des Maschinenmeisters Brandt aus Darmstadt ausgeführt, desselben Meisters, der auch die Wagnerbühne in Bayreuth eingerichtet hat. Das Luftheizungssystem ist von der Firma J H. Reinhardt in Würzburg geliefert Ein hervorragendes Prachtstück ist der von E. Hartmann gemalte Theatervorhang, den der Kunstverein für Rheinland und Westfalen gestiftet hat. Nur wenige Bühnen dürften sich eines in gleich künstlerischer Weise ausgeführten Vorhanges zu erfreuen haben.

Die Gesammtkosten des Gebäudes betragen etwa Mark 1 164 000, wozu noch die Kosten des im Jahre 1891 ausgeführten, hauptsächlich der Aufbewahrung der Decorationen und Utensilien dienenden Erweiterungsbaues an der Hofgartenseite mit Mark 101 336,27 treten.

Für die Feuersicherheit des Theatergebäudes ist in hervorragendem Mafse Sorge getragen. Die Bühne wird gegen den Zuschauerraum durch einen 280 Centner schweren eisernen Vorhang, der in etwa 20 Secunden durch hydraulische Kraft herabgelassen werden kann, feuersicher abgeschlossen. Die Soffiten und Prospecte sind mit brandsicherer Leimfarbe imprägnirt; sollten diese trotzdem in Brand gerathen, so werden sie mit den stets bereit gehaltenen Feuerpatschen gelöscht. Bei einem bedenklicheren Brande tritt der Berieselungsapparat in Thätigkeit. Dieser besteht aus sechs unterhalb des Schnürbodens über den Bühnengassen angebrachten 60 mm breiten Sprührohren, die aus ihren 25 380 Löchern die Bühne in kürzester Zeit vollständig unter Wasser setzen können. Ueberdies sind im Hause 61 Feuerhähne mit Schlauchleitungen, eine Anzahl stets gefüllter Löscheimer, nasse Tücher und Sandkasten vertheilt. Zum Ablassen des Rauches dient eine sinnreich construirte Vorrichtung, welche von der Bühne und vom Schnürboden durch einen einfachen Mechanismus gehandhabt werden kann und den Rauch wie durch einen Luftschacht hinausziehen läfst.

Schliefslich sei noch erwähnt, dafs seit dem Jahre 1891 das Theater mit elektrischer Beleuchtung versehen ist, so dafs alles geschehen sein dürfte, um die Möglichkeit der Entstehung eines Brandes zu verringern, die Ausbreitung eines Feuers zu verhindern und die Gefahr für Bühnenmitglieder und Zuschauer auf das niedrigste Mafs zu beschränken.

3. Die Tonkunst in Düsseldorf.
Von Professor **Julius Buths**.

Die Entwickelung des Düsseldorfer Concertlebens hängt innig zusammen mit der Geschichte der Niederrheinischen Musikfeste. War auch der Gedanke der Veranstaltung dieser Feste nicht in Düsseldorf selbst entstanden, sondern der Initiative des Elberfelder Musikdirectors Johannes Schornstein entsprungen, so war doch Düsseldorf so glücklich, der erste Platz gewesen zu sein, an welchem ein derartiges Fest in den Rheinlanden gefeiert wurde. Die Veranstaltung gewann sofort eine mehr als locale Bedeutung und wurde der Ausgangspunkt dafür, dafs das musikalische Leben Düsseldorfs das Interesse hervorragender Musiker anzog, die sich nicht nur den Festen als Dirigenten widmeten, sondern auch verschiedentlich dauernd sich hier niederliefsen Erfuhr so naturgemäfs die öffentliche Musikpflege hierselbst eine Steigerung, deren Wurzel auf die Niederrheinischen Musikfeste zurückweist, so ist auch heute noch, trotz aller Versuche, die Bedeutung und Zweckdienlichkeit der Musikfeste als verringert zu charakterisiren, für Düsseldorf ihre Bedeutung nicht in Abrede zu stellen, denn diese Feste sind in ihrer dreijährigen regelmäfsigen Wiederkehr so recht ein Mittel geworden, alle musikalischen Kräfte zu concentriren und zu erhöhter Leistungsfähigkeit anzuspornen, die Beziehungen zu auswärtigen Capacitäten und Concertinstituten wach zu erhalten und vor dem Areopag eines durch auswärtige Künstler und Kenner ergänzten Publikums immer wieder einen Mafsstab zu gewinnen für den Stand und den Grad der Entwickelung der einheimischen Musikpflege. Man braucht sich indessen durchaus nicht nur auf einen musikalisch sachlichen Standpunkt zu stellen, um die Bedeutung der rheinischen Musikfeste zu rechtfertigen, sondern darf auch die ideale Wirkung dieser Feste betonen, wie dies der Musikschriftsteller Ferdinand Pfohl unlängst gethan: »Der eigenthümliche Reiz, der von den Musikfesten ausgeht, die festliche Stimmung der Theilnehmer, der Sänger wie der Zuhörer, die über den Kleinkram des Alltags und seine Sorgen sich hinausgetragen fühlen, der wunderbare Schwung, der hier die Seelen packt: das alles ist von hohem Werth, von eigenartigem Zauber. Wer einmal ein rheinisches Musikfest besucht und so recht von Grund seines Herzens aus geschwelgt hat in dem einzigen Zusammenklang von Kunst und Natur, von Musik und Frohsinn, der wird nicht leicht auf diese Feste verzichten wollen, auch wenn sie ihm nichts Neues sagen. Ach, diese rheinischen Musikfeste! In ihnen liegt die Seele eines ganzen Volkes. Sie, ein Dithyrambus der deutschen Musikfreudigkeit, haben Veranlassung gegeben, dafs heute fast in allen Ländern deutscher Zunge Musikfeste grofsen Stils veranstaltet werden. Eine ehrwürdige Tradition, stehen sie an der Spitze des nationalen Musiklebens.«

Eine flüchtige Skizzirung der Geschichte der Niederrheinischen Musikfeste dürfte also von Interesse sein. Dieselbe erfolgt an der Hand der verdienstvollen Aufzeichnungen eines Mitbegründers dieser Feste, Hauchecorne.

Die Veranlassung zur Gründung gab ein im November 1817 in Elberfeld veranstaltetes Concert, welches unter Hinzuziehung mehrerer Musiker und Musikfreunde aus Düsseldorf unter Leitung des Musikdirectors Johannes Schornstein stattfand. Der Vorschlag Schornsteins, solchen Vereinigungen der beiden Nachbarstädte eine gröfsere Ausdehnung und feste Dauer zu geben, hatte den Beschlufs zur Folge, an den beiden Pfingstfeiertagen des Jahres 1818 in Düsseldorf ein Musikfest zu veranstalten. Zu Anfang des Jahres 1818 constituirte sich hier zur Ausführung dieses Planes ein Verein von Musikliebhabern und Kunstjüngern und wählte einen Vorstand, zu dem vornehmlich die Herren Gebrüder Wetschky, v. Worringen, Caspary und Hauchecorne gehörten. Die Leitung des Festes wurde dem damaligen städtischen Musikdirector Friedrich August Burgmüller (Vater des genial veranlagten, leider jung verstorbenen Componisten Norbert Burgmüller) übertragen. Zur Aufführung wurden die beiden Haydnschen Oratorien: »Die Schöpfung« und »Die Jahreszeiten« bestimmt. Die Solopartien waren durchweg in Händen von Dilettanten. Der Chor bestand aus 97 Sängern, deren wesentlichstes Contingent aufser Düsseldorf die Elberfelder und Barmer Chöre stellten, doch waren auch bereits Aachen, Köln und Krefeld vertreten; in gleicher Weise setzte sich das Orchester aus den Musikerkreisen dieser Städte zusammen; es wirkten aber offenbar auch im Orchester eine überwiegende Zahl von Dilettanten mit, denn dasselbe weist dem Chore gegenüber die stattliche Zahl von 103 Mitwirkenden auf. Diese Orchesterbesetzung erfährt dann in den folgenden zwanzig Jahren sogar noch eine Steigerung bis zur Zahl von 205 Instrumentalisten. Es ist dies wohl nur dadurch zu erklären, dafs das Orchester in Haupt- und Ergänzungsbesetzung (Ripienisten) eingetheilt war, das Gros des Orchesters also nur in den Tuttis zur Entfaltung kam. Charakteristisch und für die ganzen damaligen Veranstaltungen jedenfalls fruchtbringend ist der Umstand, dafs die Dilettanten nicht nur einen wesentlichen Bestandtheil des Chores, sondern auch des Orchesters ausmachten und als Gesangssolisten sogar ausschliefslich wirkten. Im Jahre 1829 schreibt noch Ferdinand Ries, der Schüler Beethovens: Die schöne Stimme der schönen Madame F. wäre mir sehr angenehm; allein es ist gefährlich, und ich kann nicht dazu rathen. Sie müssen suchen, die Soli durch Liebhaber zu besetzen; es belebt die Mitwirkenden und hat eigenen Reiz. Auch könnte es bei einigen Mitwirkenden anstofsig sein, Jemanden vom Theater zu haben.« Hauchecorne erzählt weitere reizende Einzelheiten über eine Reihe von Nebenumständen, die für die damalige Zeit in Betracht kamen und denen das jeweilige Festcomité seine Aufmerksamkeit zuzuwenden hatte. In Ermangelung der den jetzigen Vereinigungen so förderlichen Transportanstalten konnte man damals sich nur der Eilwagen, Haudererkutschen, Wasserdiligencen und später noch der Dampfschiffe bedienen, um den Festort zu erreichen, und mancher Musikfreund langte mit dem Wanderstab in der Hand daselbst an. Man ist versucht, von einem goldenen Zeitalter des Dilettantismus zu sprechen, wenn man zu alle dem noch erfährt, dafs bis zum Jahre 1830 die Namen der Mitwirkenden im Programm nicht genannt wurden, und dieses nur ein Verzeichnifs der auszuführenden Musikstücke und den Text der Gesänge enthielt. Welch eine Liebe zur Sache, welch eifrige Thätigkeit und welche Bescheidenheit! Und dabei enthielten die Programme Werke wie: Haydns »Jahreszeiten« und »Schöpfung«, Händels »Messias«, »Samson« und »Jephta«, Spohrs »Letzte Dinge«, sowie Oratorien von Fr. Schneider, Bernh. Klein und Ferd. Ries, und im Jahre 1825 die wichtige Manuscript-Aufführung der Beethovenschen »Neunten«. Freilich scheint mit letzterer auch die Grenze der Ausführbarkeit für damalige Kräfte erreicht worden zu sein, denn Ries mufste das Scherzo und einige Stellen (sic!) des Adagios auslassen, was ihm Beethoven denn auch weidlich verdacht hat. Festdirigenten waren in den ersten fünfzehn Jahren Fr. A. Burgmüller, Johannes Schornstein, Fr. Schneider, Spohr und vornehmlich Ferd. Ries, welcher allein achtmal zur Direction eingeladen war.

Ein wichtiges Ereignifs in der Geschichte unserer Feste war das Erscheinen Felix Mendelssohn-Bartholdys und wurde es in besonderem Mafse für Düsseldorf, indem Mendelssohn nach der Direction des Musikfestes im Jahre 1839 zum städtischen Musikdirector hierselbst ernannt wurde. Ist Mendelssohns Aufenthalt in Düsseldorf auch verhältnifsmäfsig nur ein kurzer gewesen, und leuchtet aus seiner zweijährigen hiesigen Wirksamkeit mehr eine künstlerische That auf dem Gebiete der Oper, als eine solche auf dem Concertgebiete hervor, nämlich die Aufführung von Mozarts »Don Juan«, so ist doch sicherlich der Einflufs dieser reichen, glücklichen Persönlichkeit im hiesigen Musikleben ein unschätzbarer gewesen und hat sich lange über die Zeit der directen localen Wirksamkeit Mendelssohns hier forterhalten, wovon einerseits dessen Beziehungen zu seinen Nachfolgern Rietz und Hiller Zeugnifs geben, andererseits die Verehrung, welche hier seinem Andenken gewahrt bleibt: wurde doch auch Düsseldorf die Stätte der Erstauffführung des »Paulus« auf dem 18. Niederrheinischen Musikfeste im Jahre 1836. Mendelssohns Nachfolger wurde Jul. Rietz, der, von Mendelssohn veranlafst nach Düsseldorf überzusiedeln, ihn hier als Musikdirector am Theater unterstützte. Mendelssohn trennte sich bald vom Theater; Rietz wurde alleiniger Kapellmeister und nach Mendelssohns Weggang von Düsseldorf städtischer Musikdirector an dessen Stelle. Rietz wirkte hier dreizehn Jahre, von 1834—1847. Er hat als Dirigent gröfsere Bedeutung erlangt, wie als Componist. Von seinen zahlreichen Compositionen haben sich nur einige Männerchöre und die für das Musikfest des Jahres 1839 geschriebene Concertouverture in A-dur auf dem Programm der heutigen Concerte erhalten. Rietz folgte im Jahre 1847 einem Rufe nach Leipzig. Der Allgemeine Musikverein schlug Ferdinand Hiller zu seinem Nachfolger vor und richtete gleichzeitig an die Stadt das Gesuch, das volle Gehalt des städtischen Musikdirectors auf ihr Budget zu übernehmen, da der Verein sich in finanzieller Bedrängnifs befand und infolgedessen die Lasten des Antheils an dem Musikdirectorgehalt und die Garantie für das 1848 bevorstehende Musikfest nicht übernehmen konnte. Die eigenthümliche Folge dieses Gesuches war, dafs städtischerseits ein wesentlich höherer Betrag zum Gehalt des Musikdirectors bewilligt, eine directe, vertragsmäfsige Anstellung eines städtischen Musikdirectors indessen nicht beliebt wurde. So wurden Hiller, sowie sein Nachfolger Schumann nicht eigentlich städtische Musikdirectoren, sondern nur Dirigenten der Musikvereine. Immerhin betrachtete sich die Stadt aber als berechtigt, die Anstellung als mit unter ihre Competenz gehörig anzusehen, was ersichtlich wurde, als Schumann mit dem Gesangverein und dem Orchester in Zerwürfnisse gerathen war und diese Corporation sich von ihm trennen wollte. Nach den für die reproductive Musikpflege so begabten Dirigenten, wie es Rietz und Hiller gewesen, welch letzterer von 1847-1849 in Düsseldorf wirkte, um dann als städtischer Musikdirector nach Köln zu gehen, hatte Robert Schumann, der tiefsinnige, in sich gekehrte Meister gewifs einen schweren Stand, denn Schumann war keine für das praktische Musikleben geeignete Persönlichkeit; wo seine Bedeutung ruhte, wufste man damals vielleicht nicht; heute ist er Allen der empfindungsvolle Sänger, dessen Weisen die Musik um einen Klang bereichert haben, der in seiner schwärmerischen, weltabgewandten Innerlichkeit eine echte Zufluchtsstätte deutschen Gemüths bleiben wird. Der Dirigent Schumann kam in Zerwürfnisse mit seinem Verein Dies und seine Krankheit wurden dann die Ursache der Trennung von seiner hiesigen Wirksamkeit. Sein Nachfolger wurde im Jahre 1853 Julius Tausch. Es ist nun wohl am Platze, noch einen Rückblick auf die Entwickelung der Musikfeste von Mendelssohns Zeit an bis zu diesem Zeitpunkte zu werfen.

Hat man den Charakter der ersten Entwickelungsperiode dieser Feste wesentlich unter dem Gesichtspunkte zu fassen, dafs alle musikalischen Kräfte, Fachleute sowohl wie Dilettanten, welche an dem betreffenden Festorte und in den umgebenden Städten vorhanden waren, sich zusammenschaarten, um Musikaufführungen gröfseren Stils zu ermöglichen, und dafs hierbei die Dilettanten in die Ueberzahl kamen, so läfst sich die Zeit von dem Auftreten Felix Mendelssohns bis etwa zum Jahre 1853 als ein Uebergang in jedenfalls verfeinerte, künstlerische Ausführung, namentlich in gesangssolistischer Hinsicht, bezeichnen. Der Grund für den ganzen Stil der Aufführungen war gelegt, der Sinn und die Liebe zur Sache war überall geweckt und gepflegt. So wird sich ganz von selbst die Erkenntnifs eingestellt haben, wie weit Dilettantenkräfte reichen und wie weit nicht. Das Bedürfnifs wird erwacht sein, die Ausführung selbst auf eine höhere künstlerische Stufe zu erheben und infolgedessen sowohl zur Besetzung der Solopartien durch hervorragende Gesangskünstler vorzugehen, sowie im Orchester immer ausschliefslicher Fachmusiker heranzuziehen. So erklärt sich auch, dafs sich das Verhältnifs der Zahl der Orchester-Mitwirkenden gegenüber dem Chore nunmehr wesentlich verschiebt. Von der Zahl 205, gegenüber nur 880 Sängern, geht das Orchester jetzt allmählich auf die für die jetzigen Saalverhältnisse als Norm geltende Besetzung von 120—130 Ausführenden zurück und der Chor wächst auf 600—700 Mitwirkende. Welchen Glanz eine derartige Zahl rheinischer Stimmen entfaltet, und welche Pracht ein aus hervorragendsten Kräften gebildetes Orchester von 120—130 Fachmusikern entwickelt, davon geben nun die Niederrheinischen Musikfeste je mehr und mehr Zeugnifs. Selbstverständlich wurde diese Entwickelung nicht mit einem Schlage erreicht, sondern umfafste einen Zeitraum von etwa zwanzig Jahren. Ja nachdem im Jahre 1839 hier in Düsseldorf ein besonders glänzendes Musikfest unter Leitung von Mendelssohn und Rietz und unter Mitwirkung von Gesangskräften wie einer Clara Novello gefeiert, und die Veranstaltung zum erstenmal auf drei Festtage ausgedehnt worden war (das Morgenconcert des 3. Tages vom Jahre 1833 war ein improvisirtes gewesen) — nachdem 1840 in Aachen das als Jenny-Lind-Fest hervorgehobene 29. Musikfest stattgefunden hatte, erleiden von 1848 ab die Feste eine dreijährige Unterbrechung. Die Ursache hiervon giebt Hauchecorne als in den politischen Verhältnissen liegend an. 1851 nimmt Aachen die Veranstaltungen wieder auf und 1853 inaugurirt Düsseldorf unter Hillers, Schumanns und Tauschs Leitung und mit dem erstmaligen Auftreten von Josef Joachim und Clara Schumann auf diesen Festen eine neue glänzende Periode derselben. Unter den Gesangssolisten der folgenden Musikfeste von 1853 – 1867 strahlen die Namen einer Jenny Lind, einer Tietjens, einer Lemmens-Sherrington, eines Stockhausen, Schneider, Hill, Niemann; unter den Instrumentalsolisten sind Auer, Sivori, De Swert, Wilhelmy, Hans v. Bülow hervorzuheben; als Dirigenten wirkten Lindpaintner, Rietz, Franz Lachner, Wüllner, Schumann und vor allem Hiller.

Das Düsseldorfer musikalische Leben ward vom Jahre 1853 an der Führerschaft von Julius Tausch unterstellt. Tausch hatte sich hier als hervorragender Pianist und feinsinniger Componist, sowie als Dirigent der Künstler-Liedertafel, schon zu Schumanns Zeiten einen Namen gemacht und wurde vom Gesang-Musikverein zunächst als Schumanns Vertreter, dann als dessen Nachfolger gewählt. Seine Ernennung zum städtischen Musikdirector erfolgte im Jahre 1855 und es wurde damit die Form der Anstellung wie zu Zeiten Mendelssohns und Rietzs wieder eingeführt. Im Jahre 1861 erlitt diese Form nochmals eine Aenderung und Tausch fungirte von da ab nur als Dirigent des Allgemeinen Musikvereins und des Gesangvereins. Seiner Wirksamkeit war die im Jahre 1856 erfolgte Gründung des Instrumentalvereins zu danken, durch welchen neben den regelmäfsigen Uebungen der Vocalmusik ein fester Mittelpunkt zur Pflege der Orchesterleistungen gewonnen wurde. Dies verdienstliche Unternehmen wurde zum Vorbilde der bis auf den heutigen Tag erhaltenen wöchentlichen Symphonieconcerte und trug sicher vor allem dazu bei, die Gründung eines städtischen Orchesters in die Wege zu leiten. Nicht nur die Nothwendigkeit, die zerstreut und sporadisch wirkenden Orchesterkräfte das ganze Jahr hindurch hier vereinigt zu halten, sondern auch das durch die Aufführungen des Instrumentalvereins angeregte Verlangen, neben den seltenen, gröfseren Concertaufführungen häufiger Gelegenheit zu haben, die Meisterwerke der Instrumentalmusik zu geniefsen, hat hierfür mitgewirkt.

Die Gründung des städtischen Orchesters erfolgte im Jahre 1864. Düsseldorf ging mit dieser für das musikalische Leben einer Stadt so aufserordentlich bedeutungsvollen Einrichtung in rühmlicher Weise den rheinischen Schwesternstädten voran. Die städtische Verwaltung schuf mit diesem Institute den wirksamsten Untergrund für eine gedeihliche Entfaltung von Oper und Concert, und die Sympathieen, welche unserem tüchtigen städtischen Orchester allerseits entgegengebracht werden, sind ein beredtes Zeugnifs dafür, wie sehr man dieserhalb der städtischen Verwaltung Dank weifs.

Eine weitere wichtige Errungenschaft, welche in die Zeit der Directionsthätigkeit Tauschs fällt, war die Schaffung eines würdigen Concertsaals, der Bau der städtischen Tonhalle. Das Textbuch des 48. Niederrheinischen Musikfestes bemerkt hierzu Folgendes:

»Düsseldorf, welches sonst alle Voraussetzungen zu einer würdigen und grofsartigen Begehung der uns so werth gewordenen Feste in sich vereinigte, besafs keinen angemessenen Saal, welcher dem künstlerischen und geselligen Glanze unserer Feste einigermafsen entsprach; ein bretternes Haus, isolirt, nothdürftig zusammengezimmert, für Wind und Regen nicht unzugänglich, zu seinem Vortheile durch Bäume hier und da verdeckt, das war der Schauplatz für die edelsten Genüsse unserer Kunst. Auf Anregung des Musikfest-Comités von 1863 wurde durch den einmüthigen Willen der Bürgerschaft und die Zustimmung der städtischen und staatlichen Behörden wenige Wochen nach jenem Feste der Ankauf des Festlocals für die Stadt und die Erbauung eines grofsen Concertsaales beschlossen, einige Monate nachher der Grundstein gelegt und nach kaum zweijähriger, rüstiger Thätigkeit der Bau vollendet. Mit ihm hat Düsseldorf eine bleibende Stätte für die Pflege derjenigen Kunst geschaffen, durch welche es einen fast ebenso hervorragenden Namen, wie als Sitz unserer Schule der bildenden Künste hat«.

Tausch hatte zur Feier der Einweihung eine Festouvertüre componirt. Er wirkte bei dem Feste als Dirigent in Gemeinschaft mit Goldschmidt, dessen Gattin Jenny Lind die Sopransoli sang. Zur Aufführung kamen der »Messias« sowie Werke von Mendelssohn, Hiller und Schumann.

Das wichtigste Erfordernifs eines Concertsaales war bei der Ausführung des Kaisersaales erfüllt: eine wundervolle Akustik zeichnet denselben vor den meisten deutschen Concertsälen aus. Mit Freude haben Solisten, Dirigenten, Orchester und Chorvereine vom Tage der Eröffnung an in diesem Raume gewirkt, denn alle fühlten sich begünstigt von dem unbegreiflichen Etwas, das die Tonwellen frei und weit ausklingen macht und sie mit dem Zauber des Aetherischen umgiebt. Er ist zur Heimstätte eines reichen Concertlebens geworden, wo man in den »Symphonieabenden des städtischen Orchesters« unter dem Kgl. Musikdirector R. Zerbe, in den Concerten des »Gesangvereins« unter dem Kgl. Musikdirector C. Steinhauer und in denen des »Städtischen Musikvereins« unter dem Nachfolger Tauschs, dem Schreiber dieses, das musikalische Erbe Düsseldorfs weiter zu pflegen bemüht ist.

Düsseldorfs Handel und Industrie.
Von Dr. **W. Beumer**,
Mitglied des preufs. Abgeordnetenhauses.

Dafs unsere Kunst- und Gartenstadt zugleich eine Handels- und Industriestadt von nicht gewöhnlicher Bedeutung ist, weifs man nicht in allen Theilen unseres Vaterlandes; jedenfalls ist die letztere Bezeichnung nicht so geläufig, als die erstere. Die merkantile und industrielle Bedeutung aber wird jedem ohne weiteres klar, der erfahrt, dafs unsere Stadt aufser drei Eisenbahnlinien einen Rheinhafen von 79 ha 75 a Flächengröfse besitzt, dafs beim hiesigen Hauptsteueramte im Jahre 1897/98 an Zöllen, Tabak-, Salz-, Branntwein- und Brausteuer, Reichsstempel- und Landesstempelabgaben 9572047 Mark entrichtet wurden und dafs sich die Zahl der anrechnungsfähigen Löhne und Gehälter in der Düsseldorfer Section der Rheinisch-westfälischen Maschinenbau- und Kleineisenindustrie-Berufsgenossenschaft 1896 auf 28911721 Mark belief, während sie für das genannte Jahr in der Düsseldorfer Section der Rheinisch-westfälischen Hütten- und Walzwerks-Berufsgenossenschaft 9497907 Mark 01 Pfg. und in der Düsseldorfer Section der Rheinisch-westfälischen Textil-Berufsgenossenschaft 7942666 Mark betrug.

A. Düsseldorfs Handel.

Die Entwicklung des Düsseldorfer Handels ist einen schwierigen und langen Leidensweg gegangen; sie wurde namentlich beeinträchtigt durch das Kölner Stapelrecht, jene seltsame Institution, die Winscheid in seiner »Commentatio de Stapula Dusseldorpii 1775« ein eigenartiges Unrecht genannt hat und die in der angeblichen Befugnifs Köln bestand, von jedem den Rhein hinauf- und heruntergehenden Schiffer zu verlangen, dafs er beim Passiren der Stadt den Kölner Hafen anlaufe, seine Ladung dort verzolle, in andere ober- oder unterrheinische Schiffe umlade und seine Waare zu Gunsten der stapelstädtischen Consumenten während dreier Tage feilbiete.

Es ist charakteristisch, dafs die Herzoge von Berg, die Regierungen der Niederlande und der Helvetischen Republik vergeblich Einspruch gegen dieses Stapelrecht erhoben, das naturgemäfs auch von der ersten officiellen Vertretung, die Düsseldorfs Kaufmannschaft 1805* infolge eines Erlasses des damaligen bergischen Ministers und Landescommissars Freiherrn von Hompesch in dem

---

* Ueber die früheren Perioden des Düsseldorfer Handels von der Zeit der Verleihung der Stadtrechte an vgl. die vortreffliche Arbeit des vormaligen Handelskammersecretärs P. Schnitz »Handel und Industrie der Stadt Düsseldorf«.

»Handlungsvorstande« erhielt,* auf das energischste bekämpft wurde. Im Jahre 1831 trat an die Stelle dieses Handlungsvorstandes die »Königliche Handelskammer«, welche am 6. März 1832 ihren ersten Jahresbericht »An Ein Königliches hochpreisliches Ministerium des Innern für Handel und Gewerbeangelegenheiten in Berlin« erstattete. Mit dem Gründungsjahr der Handelskammer fiel der Abschluſs der Rheinschiffahrtsconvention zusammen, der Düsseldorfs Handel seinen eigentlichen Aufschwung zu verdanken hat. Die Ungleichheit gegenüber Köln war freilich noch nicht im vollen Umfange beseitigt. Das beweist in dem ersten Jahresbericht der Handelskammer ein Passus, den wir als aufserordentlich bezeichnend für die damaligen Zustände ganz hierhersetzen wollen. Er lautet:

»Die mehrerwähnte Rheinschiffahrtsconvention hat die beiden Städte Köln und Düsseldorf als Freihafenstädte in Rheinpreufsen designirt und gleiche Rechte für dieselben ausgesprochen.

Wirklich ist auch das Stapelmonopol der Stadt Köln aufgehoben, und diese Stadt hat, durch die Grofsmuth Seiner Majestät des Königs, eine ansehnliche Entschädigung dafür erhalten.

Inzwischen geniefst Köln noch in diesem Augenblicke Vorrechte, die jenen des Stapelmonopols, hinsichtlich ihrer Nachtheile für den Handel Düsseldorfs, fast gleich stehen.

Wenn die nach Köln bestimmten Güterschiffe bei den Grenz-Steuerämtern zu Emmerich und Coblenz ankommen, so hinterlegen sie dort nur eine Abschrift ihres Schiffsmanifestes, erhalten Begleitung und bringen so ihre Ladung nach Köln in den Freihafen, der als Ausland betrachtet, unter keiner Controle steht und nur von aufsen bewacht wird.

Dagegen sind die auf Düsseldorf bestimmten Schiffe gehalten, eine specielle Declaration einzureichen, sich in den benannten Grenzstationen, nach Gutfinden der Steuerbeamten, einer speciellen Revision zu unterwerfen und bei ihrer Ankunft am hiesigen Ufer eine abermalige Revision zu erleiden.

Abgesehen von dieser kränkenden Zurücksetzung, liegen die grofsen Nachtheile einer solchen ungleichen Behandlung am Tage

. Köln ist mehrere Tage früher im Besitze seiner, gleichzeitig mit den unseren, aus dem Auslande abgesandten Güter; der dortige Handelsstand kann die Vortheile einer inmittelst eingetretenen Conjunctur benutzen, während unsere Ladungen noch in der Gewalt der Revisoren bleiben. Dabei veranlafst der Aufenthalt der Revisoren den Schiffern bedeutende, die Frachten steigernde Kosten.

Alles dieses ist den höheren und höchsten Behörden von seiten des ehemaligen Handlungsvorstandes und der Kaufmannschaft mehrmals, jedoch bis jetzt ohne irgend einen Erfolg, klagend vorgetragen worden.

Die Revision am hiesigen Ufer sucht man zwar dadurch als nothwendig zu rechtfertigen, dafs Düsseldorf zum Unterschiede von Köln zur Zeit noch kein angemessenes Freihafengebäude besitze; allein die Stadtverwaltung hat längst den Plan zu den desfallsigen

---

* Schon Ende 1798 hatte eine aus den Notabeln der damaligen Kaufmannschaft bestehende Gesellschaft, die sich die Förderung des Handels zur Aufgabe gemacht, den Herren Hofkammerrath Lentzen, Commerzienrath C. Brügelmann, F. H. Clostermann, F. W. Camphausen, C. A. Ditges, F. W. Carstanjen, C. G. Jaeger und W. Zeller die Vollmacht ertheilt, die Düsseldorfer Kaufmannschaft in allen den Handel und die Schiffahrt betreffenden Angelegenheiten rechtsverbindlich zu vertreten. Der genannte Erlaſs des Landescommissars setzte die Zahl der Mitglieder dieses Handlungsvorstandes auf sechs fest. Seitens der Regierung und der Stadtverwaltung wurden ihr Commissare beigeordnet, die über den Verlauf der Sitzungen unverzüglich Bericht zu erstatten hatten. Vom Jahre 1818 an führte der Oberbürgermeister in den Sitzungen dieser Körperschaft den Vorsitz.

Bauten ausarbeiten lassen, auch sind die erforderlichen Geldmittel disponibel gestellt. Die Ausführung ist allein abhängig von dem Ausspruche der betreffenden Behörden, ob die projectirten Anlagen ihrem Zwecke und den Anforderungen der Steuerverwaltung entsprechen.

Der gegenwärtige Zustand der Dinge verletzt nicht nur das Handelsinteresse unserer Stadt, sondern auch dasjenige der benachbarten Fabrikdistricte, denen der möglichst schnelle Bezug der Stoffe und Materialien ein Hauptbedürfniſs ist.

Wirklich hat es sich neuerdings ereignet, daſs Elberfelder Handlungshäuser bedeutende Particen englischer Garne in Kölnische Schiffe verladen lieſsen, um sie an Düsseldorf vorbei, auf Köln nach Elberfeld zu verführen und dadurch den Aufenthalt der Revision u. s. w. zu verhindern.

Der Gegenstand unseres unterthänigsten Gesuches um Gleichstellung in der Behandlung unserer Schiffe und ihrer Ladungen mit jenen von Köln ist so dringend, daſs wir es wagen, Ein Königliches hochpreisliches Ministerium ehrerbietigst um baldige Verwendung zur Abhülfe zu bitten.«

Diese Abhülfe trat denn auch nach Errichtung des Freihafengebäudes ein, und nun entwickelte sich in schnellem Fortschritt der von lästigen Fesseln befreite Handel unserer Stadt um so rascher, als zu der Rheinschiffahrt bald auch die Eisenbahnen als neue Verkehrsmittel traten. Am 15. October 1838 wurde die Strecke Düsseldorf-Erkrath zum erstenmal befahren. In dem Handelskammerbericht über das Jahr 1840 heiſst es in betreff der »Eisenbahn zwischen Düsseldorf und Elberfeld« also:

»Die Eisenbahn zwischen Düsseldorf und Elberfeld hat sich ihrer gänzlichen Vollendung insoweit genähert, als sie mit dem Ende des Monats Mai 1841 dem Verkehr bis Vohwinkel eröffnet werden kann. Die Befahrung der ersten Section bot im vorigen Jahre bei 117 Fahrtagen eine Frequenz von 53 488 Personen dar, also per Fahrtag durchschnittlich 457. Sowohl mit Dampf als auch mittels Pferdekraft wurden 219 211 Centner Güter und Materialien transportirt. Der Güter- und Materialientransport umfaſste zunächst den Bedarf an Baumaterial für die Eisenbahn selbst.«

Am 3. September 1841 konnte die ganze Strecke Düsseldorf-Elberfeld dem Betrieb übergeben werden, womit das Hinterland des bergischen Industriegebietes zum erstenmal dem Düsseldorfer Hafen näher gerückt wurde. Im Jahresbericht für 1846 heiſst es dann:

»Auf der Düsseldorf-Elberfelder Bahn sind im Jahre 1846 354 891 Personen (also 32 586 mehr als im Jahre 1845) und 1 100 599 Centner Güter (also 56 815 mehr als 1845) transportirt. Die Zunahme des Verkehrs ergibt sich am besten aus der Progression der Handelsgüter, welche nach Elberfeld befördert worden sind:

1843 .   273 438 Centner   1845 . . . 494 297 Centner
1844 . . . 350 614   »   1846   . . 579 850   »

Der Transport der von Elberfeld versandten Güter ist leider noch immer sehr gering. Die in diesem Jahre bevorstehende Eröffnung der Steele-Vohwinkler und einer Strecke der Bergisch-Märkischen Bahn versprechen dem Unternehmen günstige Aussichten.«

In demselben Jahresbericht war darauf hingewiesen, »daſs die Nützlichkeit des Unternehmens der Aachen-Düsseldorfer Eisenbahn ihre Anerkennung in der durchaus soliden Betheiligung an dasselbe (sic!) gefunden habe« und »stehe die Rentabilität schon allein durch den provinziellen Verkehr auſser allem Zweifel«.

Von der »Köln-Mindener« heißt es in demselben Bericht:

»Die bereits 1845 für den Personenverkehr eröffnete Strecke zwischen Köln und Duisburg ist im Laufe des Jahres 1846 nun auch für den Gütertransport benutzt worden. Dieser wird ohne Zweifel erst mit Vollendung der Bahn seine ganze Bedeutung gewinnen; denn die jetzt nicht unbedeutende Frequenz in dieser Beziehung steht wohl mit der durch den frühzeitigen Frost gehemmten Wasser-Communication in Verbindung. Dem Vernehmen nach sind die Resultate des Betriebsjahres 1846 günstig. Bei circa 52 % Selbstkosten sind circa 90 000 Thlr. für die Strecke von Köln bis Duisburg übrig geblieben, welche auf 2 Millionen Baukosten und circa 200 000 Thlr. Betriebsmaterial etwa 4 % für Verzinsung ergeben dürften Der Güterverkehr ist nur vom dritten Quartal 1846 hier einbegriffen. Sobald die Bahn vollendet sein und der Personen- und Waaren-Transitverkehr hinzutreten wird, können sehr befriedigende Erfolge erwartet werden.«

Bezüglich der Prinz Wilhelm-Bahn (Stehle-[sic!]Vohwinkler) lautet der Bericht:

»Der Bau ist soweit vorgeschritten, daß die Eröffnung des Betriebes für das Jahr 1847 in sicherer (sic!) Aussicht steht. Es wird hierdurch für unseren nächsten Bereich eine wohlthätige Bewegung namentlich im Kohlenhandel entstehen, wodurch dieser so wichtige Artikel für uns zugänglicher wird, und dem städtischen Arbeitsverkehr neue Hülfsquellen sich eröffnen.«

Weitere Schienenwege traten im Laufe der Jahre hinzu, und so stellt sich für die letzten 4 Jahre der Eisenbahnverkehr Düsseldorfs wie umstehend.

Leider ging mit der Entwickelung des Eisenbahnverkehrs diejenige der Rheinschiffahrt für Düsseldorf nicht Hand in Hand und zwar infolge des Mangels eines genügenden Hafens. Durch Verfügung Napoleons I., der 1811 bestimmt hatte, daß aus der Grundsteuer des damaligen Herzogthums Berg eine Summe von 100 000 Francs alljährlich zur Verschönerung Düsseldorfs und zu nützlichen Anlagen, unter anderem zur Anlage eines Sicherheitshafens verwendet werden sollte, wurde der alte, an der Hafenstraße gelegene Sicherheitshafen zugeworfen und der neue Sicherheitshafen am Hofgarten von französischen Galeerensklaven ausgeschachtet.* So groß diese Errungenschaft für die damalige Zeit war, so wenig genügte der Hafen für die zweite Hälfte unseres Jahrhunderts. Der Güterverkehr im hiesigen Hafen ging vergleichsweise immer mehr zurück An dem Gesammtgüterumschlag in den deutschen Rheinhäfen war Düsseldorf**

im Jahre 1860 mit	4,0 %		im Jahre 1880 »	1,2 %
» » 1870 »	4,8 %		» » 1890 »	0,9 %

betheiligt. Nimmt man die Ruhrhäfen sowie Mannheim-Ludwigshafen mit ihrem Massenumschlag in Kohlen, Getreide und anderen Rohproducten aus und vergleicht man Düsseldorf nur mit den Häfen von Worms bis Düsseldorf, so stellt sich der Betrieb Düsseldorfs

im Jahre 1860 auf	16,0 %		» » 1880 »	12,2 %
im Jahre 1870 »	23,5 %		» » 1890 »	9,8 % .

---

* Aus der ausgeschachteten Erdmasse stammt der Napoleonsberg im Hofgarten. Der Hafen selbst existirt bekanntlich nicht mehr; er hat den Anlagen der neuen stehenden Rheinbrücke, die von der »Rheinischen Bahngesellschaft« erbaut wird, Platz machen müssen und ist im Winter 1897/98 zugeschüttet worden.

** Vgl. die hochinteressante und gründliche Darlegung von W. Zimmermann, Städtischer Hafendirector und Königl. Hafencommissar: »Düsseldorf als Hafenstadt.« (In der Festschrift der Stadt Düsseldorf vom 30. Mai 1898.)

Bezeichnung	Jahr	Düsseldorf-Bilk		Düsseldorf-Derendorf		Düsseldorf-Grafenberg		Düsseldorf-Hafen		Düsseldorf-Hauptbahnhof		Düsseldorf-Lierenfeld	
1. Personen-Verkehr. Auf Fahrkarten und Fahrscheine einschl. der Militärfahrscheine abgefertigte Personen.	1893/94 1894/95 1895/96 1896/97 1897/98	Zahl " " " "	159 670 163 091 200 969 196 477 200 159		118 807 175 470 151 856 167 681 170 012						1 291 752 1 315 369 1 296 714 1 513 432 1 467 819			
2. Güter-Verkehr. a) Stückgut einschl. Eilgut und Expressgut.	1893/94 1894/95 1895/96 1896/97 1897/98	Empfang 9 770,0 12 291,0 12 743,0 16 162,0 20 996,0	Versand 26 353,0 30 061,0 33 722,0 38 652,0 45 948,0	Empfang 33 240,0 37 743,0 38 106,0 40 974,0 39 027,0	Versand 49 062,0 55 255,0 55 722,0 63 598,0 59 830,0	Empfang 1 715,0 2 172,0 2 093,0 2 411,0 2 317,0	Versand 4 008,0 4 214,0 4 037,0 5 417,0 6 780,0	Empfang — — — — —	Versand — — — — —	Empfang 6 756,0 7 708,0 8 563,0 8 467,8 10 157,0	Versand 8 057,0 8 193,0 8 611,0 9 162,0 10 260,0	Empfang — — — — —	Versand — — — — —
b) Wagenladungen.	1893/94 1894/95 1895/96 1896/97 1897/98	329 569,0 332 181,0 307 147,0 291 669,0 277 462,0	210 668,0 213 318,0 162 956,0 78 582,0 83 317,0	296 634,0 324 628,0 401 676,0 374 607,0 393 660,0	65 693,0 64 496,0 62 257,0 70 818,0 85 241,0	109 080,0 125 519,0 160 488,0 197 165,0 194 662,0	46 210,0 42 391,0 45 832,0 52 737,0 76 780,0	— — 41 080,0 70 648,0 94 639,0	— — 77 568,0 181 927,0 253 622,0	1 560,0 629,0 353,0 465,0 992,0	193,0 300,0 129,0 217,0 117,0	418 507,0 463 150,0 492 002,0 589 067,0 686 672,0	132 961,0 132 777,0 164 792,0 225 753,0 225 621,0
3. Einnahmen aus dem a) Personen- (einschl. Gepäck-) Verkehr.	1893/94 1894/95 1895/96 1896/97 1897/98	ℳ " " " "	119 745 127 019 138 358 154 598 157 937		99 969 101 702 110 322 122 419 120 240		— — — — —		— — — — —		2 693 461 2 564 782 2 837 786 3 113 023 3 341 292		— — — — —	
b) Güterverkehr.	1893/94 1894/95 1895/96 1896/97 1897/98	" " " " "	1 371 128 1 368 156 1 218 731 1 161 169 1 145 512		1 931 278 2 019 405 2 101 433 2 162 509 2 433 641		366 811 438 147 514 255 661 936 626 802		— — 136 182 291 602 401 450		265 974 294 809 339 208 265 068 471 788		1 528 628 1 638 451 1 760 218 1 989 950 1 973 110	
4. Abgefertigte Frachtbriefe.	1893/94 1894/95 1895/96 1896/97 1897/98	Zahl " " " "	98 770 103 660 111 931 122 931 160 055	969 957 928 220 241 734 267 340 315 808	333 479 347 061 371 932 379 067 385 982	335 547 344 242 360 046 364 905 369 707	22 461 24 643 29 986 31 910 30 680	21 942 24 532 32 683 32 644 36 751	— — 4 112 6 464 8 455	— — 8 200 17 766 24 150	63 016 76 851 92 169 99 522 107 395	58 905 72 456 84 824 94 074 105 889	33 328 37 673 40 715 48 782 47 272	24 412 26 747 23 118 28 962 29 334

* Anmerkung: Düsseldorf II. ist erst am 1. Oktober 1895 eröffnet, bis dahin erschien der frühere Rheinuferverkehr bei Düsseldorf-Bilk.

Vergeblich ermahnte 1871 der Vorsitzende des hier domicilirten »Vereins zur Wahrung der gemeinsamen wirthschaftlichen Interessen in Rheinland und Westfalen« Herr Wm. T. Mulvany zur Abhülfe — das von ihm vorgeschlagene Hafenproject litt allerdings an dem schwerwiegenden Nachtheil der tiefen Uferlage — zum Bau eines neuen, den Bedürfnissen Düsseldorfs und seines industriereichen Hinterlandes entsprechenden Hafens; das siebente Jahrzehnt unseres Jahrhunderts verstrich, ohne die Ansätze zu einer Besserung zu bringen. Im Jahre 1880 endlich trat man der Idee eines neuen Hafens näher; am 29. Juli 1889 wurde der Stadt durch Allerhöchste Cabinetsordre das Enteignungsrecht zum Zwecke des Hafenbaues verliehen, und Ende Januar 1890 theilte der Oberpräsident der Rheinprovinz mit, dafs der Ausführung des Hafenprojectes nun keine Bedenken mehr entgegenständen. Rüstig gab man sich ans Werk, und am 80. Mai 1896 wurde der neue Hafen feierlich eröffnet, der die auf ihn gesetzten Hoffnungen von Jahr zu Jahr mehr zu erfüllen verspricht. Schon im ersten Jahre nach der Eröffnung stieg der Güterverkehr im hiesigen Hafen um 20 %. Der Güterbestand im alten Lagerhause betrug Ende 1895 rund 300 000 kg, im neuen Lagerhause Ende 1896 rund 900 000 kg zollpflichtiger und rund 600 000 kg zollfreier Güter, mithin die fünffache Menge. Die Zahl der hier eingelaufenen Schiffe hat sich in dem genannten ersten Jahre um 11 % vermehrt. In mehr als einer Beziehung ist für die Entwickelung unserer Düsseldorfer Handelsverhältnisse die nachfolgende Uebersicht interessant:

Auf dem Rheinwerft ergab der Güterverkehr:

	1894/95	1895/96	1896/97
Einfuhr	276 674 725 kg	314 092 742 kg	333 632 592 kg
Ausfuhr	55 401 642 »	62 784 300 »	75 352 170 »
zusammen	332 076 367 kg	376 877 042 kg	408 984 762 kg

Es ergiebt sich danach für das Jahr 1896.97 gegen das Jahr 1894.95 eine Zunahme von 76 908 395 kg und gegen das Jahr 1895/96 eine Zunahme von 32 107 720 kg.

Im Speciellen vertheilt das Güterquantum sich nach Ein- und Ausfuhr sowie bezüglich der Hauptbestandtheile wie folgt:

Bezeichnung	Einfuhr				Ausfuhr			
	zu Berg		zu Thal		zu Berg		zu Thal	
	1895/96 kg	1896/97 kg	1895/96 kg	1896/97 kg	1895/96 kg	1896/97 kg	1895/96 kg	1896/97 kg
Handelsgüter	81 156 832	87 235 956	23 803 999	30 306 569	15 106 377	24 870 031	38 869 485	38 924 162
Getreide und Hülsenfrüchte	55 200 566	50 456 881	1 411 198	2 874 836	37 958	16 867	112 000	—
Behauene Steine, Baumaterialien	80 000	100 000	11 007 713	7 766 422	—	—	—	563 700
Rohe Steine, Sand, Thon	14 086 615	9 610 343	77 599 200	76 684 610	—	—	—	—
Obst, Kartoffeln, Heu, Stroh	202 500	198 665	435 679	637 458	—	14 788	—	7 000
Kohlen	230 000	200 000	—	—	—	—	—	—
Kohlen von der Eisenbahn	—	—	—	—	4 568 000	5 200 000	4 568 000	5 200 000
Roheisen	208 847	1 370 982	587 250	597 480	—	25 531	—	—
Kalk und Kalksteine	15 000	—	—	—	—	—	—	—
Bau- und Nutzholz	28 039 350	29 632 832	26 771 003	28 776 503	22 500	488 891	—	41 220
Geflöstes Holz	—	—	13 256 990	7 883 005	—	—	—	—
Summe	189 219 710	178 805 709	154 873 032	154 826 883	19 784 835	30 616 108	43 049 465	44 736 082
Darunter concurriren die Dampfboote mit	3 303 637	3 083 851	8 162 374	7 631 750	8 382 088	10 494 344	6 569 763	8 436 905

B. Düsseldorfs Industrie.

Die Anfänge zu einer grofsindustriellen Thätigkeit Düsseldorfs reichen in das vorige Jahrhundert zurück. Am 24. August 1784 wurde dem Commerzienrath G. Brügelmann folgende kurfürstliche Verordnung zu theil:

»Nachdem Se. Churfürstl. Durchlaucht dem Fabrikanten Johann Gottfried Brügelmann auf dessen neuangelegte Kratz-, Spinn- und Handmaschinen ein gnädigstes Privilegium exclusivum auf 12 Jahre in der Maafse gnädigst ertheilet haben, dafs dieselbe weder nachgemacht, noch die dazu gehörende Arbeitsleute dessen Fabrike auf keinerlei Weise entzogen, verführet oder verleitet werden sollen, dafs sodann derjenige, welcher dem zuwider sich beigehen lassen wird, die zu solcher Fabrikmaschine gehörende Leute, unter welchem Vorwande es auch immer sey, zu verführen, mit tausend Ducaten Straf unnachlässig beleget und im Mifszahlungsfalle zum Kaiserswerther Zuchthaus lebenslänglich (!) abgegeben werden solle: So wird solches zu Jedermanns Wissenschaft und Warnung bekannt gemacht und gemeldtem Brügelmann erlaubet, den Inhalt dieses, wo und wie derselbe dienlich erachtet, verkünden zu lassen.

Aus seiner Churfürstlichen Durchlaucht sonderbarem gnädigsten Befehl.

Carl Graf von Nesselrod.
v. Reinertz.«

Aufser der Brügelmannschen, auf diese merkwürdig energische Weise geschützten Spinnerei gab es noch eine Kattunspinnerei auf der Flingerstrafse. Für die socialpolitischen Verhältnisse der damaligen sog. »guten alten« Zeit ist es bezeichnend, dafs für diese Spinnerei durch öffentliche Bekanntmachung Kinder von 6—8 Jahren bei einem Wochenverdienst von 30 Stüber gesucht wurden. Behufs Beschäftigung von Gefangenen und Stadtarmen waren weitere zwei Spinnereien eingerichtet.*

Napoleons I. Fürsorge war auch auf die industrielle Entwicklung gerichtet. In Consequenz der Continentalsperre suchte er gegen England die industriellen Anlagen auf dem Festlande zu fördern, und so sehen wir ihn im Jahre 1809 eine Belohnung von 100000 Francs für denjenigen aussetzen, der die Indigopflanze hier so cultiviren würde, dafs der daraus gewonnene Indigo dem von auswärts bezogenen an Qualität gleich käme. Ferner wurde für die Erfindung einer tauglichen Flachsspinnereimaschine 1 Million Francs als Belohnung ausgesetzt; dafs sie jemals ausgezahlt worden ist, wird freilich nirgends gemeldet. Immerhin zeigen aber die Ausschreibungen, dafs das französische Regime im wohlverstandenen Interesse des Landes auf die Hebung der Industrie bedacht war.

Die letztere entwickelte sich denn auch in Düsseldorf auf dem Gebiete des Textilgewerbes schon in den ersten 40 Jahren unseres Jahrhunderts in erfreulicher Weise. Auch andere Industrien, wie die Bleiröhren-, Zinnröhren-, Walzblei- und Bleidrahtfabriken, Holzschnereien u. s. w., siedelten sich in Düsseldorf an. Eine Eisenindustrie aber konnte hier erst entstehen, nachdem die Verbindung mit dem Kohlenrevier durch die obengenannten Eisenbahnen hergestellt war. Dafs sie sich dann aber mächtig entwickelte, zeigte die im Jahre 1852 hier abgehaltene

---

* Das Nähere siehe bei P. Schmitz a. a. O. Seite 400.

Rheinisch-westfälische Gewerbeausstellung, die eine kleine Vorläuferin schon im Jahre 1837 gehabt hatte, nämlich die auf Veranlassung des Düsseldorfer Gewerbevereins ins Leben gerufene Ausstellung, die in 38 Tagen von 9555 Fremden besucht wurde. Ueber die 1852er Ausstellung entnehmen wir dem derzeitigen Handelskammerbericht die nachfolgenden, auch heute noch interessirenden Angaben:

»Schon früher, als die weltberühmte Londoner Industrie-Ausstellung stattfand, hatte die unterzeichnete Stelle in Aussicht genommen, die sehr geeigneten Verhältnisse der hiesigen Stadt zur Veranstaltung einer Gewerbe-Ausstellung zu benutzen. Man verschob jedoch die Ausführung, weil jene gröfsere Ausstellung damals das Interesse der ganzen europäischen Industrie an sich zog. Sehr willkommen war uns aber die gegen das Ende des Jahres 1851 von anderer Seite hergekommene Anregung zu einer Gewerbe-Ausstellung für Rheinland und Westfalen, da diese beiden Provinzen auf der Londoner Ausstellung nicht genügend in ihrer industriellen Kraft aufgetreten waren, und sie gerade eine in seltener Weise abgerundete Industrie enthalten. Die Handelskammer ordnete drei ihrer Mitglieder in das Ausstellungs-Comité ab und nahm auf diese Weise fortwährend Antheil an der Ausführung dieses Unternehmens. Die Ausstellung wurde am 15. Juli eröffnet und am 1. October geschlossen. Der Erfolg übertraf unsere kühnsten Hoffnungen. Sie wurde von 766 Gewerbetreibenden (in 861 Rubriken) beschickt, und ihr Umfang dürfte sich daraus annähernd ergeben, dafs die eingesandten Waaren mit 120 000 Thalern gegen Feuersgefahr versichert waren. Die Ausstellung wurde von ungefähr 60 000 Personen besucht und lieferte eine Einnahme von circa 16 500 Thalern, wovon 5000 Thaler als Nettoertrag der hiesigen Stadt zu gemeinnützigen gewerblichen Zwecken überwiesen wurden:

Die ausgestellten Producte und Fabricate waren im wesentlichen folgende:

I. Mineralien, Bergbau-Erzeugnisse, Metalle.

Steinkohlen, Koks, Eisensteine, Roh- und Stabeisen, Rohstahl, Gufsstahl, Blockblei, Silber-, Kupfer-, Blei- und Zink-Erze, Galmei, Zinkblende, Puddelstahl, Cementstahl, mehrere Glocken von 180 bis 2700 Pfund aus Gufsstahl, Marmor und Marmor-Arbeiten.

II. Metallwaaren verschiedener Art, Werkzeuge, Waffen.

Eisen- und Stahldrähte, Drahtsaiten, Drahtseile, Kratzen für Schaf- und Baumwoll-Spinnereien, Weberkämme, Näh-, Strick- und Stecknadeln, Weifsbleche, Zinnwaaren, darunter ein chemisch-pharmaceutischer Dampfapparat mit dazugehörigem Geschirr, verzinnte Kochgeschirre, ein Sortiment Britannia-Metallwaaren, Jagdflinten, Büchsen, Pistolen, Hieb-, und Stichwaffen, Kürasse, Helme.

III. Maschinen, mathematisch-physikalische Instrumente, musikalische Instrumente, Ackergeräthe.

1 Liliput-Dampfmaschine, 1 transportable Dampfmaschine von 1 Pferdekraft, eine 2 pferdige Hochdruck-Maschine, 2 Dampfpumpen, Walzen für Eisen- und Stahlblech, Walzen für Daguerreotyp-Platten, 1 Münzwalzwerk, 1 Münzen-Prägemaschine, 1 Bandmühle, 1 Kratzensetzmaschine, 1 Schnelldruckpresse, 1 Jacquard-, 1 Velour- und 1 Shawl-Webstuhl, 1 Strumpfwirkerstuhl (arbeitend).

2 Telegraphen-Apparate, verschiedene geodätische Instrumente, 1 Kreistheilmaschine, mehrere Decimalwaagen.
Uhren aller Art.
28 Flügel, Pianofortes und verschiedene Blas- und sonstige Instrumente etc.

IV. Spinn- und Weberwaaren, gefärbte und gedruckte Stoffe.

Baumwollene Garne und Gewebe, wollene Stoffe und Streichgarne, halbwollene tuchartige Stoffe, Seiden- und Sammetwaaren, gedrehte Seide, Flachs, Hanfgarne und Gewebe, gemischte Webewaaren.

V. Lederwaaren, Sattler- und Riemer-, Schuh- und Handschuhmacher-Arbeiten.

Ganze Häute, sowohl roh als schwarz aufbereitet, gefärbt und lackirt, auch Treibriemen.

VI. Mehrere Wagen.

VII. Diamanten, Gold- und Silberwaaren.

VIII. Tischler-, Tapezier-, Vergolder-, Stuckatur-Arbeiten und Holzschnitzereien, Goldleisten, Springleisten und Bildhauer-Arbeiten.

IX. Papier, Tapeten, Buchbinder-, Futteralmacher-Arbeiten und Cartonnagen.

X. Glas-, gebrannte Thon- und Irdenwaaren.

XI. Chemicalien, Liqueure, Consumtibilien, Tabake, Cigarren.

Die Ausstellung gab uns ein erfreuliches Bild der Gewerbethätigkeit und der hohen Vollendung, welche die Provinzen Rheinland und Westfalen in vielen Industriezweigen errungen haben, und dürfen wir gewifs sein, dafs die ihr allerorts gewordene Anerkennung auf das Streben der Handels- und Gewerbetreibenden, die einzelnen Fabricate noch mehr zu vervollkommnen, die günstigste Wirkung äufsern wird.«

Wir fügen noch hinzu, dafs diese Ausstellung einen Ueberschufs von Mark 21 877,40 erzielte. Welchen Aufschwung dann in den nächsten 28 Jahren die Industrie des ganzen niederrheinisch-westfälischen Reviers sowohl als diejenige unserer Stadt insbesondere nahm, zeigte die grofse »Gewerbe- und Kunst-Ausstellung Düsseldorf 1880«, welche, unter der kraftvollen Initiative des Herrn Commerzienrath H. Lueg ins Leben gerufen, für alle Zeiten einen Ruhmes- und Ehrenplatz in der Geschichte unserer Stadt einnehmen wird. Die Ausstellung schlofs mit einem Ueberschufs von Mark 244 000, der zur Errichtung unseres »Centralgewerbemuseums« verwendet wurde. Die Gesammtzahl der zahlenden Besucher während der ganzen Dauer der Ausstellung (145 Tage) betrug 1 056 230 für die Gewerbe- und Kunstausstellung und 81 644 für die Ausstellung kunstgewerblicher Alterthümer, wobei ca. 15 000 Abonnenten und etwa 800 Besitzer von Freikarten nicht mit eingerechnet sind.

Zu den Besuchern zählten Se. Majestät Kaiser Wilhelm I. und Ihre Majestät die Kaiserin Augusta, der damalige Kronprinz und die Kronprinzessin, die Prinzen Karl und Friedrich Karl von Preufsen, viele andere fürstliche Personen des Reichs und des Auslandes sowie zahlreiche Besucher aus allen Ländern der Welt. Die Frequenz von Ausländern war für eine Provinzialstadt geradezu als eine enorme zu bezeichnen. Bedeutende technische Gesellschaften, u. a. das Iron and Steel Institute, hielten aus Anlafs der Ausstellung ihre Jahresversammlung in Düsseldorf ab.

An Auszeichnungen wurden an Aussteller in der Gewerbe-Ausstellung im ganzen 784 verliehen, davon fielen 16 % auf Düsseldorf, der beste Beweis, einen wie hohen Stand unsere Industrie schon damals im Gesammtgebiete der rheinisch-westfälischen Industrie einnahm. Inzwischen ist dieselbe noch ganz bedeutend gewachsen. Da von anderer Seite ein Führer durch die hiesige Industrie herausgegeben werden wird, beschränken wir uns an dieser Stelle darauf, die einzelnen Industriezweige aufzuzählen, die in Düsseldorf in hervorragender Weise vertreten sind. Zunächst ist es die Metallverarbeitung zu Halb- und Fertigerzeugnissen der verschiedensten Art: Röhren, Eisen- und Stahlbleche, Stabeisen, Eisen- und Stahldraht, Drahtstifte, Bandagen, Achsen und Schmiedestücke, Eisenbahn- und Strafsenbahnbetriebsmittel, Dampfkessel, Wasserröhrenkessel, Eisen- und Wellblechconstructionen, Maschinen, gufseiserne Schachtauskleidungen (Tubbings), Wasserhaltungs- und Bohreinrichtungen, Aufzüge, Krahnen und Walzwerkseinrichtungen, Werkzeugmaschinen, Poteriegufswaaren, Emaillewaaren, Geschofspatronen, Zündhütchen, Metall-Legirungen (Delta-Metall), Armaturen, Thür- und Fensterbeschläge, Centralheizungen, Fittings, Geldschränke und Dampfschmierapparate. Auf dem Gebiete der chemischen Industrie werden in Düsseldorf hergestellt Bleichsoda und Wasserglas, Lack und Firnifs, Bleiweifs, Malerfarben, Farbholzextracte und organische Farbstoffe.

Ferner hat Düsseldorf eine grofse Industrie der Baumaterialien. Ringofenziegeleien, Thonwerke, Marmorsägerei und Schleiferei und grofse Holzsägewerke.

Eine hervorragende Stelle in unseren Industrien nimmt die Erzeugung von Papier, Pergamentpapier und Pappdeckel ein.

Die Textilindustrie steht hier in allen ihren Zweigen in hoher Blüthe; wir haben Kammgarnspinnereien, Baumwollspinnereien, Webereien und Färbereien, eine Gummiweberei, Blau-Druckereien und -Färbereien, Rofshaarspinnereien, Kunst-Wäschereien und -Färbereien sowie eine Kunstwollfabrik.

Ferner hat Düsseldorf eine grofse Anzahl gewerblicher Anlagen auf dem Gebiete der Nahrungs- und Genufsmittel-Industrie, Punsch- und Liqueurfabriken, Brauereien, Brennereien, Brot-, Tabak-, Eis- und Seifenfabriken, nicht zu vergessen der zahlreichen Anstalten, die den berühmten Düsseldorfer Senf erzeugen. Endlich haben wir eine grofse Anzahl leistungsfähiger Druckereien, eine xylographische und eine Lichtdruckanstalt, deren Leistungen weltbekannt sind.

Eine besondere Eigenthümlichkeit Düsseldorfs besteht — und das gehört erfreulicherweise mit zu ihrer industriellen Geschichte — noch darin, dafs sie infolge ihrer centralen Lage im Revier der niederrheinisch-westfälischen Grofsindustrie diejenige Stadt ist, in welcher die bei weitem gröfste Mehrzahl aller Versammlungen technischer und industriell wirthschaftlicher Natur aus der Provinz oder auch aus dem weiteren Vaterlande stattfindet. Düsseldorf ist Sitz des »Vereins zur Wahrung der gemeinsamen wirthschaftlichen Interessen in Rheinland und Westfalen«, der die gesammten Industrien der gewerbefleifsigen beiden Schwesterprovinzen umfafst, der »Nordwestlichen Gruppe des Vereins deutscher Eisen- und Stahlindustrieller«, welche die wirthschaftlichen Interessen der bedeutsamen Eisen- und Stahlindustrie Rheinlands-Westfalens wahrzunehmen bestrebt ist, und des »Vereins deutscher Eisenhüttenleute«, dessen Zweck in der praktischen Ausbildung des Eisen- und Stahlhüttenwesens, in der Vertretung und Wahrnehmung der Interessen dieser Gewerbzweige, der Förderung des Verbrauches von Eisen und Stahl in allen Formen besteht und der z. Z. fast 2000 Mitglieder zählt, die zum gröfsten Theil in Deutschland wohnen, zum übrigen Theil in fast allen civilisirten Ländern zerstreut sind. Die genannten drei Corporationen halten ihre Sitzungen und Versammlungen regelmäfsig in Düsseldorf, und dies allein genügt, um jährlich tausend und aber tausende von industriellen Besuchern in unsere Stadt zu führen.

Ferner besteht hierselbst eine Börse, die den Zweck hat, Handeltreibenden und Industriellen Gelegenheit zu geben zur Besprechung und zum Abschluss von Geschäften, nämlich zum An- und Verkauf von Erzeugnissen der montanen und metallurgischen Industrie, von Antheilscheinen (Kuxen) gewerkschaftlich betriebener Bergwerke, Actien von Bergwerksgesellschaften und sonstigen Werthpapieren aller Art von Unternehmungen der montanen und metallurgischen Industrie sowie von Werthpapieren solcher anderweiter industrieller Unternehmungen und solcher Gesellschaften und Corporationen, welche ihren Sitz in der Rheinprovinz oder in der Provinz Westfalen haben. Terminhandel ist von der Thätigkeit der Börse ausgeschlossen.

Die Börsenversammlungen finden alle 14 Tage statt, und so trägt auch dieses Institut dazu bei, dass zahlreiche Industrielle die Düsselstadt besuchen, weil sie eben eine hervorragende Handels- und Industriestadt, vielleicht aber auch, weil sie zugleich eine Garten- und Kunststadt ist, die jeder einmal gerne sieht und zu der er immer aufs Neue gerne wiederkommt. Möchte das auch bei den deutschen Naturforschern und Aerzten der Fall sein, denen an dieser Stelle auch namens der Handels- und Industriekreise unserer Stadt ein herzliches Glückauf! zugerufen sei.

Besonderer Theil.

Volksbewegung und Sterblichkeitsverhältnisse.

Bei der Erhebung Düsseldorfs zur Stadt im Jahre 1288 kann die Bevölkerung, selbst wenn man die im Aufsenbezirk liegenden, zur Stadt gehörenden Güter derer von Flingern, von Pempelfort, von Loë und von Eller mitrechnet, nur äufserst klein gewesen sein, da innerhalb der geringen Ausdehnung des umfestigten Gebiets, welches nur die heutige Strafse »Altstadt« mit der östlichen Seite der zum Theil jetzt schwindenden Krämerstrafse, der »unteren« Ritterstrafse (im Volksmunde heute noch »kleine« Ritterstrafse genannt — im Gegensatz zu deren späteren östlichen Verlängerung) und der Liefer- (Leven)gasse in sich schlofs, ein zusammenhängender Ausbau kaum vorhanden gewesen sein wird.

Bis gegen Ende des 14. Jahrhunderts hat nur eine Vermehrung innerhalb der Mauern stattfinden können.

Mit der Vergröfserung des Stadtgebiets 1384 durch die »neue Stadt« (Mühlen-, Kurze-, Andreas-, Bolker-, Hunsrücken- und Marktstrafse und Mertensgasse) trat ein nicht unwesentlicher Zuzug ein. Die Bewohner der zunächst gelegenen Honschaften Golzheim, Derendorf und der alten, grofsen Dorfschaft Bilk mit ihren drei Honschaften Arien- oder Orien-, jetzt Oberbilk, Kehr- oder Kirchbilk und Mühlhoven — diese bis zur alten Martinskirche — wurden unter der Bedingung, Häuser in der »neuen Stadt« zu errichten, als Bürger aufgenommen. 1394 erhielten die Bewohner von Hamm Aufforderung, unter der gleichen Bedingung des Anbaues daselbst nach der Stadt zu ziehen, die sich dann vornehmlich in der Flinger-, Berger- und Rheinstrafse ansiedelten und von hier aus die Ackerwirthschaft weiter betrieben.

Die Gebiete der vorgenannten Ortschaften wurden in den Stadtverband aufgenommen. Das so erweiterte Stadtgebiet blieb auf Jahrhunderte hinaus im wesentlichen unverändert. Im Jahre 1386 verlegten die bergischen Herrscher das Hoflager nach Düsseldorf. Dies wird nicht ohne Einfluss auf die Vermehrung der Wohnbevölkerung gewesen sein.

Im 15. Jahrhundert trat ein Stillstand in der Erweiterung des Stadtgebietes ein, der auch während der beiden folgenden Jahrhunderte andauerte. In dieser Zeit baute sich die Stadt im Innern aus, um für die wachsende Bevölkerung Unterkunft zu schaffen.

Nach einem Berichte des Dechanten Voetz (Boetius?) vom Jahre 1658 hatte das gesammte Stadtgebiet damals 14768 Einwohner — 13848 Katholiken, 707 Reformirte und 213 Lutherische. 1703 zählte die umwallte Stadt zwar erst 8578 Seelen, dagegen war die Bevölkerung im Umkreise der Festungsmauern stärker angewachsen, so namentlich in der Ortschaft Derendorf, die deshalb 1691 als selbständige Pfarrei von Düsseldorf abgetrennt wurde. Dechant Voetz giebt die vor den Thoren der Stadt wohnenden Pfarrkinder auf 559 an.

Für eine weitere bauliche Ausdehnung und damit für eine erneute Ansiedelung wurde unter der Regierung von »Jan Willem« (1690—1717) viel gethan. Durch Verordnung vom 9. April 1709 wurde allen Neubauern, sofern sie sich auf den neuen Bauplätzen bei der Stadt ansiedelten, das Bürgerrecht und eine dreifsigjährige Abgabenfreiheit zugestanden.

Aus diesen Ansiedelungen ging, etwas abgesondert von dem in der zweiten Hälfte des 17. Jahrhunderts durch die Hafen- und Citadellstrafse mit ihren Nebengassen und die Dammstrafse erweiterten Festungsgebiete, der Häuserkomplex und die Bevölkerung der heutigen »Neustadt« im Südwesten der Stadtumwallung hervor, während im Südosten durch die Vorschiebung der Befestigungswerke der von der heutigen Kasernen-, Haroldstrafse, Königsallee und Grabenstrafse umgrenzte Block in das engere Stadtgebiet eingezogen und zur Ansiedelung freigegeben wurde.

Bis 1787 trat dann wieder eine längere Unterbrechung in der räumlichen Vergröfserung der Stadt ein, die indessen die Bevölkerungszunahme nicht hinderte, da für die natürliche Vermehrung, wie für den Zuzug von aufsen innerhalb der Umwallungen noch Raum genug zum Anbau vorhanden war. Durch den immer mehr und mehr sich schliefsenden Ausbau ging der durch die frühere Ansiedelung von Ackerbürgern aus der Umgegend in den neuen Stadtquartieren noch vorherrschende landstädtische Charakter nach und nach verloren.

Der zweite Nachfolger Johann Wilhelms, Karl Theodor, der zwar selbst in Düsseldorf nicht residirt hat, erweiterte die Stadt durch Anlegung neuer Strafsen im Norden und Osten; so entstanden die verlängerte Ritterstrafse, die Neustrafse und im Süden nach Schleifung der Befestigungen das neue nach ihm »Karlstadt« benannte Bauviertel. Durch Urkunde vom 7. September 1787 wurde den Anbauenden, die anfänglich 1 Thaler für die Quadratruthe Boden zahlen mufsten, um den Zuzug zu begünstigen, eine zwanzigjährige Steuerfreiheit zugesichert. Schon 1791 hatte der neue Stadttheil 86 Häuser mit 1541 Neueinwohnern. Bei dem grofsen Andrang von Emigranten, der so stark war, dafs 1793 von Amtswegen die Aufnahme solcher nur gegen Erlaubnifsschein gestattet werden mufste, erhielt die Stadt einen vorübergehenden Zuwachs. Manche Familie wird aber wohl dauernd sich hier niedergelassen haben.

1796 zählte die engere Stadt 10802 Einwohner. Die Garnison war 1786 3500 Köpfe stark und hat sich in der Höhe von ca. 3000—3500 bis 1890 so ziemlich erhalten. Die Volkszählung 1895 ergab 3824 active Militärpersonen, denen heute eine (die V.) Escadron des Husarenregiments Nr. 11 in dauernder und ein Bataillon 159. Regiments in vorübergehender Garnison zuzuzählen sind.

Im Jahre 1801 betrug die Bevölkerung 12102 Seelen, so dafs im Laufe des 18. Jahrhunderts (1703 Seelenzahl 8578) eine Zunahme von 41 % eingetreten ist. Nach einer Statistik des Jahres 1804, die hier zum Vergleiche mit der unten folgenden aus 1895 ausführlicher mitgetheilt zu werden verdient, hatte Düsseldorf damals 13366 Einwohner (excl. Militär), 6519 männliche, 6847 weibliche. Von diesen waren 2570 Männer, 2664 Söhne, 1285 Knechte bezw. 2593 Frauen, 2695 Töchter und 1559 Mägde, die in 3508 Familien lebten. Dem Stande nach waren die Familienhäupter 55 Adelige, 160 Beamte, 915 Kaufleute, 1991 Handwerker, 105 Ackerwirthe und 282 gewerblos.

Unter den 994 Gebäuden waren 11 Kirchen, 18 öffentliche Gebäude, 3 Mühlen und 962 Privathäuser, bei welch letzteren sich 6 Scheunen und 165 Stallungen befanden. Auf jedes Wohnhaus sind daher rund 14 Bewohner und auf jede Familie 3,8 Personen zu rechnen.

Durch die 1801 in Angriff genommene gänzliche Schleifung der Festungswerke gewann die Stadt neuen Raum für den weiteren Ausbau innerhalb der Gräben. Bis 1809 waren ausgebaut die Breite- und Elberfelderstraße, bis 1811 die Alleestraße.

1812 wurden 14472 Einwohner gezählt.

Als die ehemalige Hauptstadt des bergischen Landes — von 1806 ab des Grofsherzogthums Berg — 1815 an die Krone Preußens fiel, hatte sie 19552 Einwohner.

Nach 1816, mit welchem Jahre Düsseldorf einen eigenen Stadtkreis bis 1820 bildete, begann die Stadt sich östlich des Grabens auszudehnen. Nunmehr werden die Umwohnenden und die Ackerbürger in den Aufsenorten als Angehörige der eigentlichen Stadt mitgezählt, die 1817 22653 Seelen aufwies.

Bis 1830 erfolgte der Anbau hauptsächlich im Nordosten und im Süden im Anschlusse an die Karlsstadt, der sich von 1840 ab der Ausbau der Friedrichsstadt anreihte. Nach 1850 bevölkerte sich nach und nach die Gegend zwischen der heutigen Schadowstraße -- dem Flingerer Steinweg - und dem fiscalischen Hofgarten und um 1860 im Anschlusse an die schon angebauten Theile nördlich des fiscalischen Hofgartens, die Kaiser- und Jägerhofstraße, das zwischen diesen und der Duisburgerstraße gelegene Gelände.

Die durch das Anwachsen der Bevölkerung bedingte Ausdehnung der Bauquartiere im einzelnen weiter zu verfolgen, würde zu weit führen.

1861 war die Bevölkerung auf 52997 Köpfe angewachsen, hatte sich demnach in einem Zeitraum von fast 50 Jahren nahezu verdreifacht.

Die Wirkungen des mit dem 1. Januar 1868 in Kraft getretenen Freizügigkeitsgesetzes zeigten sich bald in der von nun an rapiden Bevölkerungszunahme. Nicht minder hat hierzu die steigende Entwickelung der Industrie im Weichbilde der Stadt — Oberbilk — beigetragen.

Unter dem ruhmreichen Scepter der »Hohenzollern« ist Düsseldorf zu dem geworden, was es heute ist, eine der blühendsten Städte des Deutschen Reiches.

Düsseldorf, das im Jahre 1800 um die 10000 Einwohner hatte, wird mit dem Beginne des 20. Jahrhunderts die zwanzigfache Einwohnerzahl überschritten haben, da am 1. April 1898 bereits 192898 Seelen gezählt wurden und nach dem Ergebnifs der letzten Volkszählung ein natürlicher und räumlicher (Wander-) Zuwachs von jährlich rund 6500 Personen in der vorhergehenden Zählperiode zu verzeichnen ist.

Zum Vergleiche mit der oben wiedergegebenen Statistik von 1804 folgen hier einige Angaben der letzten Volkszählung.

1895 gab es in Düsseldorf 9417 bewohnte Wohnhäuser, 309 Anstalten und 89 andere bewohnte Baulichkeiten mit zusammen 175985 — 88507 männliche, 87478 weibliche — ortsanwesenden Personen, einschliefslich 3824 Militärpersonen, in 36523 gewöhnlichen und Einzelhaushaltungen, so dafs auf jedes bewohnte Haus 18,44 (1890 = 17,27, 1885 = 16,45) und auf jede Haushaltung 4,82 (1890 = 4,88, 1885 = 4,87) Personen kommen.

Die nachstehende graphische Uebersicht veranschaulicht das Anwachsen der Bevölkerung im Laufe dieses Jahrhunderts.

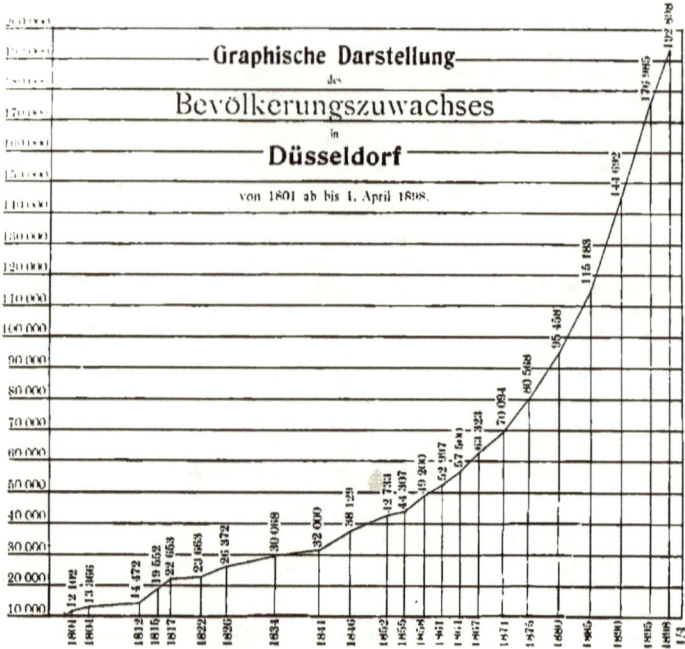

Der Durchschnittszuwachs nach den Ermittelungen der periodischen Zählungen seit 1850 (1. December 1849), in Procenten ausgedrückt, stellt sich, wie folgt:

Lfd. Nr.	Periode von	bis	Dauer	Zuwachs in %	Jahreszuwachs durchschnittlich %
1	1849	1852	3	5,74	1,91
2	1852	1855	3	3,68	1,23
3	1855	1858	3	5,74	1,91
4	1858	1861	3	5,50	1,83
5	1861	1864	3	10,10	3,37
6	1864	1867	3	10,52	3,51
7	1867	1871	4	11,22	2,80
8	1871	1875	4	14,93	3,73
9	1875	1880	5	18,15	3,63
10	1880	1885	5	20,67	4,13
11	1885	1890	5	25,57	5,11
12	1890	1895	5	21,67	4,33

Die natürliche und räumliche Bewegung in der Bevölkerung Düsseldorfs seit 1850 zeigt folgende Tabelle.

Jahr	Zahl der Geburten	Zahl der Sterbefälle	Natürlicher Ueberschufs	Ergebnifs der Zählungen	Periodischer Ueberschufs nach Kolonne 4	Periodischer Ueberschufs nach Kolonne 5	Räumlicher (Wander-) Ueberschufs
1	2	3	4	5	6	7	8
1850	1515	1075	440	3.12.49 = 40412			
1851	1549	972	577				
1852	1513	988	525		42 733	1 512	2 321	779
1853	1478	1109	369				
1854	1477	1022	455				
1855	1356	1249	107		44 307	931	1 574	643
1856	1425	1072	353				
1857	1646	1185	461				
1858	1633	1119	514		49 200*	1 495	4 893	3 565**
1859	1798	1167	631				
1860	1791	1099	692				
1861	1757	1274	483		52 997	1 806	3 797	1 991
1862	1824	1264	560				
1863	1979	1209	770				
1864	2071	1401	670		57 508	2 000	4 511	2 511
1865	2182	1718	464				
1866	2433	1926	507				
1867	2271	1818	453		63 323	1 424	5 815	4 391
1868	2411	1940	471				
1869	2554	1658	896				
1870	2688	2054	634				
1871	2365	2811	-446		70 094	1 555	6 771	5 216
1872	3044	1988	1056				
1873	3132	2208	924				
1874	3371	2268	1103				
1875	3519	2248	1271		80 568	4 354	10 474	6 120
1876	3737	2299	1438				
1877	3691	2036	1655				
1878	3754	2375	1379				
1879	3948	2292	1656				
1880	3842	2995	847		95 458	6 975	14 890	7 915
1881	4041	2448	1593				
1882	4061	2541	1520				
1883	4273	2711	1562				
1884	4433	2875	1558				
1885	4605	2721	1884		115 183	8 117	19 725	11 608
1886	4771	3050	1721				
1887	4948	2804	2144				
1888	5148	2949	2199				
1889	5517	3253	2264				
1890	5673	3175	2498		144 642	10 626	29 459	18 633
1891	6214	3485	2729				
1892	6191	3355	2836				
1893	6343	3695	2648				
1894	6764	3406	3358				
1895	6860	4122	2738		175 985	14 309	31 343	17 034
1896	7407	3519	3888				
1897	7794	4022	3772				
1898 31.3.	2115	822	1293		192 898	8 953	16 913	7 960

* Hierunter von jetzt ab auch die Militärpersonen.
** In 1858 mehr von 2351 Mann gegen die Civilbevölkerung.
*** Hierunter 254 Sterbefälle von den in den hiesigen Lazarethen verpflegten, verwundeten und erkrankten Soldaten und 530 Sterbefälle infolge der Pockenepidemie.

Nach dem statistischen Jahrbuche deutscher Städte nimmt Düsseldorf unter den 7 Städten mit dem grössten Geburtenüberschusse — hohe Geburtenfrequenz und relativ geringe Kindersterblichkeit — die 7. Stelle mit 20,13 % ein.

Das Zuschlagsverhältnis für die Zu- und Abgänge bei der Fortschreibung der Bevölkerung in der Periode 1890/95 berechnet sich für Düsseldorf auf 0,31 in Procenten der gemeldeten Abgezogenen.

Die Verhältnisse der natürlichen Bevölkerungsbewegung seit dem Jahre 1881 veranschaulichen die nachfolgenden Tabellen.

Eheschliessungen und Geburten 1881/97.

Jahr	Eheschliefsungen		Geburten												
			Lebendgeboren				Todtgeboren				überhaupt				darunter
	im ganzen	auf 1000 Einw.	m.	w.	Sa.	auf 1000 Einw.	m.	w.	Sa.	auf 1000 Einw.	m.	w.	Sa.	auf 1000 Einw.	un-eheliche	auf 1000 Einw.
1881	829	17,0	1987	1877	3864	39,6	104	73	177	1,8	2091	1950	4041	41,4	190	2,0
1882	863	17,0	2017	1865	3882	38,3	89	90	179	1,8	2106	1955	4061	40,1	188	2,1
1883	926	17,6	2116	1993	4109	39,0	94	70	164	1,6	2210	2063	4273	40,6	208	2,1
1884	969	17,7	2198	2069	4267	39,0	90	76	166	1,6	2288	2145	4433	40,6	215	2,1
1885	1038	18,3	2317	2123	4440	39,1	91	74	165	1,5	2408	2197	4605	40,6	259	2,3
1886	1012	17,2	2382	2244	4626	39,8	89	56	145	1,2	2471	2300	4771	40,5	266	2,3
1887	1161	19,0	2425	2353	4778	39,1	94	76	170	1,4	2519	2429	4948	40,5	304	2,5
1888	1254	19,4	2574	2391	4965	37,6	112	71	183	1,4	2686	2462	5148	39,0	269	2,1
1889	1343	19,7	2633	2699	5332	39,2	92	93	185	1,3	2725	2792	5517	40,5	301	2,2
1890	1358	19,1	2804	2708	5512	38,8	90	71	161	1,1	2894	2779	5673	39,9	329	2,3
1891	1482	19,6	3123	2932	6055	39,22	82	77	159	1,3	3205	3009	6214	40,25	310	2,0
1892	1428	18,8	3034	2979	6013	39,5	106	72	178	1,24	3140	3051	6191	40,74	300	2,0
1893	1456	18,2	3133	3062	6195	38,76	88	60	148	0,93	3221	3122	6343	39,69	321	2,1
1894	1536	9,2	3408	3167	6575	39,43	97	92	189	1,13	3505	3259	6764	40,56	380	2,3
1895	1683	9,7	3314	3332	6646	38,41	119	95	214	1,24	3433	3427	6860	39,65	357	2,1
1896	1791	9,9	3581	3603	7184	39,68	127	96	223	1,24	3708	3699	7407	40,92	474	2,6
1897	1933	10,2	3899	3649	7548	39,98	122	124	246	1.31	4021	3773	7794	41,29	478	2,5

Trotz der raschen Zunahme der Bevölkerung war der Gesundheitszustand der Stadt ein recht guter. Bevor wir die Todesursachen und die Sterbefälle in dem Zeitraume 1881/97 tabellarisch darstellen, sei der beiden grösseren Epidemien, von welchen Düsseldorf in der zweiten Hälfte unseres Jahrhunderts heimgesucht wurde, näher gedacht, der 1866 herrschenden Cholera und der 1871 wüthenden Pockenepidemie, und kurz zusammengestellt, welche Opfer diese beiden Infectionskrankheiten im Laufe des 19. Jahrhunderts gefordert haben.

In den Cholera-Jahren 1849, 1859 und 1867 entfielen auf den Regierungsbezirk Düsseldorf 1148, 937 und 2636 Todesfälle und hiervon auf die Stadt nur 12, 4 und 2, dagegen unter den 2448 Todesfällen im Jahre 1866 ist Düsseldorf mit 111 — 77 männlichen und 34 weiblichen — Todten zu verzeichnen.

Todesfälle infolge der Blattern (Pocken) weisen in Düsseldorf auf die Jahre 1827, 1833, 1837, 1838, 1853, 1854, 1880 und 1893 je einen, 1816, 1829, 1858, 1867 und 1869 je zwei, 1873 drei, 1870 sechs, 1830 und 1865 je zehn, 1819 zwölf, sowie 1866 und 1872 je neunzehn. Die Pockenepidemie 1871. Am 17. April 1870 trat die Pockenkrankheit in einem vereinzelten Falle auf, dem im Laufe des Jahres noch 23 andere Fälle folgten, von denen 6 tödlich verliefen. Während des Jahres 1871 steigerte sich die Krankheit erheblich und nahm einen entschieden epidemischen Charakter an. Von 2831 Erkrankten starben 524 — 251 männliche und 273 weibliche.

Unter den von der Epidemie befallenen Personen waren 455 Kinder bis zu 15 Jahren und 1876 Erwachsene. Von diesen starben 196 bezw. 328.

Geimpft waren von den erkrankten Kindern 303, von den Erwachsenen 1859. Es starben 37 bezw. 301 Geimpfte.

Revaccinirt waren von den Erkrankten 151, unter den Gestorbenen 20.

Von den 1870 71 in den Krankenhäusern bezw. dem eingerichteten Cholerahause untergebrachten Personen starben 310 oder 17,8 %, genasen 1429 oder 82,2 % und von den zu Hause vorschriftsmäßig isolirt behandelten Kranken starben 142 oder 23 %, genasen 474 oder 77 %.

Die Kosten der Pockenepidemie betrugen für die Stadt 17554 Thlr. 18^1/$_2$ Sgr.

In 1872 erkrankten weitere 99 Personen, 19 Kinder bis zu 15 Jahren und 80 Erwachsene, von denen 8 bezw. 11   15 männliche, 4 weibliche — Personen starben.

Von den Erkrankten waren 7 Kinder und 70 Erwachsene geimpft, unten den Todten befanden sich 1 bezw. 2 Geimpfte.

Revaccinirt waren 7 Erkrankte, 1 Gestorbener.

Von den 99 Erkrankten sind 11 nicht geimpft worden und von diesen nicht geimpften Personen starben 4 Kinder.

Um die wenigen Fälle, in welchen Ruhr bezw. Genickstarre tödlich verlief, in der nachstehenden Tabelle der Todesursachen nicht einzuschalten, sei hier berichtet, dafs 1881 und 1883 je drei, 1884, 1887 und 1896 je eine Person an der Ruhr und 1890 und 1891 je zwei und 1897 eine Person an Genickstarre gestorben sind.

An anderen in der Tabelle gleichfalls nicht enthaltenen Infectionskrankheiten starben 1894 elf und 1895 zwölf Personen.

Todesursachen 1881/97.

Todesursache	1881	1882	1883	1884	1885	1886	1887	1888	1889	1890	1891	1892	1893	1894	1895	1896	1897
Masern und Rötheln	4	10	1	19	7	25	2	35	53	11	34	7	8	29	1	27	2	21
Scharlach	86	22	21	19	20	12	10	1	—	1	3	4	3	—	19	25	15	13
Diphtheritis und Croup	88	96	32	36	65	55	61	58	61	43	40	43	52	67	6	58	73	71
Keuchhusten	11	80	34	51	27	19	40	28	15	10	49	3	13	21	8	14	18	75
Typhus, gastrisches und Nervenfieber	23	27 Fleckt.	55	32	29	17	20	15	12	7	15	15 Fleckt.	1	14	23	7	—	39
Kindbettfieber	22	16	16	14	7	3	6	10	10	4	10	10	1	11	16	—	8	8
Rose	—	—	—	—	—	4	10	10	2	2	1	2	9	20	7	9	4	1
Lungenschwindsucht	301	330	422	368	361	399	411	399	366	389	390	372	29	429	5	13	—	6	11	5
Lungenentzündung	177	196	248	218	122	190	163	167	221	913	217	228	59	302	40	431	22	410	376	19	329
Andere acute Erkrankungen der Athmungsorgane	8	2	11	43	164	290	204	177	166	198	236	167	76	141	45	225	59	291	38	222	60	271
Schlagfluss	41	55	71	31	29	86	83	82	82	86	96	110	1	90	74	181	67	299	61	185	57	162
ac. Gelenkrheumatismus	5	2	2	3	—	3	2	2	4	2	—	4	—	7	2	115	2	96	—	83	—	91
ac. Darmkatarrh und Bruchdurchfall	165	238	296	379	201	311	190	245	302	801	478	544	161	525	351	385	604	682	401	444	637	714
Alle übrigen Krankheiten	1272	1264	1297	1417	1456	1540	1358	1189	1617	1699	1680	1583	732	1761	709	1695	633	1884	724	1747	827	1638
Gewaltsamer Tod	63	56	48	77	62	71	73	57	67	76	88	76	1	79	2	89	5	169	2	102	4	96
Summa	2271	2962	6547	2709	2556	2965	2634	2766	3068	3014	3326	3177		3547		3217		3968		3296		3776
einschliesslich der in den Texte aufgezählten 6 Infectionskrankheiten der betreffenden Jahrgänge.	864	986	1072	1255	997	1088	1115	1308	1176	1865	1694	1291		1119		1243		1616		1321		1660

Anmerkung: Die hier eingetragenen Curvir-Zahlen sind Todesfälle von Kindern unter 1 Jahr, in der Hauptsumme der Jahrgänge 1881–1895 aber unter 2 Jahren.

In der nun folgenden tabellarischen Uebersicht sind die Todesfälle vom Jahre 1881 an zusammengestellt: nach Geschlechtern, nach dem Alter, soweit es Kinder unter 1 Jahr bezw. bei den Jahrgängen 1881—1884 unter 2 Jahren sind, ob diese ehelich oder unehelich geboren wurden, und es ist die Verhältnißzahl angegeben, wie die Sterbefälle sich zu je 1000 der mittleren Bevölkerungszahl stellen. Endlich zeigt die Uebersicht das Mehr der natürlichen Vermehrung im ganzen, wie pro Tausend der mittleren Bevölkerung.

Sterbefälle 1881/97.

Jahr	Gestorben sind (ohne Todtgeborene)				im ersten Lebensjahre (ohne Todtgeborene)					Natürliche Vermehrung Geburten-Ueberschuß	
	im ganzen	männl.	weibl.	pro Tausend der Bevölkerung	im ganzen	männl.	weibl.	davon ehelich	unehelich geboren	im ganzen	pro Tausend der Bevölkerung
1881	2271	1244	1027	25,1	864*	—	—	798	66	1598	16,5
2	2362	1269	1093	25,1	986*	—	—	898	88	1520	15,0
3	2547	1388	1159	25,8	1072*	—	—	981	91	1562	14,8
4	2709	1424	1285	26,3	1255*	—	—	1159	96	1558	14,2
5	2558	1350	1208	24,0	997	—	—	892	105	1884	16,6
6	2904	1599	1305	25,9	1088	—	—	991	97	1721	14,6
7	2633	1392	1241	22,9	1115	—	—	1008	107	2144	17,5
8	2766	1521	1245	21,3	1308	—	—	1211	97	2199	16,6
9	3068	1660	1408	22,5	1464	—	—	1319	145	2264	16,6
1890	3014	1649	1365	21,2	1465	—	—	1319	146	2498	15,8
1	3326	1772	1554	21,2	1694	—	—	1535	159	2729	18,6
2	3355	1772	1583	23,29	1194	609	585	1076	118	2836	17,55
3	3547	1854	1693	23,13	1309	673	636	1170	139	2648	16,56
4	3217	1753	1464	20,52	1241	643	598	1107	134	3358	20,13
5	3908	2023	1885	22,58	1616	848	768	1463	153	2738	15,82
6	3296	1825	1471	18,33	1321	704	617	1159	162	3888	21,47
1897	3776	1992	1784	20,0	1660	871	789	1471	189	3772	19,98

* Hier Kinder unter 1 und 2 Jahren.

Wohnungsverhältnisse, Bauwesen und öffentliche Anlagen.

1. Wohnungspolizei.

»Eine durchgreifende Verbesserung der Wohnungsverhältnisse der minderbemittelten Bevölkerungsklassen gerade in den ein enges Zusammenwohnen befördernden Industriebezirken wird als ein unabweisbares durch die öffentliche Wohlfahrt dringend gefordertes Bedürfnifs lebhaft empfunden.«

Dies sind die einleitenden Worte der Ausführungsbestimmungen zu der Regierungs-Polizeiverordnung »über die Beschaffenheit und Benutzung von Wohnungen, welche in von zwei oder mehr Familien bewohnten Häusern belegen sind«, welche unter dem 31. Mai 1893 für die Kreise Duisburg, Essen (Stadt und Land), Mülheim a. d. Ruhr und Ruhrort erlassen und unter dem 21. November 1895 auf die Bergischen Kreise mit Ausnahme von Elberfeld, wo sie erst unter dem 23. April 1896 gleichzeitig mit dem Kreise Neufs zur Einführung gelangt ist, — sowie auf die Kreise Krefeld (Stadt und Land), M.-Gladbach und Gladbach ausgedehnt wurde. Sie hat folgenden Wortlaut:

§ 1.

Niemand darf ohne vorherige Genehmigung der Ortspolizeibehörde in Wohnungen, welche sich in von 2 oder mehr Familien bewohnten oder zum Bewohnen durch 2 oder mehr Familien bestimmten Häusern befinden, selbst als Eigenthümer oder Besitzer einziehen oder eine Familie zur Miethe oder Aftermiethe aufnehmen, sobald diese Wohnungen polizeilich als zum Bewohnen ungeeignet (§ 2) oder als überfüllt (§ 3) bezeichnet worden sind.

§ 2.

Als zum Bewohnen ungeeignet können von der Ortspolizeibehörde diejenigen Wohnungen bezeichnet werden, welche nachstehenden Anforderungen nicht entsprechen:

1. Alle Schlafräume müssen mit einer Thür verschliefsbar und mindestens mit einem unmittelbar ins Freie führenden Fenster versehen sein, dessen Gröfse nicht geringer als der 12. Theil der Fufsbodenfläche sein darf.

    In den bei Erlafs dieser Verordnung bestehenden Wohnungen sollen ausnahmsweise Fenster genügen, welche nur die Gröfse von wenigstens dem 15. Theil der Fufsbodenfläche erreichen

2. Speicherräume sind nur als Schlafräume zulässig, wenn sie vollständig verputzte oder mit Holz verkleidete Wände haben.

    Bei Speicherräumen mit abgeschrägten Decken kann die Ortsbehörde das Mindestmafs der Fensterfläche dem durch die Abschrägung der Decke verringerten Luftraum entsprechend bis auf $^1/_{20}$ der Fufsbodenfläche herabsetzen.

3. Der Fufsboden der Schlafräume mufs durch gute und dauerhafte Holzdielung oder anderweite zweckmäfsige Vorrichtung (Estrich, Plattenbelag u. s. w.) vom Erdboden getrennt sein.
4. Die Schlafräume dürfen nicht mit Abtritten in offener Verbindung stehen.
5. Bei jedem Hause mufs mindestens ein direct zugänglicher, verschliefsbarer, allen Bewohnern des Hauses zur Benutzung freistehender Abort vorhanden sein.
6. Eine genügende Versorgung der Bewohner mit gesundem Wasser mufs vorgesehen sein.

§ 3.

Als überfüllt können von der Ortspolizeibehörde diejenigen Wohnungen bezeichnet werden, welche nachstehenden Anforderungen nicht entsprechen:

1. Die Schlafräume einer jeden Wohnung müssen für jede zur Haushaltung gehörige, über 10 Jahre alte Person mindestens 10 cbm Luftraum, für jedes Kind unter 10 Jahren mindestens 5 cbm Luftraum enthalten. Kinder, welche das erste Lebensjahr noch nicht vollendet haben, bleiben aufser Betracht.
2. Die Schlafräume müssen derart beschaffen sein, dafs die ledigen über 14 Jahre alten Personen nach dem Geschlechte getrennt in besonderen Räumen oder Abschlägen schlafen können, und dafs jedes Ehepaar für sich und seine noch nicht 14jährigen Kinder einen besonderen Schlafraum oder doch einen besonderen Abschlag im Schlafraum besitzt.

§ 4.

Abweichungen von den vorstehend in den §§ 2 und 3 aufgestellten Anforderungen kann die Ortspolizeibehörde in besonders gearteten Fällen gestatten.

§ 5.

Jede Zuwiderhandlung gegen diese Verordnung wird mit Geldstrafe bis zu 30 Mark, im Unvermögensfalle mit verhältnifsmäfsiger Haft bestraft.

§ 6.

Diese Polizeiverordnung tritt für diejenigen Wohnungen, welche nach Veröffentlichung der Verordnung zum erstenmal bezogen werden, am 1. Mai 1896, für alle übrigen Wohnungen am 1. Mai 1897 in Kraft.

Diese Verordnung, welche neben den bezüglichen Bestimmungen der Baupolizeiordnung für den Stadtbezirk Düsseldorf vom 25. April 1896 (III. Theil § 41 besondere Bestimmungen für Räume, welche zum dauernden Aufenthalt für Menschen bestimmt sind)* die hauptsächlichste Grundlage für die Handhabung der Wohnungspolizei bietet, giebt der Polizeibehörde das Recht, Wohnungen, welche den Anforderungen nicht entsprechen, als ungeeignet oder überfüllt zu bezeichnen mit dem Erfolge, dafs Niemand ohne vorherige Genehmigung der Polizeibehörde in solche Wohnungen weder selbst als Eigenthümer oder Besitzer einziehen, noch eine Familie zur Miethe oder Aftermiethe aufnehmen darf.

---

* Die wesentlichsten Bestimmungen der Baupolizei sind folgende:
»Die zu dauerndem Aufenthalte von Menschen bestimmten Räume müssen trocken und durch Fenster von ausreichender Gröfse und zweckentsprechender Lage unmittelbar Luft und Licht von aufsen erhalten. Sie müssen eine lichte Höhe von mindestens 3 m haben und nirgends tiefer als 0,75 m unter dem Bürgersteige oder der Hofoberfläche liegen. Sie müssen ferner gegen aufsteigende Erdfeuchtigkeit und Erddünste durch Herstellung einer undurchlässigen massiven Sohle von mindestens 15 cm Stärke geschützt werden. Der Fufsboden der Dachräume, welche zu dauerndem Aufenthalte von Menschen dienen sollen, darf nicht höher als 19 m über dem Bürgersteige bezw. der angrenzenden Hofoberfläche liegen.«

Die praktische Einführung der Verordnung erfolgte hierselbst in folgender Weise:

Jeder der 36 Revierpolizeibeamten — dies sind diejenigen Polizeibeamten, welche in den örtlich festgelegten Unterabtheilungen der Polizeicommissariate lediglich den innern Dienst versehen, und regelmäfsig zu anderweitem Strafsen-Polizeiwachdienst nicht herangezogen werden — legte ein genaues katasterähnliches Verzeichnifs der in seinem Revier befindlichen und der Polizeiverordnung nicht entsprechenden Miethwohnungen an. Diese Miethwohnungen wurden sodann an der Hand der Verzeichnisse von einem städtischen Baubeamten in Begleitung eines Polizeiwachtmeisters begangen, wobei die einzelnen Mängel begutachtet und genauer bezeichnet wurden. Im ganzen wurden so 587 Wohnungen auf Grund der Polizeiverordnung beanstandet. Darauf wurden die betreffenden Hauseigenthümer seitens der Polizeiverwaltung von den festgestellten Mängeln unter gleichzeitiger Mittheilung der Regierungs-Polizeiverordnung mit der Aufforderung in Kenntnifs gesetzt, die Mängel binnen einer bestimmten Frist zu beseitigen, widrigenfalls die Wohnung polizeilich für ungeeignet oder überfüllt bezeichnet werden müfste. Mit der Zustellung dieser Schreiben wurde der bereits erwähnte, mit den örtlichen Verhältnissen hierselbst durchaus vertraute Polizeiwachtmeister beauftragt, welcher, für diese Zeit als Wohnungsinspector von anderem Dienste befreit, möglichst auf gütlichem Wege die Beseitigung der Mifsstände zu erreichen suchen sollte.

Dieser Art und Weise der Einführung ist es zu danken, dafs von den obenerwähnten 587 Wohnungen nur 107 Wohnungen ausdrücklich für polizeilich ungeeignet bezw. überfüllt erklärt werden mufsten, von denen heute jedoch nur 35 Fälle übrig sind, in welchen zwischenzeitlich eine Abstellung der Mifsstände noch nicht erfolgt ist.

Die fernere Durchführung und Handhabung der Verordnung ist insofern geregelt, als jeder Revierbeamte das Verzeichnifs der, der Verordnung nicht entsprechenden Miethwohnungen fortlaufend nach genau vorgeschriebenem Schema weiterführt und periodisch der Verwaltung zur Controle vorlegt.

Infolge des Umstandes, dafs die Polizeiverordnung nur ganz allmählich eingeführt wurde, ist weder ein Mangel an geeigneten Wohnungen für die ärmeren Bevölkerungsklassen eingetreten, noch eine Steigerung der Miethpreise erfolgt, wie auch Härten gegen Miether und Vermiether vermieden worden sind.

Aus Vorstehendem ergiebt sich, dafs der Versuch, mittelst einer zielbewufsten, auf Jahre hinaus festgesetzten und planmäfsig geübten gleichmäfsigen Thätigkeit der Ortspolizeibehörden die Beseitigung der vorhandenen Wohnungsübelstände im Wege umsichtiger polizeilicher Fürsorge zu fördern, als geglückt bezeichnet werden kann Dabei ist dankbar anzuerkennen, dafs viele Hausbesitzer, Industrielle, wie auch Baugesellschaften der Behörde auf dem Gebiete der Wohnungsfürsorge in opferwilliger Weise entgegengekommen sind Insbesondere ist in dieser Beziehung auch der in unserer Stadt neugegründete Wohnungsfürsorge-Verein, welcher insbesondere dürftigen Familien zur Erreichung des Mindestmafses an Wohnraum durch Leistung eines Wohnungsgeldzuschusses behülflich sein will, freudig zu begrüfsen.

Allerdings steht dem auch noch eine Anzahl Hausbesitzer gegenüber, welche in Verkennung der hervorragenden Bedeutung der Wohnungsfrage aus Gleichgültigkeit oder Eigennutz einer Verbesserung der Wohnungsverhältnisse hindernd in den Weg treten.

2. Baupolizei.

Abgesehen von einigen aus älterer Zeit, und zwar aus den Jahren 1558, 1696 und 1807 stammenden, das Bauwesen betreffenden Verordnungen, wurde für die hiesige Stadt die erste Baupolizeiordnung umfassenderen Inhalts im Jahre 1835 erlassen. Nur einzelne wenige Bestimmungen indessen enthält dieselbe, welche als den Zwecken der öffentlichen Gesundheitspflege dienend anzusehen wären, und auch diese sind nur sehr dürftiger Art. Es fehlen insbesondere noch bestimmte Vorschriften über die Anlage von Wohnräumen und die Gröfse des Hofraumes. Erst die Baupolizeiordnung vom Jahre 1855 bringt hierüber ausdrückliche Bestimmungen. Neben der allgemeinen Vorschrift, wonach alle Wohngebäude so angelegt und in solchem Material ausgeführt werden müssen, »dafs sie hinlänglich Licht und Luft haben, trocken und der Gesundheit nicht schädlich sind«, wird für Wohnräume in Neubauten eine lichte Mindesthöhe von 10 Fufs, bei Umbauten von 8 Fufs gefordert; als Hof mufs auf jedem Grundstücke eine Fläche von 17 Fufs Länge und Breite verbleiben. Auch treten in dieser Bauordnung bereits in bescheidenerem Umfange einschränkende Bestimmungen über die Höhe der Gebäude im Verhältnifs zur Strafsenbreite auf.

Die Bauordnung vom Jahre 1868 erhöht sodann die Gröfse des freizulassenden Hofes auf 3 Ruthen unter Duldung einer Mindestbreite von 12 Fufs, während die drei Jahre später folgende Bauordnung vom Jahre 1871 zuerst dazu übergeht, einen gewissen, von der Gröfse des Grundstücks abhängigen Theil — und zwar wenigstens $^1/_4$ der Gesammtfläche — von der Bebauung auszuschliefsen, wobei gleichzeitig die Schaffung eines mindestens 50 qm grofsen Hofes mit 4 m Mindestbreite gefordert wird.

Hinsichtlich der Höhe der Gebäude tritt dann in der Bauordnung vom Jahre 1874 frühzeitig die wenigstens an der Strafse der üblichen hygienischen Regel gerecht werdende Vorschrift in Kraft, wonach die Strafsenbreite bei der Gebäudehöhe im allgemeinen nicht überschritten werden darf. Auch mehrere andere Neuforderungen gesundheitspolizeilicher Art fanden Aufnahme in dieser Bauordnung, welche 15 Jahre lang unverändert blieb und erst im Jahre 1889 durch weitere zeitgemäfse Bestimmungen ergänzt wurde.

Als darauf in den nächstfolgenden Jahren bei lebhaftester Bauthätigkeit gleichzeitig das Bestreben weitgehendster Ausnutzung des Baugeländes immer stärker hervortrat, stellte sich alsbald das Bedürfnifs zu einer durchgreifenden Umgestaltung der baupolizeilichen Vorschriften ein, namentlich hinsichtlich der bebauungsfähigen Fläche, der zulässigen Geschofszahl und der Gebäudehöhe an den Höfen. Auch gaben die inzwischen erlassenen bahnbrechenden Bauordnungen für die Aufsenstadt in Frankfurt a. M. sowie für Altona und die Vororte von Berlin Anlafs, besondere Vorschriften für die Anlage von Hinterwohnungen und gesteigerte Baubeschränkungen für einzelne Gebietstheile der hiesigen Aufsenstadt ins Auge zu fassen.

Es entstand so im Jahre 1894 eine neue, gänzlich umgestaltete Baupolizeiordnung, welche den vorstehenden Gesichtspunkten Rechnung trug. Gesteigerte abgestufte Baubeschränkungen sah dieselbe unter gleichzeitigem Ausschlufs belästigender Anlagen zunächst nur für zwei bevorzugte Aufsengebietstheile vor, von denen eines bereits seit dem Jahre 1891 durch besondere Polizeiverordnung gegen belästigende Betriebe geschützt war.

Zwei Jahre später wurde diese neue Baupolizeiordnung in einigen Punkten abgeändert und dann mit Rücksicht auf die immer mehr nach aufsen vordringende Bauthätigkeit durch die Polizeiverordnung vom 1. März 1898 hinsichtlich ihrer besonderen Baubeschränkungen für Aufsengebietstheile so weitgehend für den ganzen Aufsenbezirk ergänzt, dafs sie nunmehr bereits die Eigenschaft einer in grofsen Umrissen durchgeführten Zonenbauordnung aufweisen dürfte. Die den Aufsenbezirk bildende, durchweg weiträumigerer Bebauung vorbehaltene Zone wird von dem inneren Stadtgebiete, dem Innenbezirk, geschieden durch die Eisenbahnlinie von Neufs nach dem Hauptbahnhof und dem Personenbahnhof Düsseldorf-Derendorf, und von dort annähernd durch den Strafsenzug Moltke-, Park-, Nord-, Kaiser- und Inselstrafse bis zum Rhein am nördlichen Ende des Hofgartens.

Die gegenwärtig für die hiesige Stadt geltenden baupolizeilichen Vorschriften enthalten nun etwa folgende für die öffentliche Gesundheitspflege wichtigeren Bestimmungen.

Die Flächenbebauung der Grundstücke darf im Innenbezirk nur $^2/_3$, im Aufsenbezirk nur $^1/_2$ der Gesammtfläche betragen. Erleichterungen sind gewährt für Eckgrundstücke und gewisse kleinere Grundstücke von mäfsiger Tiefe, auf denen nur ein Vorderhaus errichtet wird. Andererseits treten Verschärfungen bezüglich der Flächenbebauung ein, wenn Hinterwohnungen angelegt werden; in diesem Falle dürfen Grundstücke im Innenbezirk nur auf $^1/_2$ und im Aufsenbezirk nur auf $^1/_3$ ihrer Grundfläche bebaut werden.

Die zulässige Höhe der Gebäude ist im allgemeinen zunächst durch die Breite der Strafse, woran das betreffende Grundstück liegt, begrenzt. Aufserdem dürfen die Frontwände der hinteren Gebäude und Seitenflügel das Mafs der vorliegenden Hofbreite um höchstens 5 m überschreiten; enthalten die hofseitigen Frontwände nothwendige Fenster von Hinterwohnungen, so mufs ihre Höhe das Mafs der vorliegenden Hofbreite innehalten. Als gröfste zulässige Höhe ist ferner für den Innenbezirk das Mafs von 20 m, und für den ganzen Aufsenbezirk das Mafs von 16 m festgesetzt.

Die Anzahl der Wohngeschosse darf im Innenbezirk höchstens 4, im Aufsenbezirk höchstens 3 betragen; jedoch ist es gestattet, auch die Hälfte des Dachgeschosses zur Anlage einzelner, nicht miteinander in Verbindung stehender und nicht zu selbständigen Wohnzwecken bestimmter Zimmer zu verwerthen. Für Gebäude, in denen sich Hinterwohnungen befinden, greifen auch hier wieder verschärfte Bestimmungen Platz; im Innenbezirk dürfen solche Gebäude nicht mehr als 3, und im Aufsenbezirk höchstens 2 Geschosse erhalten; auch werden hierbei Dachgeschosse mit Räumen zum dauernden Aufenthalt von Menschen mit in Anrechnung gebracht.

Zur Sicherung ausreichender Licht- und Luftversorgung werden die vorstehenden Vorschriften über Flächenbebauung und Höhe durch die Forderung ergänzt, dafs alle Räume zum dauernden Aufenthalt von Menschen mit Fenstern von ausreichender Gröfse ($^1/_{14}$ bis $^1/_7$ der Zimmerfläche) zu versehen sind, welche unmittelbar an der Strafse oder an einem mindestens 50 qm grofsen Hofraum mit 4 m geringster Abmessung liegen; bei Hinterwohnungen werden letztere Mafse auf 60 qm und 6 m erhöht. Die lichte Zimmerhöhe mufs wenigstens 3 m betragen; in Sockel- und Dachgeschossen ist eine Ermäfsigung bis zu 2,50 m statthaft, falls die betreffenden Räume nicht zu selbständigen Wohnungen bestimmt sind.

Dem Schutze gegen Feuchtigkeit und andere gesundheitswidrige Einwirkungen dient dann weiter eine Reihe besonderer Vorschriften.

Alle Gebäude mit Räumen zum dauernden Aufenthalt von Menschen müssen gegen aufsteigende und seitlich eindringende Feuchtigkeit sowie gegen Erddünste isolirt und durch geeignete Höhenlage des untersten Geschosses gegen Grundwasser und Ueberschwemmung geschützt werden. Der Fufsboden von Räumen zum dauernden Aufenthalt von Menschen darf höchstens 0,75 m unter dem Erdreich und mufs bei Hinterwohnungen mindestens 0,18 m über der Hofoberfläche liegen. Das Beziehen von Neubauten darf in der Regel nicht früher als 6 Monate nach der Rohbauabnahme erfolgen; bei günstiger Ausführungszeit kann eine Ermäfsigung der Zwischenfrist bis auf 4 Monate gestattet werden.

Das Füllmaterial von Balkendecken und Gewölben mufs frei von gesundheitsschädlichen organischen Bestandtheilen sein, insbesondere ist die Verwendung von Bauschutt ausgeschlossen. Für Aborte wird Licht- und Luftzuführung unmittelbar von aufsen oder einem oben offenen Lichtschacht von mindestens 6 qm mit 2 m geringster Abmessung verlangt. Abortgruben und ähnlichen Zwecken dienende Gruben sind in der Regel aufserhalb der Gebäude — unter Innehaltung eines Abstandes von mindestens 6 m von etwa vorhandenen Brunnen — mit eigenen selbständigen Einfassungswänden wasserdicht herzustellen sowie luftdicht und massiv zu überdecken. Zu ihrer Entlüftung ist ein Dunstrohr von wenigstens 0,15 m Durchmesser anzubringen, welches gleich dem aus Metall herzustellenden Abfallrohr der Aborte genügend hoch über die Dachfläche zu führen ist. Die Verwendung gemauerter Kanäle als Dunstrohre ist verboten. Das Eindringen der Grubengase in die Aborträume ist in geeigneter Weise — bei Spülaborten durch Wasserverschlüsse zu verhindern. Bei Ausbesserung undicht gewordener Abortgruben wird der Nachweis vollständiger Dichtheit durch Wasserprobe gefordert.

Die Entwässerung mufs, soweit dies möglich ist, durch Anschlufs an die städtische Kanalisation erfolgen; die Anwendung von Schlinggruben für Abwässer ist verboten.

Als gesundheitlich werthvoll seien ferner die nur selten in Bauordnungen auftretenden Vorschriften über angemessene Auftritts- und Steigungsmafse der Treppen angeführt. Der Auftritt der Stufen bei nothwendigen, d. h. baupolizeilich zu fordernden Treppen mufs mindestens 0,25 m, die Steigung darf höchstens 0,18 m betragen; nicht nothwendige Treppen dürfen eine Steigung und einen Auftritt von 0,20 m erhalten.

Dem bereits erwähnten Ausschlufs belästigender gewerblicher Anlagen unterliegen 4 gesonderte Stadtgebiete. Das im Innenbezirk vorgesehene umfafst insbesondere die weiteren Umgebungen des Hofgartens und sonstiger öffentlicher Anlagen. Von den 3 im Aufsenbezirk gelegenen Gebieten ist eines im Norden im Anschlufs an den Rhein und Hofgarten, ein zweites gröfseres im Osten in der Nähe des Zoologischen Gartens und der Ausflugswege nach Rath und Grafenberg, das dritte im Süden der Stadt in der Umgebung des dort neu angelegten Volksgartens, des städtischen Pflegehauses und des geplanten städtischen Krankenhauses gewählt.

Aus vorstehenden Darlegungen dürfte sich ergeben, dafs die gegenwärtig für die hiesige Stadt geltenden baupolizeilichen Vorschriften in mancher Hinsicht den gesundheitlichen Anforderungen bereits in hohem Grade gerecht werden. Noch rückständig in ihrem Ausbau ist u. A. die gesundheitlich so bedeutungsvolle Einführung offener Bauweise mit Bauwich für geeignete Gebietstheile. Indefs auch diese Frage ist schon in nähere Erwägung gezogen und es darf gehofft werden, dafs ihr eine den neueren Forderungen des Städtebaues entsprechende Lösung zu theil wird.

3. Bebauungsplan der Stadt Düsseldorf.

Durch Allerhöchste Cabinetsordre vom 24. Februar 1827 wurde der Stadt Düsseldorf eine vorläufig auf 48871 Thlr. 4 Sgr. 7 Pfg. berechnete Summe zum Zwecke der Vollendung der Schleifungs- und Verschönerungsarbeiten bewilligt.

Für den Entwurf der erforderlichen Operationspläne zu diesen Arbeiten, wozu auch die Aufstellung eines Stadtbauplanes gehörte, setzte die Königl. Regierung zu Düsseldorf durch Verfügung vom 12. Juni 1827 eine Commission ein, bestehend aus dem Königl. Regierungsrath Oberbürgermeister Klüber, Geh. Regierungsrath Jacobi, den Regierungsräthen Eversmann, Klinge, von Vagedes, Fasbender und aus dem Garteninspector Weyhe. Die für die Aufstellung des Bebauungsplanes seitens der Königl. Regierung gegebenen Weisungen waren im wesentlichen folgende:

»Bei einer Erweiterung der Stadt sollen die vorhandenen Gartenanlagen nach Möglichkeit berücksichtigt werden.

In den Stadtplan soll keinerlei specielle Bezeichnung der noch zu errichtenden Gebäude aufgenommen werden, es sollen vielmehr darin nur die Plätze für öffentliche Gebäude ohne nähere Bestimmung angegeben werden.

In dem Sr. Majestät zur Allerhöchsten Sanction vorzulegenden Bauplane müssen diejenigen Bauplätze zunächst bezeichnet werden, welche vorab zum Ausbau bestimmt werden sollen, und bei deren Ausbau dann der Staat und die Stadt durch Expropriation und Strafsenvorlage zur Hülfe kommen müssen.

Der übrige Theil des genehmigten Stadtplanes soll nur als Anhaltspunkt für die Privatbauten auf eigenem Grund und Boden gelten. Nach der eigenen Lage der Stadt, die eine Verbindung mit den Vorstädten suche, bedürfe es nur der Bestimmung einzelner Baulinien, z. B. der Linie vom Bergerthor zur Neustadt, jenseits der Benratherbrücke bis zum Flingerthore oder bis zur Bleiche, vom Bongardschen Hause bis zum Steinwege, vom Ditgesschen Hause bis zum Jägerhofe u. s. w.«

Die Commission hat sodann in mehreren Sitzungen die von Vagedes und von Weyhe vorgelegten Skizzen zu Bebauungsplänen berathen, und den hiernach umgeänderten Entwurf, nachdem er die Billigung des Gemeinderathes gefunden, der Königl. Regierung zur Genehmigung vorgelegt. Der Bauplan wurde darauf in technischer Beziehung auch noch von der Ober-Baudeputation zu Berlin geprüft, und erfolgte dann dessen Genehmigung mittels Allerhöchster Cabinetsordre vom 4. Juni 1831.

Der Stadtbering war nach diesem neuen Stadtplane in folgender Art begrenzt:

Westlich vom Rheine; nördlich vom neuen Hafen (an der jetzigen Kunstakademie) bis zum Ratingerthore; östlich von den Wasseranlagen und dem Kanal (Landskrone, Stadtgraben) bis zu der Brücke am südlichen Ende der Kasernenstrafse; südöstlich von dem Wasserbecken (Schwanenspiegel) und einer von dem ehemaligen Militärkirchhofe bis zu der Benderschen Windmühle (Ecke Cavallerie- und Fürstenwallstrafse) gezogenen Baulinie; südlich durch einen projectirten Verschlufs von der Benderschen Mühle längs der Südseite der Cavalleriekaserne bis zum Rheine.

Im Innern dieses erweiterten Stadtberings waren durch den neuen Bauplan folgende wesentliche Bauprojecte festgesetzt:

1. die Vollendung und Erbreiterung des Rheinufers von dem nördlichen Ende des Quais (Kohlenthor) bis zu dem Uferkopfe an der Südseite der Mündung des neuen Hafens;
2. der Abbruch der unförmlichen Häuser, welche den Eingang zu dem Hauptportal der Lambertuskirche verengen, verbunden mit der Verbreiterung der Krämerstrafse durch Zurücklegung der gegen Westen gekehrten Häuserreihe;
3. Abbruch des Rheinthores;
4. Vergröfserung und Planirung des Waarenplatzes auf dem Rheinwerft (früherer Zollhof) zwischen dem Krahn, dem Lagerhause und dem Arresthausgarten mittels Beendigung der Füllung des alten Hafens und Ueberwölbung des Hafenmundes;
5. nördliche Aufschliefsung und Fortsetzung der Dammstrafse durch den Garten der Kaufmannsgesellschaft bis zu dem Waarenplatze (Nr. 4) und südliche Verbindung derselben über den Rheindeich mit der Neustadt;
6. die früher schon angeordnete und zum Theil schon bewirkte Erbreiterung der Neubrückstrafse;
7. die bei dem Beginn des Baues der Karlsstadt schon beabsichtigte Verbindung des Hunsrückens mit der Kasernenstrafse;
8. Durchführung der Flingerstrafse auf die Friedrichsstrafse;
9. Ueberwölbung der Düssel vor dem Hofe des Posthauses, wodurch vor dem letztern ein geräumiger Platz (Maximiliansplatz) gewonnen werden soll;
10. Vorrücken der Baulinie an der Südseite des neuen Hafens (an der Kunstakademie);
11. Eröffnung einer Verbindungsstrafse zwischen der Liefergasse und dem Burgplatze, in der Richtung des rechtsseitigen Ufers des Düsselarmes und deren Einschnitt in die Umgebung der Lambertuskirche;
12. Abbruch des Bergerthores;
13. neue Verbindung der Stadt mit der Neustadt, durch mehrere neue Bauquartiere.

Aufserhalb der Stadt sollen die Baulinien:
1. in der Verlängerung der Kasernenstrafse südlich von dem Kanaldamme;
2. in der Verlängerung der Neustädter Strafse (unter dem Namen Neufserstrafse) südseits der Cavalleriekaserne;
3. in der zu erweiternden Strafse von dem Hofgartenhause bis zum Jägerhof den gesetzlichen Baulinien an der öffentlichen Heerstrafse gleichgestellt und als solche von den Unternehmern betrachtet werden; so dafs also in diesen Linien jeder Neubau auf das vorgezeichnete Alignement zurückgelegt werden mufs.

Der Aufschwung der Stadt zeigte aber schon nach einigen Jahren, dafs die Ausdehnung des im Jahre 1831 Allerhöchst genehmigten Bauplanes nicht ausreichte. Im südlichen Stadttheil, am Schwanenmarkt, waren die Baustellen schon bald vergriffen und fast vollständig mit Häusern besetzt. Im östlichen Aufsenkreise der Stadt waren so viele Gebäude entstanden und bei der andauernden Baulust noch weiter zu erwarten, dafs es als ein dringendes Bedürfnifs bezeichnet wurde, durch einen geregelten Bauplan für die Aufsenbezirke den Erfordernissen in baupolizeilicher Hinsicht zu entsprechen.

Die Königl. Regierung fand sich daher veranlafst, bereits im Jahre 1836 den Entwurf eines neuen Erweiterungsplanes anzuordnen, worin die neuen Begrenzungen möglichst weit ausgedehnt werden sollten, damit nicht, wie die Erfahrung gelehrt, nach Verlauf von wenigen Jahren eine abermalige Erweiterung projectirt werden müsse.

Es wurde hierauf ein neuer Stadtplan entworfen, dessen Begrenzung westlich der Rhein, nördlich die Scheiben- und Nordstrafse, östlich die Duisburger-, Jacobi- und Oststrafse, südlich die Austrafse (jetzige Bilkerallee) bildeten. Derselbe wurde durch Beschlufs des Gemeinderathes angenommen, mit einem Nivellementsplane des Bauinspectors Hübner versehen und am 22. Juli 1840 von dem Oberbürgermeister von Fuchsius der Königl. Regierung zur Genehmigung vorgelegt.

Dieser Bauplan fand jedoch die Allerhöchste Genehmigung nicht, weil es insbesondere als nicht zweckmäfsig bezeichnet wurde, bei solchen neuen Bauplänen die Richtung schon vorhandener Wege ohne überwiegende materielle Gründe zu verlassen, blofs um eine Rechtwinkligkeit der Bauquartiere herzustellen. Die städtische Baucommission erhielt hierauf den Auftrag, den Bauplan nach dem angedeuteten Princip und mit Rücksicht auf die örtlichen Verhältnisse nochmals zu revidiren und sich darüber zu äufsern, ob nicht ein neuer, den vorhandenen Wegen sich besser anschliefsender Plan ausführbar und mit Kostenersparnissen zu verwirklichen wäre.

Die genannte Commission beendete ihre Arbeit im Jahre 1852 und legte dem Gemeinderath ein neues Stadterweiterungsproject vor, das am 17. August 1852 dessen Genehmigung erhielt.

Die Grenzen dieses Stadterweiterungsplanes waren durch folgende Strafsen bestimmt: Scheibenstrafse, Nordstrafse, Parkstrafse, Derendorferstrafse, Pempelforterstrafse, Wehrhahn, Oststrafse, Corneliusstrafse, Bilkerallee, Neufserstrafse, Brückenstrafse.

Ferner wurden in den Plan noch aufgenommen:
1. die Düsselthalerstrafse von der Derendorferstrafse bis zur Köln-Mindener Eisenbahn;
2. die Adlerstrafse von der Rochuskapelle bis zur Grafenbergerstrafse.

Am 3. Juli 1854 erhielt dieser Stadterweiterungsplan die Allerhöchste Genehmigung. Das Gesetz vom 2. Juli 1875, betreffend die Anlegung und Veränderung von Strafsen und Plätzen in Städten und ländlichen Ortschaften, welches den Gemeinden die Befugnifs ertheilt, selbständig Bebauungspläne aufzustellen, gab den äufseren Anlafs zur Aufstellung eines neuen Stadtbebauungsplanes.

Es bestimmt nämlich der § 2 dieses Gesetzes, dafs die Festsetzung von Fluchtlinien für einzelne Strafsen und Strafsentheile, oder, nach dem voraussichtlichen Bedürfnisse der näheren Zukunft, durch Aufstellung von Bebauungsplänen für gröfsere Grundflächen erfolgen könne.

Das Bedürfnifs zur Aufstellung eines erweiterten Bebauungsplanes hatte sich aber schon wiederholt geltend gemacht, da bei der raschen Entwickelung der Stadt eine grofse Zahl neuer Strafsen entstanden war, ohne dafs diesen ein bestimmter Bebauungsplan zu Grunde lag. Auch liefs der Umstand, dafs Düsseldorf von Aufsengemeinden mit zum Theil ländlicher Bevölkerung umgeben ist, befürchten, dafs, wenn nicht rechtzeitig ein einheitlicher, weitgreifender Bebauungsplan aufgestellt würde, sich die Bauthätigkeit nicht so systematisch wie bei anderen Städten von der Mitte der bebauten Stadt allmählich nach aufsen, sondern vielfach gerade im umgekehrten Sinne entwickeln, und dafs hierdurch Strafsen entstehen würden, die nur schwer einem später aufzustellenden einheitlichen Plane eingefügt werden könnten.

Ein weiterer Grund, der zur Aufstellung eines ausgedehnteren Stadtbebauungsplanes drängte, war die Aussicht auf die Umgestaltung der Bahnhofsanlagen in Düsseldorf, welche als eine Folge der Verstaatlichung der Eisenbahnen über kurz oder lang kommen mufste.

In richtiger Erkenntnifs und Würdigung dieser Umstände liefs daher die Stadtverwaltung rechtzeitig einen allgemeinen Bebauungsplan entwerfen, ihn von drei auswärtigen, anerkannt tüchtigen Sachverständigen prüfen und unter deren Mitwirkung generell feststellen.

Dem allgemeinen Bebauungsplan waren folgende Gesichtspunkte zu Grunde gelegt:
Die gesammte Ausdehnung des Bebauungsgebietes beträgt rund 2400 Hektar.
Derselben würde bei einer durchschnittlichen Bevölkerungsdichtigkeit von 250 Personen pro Hektar eine Einwohnerzahl von 500 000 bis 600 000 entsprechen.
Diese Zahl erscheint vielleicht sehr hoch, aber wenn man berücksichtigt, dafs die Einwohnerzahl Düsseldorfs sich in noch nicht 20 Jahren verdoppelt hat (von rund 100 000 auf 200 000), wobei die seit längerer Zeit beobachtete jährliche Bevölkerungszunahme durchschnittlich über 3 %, betrug, so wird man schon mit der Möglichkeit einer späteren Einwohnerzahl von über 500 000 rechnen dürfen. Für eine solche Stadtentwickelung ist die Festlegung der Hauptlinien auch für die äufseren Bezirke schon jetzt erfolgt, und sind die Grenzen den örtlichen Verhältnissen entsprechend gewählt.
Bestimmend für das ganze Strafsennetz war die Anlage von Hauptradialstrafsen, Ringstrafsen, Diagonalstrafsen und von öffentlichen Plätzen, unter Berücksichtigung der Wasserläufe, Eisenbahn-, Werft- und Hafenanlagen.
Die Hauptradialstrafsen führen aus dem Innern der Stadt nach aufsen und sind in den bereits bestehenden Staats- und Verkehrsstrafsen zur Hauptsache schon vorhanden. Dieselben sollen im allgemeinen eine Breite von 26 m erhalten einschliefslich der je 7 bis 7,5 m breiten Bürgersteige, deren Bepflanzung mit je einer Baumreihe möglich ist.
Bis jetzt sind eigentliche Ringstrafsen in der Stadt noch nicht vorhanden, doch ist im Bebauungsplane eine innere, eine mittlere und eine äufsere Ringstrafse vorgesehen.
Es ist im allgemeinen darauf gehalten worden, dafs bei der neuen Anlage der Ringstrafsen die Breiten nicht unter 30 m hinuntergehen. An geeigneten Stellen erweitern sich die Strafsen bis zu 60 m, so dafs sie mit wechselnden Anlagen und Bepflanzungen versehen werden können.
Die Diagonalstrafsen sollen den directen diagonalen Verkehr zwischen den vorbenannten Hauptlinien vermitteln und in verschiedener Breite je nach ihrer Bedeutung angelegt werden. Die Breite derselben und der übrigen Strafsen wechselt von 15—20 und selbst bis zu 26 m.
Düsseldorf, bekannt als Gartenstadt wegen der schönen Hofgarten- und sonstigen Anlagen, wird auch bei seiner weiteren Ausdehnung diesen Charakter zu wahren suchen; die beiden die Stadt durchströmenden Düsselbäche bieten hierzu mit Gelegenheit. Dieselben sollen zu ihrer Reinhaltung den Privatgrundstücken möglichst entzogen und mit öffentlichen Gartenanlagen und Strafsen zusammengelegt, theilweise auch, um eine Mittelallee zu ermöglichen, überwölbt werden.
Oeffentliche Plätze sind in gröfserer Zahl vorgesehen und möglichst so angeordnet, dafs sie seitwärts der Strafsen und nicht in den Achsen derselben liegen. In stilleren Wohnvierteln werden auch Vorgärten angelegt.
Bei der Umgestaltung der Eisenbahn-Anlagen ist auf möglichst zahlreiche Durchführung der Verkehrswege in genügender Breite Bedacht genommen worden.
Parallelstrafsen längs der Eisenbahn wurden möglichst so angelegt, dafs sie nicht unmittelbar neben dem Bahnkörper liegen, sondern dafs zwischen diesem und den Strafsen eine bebauungsfähige Tiefe verbleibt.
Der Hauptbahnhof wurde an der nach dem Stadtinnern gelegenen Seite durch ein fächerartig angeordnetes Strafsennetz von den verschiedenen Stadttheilen aus bequem zugänglich gemacht.
In betreff der Höhenlage der Strafsen sind die bestehenden Verhältnisse der bereits vorhandenen Strafsen und Bauten möglichst berücksichtigt worden, im übrigen wurde aber grundsätzlich die

Hochlage der Straßen so bestimmt, daß die Keller über Grundwasser liegen und durch Anschluß des Grundstücks an die Kanalisation entwässert werden können.

Ueber ein Gebiet von nahezu 1600 Hektar ist auf der Grundlage dieses allgemeinen Bebauungsplanes der specielle Bebauungsplan bereits ausgearbeitet und nach dem Gesetze vom 2. Juli 1875 förmlich festgestellt worden. In diesem speciellen Bebauungsplane haben vornehmlich nur die Hauptstraßenzüge Aufnahme gefunden, wodurch große Baublöcke geschaffen wurden, deren Auftheilung der Zukunft und der Speculation der Interessenten überlassen bleibt.

Zu den freien Plätzen, die die Stadt Düsseldorf hatte, als:

Marktplatz	rund	3132 qm	groß
Karlsplatz	»	9765 »	»
Schwanenmarkt	»	13650 »	»
Kirchplatz	»	23353 »	»
Königsplatz	»	16157 »	»

sind noch in den letzten Jahren hinzugekommen:

der Schillerplatz in dem Villenviertel bei dem Zoologischen Garten in einer Größe von . . . . 20615 qm,
der Wilhelmsplatz vor dem Hauptbahnhof . . . . 17850 qm groß, und
der Frankenplatz im nördlichen Stadttheile in der Nähe der neuen Kasernen . . . . 31499 qm groß.

4. Oeffentliche Anlagen.

»Die Gartenstadt am Rhein«, das ist eine der für Düsseldorf in Nah' und Fern üblichsten Bezeichnungen. Sie trifft zu; denn in der That sind die öffentlichen Anlagen und die sie miteinander verbindenden Promenaden und breiten bepflanzten Straßen charakteristisch für das Stadtbild Düsseldorfs; charakteristisch namentlich für die Stadttheile, welche bis zur Mitte der 60er Jahre dieses Jahrhunderts entstanden sind.

Die Ausdehnung der Stadt, wie sie in der 2. Hälfte der 60er und in den 70er Jahren infolge des großartigen Aufblühens der Industrie erforderlich wurde, war eine so überschnelle und für das noch in engen Verhältnissen steckende Gemeinwesen mit so starken finanziellen Schmerzen verbunden, daß es — wie sehr bedauerlich — so doch erklärlich erscheint, wenn bei den in jener Zeit entstandenen Stadttheilen leider zu wenig dafür geschah, auch hier den Gartencharakter der Stadt zu betonen. In den letzten beiden Jahrzehnten ist, soweit die Geldkraft der Stadt dies eben zuließ, dahin gestrebt worden, hier möglichst viel nachzuholen und in den neu der Bebauung sich erschließenden Stadttheilen von vornherein durch breite Promenadenstraßen, durch die Anordnung von Vorgärten an geeigneten Stellen, durch ausgedehnte Zierplatzanlagen, durch den Erwerb und die gärtnerische Anlegung größerer zu Parkanlagen geeigneter Flächen wiederum den Charakter der Stadt als Gartenstadt zur Geltung zu bringen.

Nach und nach hat sich wie in den meisten größeren Städten Deutschlands die Ueberzeugung nicht bloß bei den zur Verwaltung des Gemeinwesens berufenen Organen, sondern auch in weiten Schichten der Bevölkerung Bahn gebrochen, daß in einer Zeit so potenzirter Entwickelung der

Provinzial-Ständehaus.

materiellen Interessen das ideale Moment der Entwickelung, Erhaltung und Verfeinerung eines gesunden Geschmacks an der schönen Natur von einer früher nicht geahnten, unberechenbar grofsen social-politischen Bedeutung sei.

Die Wirkung der innerstädtischen Anlagen wird dadurch ganz wesentlich erhöht, dafs ein breites Band von Promenaden, seitlich vielfach von gröfseren Schmuckplätzen begrenzt, sie in glücklichster Weise miteinander verbindet. Der Spaziergänger kann den gröfseren Theil des ausgebauten Stadtbezirks (auf eine Länge von mehr als 8 Kilometer) von Süd nach Nord durchqueren, ohne die Promenade zu verlassen. Dabei ist auch die Breite dieses Promenadenzuges durchgängig eine solche, dafs der Gedanke, sich mitten im Häusermeer einer grofsen Stadt zu befinden, verschwindet.

Der Glanzpunkt der innerstädtischen Anlagen und zugleich die gröfste derselben ist der Hofgarten.

Die Bezeichnung Hofgarten bezieht sich auf die ganze Anlage zwischen dem Jägerhofschlosse und dem Rheine einerseits, dem Corneliusplatze und der Inselstrafse bezw. der Kunstakademie andererseits. Die Gesammtfläche hat 32,1165 ha oder 126 Morgen Inhalt, wovon auf den Königlichen, seit 2 Jahren der städtischen Verwaltung unterstehenden Theil, welcher zwischen dem Jägerhofschlosse, der Kaiser- und Jägerhofstrafse und der Düssel liegt, 7,3787 ha entfallen, während der übrige im Eigenthum der Stadt befindliche Theil 24,7378 ha grofs ist.

Der Königliche Theil des Hofgartens ist die älteste Anlage Düsseldorfs und bestand schon im Anfange des vorigen Jahrhunderts unter der Bezeichnung Hofgarten und war weiter nichts als ein Gemisch von Hecken, Bäumen und Wiesen mit eingesprengtem Ackerland. Erst gegen Ende der 60er Jahre des achtzehnten Jahrhunderts, nachdem der Neubau des Jägerhofschlosses ausgeführt war, wurde die Umgestaltung des alten Hofgartens in die jetzige Anlage vorgenommen.

Wesentliche Veränderungen desselben sind seit jener Zeit nicht mehr vorgenommen worden. Ausgeführt ist die Anlage unter der Regierung des Kurfürsten Carl Theodor. Statthalter von Jülich-Berg war damals Graf von Goltstein. Die Pläne zu der Anlage stammen von dem Architekten Nikolaus v. Pigage, welcher schon vorher für den Kurfürsten die Anlagen und Neubauten in Schwetzingen hergestellt hatte.

An der dem städtischen Hofgarten zugekehrten Westseite liegt der »Runde Weiher«, ein kleiner Teich von 20 Ar Gröfse in der Achse des Schlosses und der davorliegenden breiten Allee. In dem Weiher befindet sich ein Springbrunnen, dessen Strahl ca. 27 m hoch getrieben werden kann, mit einem Wasserverbrauch von stündlich 50 Kubikmeter. Dieser Springstrahl, mitten in der grofsen Sicht von der Kunsthalle zum Jägerhof, wirkt ungemein schön. Die gröfste Zierde dieses Anlagentheiles sind seine schattigen Alleen, die Jägerhofallee und die Seufzerallee. Letztere, eine südlich von der Düssel begrenzte Lindenallee, deren Bäume 1771 gepflanzt sind, ist so recht die Promenade für denjenigen, der, aus dem Gewühl der grofsen Stadt sich für kurze Zeit rettend, in einer vornehm ruhigen Umgebung wandeln will.

Die ebenfalls um 1771 gepflanzte Ulmenallee in der Achse des Schlosses mit einem breiten Reitwege in der Mitte und 2 Seitenalleen mufste, weil abständig geworden, in den 60er Jahren des laufenden Jahrhunderts erneuert werden.

Das Weyhe-Denkmal, welches in der Nähe dieser Allee sich befindet, hat ursprünglich nicht hier gestanden und gehört auch nicht hierhin, da Weyhe mit der Schaffung dieser Anlage nichts zu thun gehabt hat; früher war das Denkmal an der Alleestrafse, wo jetzt das Stadttheater steht, mufste aber diesem Bau weichen und wurde 1873 an seine jetzige Stelle gebracht.

Maximilian Friedrich Weyhe, geboren am 15. Februar 1775 zu Poppelsdorf bei Bonn, ist der Schöpfer des städtischen Hofgartens und als solcher der Verehrung und dankbaren Erinnerung sicher, so lange dieser bestehen wird.

Der städtische Hofgarten, zwischen dem Rhein, der Insel-, Kaiser- und Hofgartenstraße gelegen, hat sein Entstehen dem Schleifen der Festungswerke, welche Düsseldorf bis zum Beginn dieses Jahrhunderts umgaben, zu verdanken und ist unter der Herrschaft Napoleons hauptsächlich in den Jahren 1812 1815 angelegt worden.

Im allgemeinen ist die Anlage so erhalten, wie sie damals entstanden, wenn auch im Laufe der Zeit einzelne Aenderungen an Wegen und sonstigen Einrichtungen mit Rücksicht auf den Ausbau und die Verkehrsentwickelung in den die Anlage umgebenden Straßen unabweisbar waren.

Insbesondere wird auch bei der Bepflanzung pietätvoll an den grundlegenden Ideen Weyhes festgehalten. Manches, was vor dreißig bis vierzig Jahren dem Hofgarten noch einen besonderen Charakter verlieh, ist allerdings nicht mehr vorhanden; der Botanische Garten mit seinen Kulturhäusern für fremde Pflanzen ist verschwunden, die Hecken und Thore, welche ihn beschützten, sind gefallen; die Partie an der Alleestraße hat durch die Errichtung des Stadttheaters wesentliche Aenderungen erfahren; die dem Rheine zugewandten Theile unterliegen zur Zeit einer gänzlichen Umgestaltung infolge der Errichtung einer stehenden Rheinbrücke, durch welch' letztere der bisher vom Geräusch des städtischen Lebens am wenigsten berührte Theil des Hofgartens in unmittelbare Berührung mit einem hochbedeutenden Verkehrszug gebracht wird. — Die vorzügliche, künstlerisch tief durchdachte Bepflanzung läßt den städtischen Hofgarten geradezu als das Muster einer natürlichen Gartenanlage erscheinen; in ihrem Baumbestand, in ihren Teichanlagen, in den reizvollen Rasenflächen bietet die Anlage ein nie alterndes Bild landschaftlicher Anmuth und Schönheit.

Der Glanzpunkt des städtischen Hofgartens ist der Theil südlich der Ratingerthor-Allee, in welchem das Theater, das Cornelius- und das Kriegerdenkmal, sowie der Ananasberg liegen; hier vereinigt sich alles, was in einer so eng begrenzten Gartenanlage in Bezug auf landschaftliche Schönheit gedacht werden kann. Von der »Goldenen Brücke«, dem Mittelpunkt dieses Anlagetheils, genießt man die Sicht auf die effectvolle Wasserfläche der Landskrone, auf die schön bewachsenen Hänge an der Hofgartenstraße und dem Ananasberge, sowie weiterhin einerseits auf den Wasserstrahl des »Runden Weihers« und das Jägerhofschloß, nach der anderen Seite auf die Kunsthalle und das Theater, ein Blick von unvergleichlicher Anmuth.

Von hervorragender Wirkung ist die südöstlich der »Goldenen Brücke« sich hinstreckende Halbinsel, auf welcher das Kriegerdenkmal und das Denkmal der Königin Stefanie von Portugal ihren Standort haben. Hier war früher der Botanische Garten, welcher im Jahre 1894 beseitigt worden ist; es ist der ruhigste Theil der Anlage in dieser Gegend. Die große schöne Rasenfläche vor dem Kriegerdenkmal, die alten prächtigen Baumgruppen, die die Halbinsel umgebende Landskrone vereinigen sich zu einem ungemein vornehm wirkenden Bilde. Auf der anderen Seite der Goldenen Brücke liegt der Ananasberg, eine kleine Anhöhe mit Restaurationsgebäude und schönen alten Ulmenbäumen, an heißen Sommertagen ein köstlicher Ruheplatz mit entzückender Sicht auf den Wasserspiegel der Landskrone und auf die schöne mit Kastanien bepflanzte Königsallee. Die Rasenfläche, welche nordwestlich vom Ananasberg liegt, ist mit ihren verschiedenartigen mächtigen alten Bäumen eine der größten Zierden für die Anlage. Wirkungsvoll durch ihren in dieser Umgebung eigenartig anmuthenden Baustil sind auch die beiden, früher Zollzwecken dienenden Thorhäuschen am Ratingerthor, die den Hofgarten nach der Altstadt hin abschließen.

Sicht nach dem Springstrahl und dem Schloß Jägerhof.

Goldene Brücke.

Der nördliche Theil des städtischen Hofgartens, durch die vierreihige mit Linden bepflanzte Ratingerthor-Allee von dem südlichen Theile getrennt, entbehrt des Schmuckes der Wasserflächen. Die Anlage wird hier vorzugsweise durch die Bodenbewegung belebt. Der Napoleonsberg, der den Mittelpunkt dieses Theiles bildet, und neben ihm der Eiskellerberg sind die weithin sichtbaren und schöne Sichten gewährenden baumbepflanzten Höhenpunkte, um welche sich theils in schön geformten Mulden, theils als Hochebene wirkungsvoll bepflanzte Wiesenflächen gruppiren, während an den Rändern entlang der Ratingerthor-Allee und der Kaiserstraße durch stimmungsvolle kleine Wäldchen (Buchen- und Eichenwäldchen) eine ganz eigenartige, in glücklichster Weise über die geringe Flächenausdehnung der Anlage hinwegtäuschende Scenerie geschaffen wird.

Das 5,40 m über der südlich vorgelagerten Rasenfläche sich erhebende, mit Feldulmen bepflanzte Plateau des Napoleonsberges liegt in der Achse des großen, fast 3 Kilometer langen, geradlinigen Straßenzuges Alleestraße, Breitestraße, Friedrichstraße und gewährt eine ungemein weite, durch die östlichste der Baumreihen der Alleestraße schön flankirte Sicht bis zu der im Süden der Stadt liegenden Bilkerallee.

Die Partie am Eichenwäldchen ist der Sammelpunkt der Kinderwelt, der das Buchenwäldchen umschließende Halbkreis mit seinen wohlbeschatteten Bänken der Lieblingsaufenthalt der älteren Spaziergänger.

Westlich vom Napoleonsberg breitet sich die größte Wiesenfläche des Hofgartens, die über 6 Morgen große frühere Schützenwiese aus. Südwestlich von dieser sich hinstreckend, bildete bisher die Allee zur schönen Aussicht den Abschluß dieses Theiles des Hofgartens nach der Altstadt zu. Sie war einer der beliebtesten Spaziergänge; man beobachtete von hier aus das stets interessante Leben und Treiben auf dem Sicherheitshafen, welchem südlich das Akademiegebäude als erwünschter Hintergrund und Deckung gegen die traurigsten Straßen der Altstadt diente. Die Allee endete westlich in dem vorgeschobenen Kopf der »schönen Aussicht«, dem Sammelpunkte aller derer, die das rege Getriebe auf dem Rheinstrome von erhöhtem Standpunkte zu überschauen liebten.

Gegenüber dem östlichen Eingange der Allee zur schönen Aussicht liegt, am weitesten nach Süden vorgeschoben, der »Eiskellerberg«, ein circa 5 m über der verlängerten Alleestraße sich erhebendes Plateau von ungefähr einem Morgen Größe mit Sommerwirthschaft, nördlich von Rasenhängen, die sich bis an die Alleestraße heranziehen, umgeben.

Durch die Erbauung einer stehenden Rheinbrücke im Zuge der Alleestraße hat der an der Verlängerung der Alleestraße und am früheren Sicherheitshafen liegende Theil des Hofgartens eine gänzliche Aenderung seines Charakters, daneben aber auch eine Erweiterung um mehr als 5 Hektar erfahren. Der Sicherheitshafen ist im letzten Jahre zugeschüttet und das ganze Gelände, das er einnahm und das ihn umgab, konnte nunmehr gärtnerisch angelegt werden. Letztere Aufgabe glücklich zu lösen, war von eminenter Wichtigkeit für die Gartenstadt Düsseldorf; denn die Schaffung eines großen Verkehrszugs vorwiegend gewerblichen Charakters entlang dem ganzen Hofgarten vom Theater bis zum Rheine, bedeutete an sich eine der schlimmsten Schädigungen des Hofgartens, der — bisher nur von eleganten Luxusstraßen umkränzt, ein Bild vornehmster Ruhe — nun mit einemmal in die unmittelbarste Berührung mit einer Hauptader der gewerblichen Großstadt gebracht wurde. Bei der gärtnerischen Anlegung dieser Erweiterung des Parks war es infolge der Höhenlage der Brücke und der dadurch bedingten Steigung der diesseitigen Brückenrampe möglich, auch hier eine den übrigen Partien des nördlichen Hofgartens angepaßte, die Anlage belebende Terrainbewegung zu erzielen. Den Raum zwischen der Brückenrampe und der Allee zur »schönen Aussicht«, welch' letztere bis an die in der Anlage begriffene hochwasserfreie Stromstrafse vorgeschoben wird, fallen jetzt schöne Wiesenhänge von möglichst sanfter Neigung aus, durchschnitten von einer Anzahl Fufswege, die den Verkehr nach der Brückenrampe und den auf der Südseite der letzteren sich fortsetzenden Anlagen ermöglichen. Auch auf der Südseite der Rampe ist es durch möglichst flache Ausbildung der Rampenböschung und durch geschickte Bepflanzung der den Hang bildenden Rasenflächen gelungen, die hier stellenweise bis zu 8 m betragenden Höhenunterschiede so zu vermitteln, dafs der Eindruck einer künstlichen und unnatürlichen Bodengestaltung nach Möglichkeit verwischt wird. Die Anlage wird auf dieser Seite von einer breiten bepflanzten und mit Rasenstreifen geschmückten Fahrstrafse durchschnitten, welche die Alleestrafse mit der hochwasserfreien Stromstrafse verbindet. Das zwischen dieser Strafse und der Kunstakademie liegende, der Akademie zur Benutzung als Garten überwiesene Gelände ist dem Charakter der übrigen Anlage entsprechend gärtnerisch ausgestaltet, und stellt sich so, wenn auch durch eine durchsichtige Umwehrung getrennt, als Theil der Gesammtanlage dar.

Am Landpfeiler der Brücke treten zu beiden Seiten der Brückenrampe aus dieser Rundtheile seitlich heraus, die auf einer Höhe von + 17,20 Düsseldorfer Pegel, also mehr als 5 m über der bisherigen »schönen Aussicht« liegend, einen weiten Blick stromauf- und stromabwärts über den Rheinstrom und dessen beiderseitige Ufer ermöglichen.

Ungefähr in der Mitte der Brückenrampe gegenüber dem Mittelbau der Akademie sind auf einer Höhenlage von + 14,20 Düsseldorfer Pegel ebensolche gröfsere seitliche Rundtheile angeordnet, von denen man eine schöne Sicht auf die beiderseits der Rampe liegenden Anlagentheile hat.

Nördlich sich an den dem Rheinstrom zugewandten Theil des Hofgartens unmittelbar anschliefsend, erstreckt sich das über 2 Kilometer lange, mehr als 20 Hektar grofse, mit Spazierwegen versehene, durch gröfsere Wasserflächen belebte Wiesengelände der Golzheimer Insel, östlich begrenzt von einer alten schattigen Ulmenallee und weiterhin von dem über 9 Hektar grofsen regelmäfsig angelegten, neuerdings geschlossenen alten Friedhof, der mit seinen schattigen Alleen alter Bäume und den zahlreichen, prächtig entwickelten, auf den Grabstellen gepflanzten Coniferen den Eindruck eines ernst gehaltenen Parkes macht.

Die Ausgestaltung des vorderen Theils der Golzheimer Insel und des alten Kirchhofs zu einer vornehmen dem Hofgarten entsprechenden und ihn beträchtlich erweiternden Parkanlage ist beabsichtigt und wird theilweise voraussichtlich schon in der näheren Zukunft in Angriff genommen werden.

An dem vom Rheinstrom am weitesten entfernt liegenden Theile des Hofgartens, an der Ostgrenze des Kgl. Hofgartens, von diesem durch die Düssel getrennt, ziehen sich die im regelmäfsigen Stil angelegten Promenaden längs der Goltsteinstrafse hin, welche sich auf dem Theil zwischen Bleich und Hofgartenstrafse zu einer gröfseren, ca. 1 Hektar fassenden, mit reichem Blumenschmuck ausgestatteten Anlage verbreitern. Ihre Fortsetzung nach Süden finden dieselben in der längs der Landskrone geführten Allee der Hofgartenstrafse, diese mündet dann weiter östlich auf den kleinen rasenbepflanzten und blumengeschmückten Schadowplatz, südlich in die Königsallee.

Gleich bei der Einmündung der Hofgartenstrafse in die Königsallee bietet der nur ca. 27 Ar grofse Corneliusplatz das Bild einer hochvornehm gehaltenen kleinen Schmuck- und Zieranlage, die nicht mit Unrecht die Visitenkarte von Düsseldorf genannt worden ist.

Die Königsallee, zwischen ihrer Häuserseite und der bebauten Seite der Canalstrafse ca. 80 m breit, über 800 m lang, von dem Stadtgraben durchflossen, ist eine Promenade von seltener Schönheit, wie sie kaum eine andere Stadt besitzen dürfte. Zwei Reihen prächtiger Kastanien an der Häuserseite der Königsallee und an der Ostseite der östlich des Stadtgrabens führenden Allee, schöne alte Ulmen an den beiderseitigen Böschungen des Grabens vereinigen sich mit dem breiten Wasserspiegel des letzteren zu einem großartigen Gesammtbild.

Am Südende der Königsallee schließen sich zwei dreieckige, mit Baum- und Gehölzgruppen bepflanzte Rasenflächen, die eine ca. 20, die andere ca. 11 Ar groß, und an diese der nach Verlegung der Bahnhöfe anfangs des laufenden Jahrzehnts geschaffene ca. 900 m lange Promenadenzug der Haroldstraße an. Die Wirkung dieser eleganten Promenade wird dadurch wesentlich erhöht, daß sie beiderseits von größeren Anlagen umgeben ist. Nördlich grenzt zunächst der 73 Ar große, ungefähr quadratische, mit Alleen umpflanzte, durch Diagonalwege in 4 mit Bäumen und Gehölzgruppen bepflanzte Rasenflächen getheilte Schwanenmarkt an, auf dessen Mittelpunkt ein von Blumenbeeten umgebener Springbrunnen sich erhebt.

Etwa 100 m weiter westlich münden gleichfalls von Norden her die ca. $2^{1}/_{2}$ Hektar großen Anlagen des sogenannten Speeschen Grabens ein, deren Hauptbestandtheil die breite Wasserfläche bildet, in welche die Halbinsel des gräflich Speeschen Gartens mit ihren herrlichen Baumgruppen vorspringt.

Zum Rheine hin setzt sich diese Anlage in der Bergerallee und den vor Kurzem westlich derselben angelegten baumbepflanzten Rasenflächen fort.

Erheblich größer (ca. $6^{1}/_{2}$ Hektar) und gärtnerisch bedeutender sind die südlich der Haroldstraße sich um den Prachtbau des Provinzialständehauses ausdehnenden Anlagen. Auch hier nehmen die ausgedehnten Wasserspiegel, der Schwanenspiegel und südlich von diesem der Kaiserteich, an der schmalen Verbindungsstelle überbrückt, den größten Theil der Fläche ein.

Der Schwanenspiegel hat seine Breitenentwickelung längs der Haroldstraße, und gerade der Blick auf seine mit Bäumen und Strauchwerk bepflanzten Ufer, auf die vorerwähnte Brücke und weiterhin auf das Ständehaus mit der davorliegenden, den Rhein und seine Nebenflüsse darstellenden Bronzegruppe, auf das kleine in charakteristischem Stile erbaute, am Südwestufer liegende Restaurant »Fischerhäuschen«, auf die zahlreichen schmucken Gondeln, die vom Fischerhäuschen aus die Wasserfläche durchqueren, giebt der Promenade der Haroldstraße einen ganz besonderen Reiz.

Von den Halbinseln zwischen den Teichen ist die östliche als Wiesenfläche gehalten; die westliche, mit Bäumen und Gehölzgruppen bepflanzt, bietet auf den nördlich und südlich angelegten Rundtheilen Sitze mit schöner Sicht. Oestlich und südlich des Ständehauses strecken sich weite Wiesenflächen mit Baum- und Gehölzgruppen bis an die mit mächtigen Bäumen bepflanzten Alleen der Elisabeth- und der Reichsstraße.

Neben diesen zusammenhängenden oder durch breite Promenaden verbundenen größeren Anlagen sind überall in der ausgebauten Stadt die Steinmassen der Häuser durch grüne Oasen, gärtnerisch angelegte Plätze vom kleinsten Umfang (130 qm der kleinste) bis zu beträchtlicher Ausdehnung (2 Hektar der größte) unterbrochen; hervorzuheben sind im Norden der Frankenplatz, der größte der bis jetzt vorhandenen Plätze, im Nordosten der Schillerplatz, im Osten der Königsplatz und der Alexanderplatz, die Plätzchen an der Kölner- und Worringerstraße, im Südosten der Platz an der Oberbilker-Allee und Kirchstraße, im Süden der Friedensplatz.

Baumbepflanzte breite Straßen und Plätze weist die Stadt in so reicher Fülle auf, wie kaum eine andere Stadt Deutschlands. Zur Zeit sind 90 Straßen auf eine Länge von rund 50 Kilometer mit rund 11 000 Bäumen bepflanzt. Vorzugsweise werden Ahorn, Akazie, roth und weiß blühende Kastanie, Linde, Platane und Ulme zu den Straßenanpflanzungen verwendet. Straßen unter 20 m Breite werden in der Regel nicht bepflanzt, solche von 20 m Breite meist nur dann, wenn sie

Mittelglieder oder Fortsetzungen bepflanzter Verkehrszüge sind. Bei Straßen von 26 und mehr Meter Breite wird die Anlegung von Mittelpromenaden möglichst angestrebt, da hier einestheils die Bäume naturgemäß viel besser gedeihen, andererntheils das gesammte Straßenbild ein weit schöneres wird, als wenn die grauen Steinmassen einer breiten Fahrbahn und übermäßig breiter Bürgersteige sich vordrängen. Ein schönes Beispiel einer Mittelallee ist die südlich von der Haroldstraße abzweigende Cavalleriestraße.

Die günstigen Finanzverhältnisse des laufenden Jahrzehnts haben es der Stadt ermöglicht, auch in den Aufsenbezirken, theils in unmittelbarer Nähe der im Ausbau begriffenen neuen Stadttheile, gröfsere Anlagen zu schaffen, oder deren Schaffung durch den Erwerb geeigneter Grundflächen vorzubereiten.

Besonders noth that die Anlegung einer Erholungsstätte in der Nähe der dichtbevölkerten südöstlichen Fabrikvorstadt Oberbilk. Es gelang in den letzten 6 Jahren hier, kaum 800 m vom Mittelpunkt Oberbilks entfernt, eine ca. 16 Hektar grofse Fläche zu erwerben, mit deren gärtnerischer Ausgestaltung Anfang 1894 begonnen wurde. Die Kosten des Grunderwerbs und der Anlegung mit rund 350 000 Mark konnten entnommen werden aus Ueberschüssen der städtischen Sparkasse. Diese Ueberschüsse haben auf diese Weise sicher die das Allgemeinwohl und insbesondere das Wohl der arbeitenden Bevölkerung am besten fördernde Verwendung gefunden.

Die heute bis auf kleine Theile fertiggestellte, von der Bevölkerung fleifsig besuchte Anlage ist unter theilweiser Benutzung der bei einem ausgeschriebenen Wettbewerb preisgekrönten Entwürfe von dem Stadtgärtner Hillebrecht unter Zugrundelegung der von der Hofgartencommission festgestellten leitenden Gesichtspunkte projectirt und ausgeführt.

Die Anlage wird nördlich von der Eisenbahnlinie Düsseldorf-Köln begrenzt. Ein breiter Rundfahrweg, der die im Nordwesten und Nordosten den Zugang zur Anlage vermittelnden Straßenunterführungen verbindet, theilt den Volksgarten in 3 Theile. Der von dem Rundfahrweg umschlossene Theil enthält an der Nordwestseite eine ca. 50 Ar grofse, erhöht angelegte Terrasse. Später soll hier ein grofses Restaurationsgebäude Platz finden. Einstweilen sind nur die eingeschossigen kleinen Vorbauten des bei einem Wettbewerb an erster Stelle preisgekrönten Entwurfs zu errichtet, welche, da für den nur im Sommer starken Wirthschaftsbesuch die grofse Terrasse zur Verfügung steht, dem Bedürfnifs zur Zeit genügen. Oestlich schliefst sich an die Terrasse, von einem Umfassungsweg und schön bepflanzten Rasenhängen umgeben, ein ca. 1¼ Hektar grofser stark gebuchteter Teich an. Der gröfste Theil der südöstlich von dem Rundfahrweg gelegenen Partie wird von einer über 2 Hektar grofsen, nach Osten hin ansteigenden Rasenfläche eingenommen, welche in einer ca. 16 Ar grofsen, eine schöne Sicht über den Garten gewährenden Höhe endigt. Auch der südwestlich des Rundfahrwegs gelegene Theil besteht zum gröfseren Theil aus Rasenflächen, die nach den Grenzen dicht bepflanzt sind. — Die junge Anlage hat sich bis jetzt vorzüglich entwickelt. Durch bepflanzte Straßen steht sie mit der Stadt in Verbindung, eine breite Allee führt aus ihr heraus südlich zu dem gleichfalls als Gartenanlage ausgestalteten Stoffeler Friedhof und auf die durch ihre freie Sicht reizvolle Promenade des Stoffeler Dammes.

Im Süden hat die städtische Wasserwerksverwaltung die ihre Pumpstation beim Dorfe Flehe umgebenden grofsen Flächen in den letzten Jahren aufgeforstet.

Im Nordosten südlich der Grafenberger Chaussee ist in allerletzter Zeit ein Gelände von ca. 10 Hektar seitens der Stadt erworben worden, dessen gärtnerische Anlegung voraussichtlich schon in den nächsten Jahren erfolgen wird. Die Schaffung dieser Anlage erfolgt hauptsächlich, um die städtischen Waldungen durch angenehme Zugänge besser mit der Stadt zu verbinden.

Aus dem Volksgarten.

Teich und Restaurant im Volksgarten.

Der städtische Wald, die sogenannte »Haardt«, unmittelbar an der Stadtgrenze, aber in der benachbarten Bürgermeisterei Ludenberg gelegen, verdankt seine Entstehung der ersten Anlegung des städtischen Wasserwerks zu Ende der 60er Jahre des laufenden Jahrhunderts.

Er ist nur klein (ca. 22 Hektar), auch in seinen jungen Pflanzungen noch nicht genügend entwickelt. Das stark coupirte Terrain begünstigt die Ausgestaltung zu einem Waldpark in wirksamer Weise.

Der meist geringwerthige sandige Boden mufste zuerst mit Kiefern und Akazien aufgeforstet werden. In neuerer Zeit haben Laubholzanpflanzungen in gröfserem Umfang stattgefunden. Ungefähr im Mittelpunkt des Waldes ist auf einem ca. 60 m über dem Düsseldorfer Pegel liegenden Hochplateau neben den Hochbassins des Wasserwerks vor 2 Jahren ein Restaurant mit gröfserem Saalbau errichtet worden, von dessen Terrasse man einen umfassenden Blick auf die Stadt geniefst.

Nordwestlich von der Haardt, mit dieser durch kurze Verbindungswege zusammenhängend, liegt der ca. 60 Hektar grofse fiscalische Forst »Grafenberg«, der Lieblingsausflug der Düsseldorfer. Seine Schluchten und steilen Hänge gewähren eine bei der geringen Ausdehnung geradezu verblüffende Fülle von intimen Scenerien höchsten Reizes und gröfster Anmuth. Prächtige alte Buchen bilden den Hauptbestand im Innern des Waldes, während an den steilen westlichen Hängen bei geringem Boden die Kiefer aushelfen mufs. In kleinerem Umfange sind auch Eichen angepflanzt.

Nach langen Verhandlungen ist dank dem Entgegenkommen der betheiligten Organe der Kgl. Staatsregierung seit 1. April 1897 der Stadt, nachdem sie den Werth des aufstehenden Holzes mit rund 152 000 Mark bezahlt hatte, gegen eine nicht übermäfsige Pacht die Verwaltung des Grafenbergs für die nächsten 60 Jahre — und hoffentlich für immer — übertragen worden. Für die Staatsverwaltung war, wenn sie auch möglichst schonend vorging, die Erzielung eines genügenden Erträgnisses bei der Verwaltung des Grafenbergs der leitende Gesichtspunkt.

Die Stadt strebt die Schaffung eines Waldbildes von vollendeter Schönheit an. Seit Herbst vorigen Jahres wird hieran eifrig gearbeitet. Bei den im ganzen nicht allzu ungünstigen Bodenverhältnissen, beim Vorhandensein eines theilweisen herrlichen alten Baumbestandes und der wirksamen Hülfe, welche die Terrainformation bietet, darf erwartet werden, dafs schon in der näheren Zukunft der Grafenberg sich zu einem vornehmen Waldpark entwickeln wird.

Die Beaufsichtigung der Waldungen und die Leitung der zur Verbesserung derselben dienenden Arbeiten erfolgt durch einen städtischen Förster.

Fast unmittelbar zusammenhängend mit dem Grafenberg liegt nördlich der mehrere Hundert Hektar grofse »Aaper Wald«, meist Laubholzwald mit alten Beständen, bei dessen Verwaltung die Forstverwaltung gleichfalls thunlichst auf seine sanitäre Bedeutung für die Bewohner der benachbarten Grofsstadt Rücksicht nimmt.

Der Raum, welcher in dieser Festschrift für die Besprechung der öffentlichen Anlagen zur Verfügung steht, liefs eine eingehende Darstellung derselben nicht zu, immerhin dürfte sich aus der vorstehenden Skizze ergeben, dafs in Düsseldorf an der Lösung der wichtigen Aufgabe, den Sinn für die Natur in der dicht zusammengedrängten Bevölkerung der Grofsstadt zu erhalten und Stätten wirklicher Erholung für die grofsen Massen zu schaffen, fleifsig und nicht ohne Erfolg gearbeitet wird.

Allgemeine hygienische Einrichtungen.

1. Die Wasserversorgung.

Düsseldorf besitzt seit dem Jahre 1870 ein städtisches Wasserwerk. Mit dem Bau desselben wurde im Mai 1869 begonnen und nach Jahresfrist, am 1. Mai 1870, wurde der volle Betrieb des Werkes eröffnet.

Die Pumpwerke liegen oberhalb der Stadt in der Nähe des Rheinufers und entnehmen das Wasser aus Brunnen. Dieselben liefern Grundwasser mit natürlicher Filtration. Die Gewinnungsstelle ist sehr günstig gelegen, da der Untergrund aus mächtigen Kiesschichten besteht. Die Filtration ist daher eine vollkommene und die Beschaffenheit des Wassers, wie die am Schlusse mitgetheilten Angaben zeigen, eine sehr gute.

Die Wassergewinnung umfafst drei getrennt liegende Pumpanlagen, welche entsprechend dem steigenden Bedürfnifs nach und nach entstanden sind. Die ursprüngliche Anlage reichte nur bis zum Jahre 1875 aus und mufste in diesem Jahre bereits das zweite Pumpwerk errichtet werden. Im Jahre 1888 wurde das dritte Pumpwerk erbaut.

Pumpwerk I hat zwei liegende eincylindrige Maschinen, System Corlifs, mit direct betriebenen liegenden, doppeltwirkenden Kolbenpumpen mit Glockenventilen. Cylinderdurchmesser 707 mm, Hub 1,067 m. Die Pumpenkolben haben 340 mm Durchmesser. Die Maschinen arbeiten normal mit 18 Umdrehungen in der Minute und fördern mit jedem Hube je 170 l oder 3060 l in der Minute, daher zusammen 367 cbm in der Stunde. Zur Dampferzeugung dienen zwei 2-Flammrohrkessel. Das Wasser wird aus drei Brunnen von 4,7 m l. W. gehoben, welche durch Heberleitung miteinander verbunden sind.

Pumpwerk II umfafst folgende Anlagen: Zwei liegende eincylindrige Maschinen, System Sulzer. Sie betreiben durch Winkelhebel je eine stehende Hebepumpe nach dem System Rittinger, und direct, mittels der verlängerten Kolbenstange bewegend, eine doppeltwirkende Druckpumpe mit Plunger und Etagenringventilen. Cylinderdurchmesser der Maschinen 540 mm, Hub 1,050 m. Kolbendurchmesser der Hebepumpen 650 mm, Hub 500 mm. Kolbendurchmesser der Druckpumpen 290 mm, Hub 1,050 mm. Die Maschinen arbeiten normal mit 25 Umdrehungen in der Minute und fördern mit jedem Hube je 128 l oder 3200 l in der Minute, daher zusammen 384 cbm in der Stunde. Zur Dampferzeugung dienen zwei Dupuissche Röhrenkessel. Das Wasser wird aus zwei durch Heberleitung miteinander verbundenen Brunnen gehoben, welche 7 bezw. 5 m l. W. besitzen.

Pumpwerk III besitzt zwei liegende zweicylindrige Maschinen mit Ventilsteuerung. Jede derselben betreibt durch die verlängerte Kolbenstange jedes Dampfcylinders mittels Winkelhebels zwei stehende Plungerpumpen mit Differentialkolben und flachen Ringventilen. Durchmesser der Hochdruckcylinder 700 mm, der Niederdruckcylinder 1145 mm, Hub 1500 mm. Durchmesser der Druckpumpenplunger 500 mm, der Gegenplunger 310 mm, Hub 1000 mm. Die Maschinen arbeiten normal mit 25 Umdrehungen (Höchstleistung 30) in der Minute und fordert jede derselben mit einem Hube 373 l, oder 9325 l in der Minute. Beide Maschinen zusammen fördern somit in der Stunde 1119 cbm. Zur Dampferzeugung dienen drei 2-Flammrohrkessel. Das Wasser wird aus 7 Brunnen von 6 m l. W. geschöpft, von denen zwei als Saugbrunnen dienen, während die anderen ihr Wasser durch Heberleitung an die ersteren abgeben.

Drei Hauptrohrstränge von 418 bis 425 mm l. W. leiten das Wasser von den Pumpwerken in das Abgabegebiet und zu den Hochbehältern. Letztere haben einen Inhalt von 7200 cbm. Das Abgabegebiet erstreckt sich über den Stadtbezirk Düsseldorf und die Nachbargemeinden Gerresheim und Eller.

Fast alle bewohnten Grundstücke der Stadt Düsseldorf sind an das Wasserwerk angeschlossen. Nach dem Betriebsabschlufs des Jahres 1896,97 betrug am 31. März 1897 die Anzahl der mit Wasser versorgten Grundstücke 9131. Davon bezogen 5615 Abnehmer das Wasser nach Wassermesser, während für die anderen der Wasserzins nach Einschätzung festgesetzt war. Die Entnahme nach Wassermesser ist obligatorisch für Fabriken und Gewerbetreibende sowie für Grundstücke, welche an den Schwemmkanal angeschlossen sind, ferner bei Benutzung von Elevatoren und hydraulischen Motoren.

Für das nach Wassermesser gelieferte Wasser beträgt der Preis pro Cubikmeter 12 Pfg bei Gewährung von Rabatt bis zu 25 %. Bei Einschätzung beträgt der Wasserzins für jeden bewohnbaren Raum bis zu 10 Räumen 2,50 Mark, für jeden ferneren Raum 1,50 Mark pro Jahr, wobei für besondere Verbrauchsstellen, wie Badeeinrichtungen, Wasserclosets u. drgl. besondere Sätze normirt sind.

Die Gesammtabgabe im Jahre 1896,97 betrug 6 169 321 cbm und zwar:

a) der Verbrauch für öffentliche Zwecke:*
  1. zur Rinnsteinspülung . . . . . . 56 600 cbm
  2. zur Strafsenbesprengung . . . . 59 300 »
  3. der Fontainen . . . . . . 176 580 »
  4. der Bedürfnisanstalten . . . 148 150 »
  5. des Theaters . . . . . . 6 115 »
  6. Verschiedenes . . . . 8 855 »   455 600 cbm
b) der Verbrauch nach Wassermessern . . . . 3 935 285 »
c) der Verbrauch der eingeschätzten Abnehmer . . . . . . 1 469 966 »
d) der Verlust einschl. der Abgabe für Feuerlöschzwecke etc. . . 308 470 »
                                               Summe 6 169 321 cbm

Die stärkste   Abgabe in 24 Stunden betrug .   29 861 cbm
 » geringste   » » 24   »   »   9 831 »
 » durchschnittliche » » 24   »   » . . 16 902 »

* Die städtischen Badeanstalten gelten als Privat-Consumenten: dieselben entnehmen ihr Wasser gröfstentheils aus eigenen Brunnen.

Auf den Kopf der Einwohnerzahl des Versorgungsgebietes gerechnet betrug:

die stärkste Abgabe in 24 Stunden . 161 l
" geringste " 24 " 51 l
" durchschnittliche " 24 " . . 92 l

Das Stadtrohrnetz hat eine Gesammtlänge von 171 500 m in Lichtweiten von 425 bis 80 mm. In denselben sind 571 Schieber und 1248 Unterflur-Hydranten zu Feuerlöschzwecken eingebaut. Aufserdem dienen öffentlichen Zwecken: 5 Springbrunnen, 85 Wasserständer zur Strafsenbesprengung, 9 kleinere Laufbrunnen, 25 Bedürfnifsanstalten.

Das Wasser ist stets von gleich guter Beschaffenheit, vollständig klar und von mittlerer Härte, so dafs es sich nicht nur als Trinkwasser und für alle Zwecke der Haushaltung, sondern auch für gewerbliche Zwecke vorzüglich eignet.

Dafs die Beschaffenheit des Wassers auch dauernd eine sehr gleichmäfsige und gute ist, zeigt die nachstehende Zusammenstellung von Analysen der städtischen Nahrungsmittel-Untersuchungs-station aus drei verschiedenen Jahren. Es waren enthalten in 1 l Wasser bei 15° C.:

		August 1894	October 1896	December 1897
Gesammtrückstand	. Gramm	**0,23800**	**0,22980**	**0,26980**
Kalk . .	"	0,08540	0,08720	0,08720
Magnesia	"	0,01188	0,00317	0,01296
Natron	"	0,01395	0,01240	0,01860
Eisenoxyd und Thonerde .	"	0,00112	0,01000	0,01000
Schwefelsäure .	"	0,03020	0,02403	0,03572
Kieselsäure	"	0,00620	0,00810	0,00750
Kohlensäure, frei und halbgebunden	"	0,10127	0,13000	0,07222
Chlor	"	0,01597	0,01420	0,02130
Salpetersäure .	"	0,00153	0,00483	0,00354
Salpetrigsäure	"	0,00000	0,00000	0,00000
Ammoniak . .	"	0,00000	0,00000	0,00000
Phosphorsäure .	"	Spur	0,00000	0,00000
Organische Stoffe	"	0,07000	0,01800	0,02100
Gesammthärte	"	10,2°	9,16°	10,53°

Der bakteriologische Befund war gleichfalls stets ein günstiger, da sich nie mehr als 2 bis 3 unschädliche Bakterienarten in einer geringen Zahl von Colonien ergeben haben.

Das Wasser besitzt infolge seiner Reinheit auch noch die gute Eigenschaft, dafs es gar nicht incrustirt, so dafs selbst die ältesten Rohrleitungen nicht den geringsten Ansatz zeigen

Die Gesammtanlagekosten des Wasserwerks betrugen bis zum 31. März 1897: 3 428 000 Mark.

2. Die Kanalisation.

Die früheren Entwässerungsverhältnisse Düsseldorfs.

Die Entwässerungsverhältnisse Düsseldorfs vor Ausführung der Kanalisation waren wenig befriedigend und in gesundheitlicher Beziehung bedenklich.

Am besten war die Altstadt gestellt, indem hier die hochliegenden Höfe der Grundstücke es gestatteten, die Abwässer in die Strafsenrinnen und durch diese entweder unmittelbar oder vermittelst kurzer unterirdischer Kanäle sowie durch die unteren Strecken der Düsselbäche dem Rheine zuzuführen. In den übrigen Stadttheilen fehlte vielfach jede geregelte Vorfluth.

Soweit sich die Möglichkeit bot, wurden den die Stadt durchziehenden Düsselbächen und den von diesen gebildeten Zierteichen theils oberirdisch durch die Strafsenrinnen, theils unterirdisch durch mangelhafte, ohne jeglichen organischen Zusammenhang ausgeführte Kanäle die Abwässer zugeführt.

Hierdurch fand eine höchst bedenkliche Verunreinigung dieser Wasserläufe und namentlich der Zierteiche statt.

Die zur Ablagerung gelangenden und sich zersetzenden Schlammmassen verbreiteten, besonders in den Sommermonaten, gesundheitsschädliche Ausdünstungen.

Zu ebenfalls grofsen Uebelständen führten die vielen Senkgruben, die überall da zur Beseitigung der Abwässer angelegt wurden, wo eine oberirdische Vorfluth nicht zu erreichen war. Besonders zahlreich waren die Senken in den neuen Stadttheilen. Die Strafsen dieser Bezirke sind zum grofsen Theil durch Anschüttung entstanden; die Aufhöhung der Hinterterrains der Grundstücke war aber in vielen Fällen nicht bis auf Strafsenhöhe erfolgt und hierdurch für die tiefliegenden Grundstückstheile die Möglichkeit einer Entwässerung zur Strafsenrinne ausgeschlossen. Als einziger Ausweg blieb hier die Versenkung der Abwässer auf den Grundstücken selbst, wodurch eine bedenkliche Verunreinigung des Untergrundes stattfand.

Die Entwässerung der Strafsen selbst in manchen Stadtgebieten erfolgte nach natürlichen Tiefpunkten des Geländes, welche keine Vorfluth hatten, so dafs bei stärkeren Regenfällen verkehrsstörende Strafsenüberschwemmungen eintraten.

Anstrebung besserer Entwässerungsverhältnisse.

Die Unzulänglichkeit dieser Entwässerungsverhältnisse, welche bei der raschen Ausdehnung der Stadt naturgemäfs immer fühlbarer werden mufste, ferner die vorschreitende Wasserversorgung und die Erkenntnifs, dafs für die neu entstehenden Bauviertel bei Zeiten für ordnungsmäfsige Zustände gesorgt werden müsse, veranlafsten die städtische Verwaltung, der Frage der systematischen Entwässerung der Stadt näherzutreten.

Projecte.

Im August 1871 wurde der Oberingenieur Herr W. Lindley in Frankfurt a. M. mit der Aufstellung eines generellen Entwässerungsprojectes für Düsseldorf beauftragt. Dasselbe wurde im April 1872 vorgelegt und 1874 mit dem Bau eines Theiles der Kanäle, namentlich zur Entwässerung der Oststrafse und des östlich derselben in einer Terrainmulde gelegenen Gebietes, begonnen, nach deren Ausführung die Einmündungen der in den Stadtgraben entwässernden alten Kanäle beseitigt werden konnten.

Die in den Jahren 1874 bis 1879 ausgeführten Entwässerungsleitungen sind in dem beigegebenen Uebersichtsplänchen schwarz punktirt.

Im Juni 1880 beschloss die Stadtverordneten-Versammlung die Revision des W. Lindleyschen generellen Entwurfes sowie die Einholung von Gutachten und event. auch die Beschaffung von neuen Projecten für das angemessenste Entwässerungssystem.

Hiernach wurden die Herren Gebrüder W. & H. Lindley in Frankfurt a. M. mit der Prüfung des von Herrn W. Lindley aufgestellten generellen Entwurfs, sowie mit der Ausarbeitung eines Special-Projectes der für die Reinhaltung der städtischen Gewässer erforderlichen Kanalstrecken betraut.

Das betreffende Special-Project wurde im November 1880 eingereicht und im Februar 1881 dem Königl. Baurath Herrn Hobrecht in Berlin zur Begutachtung unterbreitet. Dieser empfahl im wesentlichen die Aufstellung eines neuen rechnungsmäfsigen Entwurfes durch einen von der Stadt zu engagirenden Kanalisations-Techniker.

Nachdem auch ein weiteres Gutachten des Oberingenieurs Herrn Andreas Meyer in Hamburg in diesem Sinne abgegeben war, wurde im März 1882 Herr Regierungsbaumeister (jetzt Stadtbaurath) Frings seitens der Stadt engagirt und mit der Neubearbeitung des Entwurfes betraut.

Im Februar 1883 wurde letzterer für das untere System, im April 1887 derjenige für das obere System fertiggestellt, und ist die Kanalisation nach diesen Entwürfen bereits in gröfserer Ausdehnung ausgeführt und noch in der Ausführung begriffen.

Erläuterung des genehmigten Projectes.

In Nachstehendem sollen die Grundzüge des Projectes beschrieben werden.

Theilung der Stadt in vier selbständige Entwässerungsgebiete.

Von dem Gesichtspunkte ausgehend, dafs beim Entwerfen der systematischen Entwässerung einer Stadt auf deren Ausdehnung in weiten Grenzen Rücksicht zu nehmen ist, wurde das Project auf das gesammte Stadtgebiet innerhalb der Gemeindegrenze ausgedehnt. Dieses Gebiet ist in vier selbständige Entwässerungssysteme getheilt, nämlich in ein nördliches und ein südliches Aufsensystem, deren Bebauung noch in der Zukunft liegt, und in zwei innere Systeme, welche schon zum grofsen Theil bebaut sind und für welche im übrigen der Bebauungsplan schon soweit feststeht, dafs die speciellen Kanalisationsprojecte aufgestellt werden konnten.

Die allgemeine Disposition ist derart erfolgt, dafs die tiefliegenden Stadttheile, in welchen eine Beeinträchtigung der Entwässerung bei Rheinhochwasser zu befürchten war, möglichst von den hochliegenden Gebieten getrennt, besondere Systeme bilden. Hierdurch wird die Nothwendigkeit, die Abwässer bei Rheinhochwasser durch Pumpen heben zu müssen, auf das geringste Mafs beschränkt.

Die beiden tiefliegenden Systeme sind das untere innere System und das südliche Aufsensystem. Bei diesen liegen die Strafsen und die Keller so tief, dafs bei einem Rheinwasserstande von + 6,0 m Düsseldorfer Pegel und darüber die Kanäle vom Rhein abgesperrt und die Abwässer durch Pumpen gehoben werden müssen.

In den beiden hochliegenden Systemen, dem oberen inneren und dem nördlichen Aufsensystem, liegen die Strafsen so hoch, dafs die Kanäle auch bei den höchsten Wasserständen des Rheines mit letzterem in Verbindung bleiben können, ohne dafs eine Beeinträchtigung der Entwässerung stattfindet.

Begrenzung der beiden inneren Systeme und Eintheilung derselben in mehrere Sammlergebiete.

Das untere innere Entwässerungssystem, welches den gröfsten Theil der geschlossen bebauten Stadt umfafst, wird im Norden durch den Hofgarten, im Osten durch die Kölnerstrafse, im Süden durch den Stoffelner Damm, im Westen durch die Volmerswertherstrafse, den Bahndamm der Eisenbahnlinie Düsseldorf-Neuss und durch den Rhein begrenzt.

Diese 1050 Hektar betragende Fläche ist in 11 selbständige Sammlergebiete getheilt, welche auf dem beigefügten Uebersichtsplänchen mit den Buchstaben $A-L$ bezeichnet sind. Jedes dieser Sammlergebiete besitzt einen Hauptsammelkanal, welchem direct und durch Nebenleitungen die Abwässer zufliefsen.

Ein das ganze Gebiet von Norden nach Süden durchziehender Abfangekanal nimmt die übrigen Hauptsammler auf und mündet im Zuge der Inselstrafse in den Rhein.

Das obere innere System umfafst einen Flächenraum von rund 1500 Hektar. Seine Grenze folgt im Westen der Kölnerstrafse, dem Hofgarten und dem Rheine, im Süden und Osten der Stadtgrenze, im Norden dem Düsselbach und dem Kittelbach bis zur Bahnlinie Düsseldorf-Duisburg; von dort verläuft sie nach der Ecke der Ulmen- und Tannenstrafse und weiter nach derjenigen der Roland- und Kaiserswertherstrafse.

Wie das untere, so ist auch das obere System in eine Reihe selbständiger Sammlergebiete I—VI getheilt. Ein Hauptsammelkanal führt vom Rheine aufsteigend in südöstlicher Richtung durch das Gebiet und nimmt die übrigen Sammelkanäle auf.

In dem beigefügten Lageplane sind die Grenzen der einzelnen Sammlergebiete in gestrichelten Linien, und die Hauptsammelkanäle in starken schwarzen Linien dargestellt.

Hauptauslässe.

Die Abwässer des unteren Systems werden, wie bereits oben gesagt, durch einen im Zuge der Inselstrafse liegenden Auslafskanal dem Rheine zugeführt.

Für das obere System und das nördliche Aufsensystem ist ein gemeinsamer Auslafskanal bei Golzheim projectirt. Um die spätere Anlage einer gemeinschaftlichen Kläranlage für die Abwässer des unteren, des oberen und des nördlichen Aufsensystems zu ermöglichen, ist ein über die Golzheimer Insel führender Verbindungskanal zwischen den beiden Hauptauslässen vorgesehen, so dafs das gesammte Schmutzwasser der bezeichneten drei Systeme nach dem Auslasse bei Golzheim geführt werden kann. Der jetzige Auslafs des unteren Systems soll alsdann nur als Regenauslafs benutzt werden.

Der hohen Kosten wegen soll der Bau des Hauptauslasses bei Golzheim so lange als möglich hinausgeschoben werden und findet das obere System vorläufig seine Vorfluth durch den im Zuge der Krefelderstrafse in den Rhein mündenden, bereits ausgeführten grofsen Regenauslafskanal. Das südliche Aufsensystem wird einen besonderen Hauptauslafs erhalten.

Regenauslässe.

Zur directen Abführung gröfserer Regenniederschläge auf dem kürzesten Wege nach dem Rheine bezw. den Düsselbächen sind für das untere System an allen Einmündungsstellen der Hauptsammler in den Abfangekanal Regen- oder Nothauslafskanäle angeordnet. Aufserdem ist noch ein solcher vorgesehen am Treffpunkte der Martins- und Volmerswertherstrafse.

Für das obere System sind aufser dem bereits erwähnten Hauptregenauslafskanal im Zuge der Kretelderstrafse, welcher das ganze System mit Ausnahme des Sammlers VI entlastet, in ringförmiger Lage ein Auslafs nach dem linken und zwei nach dem rechten Düsselarme geplant, um die grofsen Wassermengen der äufseren Gebiete von den Kanälen der inneren Stadttheile fernzuhalten. Erreicht wurde hierdurch, dafs die Kanäle direct unterhalb der Entlastungen trotz der grofsen oberhalb gelegenen, später mit zu entwässernden Gebiete, verhältnifsmäfsig kleine Querschnitte erhalten, wodurch bedeutende Kosten erspart werden.

Wie später des Näheren erörtert werden soll, treten die Regenauslässe erst in Thätigkeit, wenn ein Regenniederschlag von mehr als 1,2 mm Höhe pro Stunde erfolgt.

Spülung und Ventilation.

Es kann nicht vollständig verhütet werden, dafs Stoffe in die Kanäle gelangen, welche durch die eigene Spülkraft des fliefsenden Kanalwassers nicht fortgeschwemmt werden. Es sind deshalb Vorrichtungen für die Zuführung besonderen Spülwassers für jedes Kanalnetz eine Nothwendigkeit. Infolge der günstigen Lage der die Stadt durchziehenden Düsselbäche konnte in den meisten Fällen für die Hauptsammelkanäle natürliche Spülung erreicht werden. Der Hauptsammelkanal des oberen Systems in der Kölnerstrafse, welcher seine Spülung an der Scheidlingsmühle aus der südlichen Düssel erhält, dient als Spülkanal für alle von der Kölnerstrafse aus nach Westen abgehenden Leitungen des unteren Systems. Der Abfangekanal des letztern, welcher, wie schon früher gesagt, alle übrigen Hauptsammler aufnimmt, erhält seine Spülung am Ende der Brunnenstrafse aus der südlichen Düssel. Von dem oberen Ende dieses Abfangekanals wird dem Kronprinzenstrafsen-Sammler das nöthige Spülwasser zugeführt. Die Sammler II und I entnehmen ihr Spülwasser an der Scheidlingsmühle aus der Düssel.

Im oberen System ist nur für den Hauptsammler II eine natürliche Spülung nicht möglich; die in dem betreffenden Gebiete liegenden Wasserläufe, der schwarze Graben und der Ickbach, führen im Sommer, also zu der Zeit, in welcher die Spülung am nothwendigsten ist, kein oder nur wenig Wasser. Es wird deshalb hier die städtische Wasserversorgung das nöthige Spülwasser liefern müssen. Die Sammler III, IV und V werden aus dem rechten Düsselarm gespült; für den Sammler VI ist die Möglichkeit zur Entnahme von Spülwasser aus dem rechten Düsselarm und dem Kittelbach vorhanden.

Die mit ihren oberen Enden auf die Düsselbäche stofsenden Nebenleitungen werden ebenfalls aus diesen Bächen gespült.

Auch die Ziergewässer im Innern der Stadt bieten zur Anbringung von directen Spüleinlässen Gelegenheit. Die Benutzung der städtischen Wasserleitung zu Spülzwecken kann somit auf ein geringes Mafs beschränkt werden.

Zur besseren Ausnutzung der Spülströme, und um das Kanalwasser selbst zur Spülung benutzen zu können, sind hauptsächlich an den Verbindungsstellen mehrerer Kanalleitungen Stauvorrichtungen und zwar bei den gemauerten Kanälen in Gestalt von eisernen, das Profil bis Kämpferhöhe schliefsenden Spülthüren, und bei den Thonrohrleitungen aus Spülschiebern in den Revisionsbrunnen bestehend, angeordnet. Durch diese Vorrichtungen wird das Wasser angestaut und durchströmt nach dem plötzlichen Oeffnen der Spülthüren bezw. Schieber die unterhalb gelegenen Strecken mit gröfserer lebendigen Kraft, so dafs etwaige Ablagerungen mitgerissen werden.

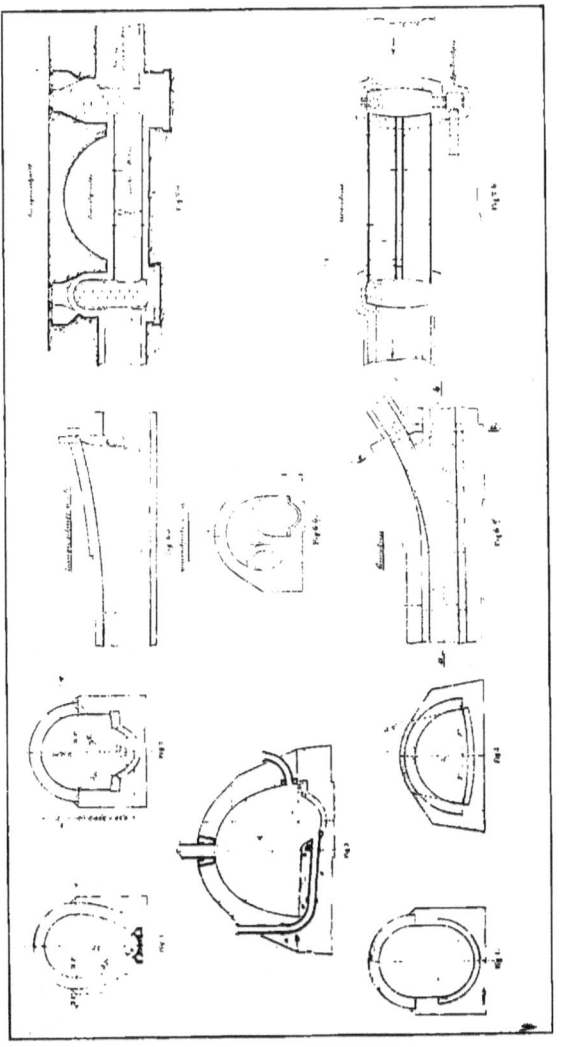

Kanalisation.

Für die ausgiebige Lufterneuerung im Kanalnetze, welche in gesundheitlicher Beziehung und zur Ermöglichung eines geregelten Kanalbetriebes nicht entbehrt werden kann, ist reichlich Fürsorge getroffen. Durch in den Strafsen liegende Lufteinlässe an den Reinigungsbrunnen der Thonrohrleitungen sowie an den Mannlöchern der Kanäle, und in der Mitte zwischen diesen, findet ein reichlicher Zutritt von atmosphärischer Luft in das Kanalnetz statt.

Zur Erzielung der nöthigen Bewegung des Luftstromes werden die Regenrohre der Häuser in der Regel durch besondere im Kanal hochmündende Anschlufsleitungen ohne Wasserverschlüsse mit ersterem verbunden.

Dimensionirung der Kanäle.

Die Dimensionirung der Kanäle und Regenauslässe ist abhängig:
1. von den Wassermengen, welche sie abführen müssen, und
2. von dem Gefälle, welches ihnen mit Rücksicht auf die Terraingestaltung und die Spülung gegeben wird.

Wassermengen.

Durch die Kanalisation, welche als vollständiges Schwemmsystem projectirt ist, sollen weggeschafft werden:
1. die atmosphärischen Niederschläge,
2. das Haus- und Gewerbewasser,
3. die menschlichen Excremente.

Vorerst müssen letztere allerdings von der Beseitigung durch die Kanäle ausgeschlossen bleiben, indem die betreffenden Königl Ministerien die directe Einleitung der Abwässer in den Rhein bis zum Eintritt wirklicher Uebelstände im Strome mit dem Vorbehalte genehmigt haben, dafs keine Closets an die Kanäle angeschlossen werden dürfen, und dafs schädliche Fabrikabwässer vor der Einleitung in die Kanäle gereinigt werden müssen.

Regenmenge.

Die Bestimmung der von den Kanälen abzuführenden Regenwassermengen ist in Bezug auf das gute Functioniren und die Kosten einer Kanalisation von gröfster Wichtigkeit. Die übrigen Zuflüsse sind nämlich im Vergleich zu der Regenwassermenge so unbedeutend, dafs von letzterer hauptsächlich die Dimensionirung der Kanäle abhängig ist.

Wird die von den Leitungen frei abzuführende Regenwassermenge zu klein genommen, so sind bei stärkeren Niederschlägen Keller- und Strafsenüberfluthungen unausbleiblich.

Im anderen Falle sind bei zu reichlicher Annahme weite Kanalprofile erforderlich, welche hohe Kosten verursachen und deren Reinhaltung infolge der gröfseren Ablagerungen erschwert wird.

Am einfachsten gestaltet sich die Ermittelung der zu Grunde zu legenden Regenmengen bei Städten, in welchen längere Zeiträume umfassende Regenbeobachtungen nach Menge, Dauer und gröfster Intensität der einzelnen Regenfälle stattgefunden haben.

Für Düsseldorf lagen zur Zeit der Aufstellung des Projectes solche statistischen Aufzeichnungen nicht vor, doch waren für Köln von dem Oberlehrer Herrn Dr. Garthe und dessen Sohn in den Jahren 1848—1880 Beobachtungen und Aufzeichnungen für das statistische Bureau in Berlin gemacht worden.

Aus denselben ergab sich, dafs während der oben bezeichneten Jahre Niederschlagshöhen von 30 mm und mehr pro Stunde an den folgenden Tagen eingetreten sind.

Laufende Nr.	Jahr	Monat	Tag	Niederschlagshöhe pro Stunde in mm
1	1848	Juli	15	37,9
2	1851	Juni	10	48,8
3	1853	Juni	20	54,8
4	1853	August	22	32,2
5	1856	April	15	35,6
6	1858	August	21	37,6
7	1868	Juli	29	34,6
8	1870	Juli	10	33,8
9	1870	Juli	27	34,8
10	1871	April	19	30,0
11	1871	September	9	55,0
12	1875	Juli	4	37,6
13	1876	Juli	2	40,6

Der absolut höchste Niederschlag von 55 mm pro Stunde trat hiernach innerhalb 33 Jahren am 9. September 1871 während eines Wolkenbruches ein, welcher eine Stunde andauerte. Der nächsthöchste Niederschlag fand am 20. Juni 1853 mit 54,8 mm Regenhöhe pro Stunde statt. Dann kommt der Niederschlag vom 10. Juni 1851, welcher die Höhe von 48,8 mm pro Stunde erreichte.

Es erschien nicht angezeigt, die Kanäle für Wolkenbrüche solcher Art zu dimensioniren, da die hierdurch erreichten Vortheile die grofsen Baukosten, zumal bei dem seltenen Eintreten solcher elementaren Ereignisse, nicht aufwiegen würden.

Die nächstgröfsere Niederschlagshöhe von 40,6 mm trat am 2. Juli 1876 infolge eines Gewitterregens von einer Stunde Dauer ein, und kommen derselben die Regenhöhen vom 15. Juli 1848 mit 37,9 mm, vom 21. August 1858 und vom 4. Juli 1875 mit je 37,6 mm ziemlich nahe. Die Regenhöhe von 40,6 mm ist der Berechnung des Kanalnetzes zu Grunde gelegt.

Der Regenniederschlag von 40,6 mm wird nicht in derselben Zeit, in welcher er niederfällt, und auch nicht in seiner ganzen Menge den Kanälen zufliefsen. Er wird zum Theil verdunsten, zum Theil versickern, und kann nach dem Beispiel englischer Städte angenommen werden, dafs infolge des verzögerten Abflusses, der Verdunstung und Versickerung, nur ein Drittel der Regenmenge, also von 40,6 mm Regenhöhe pro Stunde, nur 13,5 mm für den Zuflufs zu den Leitungen in Betracht zu ziehen sind.

Diese Annahme erscheint in Anbetracht der weitläufigen Bebauung Düsseldorfs reichlich. Beim Eintreten höherer Niederschläge werden sich die rechnungsmäfsigen Füllungslinien der Leitungen nach oben hin steiler einstellen, und wird die hierdurch erreichte gröfsere Capacität die Stauungen rasch beseitigen. Da jedoch mit zunehmender Stärke der Niederschläge erfahrungsgemäfs deren Zeitdauer sich verringert, werden solche Druckerscheinungen nur in kleineren Bezirken bei den Nebenleitungen auftreten, während in den gröfseren Sammelkanälen infolge der Verzögerung des Ablaufes auf dem gröfseren Entwässerungsgebiete, ein Beharrungszustand überhaupt nicht eintreten wird; hier werden vielmehr eine Periode der Zunahme und eine solche der Abnahme im Wasserzuflusse unmittelbar aufeinander folgen.

Bei 13,5 mm Höhe pro Stunde berechnet sich die Regenmenge pro Hektar und Secunde zu 37,5 Liter.

Seit dem Jahre 1887 werden auch hier in Düsseldorf regelmäfsige Regenmessungen vorgenommen, und ist nur einmal, nämlich am 22. Juli 1897, eine etwas gröfsere Regenhöhe als 40,6 mm pro Stunde beobachtet worden und zwar eine solche von 42,0 mm.

In die Tabelle der von den Herren Dr. Garthe und Sohn innerhalb der Jahre von 1860—1880 beobachteten Regenhöhen wurden die gleichzeitigen Rheinwasserstände eingetragen und ergab sich, dafs die Regenniederschläge, welche bei einem Wasserstand des Rheines von $+$ 6,00 m, ja selbst von $+$ 5,00 m am Düsseldorfer Pegel und darüber hinaus eintraten, nie mehr als 1,2 mm Regenhöhe pro Stunde erreichten. Es betrug nämlich am 2 Februar 1862 bei einem Rheinwasserstande von $+$ 6,84 m die Regenhöhe pro Stunde 1,2 mm; am 6. Februar 1876 betrug sie pro Stunde 1,1 mm bei einem Wasserstande von $+$ 6,30 m. Im übrigen hat es an allen Tagen in den Jahren 1860—1880, an welchen der Rhein höher stand als $+$ 6,00 m, entweder überhaupt nicht geregnet, oder die Regenhöhe hat nie mehr als 1,2 mm pro Stunde betragen.

Für die Regenwassermenge, welche, bei Absperrung der Regenauslässe vom Rhein, durch die Kanäle der Pumpstation zugeführt werden mufs, wurde dementsprechend die Regenhöhe von 1,2 mm pro Stunde als Maximum, und ferner angenommen, dafs wegen der kälteren Jahreszeit, in welcher die höheren Wasserstände von $+$ 6,00 m und mehr einzutreten pflegen, nur die Hälfte der Regenmenge verdunstet und versickert, während die übrige Hälfte in die Kanäle gelangt.

Die Regenmenge pro Secunde, welche der Niederschlagshöhe von $\frac{1,2}{2}$ mm $=$ 0,6 mm entspricht, beträgt pro Hektar 1,67 l.

An Regenwasser sind also in allen Stadttheilen mit Ausnahme der Altstadt abzuführen:

1. im Sommer, wenn die Regenauslässe functioniren, pro Hektar und Secunde 37,5 l,
2. in den Zeiten, in welchen wegen zu hohen Rheinwasserstandes die Regenauslässe vom Strom abgesperrt sein müssen, 1,67 l;
3. für die Altstadt wurde wegen der engen Bebauung $^2/_3$ der stündlichen Regenhöhe von 40,6 mm mit 75 l pro Hektar und Secunde als Zuflufs im Sommer bei geöffneten Regenauslässen angenommen. Bei geschlossenen Regenauslässen ist mit einem Zuflufs von 2,67 l pro Hektar und Secunde, entsprechend $^4/_3$ der stündlichen Regenhöhe von 1,2 mm, gerechnet worden.

Bevölkerungsdichtigkeit, Brauchwassermenge und Excremente.

Aufser dem Regenwasser sind wie bereits gesagt, die Haus- und Gewerbewässer sowie die menschlichen Excremente abzuführen, deren Menge abhängig ist von der Bevölkerungsdichtigkeit der einzelnen Stadtgebiete. Diese ist am gröfsten in der Altstadt, woselbst durchschnittlich 607 Personen auf 1 Hektar wohnen. Da jedoch in einzelnen Strafsen die relative Bevölkerungsdichtigkeit mehr als 1000 Seelen pro Hektar beträgt, wurde eine solche von durchschnittlich 1000 Personen angenommen.

In der Karlsstadt wohnten z. Z. auf dem Hektar durchschnittlich 248, in der Oststadt 155, in der Friedrichsstadt 233 und in der Neustadt 200 Personen; da jedoch einzelne Strafsen eine bedeutend höhere Bevölkerungsdichtigkeit hatten, wurde diese, mit Ausnahme der Altstadt, zu durchschnittlich 400 Personen pro Hektar dem Entwässerungsproject zu Grunde gelegt.

Nimmt man an, dafs die Hauswassermenge pro Kopf und Tag 127,5 l beträgt und dafs von diesen die Hälfte in 9 Stunden den Kanälen zufliefst, so ergiebt sich der gröfste Zuflufs an Hauswasser in der Altstadt bei einer relativen Bevölkerungsdichtigkeit von 1000 Personen pro Hektar zu 1,943 l pro Hektar und Secunde, in den übrigen Stadttheilen bei einer relativen Bevölkerungsdichtigkeit von 100 Personen pro Hektar zu 0,787 l pro Hektar und Secunde.

Da die Brauchwassermenge von 127,5 l pro Kopf und Tag reichlich bemessen ist, konnten die menschlichen Excremente aufser Betracht gelassen werden. Nimmt man nach Pettenkofer an, dafs dieselben pro Kopf und Jahr 402 kg betragen, so würden in der Brauchwassermenge von 127,5 l an Excrementen 1,2 l enthalten sein.

Gesammt-Wassermenge.

Die Gesammtwassermenge berechnet sich demnach:

1. Für die Zeiten, in welchen die Regenauslässe functioniren,

    a) mit Ausnahme der Altstadt zu:

        37,500 l gröfste Regenwassermenge,
         0,787 l gröfste Hauswassermenge,

    in Summa 38,287 l Gesammtwassermenge pro Hektar und Secunde;

    b) für die Altstadt:

        75,000 l gröfste Regenwassermenge,
         1,943 l gröfste Hauswassermenge,

    in Summa 76,943 l Gesammtwassermenge pro Hektar und Secunde;

2. Für die Zeiten, in welchen die Regenauslässe nicht functioniren, sondern gegen den Rhein wegen zu hohen Wasserstandes in demselben abgeschlossen sind,

    a) mit Ausnahme der Altstadt:

        1,670 l gröfste Regenwassermenge,
        0,787 l gröfste Hauswassermenge,

    in Summa 2,457 l Gesammtwassermenge pro Hektar und Secunde;

    b) für die Altstadt:

        2,670 l gröfste Regenwassermenge,
        1,943 l gröfste Hauswassermenge,

    in Summa 4,613 l Gesammtwassermenge pro Hektar und Secunde.

Grundwasser.

Von einer Aufnahme des Grundwassers in die Kanäle konnte infolge der im allgemeinen günstigen Grundwasserverhältnisse Düsseldorfs Abstand genommen werden. In einigen Stadtgebieten, in welchen das Grundwasser sich wegen Vorhandenseins muldenförmiger undurchlässiger Thonschichten zu gröfserer Höhe ansammelt, wird durch die Ausführung der Kanalisation die in sanitärer Beziehung höchst wichtige entsprechende Senkung des Grundwasserspiegels ohne besondere Vorkehrungen erreicht werden. Die undurchlässigen Schichten werden durchbrochen, und wird dem Grundwasser durch die neben den Leitungen infolge der Aufgrabung entstandenen lockeren Bodenmassen ein natürlicher Abzug geschaffen. Es findet somit eine Drainirung des betreffenden Gebietes bis zur Sohle des Kanalnetzes statt.

Gefälle und Tiefenlage der Kanäle.

Die Gefälle der Leitungen einer Schwemmkanalisation müssen, soweit ihre Abhängigkeit von der Terraingestaltung und der Spülung es erlaubt, derart gewählt werden, dafs auch bei geringer Wasserhöhe in den Kanälen noch eine zum Fortschwemmen der im Kanalwasser befindlichen festen Stoffe genügende Wassergeschwindigkeit vorhanden ist. Ferner müssen die kleineren Leitungen und die Hauskanäle, in welchen die Wassermenge mehr wechselt, gröfsere Gefälle erhalten als die gröfseren Sammelkanäle, welche stetigere Wasserführung haben. Zu starke Gefälle sind zu vermeiden, da bei solchen die Kanäle zu leicht trocken laufen und durch die grofse Wassergeschwindigkeit die Kanalwände angegriffen werden können.

In Berücksichtigung des vorstehend Gesagten ergeben sich folgende praktischen Kanalgefälle, welche auch für die hiesige Stadtentwässerung angenommen sind.

Bei den gemauerten Kanälen Gefälle zwischen 1:200 und 1:3000 und bei den Thonrohrleitungen solche zwischen 1:100 und 1:1000.

Für die Tiefenlage der Entwässerungsleitungen ist aufser der Höhenlage der zur Spülung zu benutzenden Bachläufe, auch die Kellertiefe der Gebäude in Betracht zu ziehen, damit die Anschlufsleitungen unter Kellersohle zu liegen kommen, und die Keller vom Brauchwasser und event. vom Grundwasser entwässert werden können. Hiernach sind die Nebenleitungen im allgemeinen in ca. 3 bis 4 m Tiefe unter den Strafsen angeordnet. Nur in einigen Terrainmulden mufs auf die Entwässerung der Keller verzichtet werden.

Die Sammelkanäle erhalten ihrer höheren Profile wegen, sowie infolge der Terrainbeschaffenheit tiefere Sohlenlagen bis zu 10 m unter Strafsenkrone.

Berechnungsformeln.

Die Berechnung der Querschnitte der Kanalleitungen erfolgte nach den Formeln für die gleichförmige Bewegung des Wassers:

$$c = k \sqrt{\frac{f}{p} \cdot \frac{h}{l}} \; ; \; Q = f \cdot c \; ; \; Q = k \sqrt{\frac{f^3}{p} \cdot \frac{h}{l}} \; ;$$

Hierin bedeutet: Q = Wassermenge in cbm,
 c = Geschwindigkeit des Wassers in m,
 f = Inhalt des Profils in qm,
 p = benetzter Umfang des Profils in m,
 $\frac{h}{l}$ = relatives Gefälle des Wasserspiegels,
 k = Geschwindigkeitscoëfficient.

Letzterer wurde nach Eytelwein zu k = 50 angenommen.

Bei dieser Annahme ergiebt die Formel gröfsere Weiten als die Bazin'sche. Auch für die unter Druck stehenden Leitungen ergeben sich nach der angewendeten Formel gröfsere Dimensionen, als nach der genauen Formel für Druckleitungen. Es liegt hierin eine gröfsere Sicherheit, dafs die rechnungsmäfsigen Weiten genügen.

Die Dimensionirung ist im allgemeinen für die Hauptsammler unter der Annahme erfolgt, dafs bei Abführung der im Vorhergehenden ermittelten maximalen Wassermengen die sog. Füllungs- oder Wasserlinie mit dem Scheitel genau oder nahezu zusammenfällt. Die Oberkante der Nebenleitungen ist, einestheils um für diese gröfsere Sohlengefälle zu erzielen, anderntheils mit Rücksicht auf die praktische Ausführung der Einmündung, nicht mit dem Kanalscheitel des Hauptsammlers in gleiche Höhe, sondern meistens tiefer gelegt.

Ist nun der Hauptsammler bis zu seinem Scheitel resp. zu seiner Wasserlinie gefüllt, so wird die höhere Lage dieser Füllungslinie über dem Scheitel der Nebenleitung in dieser selbst ebenfalls eine höher gelegene Rückstau- oder Wasserlinie bedingen, und werden die Nebenleitungen dementsprechend bei der maximalen Wasserabführung nicht als Gefälleitungen, sondern unter Druck arbeiten. Für die Dimensionirung sind die Gefälle der Wasserspiegellinien, nicht die Sohlengefälle, maſsgebend, wobei bemerkt wird, daſs durchweg die Sohlengefälle gleich oder steiler angenommen sind als die Gefälle der Wasserlinien.

Querschnitte und Material der Kanäle.

Als Profilform ist für die begehbaren Kanäle von 1,05 bis 2,00 m lichter Höhe das Eiprofil, dessen Breite in Kämpferhöhe $^2/_3$ der gesammten Profilhöhe beträgt, gewählt (Fig. 1).

Die Vorzüge dieser Form bestehen hauptsächlich darin, daſs durch dieselbe bei allen Wasserhöhen ein groſser hydraulischer Radius (Wasserquerschnitt dividirt durch den benetzten Umfang), und hierdurch möglichst groſse Wassergeschwindigkeit, sowie infolge der stark gekrümmten Sohle möglichst groſse Schwimmtiefe erreicht werden.

Für die kleineren Kanäle sind Kreisprofile von 0,25 bis 0,50 m lichter Weite gewählt worden, weil bei diesen die Differenz in den Wassergeschwindigkeiten gegen das Eiprofil unerheblich und beim Kreisprofil eine bequemere Reinigung vermittelst Durchziehen von Bürsten möglich ist.

Wenn das gröſste eiförmige Profil von 2,00 m Höhe und 1,38 m Breite nicht mehr genügt, so wird ein erweitertes Profil (Fig. 2 u. 3) mit eiförmiger Sohle, einem Bankett an einer oder an beiden Seiten und halbkreisförmigem bezw. je nach der Tiefenlage construirtem überhöhtem oberem Gewölbe gewählt. Durch die eiförmige Sohle in diesen Kanälen werden bei geringer Wasserführung Schlammablagerungen vermieden.

Die Regenauslaſskanäle, welche in Kämpferhöhe der Schwemmkanäle von diesen abzweigen, erhalten gewöhnlich ein oben und unten halbkreisförmig geschlossenes Profil mit senkrechten Wangen (Fig. 4). Der Scheitel des Regenauslasses liegt mit demjenigen des zu entlastenden Schwemmkanals in gleicher Höhe. Um eine genügende Länge der wehrartigen Ueberfälle zu erzielen, zweigen die Regenauslässe mit einer schlanken Curve von den Kanälen ab. Ist für den Regenauslaſs nur ein geringes Gefälle zur Verfügung, so wird ein flaches Profil mit halbkreisförmigem Gewölbe und flachbogiger Sohle gewählt (Fig. 5).

Die kreisförmigen Leitungen von 0,25 bis 0,50 m lichter Weite werden aus glasirten Thonröhren hergestellt. Die übrigen Profile gelangen in Cementmauerwerk aus Kanalformsteinen zur Ausführung. Bei den eiförmigen Kanälen wird eine Sohle aus Schalen von glasirtem gebranntem Thon eingelegt, wodurch gröſsere Glätte erreicht und die Reinhaltung gefördert wird.

Das gröſste zur Ausführung gelangende Schwemmkanalprofil hat eine lichte Höhe von 2,50 m und eine lichte Breite von 3,00 m; bei dem gröſsten Regenauslaſsprofil beträgt erstere 3,00 m und letztere 3,50 m.

Besondere Baugegenstände.

a) Einsteige- und Reinigungsbrunnen.

Bei den gemauerten Kanälen sind, für die kleineren Profile in 60 bis 70 m, für die gröſseren Profile in 80 bis 100 m Entfernung, mit Steigeisen versehene Schächte zum Einsteigen in die

Kanäle angeordnet. In der Regel sind diese Schächte dem Wangenmauerwerk des Kanals aufgesattelt, nur bei den gröfseren Kanälen und bei den Spülthüranlagen gelangen seitliche Eingänge zur Ausführung.

Die Thonrohrleitungen erhalten in Entfernungen von 50 bis 60 m besteigbare, mit seitlich liegenden Lufteinlässen versehene Reinigungsbrunnen, zwischen welchen die Leitungen in gerader Linie ausgeführt werden. Die Brunnen werden auf einheitlichen Steinplatten fundirt, und mit nur 10 cm tiefen Schlammfängen versehen.

b) Schieber- und Klappenschächte.

Zur Absperrung des Hauptauslasses des unteren Systems, sowie der Regenauslässe, vom Rhein bezw. von den Düsselbächen, und für die Spüleinlässe, sind Schieberschächte angeordnet. Der Verschlufs erfolgt vermittelst eines eisernen Schiebers, welcher durch Spindelaufzug bewegt wird und bei den gröfseren Profilen mit Gegengewichten versehen ist, sowie durch eine selbstthätige Rückstauklappe. Letztere wird beim etwaigen Versagen des Schiebers durch den Rückstau des Wassers angedrückt und bewirkt hierdurch die Aufrechterhaltung des Verschlusses.

c) Kanalverbindungen.

Die gemauerten Kanäle werden durch tangentiale Curven von 10 bis 20 m Radius miteinander verbunden. Das kleinere Profil erhält in der Regel eine höhere Lage mit vermittelndem Sturzgefälle, damit ein Rückstau aus dem gröfseren Profil möglichst vermieden wird. Das Verbindungsbauwerk, dessen Grundrifsform durch die Gröfse der Profile gegeben ist, wird vermittelst eines sogenannten Trompetengewölbes geschlossen (Fig. 6). Bei den Thonrohrleitungen ist über jeder Verbindung ein Reinigungsbrunnen angeordnet.

d) Dückeranlagen.

Unterdückerungen sind erforderlich, wenn ein Schwemmkanal in gleicher Tiefe mit einem anderen Kanal oder einem offenen Wasserlaufe herzustellen ist. In der beistehenden Skizze Fig. 7 ist die Unterdückerung der Düssel in der Rochusstrafse durch den Hauptsammler *I* des oberen Systems dargestellt. Zu Seiten des Baches sind Dückerschächte mit Schlammfängen angebracht, in welchen das Kanalprofil in zwei unter der Bachsohle liegende gufseiserne Rohre übergeht. Die Anordnung von zwei Rohren bietet die Möglichkeit, bei etwaiger Verstopfung eines Dückerrohres das Wasser durch das andere zu leiten, ersteres trocken zu legen und zu reinigen. Durch den im oberen Schachte angebrachten Spüleinlafs können die Dückerrohre mit Düsselwasser kräftig durchspült werden. Zur Steigerung der Selbstreinigung des Dückers wird das Gefälle desselben gröfser gewählt als das Kanalgefälle.

e) Strafseneinläufe

Für die Strafseneinläufe werden Thonsinkkasten von 45 cm lichter Weite verwendet, welche, in Entfernungen von 50 bis 60 m angeordnet, vermittelst einer Anschlufsleitung von 20 cm lichter Weite mit den Kanälen verbunden werden und mit Schlammfängen versehen sind. Der Einlauf erfolgt durch einen, dem Rinnen- bezw. Strafsenprofil angepafsten abnehmbaren Rost. Der Wasserspiegel des Schlammfanges liegt frostfrei in 1,20 m Tiefe unter der Strafse, der Austritt der Kanalluft wird durch einen Wasserverschlufs von 10 cm Höhe verhindert. Ein im Schlammfang stehender Eimer fängt die festen Stoffe auf. Aufser diesen Thonsinkkasten werden, wenn es sich um die Entwässerung gröfserer Flächen handelt, gemauerte Sinkkasten von 80 cm lichter Weite ausgeführt, welche ebenfalls mit Schlammfang und Wasserverschlufs versehen sind.

f) Pumpstationen.

Wie bereits erwähnt wurde, ist für die tiefliegenden Entwässerungssysteme eine Hebung der Abwasser bei Rheinhochwasser durch Pumpen erforderlich; die maximale Abwassermenge des unteren Systems, welche nach völligem Ausbau desselben, bei Abschluß der Kanäle vom Rhein, zu bewältigen ist, beträgt 2900 l pro Secunde. Für die Hebung des Wassers sind durchweg Centrifugalpumpen gewählt, welche durch Gaskraftmaschinen getrieben werden. Letztere sind infolge ihrer sofortigen Betriebsfähigkeit, und weil sie wenig Raum erfordern, bei dem intermittirenden Betriebe praktischer und ökonomischer als Dampfmaschinen.

Ein unter dem Pumpengebäude angeordneter besonderer Saugekanal führt das Wasser, nachdem es einen Sandfang mit beweglichem Gitter passirt hat, und hier von den Sink- und Schwimmstoffen befreit worden ist, den Saugeröhren der Pumpen zu. Die Ausgufsrohre der letzteren werden zu einem gemeinsamen Druckrohre vereinigt und dieses unterhalb der Absperrvorrichtungen des Auslafskanales in letzteren eingeführt.

Sicherung der tiefliegenden Altstadt bei Rheinhochwasser durch Kahdendämme.

Ein grofser Theil der Altstadt ist infolge seiner tiefen Lage der Ueberfluthung bei Rheinhochwasser ausgesetzt. Bei dem Hochwasser vom November 1882, welches eine Höhe von + 8,95 am Düsseldorfer Pegel erreichte, wurde der betreffende Stadttheil stellenweise bis zur Höhe von 2 m und das tiefliegende Rheinwerft sogar bis zu 3 m Höhe überfluthet.

Die bei solchen Ueberschwemmungen entstehende Gefahr für Leben und Gesundheit der Bewohner, sowie die hervorgerufenen Verkehrsstörungen gaben die Veranlassung, Mafsregeln zur Abhaltung der besagten Schäden in Erwägung zu ziehen. Ein diesbezügliches Project wurde im Jahre 1888 durch Herrn Regierungsbaumeister Frings ausgearbeitet. Nach demselben wird bei Eintritt der Hochwassergefahr mit dem Bau eines, den gefährdeten Stadttheil gegen den Rhein abschliefsenden Schutzdammes begonnen. Die Construction desselben ist so gewählt, dafs eine schnelle Ausführung möglich ist. Zwischen senkrechten I-Trägern wird eine doppelte Wand aus hölzernen Dammbalken hergestellt und der Zwischenraum mit lehmiger Erde ausgefüllt. Zur Aufnahme der I-Träger dienen gufseiserne Töpfe, welche in den Strafsenkörper eingebaut und, abgesehen von der Zeit ihrer Benutzung, mit eisernen Deckeln sicher verschlossen sind. Die Oberkante des Kahdendammes, dessen Stärke nach dem gröfsten Wasserdrucke berechnet ist, liegt auf + 9,30 m Düsseldorfer Pegel

Die in dem zu schützenden Stadttheile gelegenen, in den Rhein mündenden Arme der Düssel werden während der Dauer des Hochwassers durch einen Lehmdamm zwischen zwei Dammbalkenwänden in besonderen Schächten vom Rheine abgesperrt. An ihrem Ausflufs aus der Landskrone und aus dem Speeschen Graben wird der Abschlufs durch eiserne Schutztafeln bewirkt. Das in die abgesperrten Bachstrecken aus dem tiefliegenden Stadttheile gelangende Wasser wird den Kanälen des unteren Systems und den Pumpstationen zugeführt. Zur Ableitung der Düsselbäche von dem tiefliegenden Stadttheile ist für den südlichen Arm ein Verbindungskanal zwischen dem Speeschen Graben und dem Rhein in hochwasserfreiem Gelände ausgeführt. Für den nördlichen Düsselarm ist später eine vollständige Ableitung durch den Kittelbach möglich, welcher von ersterem bei Zoppenbrück abzweigt und regulirt werden soll. Bis zu dieser Regulirung kann ihm das Wasser der nördlichen Düssel nur theilweise zugeführt werden und ist vorläufig die Einrichtung getroffen, dafs der Rest des Wassers den Hauptkanälen des oberen Systems durch die Spüleinlässe zugeleitet werden kann.

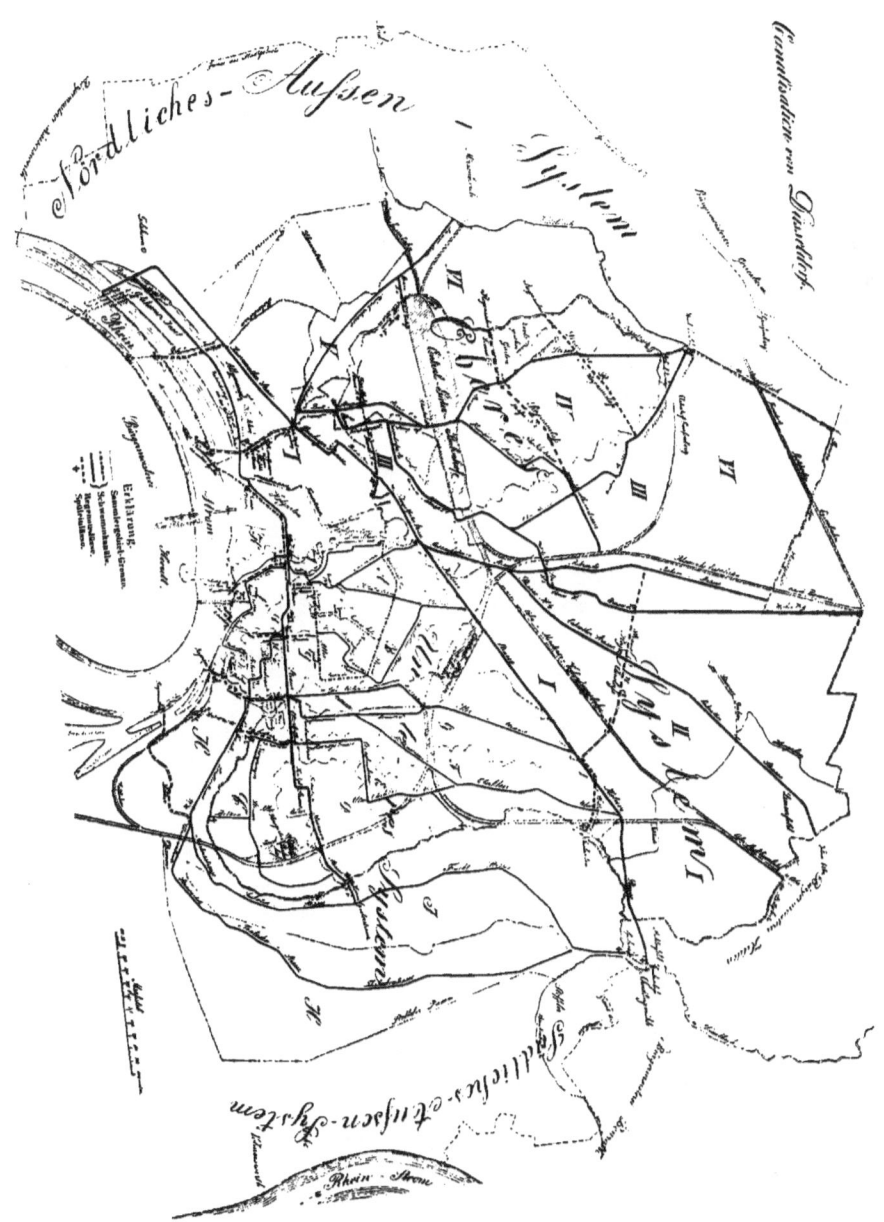

Aufserdem wird die Landskrone, welche den nördlichen Düsselarm aufnimmt, durch den Stadtgraben und einen unterirdischen Verbindungskanal mit den Zierteichen am Ständehause, und mit der Mündung des südlichen Düsselarmes am Karlsthor durch den Kanal zwischen dem Speeschen Graben und dem Rhein in Verbindung gesetzt.

Die in Vorstehendem dargelegten Anordnungen, welche seit dem Jahre 1898 zur Ausführung gelangen, haben sich bisher bewährt. Der höchste Wasserstand, welcher in der bezeichneten Zeit eintrat, betrug + 7,24 m D. P.

Für die Kanalisation ist die erzielte Fernhaltung des Hochwassers von der tiefliegenden Altstadt insofern von Wichtigkeit, als durch dieselbe die Strafsen- und Hofentwässerung nach den Kanälen ermöglicht wird. Ohne die Hochwasserabsperrung müfste sich die Kanalisation in dem betreffenden Gebiete auf die Abführung des Hauswassers bei genügend hoher Lage der Ausgüsse und auf die Einführung der Regenabfallrohre der Gebäude beschränken, und müfsten ferner alle Einsteigeöffnungen in der Strafse mit wasserdicht verschliefsbaren Abdeckungen versehen werden.

Jetziger Stand der Kanalisation.

Die bisherigen Ausführungen der Kanalisation, welche seit dem Jahre 1889 durch eine besondere Abtheilung des städtischen Tiefbauamtes unter specieller Leitung des Herrn Oberingenieurs Lisner und der Oberleitung des Herrn Stadtbauraths Frings erfolgen, umfassen rund 45 000 lfd. Meter gemauerte Kanäle, rund 62 000 lfd. Meter Thonrohrleitungen und 1500 lfd. Meter gröfsere Regenauslafskanäle, also insgesammt rund 109 km Leitungen, sowie 2 Pumpstationen für das untere System. Die Bauten in letzterem wurden im Jahre 1884 mit den zur Reinhaltung der Düssel und der Ziergewässer nothwendigen Kanälen begonnen und vorerst im Anschlufs an den bestehenden Kanal in der Alleestrafse von der Elberfelderstrafse ab der Abfangekanal D durch die Kasernen- und Elisabethstrafse bis zur Herzogstrafse hergestellt. Im Jahre 1885 folgte die Fortsetzung dieses Kanales durch die Elisabeth-, Kirchfeld-, Friedrichs- und Brunnenstrafse bis zur Düssel, sowie der Bau des Sammlers C in der Reichsstrafse und Kronprinzenstrafse bis zur Bilkerallee. Im Jahre 1887 wurde letzterer Kanal bis zur Bachstrafse vorgetrieben. In dasselbe Jahr fällt der Bau des Sammlers B und des Regenauslasses in der Benratherstrafse. Der Sammelkanal A gelangte im Jahre 1888 von der Königsallee ab bis zur Eckstrafse zur Ausführung, vorläufig seine Vorfluth durch den Elberfelderstrafsenkanal findend.

Im Jahre 1889 folgte die Ausführung des oberen Theiles des Sammlers G in der Ellerstrafse von der Louisenstrafse bis Kölnerstrafse, des unteren Theiles des Sammlers E in der Herzogstrafse und Corneliusstrafse bis zur Fürstenwallstrafse, und des oberen Theiles des Sammlers A in der Klosterstrafse bis zur Oststrafse. Das Jahr 1891 brachte die Fortsetzung des Sammlers E in der Corneliusstrafse bis zur Oberbilkerallee.

Im Jahre 1892 wurde der Bau des unteren Theiles des Sammlers H bis zur Haroldstrafse, sowie des unteren Theiles des Sammlers G durch die Graf-Adolfstrafse und Mintropstrafse bewirkt. Der Sammler H wurde im Jahre 1893 in der Cavalleriestrafse bis zur Deichstrafse weitergeführt. Im Jahre 1895 gelangte der untere Theil des Sammlers A durch die Theaterstrafse bis zur Alleestrafse, ein Parallelkanal zu dem vorhandenen durch die Alleestrafse und den Hofgarten, sowie der Verbindungskanal auf der Golzheimer Insel bis zur Krefelderstrafse zur Ausführung. Auch wurde der Sammler E in der Oberbilkerallee bis zur Verbindungsstrafse weitergeführt. Im folgenden Jahre wurde der Kanal H durch die Cavalleriestrafse und Lorettostrafse bis zur Martinstrafse vorgetrieben.

Die Nebenleitungen gelangten dem Bedürfnifs entsprechend zur Ausführung.

Zur Hebung der Abwässer des unteren Systems bei Rheinhochwasser wurde im Jahre 1888 über dem Auslafskanal im Hofgarten an derselben Stelle, an welcher eine provisorische Pumpenanlage vorhanden war, eine definitive Pumpstation errichtet, in welcher vorerst 2 Centrifugalpumpen mit je 250 l Leistung pro Secunde bei 5 m gröfster Förderhöhe, sowie zum Betriebe derselben 2 Gasmotoren von je 40 effectiven Pferdekräften zur Aufstellung gelangten.

In den Jahren 1889 und 1890 wurde infolge vorschreitenden Ausbaues des Systems die Anlage durch 2 weitere Centrifugen und Gasmotoren von derselben Leistungsfähigkeit wie die vorhandenen ergänzt. Durch die Pumpstation im Hofgarten kann somit ein Wasserzuflufs von 1000 l in der Secunde bewältigt werden.

Im Jahre 1895 mufste zu einer weiteren Vergröfserung der Pumpenanlagen geschritten werden. Von einer Erweiterung des bestehenden Gebäudes im Hofgarten wurde abgesehen und eine zweite Pumpstation an der Krefelderstrafse errichtet. Die maschinelle Anlage dieser Station besteht bis jetzt aus 2 Centrifugalpumpen von je 667 l Leistung pro Secunde und 2 Gasmotoren von je 110 effectiven Pferdestärken; zur späteren Erweiterung ist Raum für eine dritte Pumpe und Maschine derselben Gröfse vorhanden.

Die Leistungsfähigkeit der beiden Pumpstationen beträgt demnach zur Zeit 2,3 Cubikmeter in der Secunde.

Mit den Bauten im oberen Systeme wurde im Jahre 1889 begonnen. Von der Nordstrafse ausgehend, wurde der untere gemeinschaftliche Theil der Sammler III und IV in der Parkstrafse, sowie der Sammler III in der Blücher- und Stockkampstrafse bis zur Düssel hergestellt und gleichzeitig mit dem Bau des für das obere System als vorläufige Vorfluth bestimmten Hauptregenauslafskanales im Zuge der Krefelderstrafse begonnen. Der untere Theil des letzteren Kanales besteht aus gufseisernen Rohren von 3 m lichter Weite. Im nächsten Jahre folgte die Weiterführung des Sammlers III bis zur Derendorferstrafse. Zum provisorischen Anschlufs des Sammlers IV, dessen Stammkanal dadurch, dafs die Parkstrafse z Zt. nicht ausgeführt war, nicht ausgeführt werden konnte, an den Sammler III, wurde der Kanal durch die Liebigstrafse, unter dem Bahnkörper, sowie durch die Rethelstrafse bis zur Ahnfeldstrafse geführt und der Nebenkanal des Sammlers IV durch die Humboldtstrafse bis zur Goethestrafse hergestellt.

Im Jahre 1891 wurde der vorerwähnte Regenauslafskanal fertiggestellt und dem Betriebe übergeben, sowie der Kanal III durch die Derendorfer-, Camphausen- und Schirmerstrafse bis zur Grafenbergerstrafse, und ferner der Sammler IV durch die Rethelstrafse bis zum Zoologischen Garten weitergeführt.

Das Jahr 1892 brachte die Vortreibung des Sammlers III durch die Grafenberger Chaussee, Mendelssohn- und Lindenstrafse bis zur Ackerstrafse, und zur Schaffung einer provisorischen Vorfluth für den Nebenkanal des Sammlers II der Behrenstrafse, die Kanalisirung der Lindenstrafse bis zur Wetterstrafse und der Wetterstrafse bis zur Gerresheimerstrafse; auch wurde der Sammler V in der Nord- und Münsterstrafse bis zur Ulmenstrafse ausgeführt.

Weiter folgte 1893 die Ausführung des Nebenkanales des Sammlers II in der Gerresheimer strafse bis zur Icklack, und 1896 dessen Fortsetzung durch die Behrenstrafse bis zur neuen Gasanstalt.

Der Sammler V in der Münsterstrafse wurde 1893 bis zur Brauerei Schwabenbräu und 1897 bis zum Kittelbach weitergeführt.

Das Jahr 1897 brachte ferner den Bau des Sammlers I von der Nordstrafse durch die Duisburger-, Rochus- und Pempelforterstrafse bis zur Grafenbergerstrafse, des Sammlers III durch die Ackerstrafse bis zur Hoffeldstrafse und des Sammlers IV in der Parkstrafse bis zur Derendorferstrafse.

Dem Bedürfnifs entsprechend gelangten auch die Nebenleitungen der einzelnen Sammlergebiete zur Ausführung.

Kostendeckung und bisherige Ausgabe.

Die Deckung der Kosten der Kanalisation erfolgt aus Anleihen und aus den durch Ortsstatut festgesetzten Beiträgen der Hausbesitzer. Letztere Beiträge werden nach einem Normalsatze pro lfd. Meter Baufrontlänge für die einzelnen Grundstücke berechnet. Für die Benutzung der Kanäle werden zur Bestreitung der Betriebskosten Jahresabgaben von den Hausbesitzern erhoben, welche ebenfalls nach den Frontlängen normirt werden.

Die bisher für Kanalbauzwecke einschliefslich der Pumpstationen aufgewendeten Kosten betragen rund 5 900 000 Mark.

Hausanschlüsse.

Zur Erreichung gut ausgeführter und richtig arbeitender Hausentwässerungen ist eine Polizeiverordnung erlassen worden, durch welche die in Betracht kommenden Fragen betreffend die Construction, Herstellung und Benutzung der Entwässerungsanlagen geregelt werden. In jedem Falle ist ein diesen Vorschriften entsprechender Plan einzureichen, welcher baupolizeilich geprüft und dessen Ausführung amtlich überwacht wird. Die Anschlufsleitungen von den Häusern zum Strafsenkanal gelangen, um eine gleichartige gute Ausführung zu erzielen, durch die städtische Verwaltung auf Kosten der Hausbesitzer zur Ausführung.

Bis zum Jahre 1894 war der Anschlufs an die Kanäle dem Belieben der Grundstücksbesitzer anheimgestellt und konnte nach den bestehenden Bestimmungen nur für solche Grundstücke verlangt werden, welche nach 1875 entstanden waren, oder auf welchen das Hauswasser in Senken versickerte.

Da jedoch die Zwecke der Kanalisation für Gesundheit und Verkehr in vollem Mafse nur bei einer allgemeinen Benutzung der geschaffenen öffentlichen Entwässerungseinrichtungen erfüllt werden können, wurde durch Polizeiverordnung vom 20. Januar 1894 der Anschlufs an die Kanäle für obligatorisch erklärt und müssen somit nunmehr alle bebauten Grundstücke an die Kanalisation angeschlossen werden.

Am 31. März 1890 waren 980 Hausanschlüsse vorhanden. Hinzu kamen im Etatsjahre

1890/91	328 Stück	1894/95	750 Stück
1891/92	357 »	1895/96	1185 »
1892/93	400 »	1896/97	825 »
1893/94	748 »	1897/98	645 » ,

so dafs zur Zeit 6218 Grundstücke an die Kanäle angeschlossen sind.

3. Strafsenreinigung, Strafsenbesprengung und Beseitigung der Abfälle.

Die Reinigung der Bürgersteige und Rinnen, sowie bei gepflasterten Strafsen auch diejenige des Fahrdammes bis zur Strafsenachse ist den Haus- und Grundstücksbesitzern entlang ihrer Anwesen auferlegt.

Mit Ausnahme der Aufsenorte mufs die Reinigung täglich, und zwar in den Sommermonaten in der Zeit von 6 – 7 Uhr und in den Wintermonaten von 7 – 8 Uhr Morgens vorgenommen werden. An den Tagen vor Sonn- und Feiertagen ist eine zweite Reinigung am Nachmittage vorgeschrieben. Dem Kehrgeschäfte mufs eine Besprengung vorangehen.

Der Abraum wird zu Seiten der Strafsen gelagert und täglich durch den städtischen Fuhrpark abgefahren.

In den Aufsenorten erfolgt die Reinigung zweimal wöchentlich, am Mittwoch und Samstag, oder, falls einer dieser Tage ein Feiertag ist, am vorhergehenden Tage. Der angesammelte Kehricht wird von den Reinigungspflichtigen selbst entfernt.

Die Reinigung der macadamisirten und asphaltirten Strafsen und der Strafsenstrecken vor den städtischen Grundstücken, sowie der freien Plätze, der Strafsenübergänge, der Marktplätze, der Droschkenhalteplätze und der Bedürfnifsanstalten besorgt die städtische Verwaltung in eigener Regie, und sind zu diesem Zwecke täglich 25 Kehrer beschäftigt, deren Arbeit durch Verwendung von 4 Kehrmaschinen unterstützt wird.

Die der Stadt hierdurch erwachsenden Kosten betragen jährlich ca. 30000 Mark.

Die Abfuhr der in den Haushaltungen entstehenden Abfälle, des Hauskehrichts, der Asche etc. erfolgt im Zusammenhange mit derjenigen des Strafsenkehrichts.

Nach polizeilicher Vorschrift sollen die Abgänge in durch Deckel verschliefsbaren, leicht transportablen Gefäfsen angesammelt, und diese täglich rechtzeitig zur Entleerung bereitgestellt werden.

Zur Verhütung starker Staubbildung, sowie zur Abkühlung ist in der wärmeren Jahreszeit, die Monate April bis October umfassend, eine ausgiebige Besprengung aller im Verkehr liegenden Strafsen angeordnet. Dieselbe erfolgt je nach Bedürfnifs bis zu dreimal täglich vermittelst 6 zweispänniger und 15 einspänniger Sprengwagen, welche das Sprengwasser besonderen Hydranten der städtischen Wasserleitung entnehmen.

Für die Promenaden und Fufswege der öffentlichen Anlagen sind Handsprengwagen im Gebrauch.

Das Sprenggeschäft wird im allgemeinen in städtischer Regie ausgeführt; nur an den Tagen des gröfseren Bedarfes gelangen an den Vormittagen Miethpferde zur Einstellung. Die jährlichen Kosten der Strafsenbesprengung betragen zwischen 15000 und 20000 Mark.

Die Beseitigung des Schnees von den Bürgersteigen und den Strafsenübergängen zur Aufrechterhaltung des Fufsgängerverkehrs ist Sache der Hausbesitzer, ebenso das Streuen von Sand oder Asche bei Glatteis. Bei stärkeren Schneefällen wird zur Vermeidung von Verkehrsstockungen seitens der städtischen Behörde durch Einstellung von Hülfskräften für Wegschaffung der Schneemassen in umfassender Weise Sorge getragen. Verwendet werden hierbei hölzerne Schneepflüge und zum schnelleren Freimachen der Strafsenbahngeleise Salzstreuwagen.

Die Abfuhr der gesammten Ergebnisse der Strafsenreinigung, sowie der Hausabfälle erfolgt, wie bereits gesagt, täglich, und zwar in den Sommermonaten während der Vormittagsstunden von 7—10 Uhr, und in den Wintermonaten von 8—11 Uhr im Anschlufs an die Strafsenreinigung Eine zweimalige Abfuhr findet an den Tagen vor Sonn- und Feiertagen statt.

Zur Erzielung einer möglichst geringen Zeitdauer der Abfuhr ist die Stadt in 40 Abfuhrbezirke getheilt. In 30 von diesen Bezirken wird das Abfuhrgeschäft durch den städtischen Fuhrpark, in 10 äufseren Bezirken durch einen Unternehmer auf städtische Kosten bewirkt.

Es gelangen nur geschlossene Abfuhrwagen zur Verwendung, deren Construction beim Entleeren der Gefäfse eine Belästigung der Strafsenpassanten infolge Entweichens von Staub oder Asche möglichst ausschliefst.

Die sich ergebende Müllmasse von täglich 220—240 cbm wird zum Theil nach geeigneten Lagerplätzen abgefahren, zum Theil wird dieselbe, soweit ihre Bestandtheile es zulassen, zum Anschütten von neuen Strafsen und als Untergrund zu gärtnerischen Anlagen verwendet. Ferner wird ein Theil des Kehrichts als Dünger für die Rasenflächen und Baumpflanzungen der Stadt verwerthet.

Die der Stadtkasse entstehenden Kosten für die Abfuhr betrugen im letzten Jahre ca. 15000 Mark. Das Fuhrwerkspersonal besteht zur Zeit aus:

1 Inspector,
4 Aufsehern,
42 Knechten,
40 Arbeitern und
4 Schmieden.

Von den vorhandenen 46 Pferden dienen 12 zu Feuerwehrzwecken.

Die Reinigung der Schwemmkanäle und der Strafseneinläufe von den sich in denselben absetzenden Sinkstoffen erfolgt periodisch in städtischer Regie durch besondere Kanalbetriebsarbeiter.

Die Abfuhr des Schlammes wird in besonderen Schlammwagen bewirkt, welche mit Aufzugvorrichtungen zum Hochfördern der Schlammeimer versehen sind.

Die Bespannung der Wagen ist einem Unternehmer übertragen.

Als Aborte sind im Innern der Stadt fast nur Spülclosets im Gebrauch, welche bis jetzt infolge einer Verfügung der Aufsichtsbehörden nicht unmittelbar mit den Hausleitungen für das übrige Verbrauchswasser verbunden und an das städtische Kanalnetz angeschlossen werden dürfen.

Der Inhalt der Abortgruben wird durch fahrbare kleine Dampf-Luftpumpen mittels Gummischläuchen in fahrbare luftdichte Fässer gefördert.

Diese Reinigung und Abfuhr ist an einen Unternehmer vergeben, dessen Bezahlung von den Hauseigenthümern nach der Anzahl der Fässer erfolgt.

Hoffentlich schwinden in nicht mehr ferner Zeit die Befürchtungen, dafs in dem grofsen Rheinstrome die relativ so geringe Menge der menschlichen Fäcalien irgend einen Nachtheil bringen kann, und wird deren unmittelbare Zuleitung zum städtischen Kanalnetz und so ihre Beseitigung aus den menschlichen Wohnungen in kürzester Zeit gestattet.

4. Die Badeanstalten.

Die Badeverhältnisse Düsseldorfs waren bis vor einem Jahrzehnt noch recht mangelhaft. Es gab zwar eine während des ganzen Jahres geöffnete Badeanstalt, das »Friedrichsbad«, jedoch mit nur wenigen Wannenbädern, deren Einrichtung aufserdem ganz veraltet war.

Rheinbäder für den Sommer bestanden allerdings mehrere, darunter eine städtische Schwimmanstalt, welche auch vom Militär benutzt wurde, und eine Freibadeanstalt für die ärmeren Klassen.

Der vor etwa 15 Jahren unternommene Versuch, eine Actien-Badeanstalt zu gründen, scheiterte wegen ungenügender Betheiligung an diesem Unternehmen. Später nahm die Stadtverwaltung die Angelegenheit in die Hand und beauftragte das Stadtbauamt mit den Vorarbeiten zur Errichtung einer städtischen Schwimm- und Badeanstalt. Im Herbst des Jahres 1885 wurde die Erbauung einer solchen Anstalt beschlossen.

Zur Errichtung der Anstalt wurde ein gröfseres Grundstück, im Mittelpunkt der Stadt zwischen der Grün- und Bahnstrafse gelegen, erworben und mit dem Bau im Jahre 1887 begonnen. Die Arbeiten wurden derart gefördert, dafs bereits am 18. September 1888 die Anstalt dem Betriebe übergeben werden konnte. Dieselbe umfafste bei der Eröffnung eine Herrenschwimmhalle — Bassingröfse 11 × 22 m — mit 57 Auskleidezellen für Erwachsene und 5 gemeinschaftliche Auskleideräume für 96 Knaben; eine Damenschwimmhalle — Bassingröfse 10 × 15 m — mit 24 Auskleidezellen für Erwachsene und 4 gemeinschaftliche Auskleideräume für 64 Mädchen; 14 Wannenbäder — 7 für Herren und 7 für Damen —, ein Heifsluftbad mit Ruheraum für 10 Betten, und aufserdem 8 besondere Auskleidezellen.

Schon bald nach Eröffnung der Badeanstalt stellte sich die Nothwendigkeit einer Vermehrung der Wannenbäder heraus. Die Anlage dieser Bäder erfolgte im Jahre darauf und verfügte man vom October 1889 ab über 42 Wannen. Dazu wurde im Januar 1893 eine Dampfbäderanlage dem Betrieb übergeben. Ferner wurden infolge übermäfsigen Andranges zu den Volksbädern, welche Mittwochs- und Samstagsabend stattfinden, zur Entlastung dieser Bäder versuchsweise 8 Brausebäder angelegt, welche zum Preise von 10 Pfg., einschliefslich Handtuch und eines kleinen Stückchens Seife abgegeben werden.

Die Kosten für die Gesammtbauausführung belaufen sich auf 502 000 Mark.

Die Brausebäder wurden sehr bald beliebt und so stark besucht, dafs zum Bau einer besonderen Brausebadeanstalt geschritten werden mufste. Hierfür fand sich ein geeignetes Grundstück an der Worringerstrafse, in der Nähe der gröfseren Fabriken Oberbilks, deren Arbeitern besonders Gelegenheit zur fleifsigen Benutzung der Bäder gegeben werden sollte. Diese Anstalt, deren Anlagekosten sich auf 61 000 Mark belaufen, wurde im September 1895 eröffnet. Sie umfafst 15 Brausebäder für Herren, sowie für Damen 3 Brause- und 3 Wannenbäder. Der Besuch dieser Anstalt nimmt stetig zu, ohne die erwartete Entlastung der Hauptbadeanstalt Grünstrafse gebracht zu haben.

In der Badeanstalt Grünstrafse wird das benöthigte Wasser — etwa 180 000 cbm pro Jahr — aus besonderem Brunnen entnommen; Wasserleitungswasser wird nur für diejenigen Brausen verwendet, von denen ein besonders kräftiger Wasserdruck gewünscht wird. In der Badeanstalt an der Worringerstrafse kommt nur Wasserleitungswasser zur Verwendung.

Zur Wasserförderung, zur Wassererwärmung und zur Heizung der Badeanstaltsräume, des Heifsluftbades und Dampfbades durch Hochdruckdampfheizung in der Anstalt Grünstrafse dienen

3 Dampfkessel mit je 65 qm Heizfläche, von denen zwei stets im Betriebe sind. Die Wasserförderung erfolgt durch Neuhausensche Pulsometer. Die maschinelle Anlage in der Badeanstalt Grünstrafse wurde von der Firma Friedr. Mieddelmann & Sohn in Barmen ausgeführt, diejenige in der Badeanstalt Worringerstrafse von der Firma Gebr. Poensgen in Düsseldorf. Zur Erwärmung des Badewassers in der Anstalt an der Worringerstrafse und der Räume dienen Niederdruckdampfkessel nach dem System der Gebr. Poensgen. Die Badewannen sind aus Mettlacher Platten hergestellt.

Es stellte sich der Besuch der Badeanstalt Grünstrafse:

	in 1889/90	1895/96	1897/98
Schwimmbäder	95 291	146 547	144 774
Volksbäder à 10 Pfg.	40 802	46 112	45 847
Brausebäder à 10 Pfg.	—	42 201	48 240
Wannenbäder	29 220	67 260	69 179
Heifsluftbäder	3 555	2 256	2 332
Dampfbad	—	2 846	3 320
Heifsluft- und Dampfbad	—	1 130	1 130
Massage und Douchebad	875	1 213	1 172
	167 743	309 565	315 994

der Badeanstalt Worringerstrafse:

	in 1896/97	1897/98
Brausebäder à 10 Pfg.	53 149	58 814
Wannenbäder	3 531	4 408
	56 680	63 222

Preisliste der städtischen Badeanstalten zu Düsseldorf.

A. Schwimmbäder (ohne Wäsche).	Für Erwachsene		Für Kinder unter 15 Jahren	
	ℳ	₰	ℳ	₰
Einzelbad	—	40	—	20
Zehn Karten	3	—	1	50
Jahres-Karte*	25	—	12	50
Halbjahres-Karte	15	—	7	50
Schwimm-Unterricht	10	—	5	—

B. Wannenbäder (ohne Wäsche).	I. Klasse		II. Klasse		III. Klasse	
	ℳ	₰	ℳ	₰	ℳ	₰
Einzelbad	—	80	—	50	—	30
Zehn Karten	6	50	4	—	—	—
Fünfzig Karten (Samstags u. Sonntags keine Gültigkeit)	—	—	—	—	12	—
Hundert Karten (Samstags u. Sonntags keine Gültigkeit)	—	—	—	—	20	—

C. Brausebäder.		
Einzelbad, einschliefslich Handtuch und Seife 10 Pfg.		

D. Heilbäder (mit Wäsche).	Einzelkarte		Zehnkarten	
	ℳ	₰	ℳ	₰
Heifsluftbäder, Dampfbad, Massage und Douche	2	—	15	—
Heifsluftbäder, Massage u. Douche-Bad	1	50	12	—
Dampfbad, Massage u. Douche-Bad	1	50	12	—
Massage und Douche-Bad	1	—	8	—
Douche-Bad	—	60	5	—

E. Volksbad (ohne Wäsche).				
Einzelbad	—	—	—	10

* Ehegatten und Kinder, welche bei den Eltern Kost und Logis haben, gelten als eine Abonnenten-Gruppe. Ist für eine dieser Personen eine Jahreskarte gelöst, so sind für jede nachfolgende erwachsene Person nur 20 Mark und für jedes Kind unter 15 Jahren nur 9 Mark zu zahlen. Ist jedoch der zuerst Abonnirte dieser Abonnenten-Gruppe ein Kind unter 15 Jahren, so sind für den zuerst folgenden Erwachsenen 21,50 Mark zu zahlen.

5. Beleuchtungswesen.

a) Die Gaswerke.

Bis zum Jahre 1866 wurde Düsseldorf durch eine in Privatbesitz befindliche Gasanstalt mit Leuchtgas versorgt. Im Jahre 1865 beschloſs die Stadt, da die Concession des Privatunternehmers im Herbste 1866 ablief, ein eigenes Gaswerk zu erbauen. Dasselbe wurde im September 1866 in Betrieb gesetzt.

Schon bald, im Jahre 1873, muſste eine Erweiterung des Werkes stattfinden, wodurch die Leistungsfähigkeit der Anstalt auf 35000 cbm Gaserzeugung im Tage, entsprechend etwa 7 Millionen Cubikmeter Jahreserzeugung, gebracht wurde. Diese Anstalt war ausreichend, den Bedarf der Stadt Düsseldorf an Leuchtgas bis zum Jahre 1890 zu decken. Da die Abgabe jedoch im Jahre 1888/89 bereits nahezu auf 7 Millionen Cubikmeter gestiegen war, namentlich durch die Zunahme des Verbrauchs zu Heiz-, Koch- und Kraftzwecken, so muſste eine abermalige Erweiterung vorgenommen werden.

Das alte Gaswerk liegt im südlichen Stadttheile, an der Louisenstraſse. Durch die Beseitigung der alten Bahnhöfe, welche gleichfalls dort lagen, wurde das ganze dortige Gebiet für die Bebauung aufgeschlossen, und es erschien nicht rathsam, das Gaswerk an dieser Stelle zu erweitern und auf die Dauer zu belassen. Es wurde daher die Errichtung einer neuen Gasanstalt im Osten der Stadt an geeigneter Stelle beschlossen. Dieselbe wurde im December 1890 eröffnet, arbeitete jedoch in den ersten Jahren nur als Nebenbetrieb zur Unterstützung des alten Werks. Inzwischen hat die Gasabgabe so bedeutend zugenommen, daſs das neue Werk vollständig ausgebaut werden muſste und demnächst allein den Gesammtbetrieb übernehmen wird. Die alte Gasanstalt wird alsdann eingehen.

Das neue Werk besitzt eine Leistungsfähigkeit von 125000 cbm Tageserzeugung oder 25 Millionen Cubikmeter für das Jahr. Nach dem Betriebsabschlusse für das Jahr 1896/97 betrug die Gesammtgasabgabe 13 879 000 cbm, wovon 4 829 000 cbm = 32,36 % der Gesammtabgabe auf den Verbrauch für Heiz-, Koch- und Kraftzwecke entfallen. Die öffentliche Beleuchtung erforderte 2 225 000 cbm = 16,63 %.

Der Kohlenverbrauch zur Gaserzeugung betrug 44 938 t.

An Nebenproducten wurden gewonnen 30 608 t Koks, 2046 t Theer und 360 t schwefelsaures Ammoniak.

Die Gesammtzahl der Privatconsumenten betrug 6230, von denen 3029 das Gas nicht nur zur Beleuchtung, sondern auch zu Heiz-, Koch- und Kraftzwecken benutzten. Es waren 209 Gaskraftmaschinen aufgestellt, welche zusammen 1323 Pferdekräfte besitzen. Das Kleingewerbe bedient sich vorzugsweise dieser Betriebskraft.

Zur öffentlichen Beleuchtung dienen 3548 Straſsenlaternen, von denen 1419 als Nachtlaternen, welche die ganze Nacht hindurch brennen, während sogenannte Abendlaternen um 12 Uhr Nachts gelöscht werden.

Die Gesammtlänge der Gashaupt- und Abgabeleitungen betrug 163 500 m in Lichtweiten von 900 mm bis 40 mm. Einschlieſslich der Abzweigungen zu den Laternen und Privathäusern betrug die Länge aller in den Straſsen liegenden Rohrleitungen 242 000 m.

Der Preis des Leuchtgases beträgt 16 Pfg. für den Cubikmeter, jedoch wird gröſseren Consumenten Rabatt bis zu 3,5 Pfg. pro Cubikmeter bewilligt. Der Preis für das zu Kraft-, Heiz- und

Kochzwecken verwendete Gas beträgt 8 Pfg. für den Cubikmeter ohne weitere Rabatte. Dieser sehr mäfsige Preis hat den Verbrauch des Gases zu gedachten Zwecken ganz besonders gefördert.

Die Gesammtanlagekosten der Gaswerke betrugen bis zum 31. März 1897:

a) für die alte demnächst eingehende Gasanstalt . . . . . ℳ 1 894 000
b) für das Rohrnetz . . . . » 2 202 000
c) für das neue Gaswerk, dessen Ausbau bis Ende 1898 vollendet sein wird. » 1 265 000
zusammen ℳ 5 361 000

Der Ausbau des neuen Werkes erfordert weitere 2 500 000 Mark.

b) Das Elektricitätswerk.

Das Elektricitätswerk der Stadt Düsseldorf wurde in den Jahren 1890/91 erbaut.

Am 1. September 1891 fand die probeweise Inbetriebsetzung desselben und die Betriebsübernahme seitens der Stadt am 1. December 1891 statt.

Die Anlage ist von der Elektricitäts-Actiengesellschaft, vorm. Schuckert & Co. ausgeführt.

Das Werk besteht im wesentlichen aus einer Maschinenstation zur Erzeugung des Stromes und 3 Accumulatorenstationen zur Aufspeicherung und Vertheilung des Stromes.

Die 3 km vom Mittelpunkt der Stadt entfernte Maschinenstation liefert den Strom den Unterstationen im Zweileitersystem mit Parallelschaltung. Die Stromvertheilung ab Unterstationen erfolgt im Dreileitersystem.

Zur Stromerzeugung dienen 3 Dampfdynamomaschinen von je 300 P. S. normaler und 400 P. S. maximaler Leistung.

Das Leitungsnetz umfafste am Schlusse des Betriebsjahres 1896/97

31 km Fernleitungen (Verbindung der Maschinenstation mit den Unterstationen),
52,78 » Speiseleitungen (zwischen den Unterstationen und dem Vertheilungsnetz),
87,89 » Vertheilungsleitungen (an welche die Consumenten angeschlossen sind),
8 » Telephonleitungen,
13,63 » Anschlufsleitungen,
2,77 » Bogenlampenkabel.

Die Vertheilungskabel berühren eine Häuserfront von 80,63 km.

Am 31. März 1897 betrug die Zahl der Anschlüsse 431 mit einem Stromwerth von 29055 Glühlampen zu 53,5 Watt.

Der Anschlufswerth vertheilt sich auf

20613 Glühlampen = 20613 Glühlampen,
958 Bogenlampen = 6193 »
10 Apparate = 144 »
43 Motoren = 2105 »
Summe wie vor 29055 Glühlampen.

Die Stromabgabe im Jahre 1896/97 betrug netto 567618 Kilowattstunden.

An der öffentlichen Beleuchtung nimmt das Elektricitätswerk mit 84 Bogenlampen theil, indem ein durch die Stadt führender Hauptstrafsenzug sowie einige Plätze elektrisch beleuchtet sind.

Die Benutzung des Stromes zu Kraftzwecken nimmt stetig in erfreulicher Weise zu; es ist, wie bei den Gasmotoren, namentlich das Kleingewerbe, welches sich der Elektromotoren bedient. Der Preis für elektrischen Strom zu Beleuchtungszwecken beträgt 7 Pfg. für 100 Volt-Ampère-Stunden bei Gewährung eines Rabatts bis zu 20 %. Für elektrischen Strom zu chemischen und motorischen Zwecken wird der Preis von Fall zu Fall besonders vereinbart.

Die Gesammtanlagekosten des Elektricitätswerkes betrugen am 31. März 1897

für	Grundstücke	Mk. 54 900
»	Gebäude	» 198 400
»	Dampfkessel	» 57 200
»	Maschinen und Apparate	» 398 100
»	Accumulatoren	» 271 600
»	das Leitungsnetz	» 1 563 800
		Summa Mk. 2 544 000

Eine bedeutende Erweiterung des Werkes ist kürzlich beschlossen und bereits in Angriff genommen, da beschlossen ist, die bisher mit Pferden betriebenen Strafsenbahnen elektrisch zu betreiben und der dazu erforderliche Strom vom städtischen Elektricitätswerk geliefert werden soll.

6. Feuerlöschwesen.

Das Feuerlöschwesen hiesiger Stadt wurde bis zu Anfang dieses Jahrhunderts durch die »Allgemeine Feuer-Ordnung für das Herzogthum Berg« geregelt. Es war ein Brand-Corps vorhanden, welches sich aus dem Stabe, 19 Spritzenvorstehern, 141 Brandleuten und 2 Spritzen-Fuhrleuten zusammensetzte.

Täglich bezogen drei Mann von Abends 9 Uhr bis Morgens 3 Uhr die besondere Brandwache am Rheinthor.

Die Eintheilung der Mannschaften war folgende:

1. 20 Mann und 2 Vorsteher, aus Schieferdeckern, Maurern und Zimmerleuten bestehend, welche zur Arbeit im Innern und auf den Dächern der brennenden Häuser gebraucht wurden;
2. 54 Mann und 6 Vorsteher, welche lediglich bei den 3 Wasser-Anbringespritzen zu thun hatten;
3. 56 Mann und 11 Vorsteher, welche mit der Direction der eigentlichen Löschspritzen betraut waren.

An Löschutensilien waren vorhanden:
    11 Löschspritzen,
    3 Wasser-Anbringespritzen,
    33 Wasserkuffen,
    641 Wassereimer,
    10 Feuerleitern und
    27 Feuerhaken.

Am 20. September 1826 wurde eine neue Feuerlösch-Ordnung für die Sammtgemeinde Düsseldorf erlassen. Durch diese wurde bestimmt, dafs die Handhabung der Feuerlösch-Ordnung und die Leitung der Löschanstalt von einem besonderen, hierfür niedergesetzten Brandrathe zu erfolgen hatte, welcher bestand aus:

1. dem Oberbürgermeister, oder in dessen Abwesenheit dem ihn vertretenden Beigeordneten, als Chef;
2. dem Polizei-Inspector;
3. einem des Bauwesens kundigen Stadtrathe;
4. den drei Compagniechefs des städtischen Brandcorps.

Letzteres bestand aus 3 Compagnien in einer Gesammtstärke von 282 Mann.

Die Mitglieder des Brandcorps wurden vom Oberbürgermeister aus der Zahl der hier wohnenden, in einem guten Rufe stehenden Bürger gewählt und schriftlich ernannt. Kein Bürger, der das 60. Lebensjahr noch nicht vollendet hatte, konnte die Amtsannahme verweigern, wenn nicht äufserst wichtige Gründe eine Ausnahme erheischten.

Als Feuersignale galten als erstes Zeichen das abgesetzte Anschlagen der Brandglocke auf dem Thurme der grofsen evangelischen Kirche, als zweites Signal das Blasen des Lärmhorns auf demselben Thurme und in den Strafsen. Aufserdem wurde vom Rundgange des erwähnten Thurmes aus nach der Seite hin, wo das Feuer sichtbar war, am Tage eine rothe Fahne und bei Nacht eine hellbrennende Laterne ausgestellt.

Diese Feuerlösch-Ordnung wurde dann am 28. August 1844 und am 23. December 1871 Aenderungen unterworfen, bezw. durch neue Ordnungen ersetzt. Mit der Ausdehnung und dem Anwachsen der Stadt und der damit verbundenen fortschreitenden Entwickelung auf allen Gebieten trat die Nothwendigkeit immer mehr hervor, auch bei dem Feuerlöschwesen eine den Anforderungen der Neuzeit entsprechende durchgreifende Aenderung vorzunehmen.

Im Laufe der Jahre 1872/73 wurde diese vollkommene Neuordnung vorgenommen und unter dem 1. Februar 1874 ein neues Reglement sowie eine Polizei-Verordnung, betreffend das Feuerlöschwesen der Stadt Düsseldorf, erlassen. Hiernach wurde eine ständige Feuerwehr aus technisch ausgebildeten, besoldeten Mannschaften gebildet, welche bei der Errichtung bestand aus 24 Feuerwehrmännern, 4 Oberfeuerwehrmännern und 1 Feldwebel. Neben dieser Berufsfeuerwehr wurde die seitherige freiwillige Feuerwehr als Reserve-Feuerwehr beibehalten — 10 Abtheilungen mit zusammen 15 Führern und 108 Mitgliedern. Die specielle Leitung und Beaufsichtigung wurde einem Brandmeister übertragen, während die oberste Leitung dem Oberbürgermeister verblieb unter dem Beirathe einer, von der Stadtverordneten-Versammlung gewählten Feuer-Deputation. Zur Zeit besteht das Feuerwehrcorps aus 1 Brandmeister, 2 Feldwebeln, 6 Oberfeuerwehrmännern, 40 Feuerwehrmännern und 6 Fahrern. Hierzu treten 5 Reserve-Abtheilungen mit zusammen 85 Mann.

Abweichend von einer grofsen Anzahl anderer Städte besteht hier das Princip, die Feuerwehrleute mit Handwerksarbeiten zu beschäftigen, und zwar werden u. a. für die städtischen Gas-, Wasser- und Elektricitätswerke Schmiede- und Schlosserarbeiten, für die Schulen etc. Schreiner- und Anstreicherarbeiten, für den städtischen Fuhrpark Sattlerarbeiten geleistet; aufserdem hat die Feuerwehr für ihre eigenen Zwecke Schneiderei- und Schusterei-Reparaturwerkstätte. Die Mannschaften sind sämmtlich Professionisten und zwar: Schmiede, Schlosser, Schreiner, Anstreicher, Sattler, Schneider und Schuster.

Der Dienst der Feuerwehr ist folgender: Vormittags von 7 Uhr (im Winter von 7½ Uhr) bis 12 Uhr und Nachmittags von 1½ bis 7 Uhr Arbeiten in den Werkstätten. Wöchentlich dreimal 2 Stunden Exerciren, dreimal 2 Stunden Instruction, jeden 7. Tag Theaterwache und jeden 24. Tag Depotwache von 24 Stunden. Jeder 6. Tag ist frei.

Von den Mannschaften sind 48 verheirathet und mit Ausnahme von Einzelnen einschliefslich der Familie kasernirt. Die Gesammtmannschaft ist auf drei Depots vertheilt, von denen eins im Centrum der Stadt, das zweite im nördlichen, das dritte im südlichen Stadttheil sich befindet; letzteres ist das Hauptdepot.

Es sind stationirt:

Im Depot I, Akademiestrafse: 1 Feldwebel, 1 Oberfeuerwehrmann, 15 Feuerwehrmänner, 2 Fahrer, zusammen 19 Mann mit 4 Pferden, 1 Personen- und Geräthewagen, 1 mechanische Thurmleiter, 2 Schlauchwagen mit Schläuchen und 1 Abprotzspritze. In diesem Depot befinden sich 15 Wohnungen, einschliefslich der im alten Realschulgebäude, Citadellstrafse 2, für verheirathete, und eine Wohnung für unverheirathete Feuerwehrleute, sowie eine Werkstätte für 8 Mann.

Im Depot II, Nordstrafse: 1 Feldwebel, 1 Oberfeuerwehrmann, 8 Feuerwehrmänner, 2 Fahrer, zusammen 12 Mann mit 4 Pferden, 1 Personen- und Geräthewagen, 1 mechanische Schiebeleiter, 1 Schlauchwagen mit Schläuchen und 1 Abprotzspritze. Hier befindet sich eine Schreinerwerkstätte für 5 Mann und eine Sattlerwerkstätte für 1 Mann. Das Depot ist mit unverheiratheten Feuerwehrleuten besetzt, für welche ein Schlafsaal eingerichtet ist.

Depot III, Hüttenstrafse, Hauptdepot: 1 Brandmeister, 4 Oberfeuerwehrmänner, 22 Feuerwehrmänner, 2 Fahrer mit 6 Pferden, 2 Personen- und Geräthewagen, 4 Schlauchwagen mit Schläuchen, 1 Dampffeuerspritze mit Schlauch- und Kohlenwagen, 1 mechanische Schiebeleiter und 2 Abprotzspritzen.

Das Hauptdepot besteht aus:

1. dem Verwaltungsgebäude mit Remise, Wachtstube, Telegraphenzimmer, Bureau und vier Wohnungen für den Brandmeister und drei Oberfeuerwehrmänner;
2. einem Wohngebäude mit 29 Wohnungen für die verheiratheten Feuerwehrleute. Ferner ist hier eine Wohnung von 4 Räumen für unverheirathete Feuerwehrleute;
3. einem Werkstattsgebäude mit 12 Werkstätten und mit Stallungen;
4. einem Steigerhaus und
5. einer offenen Reitbahn zum Bewegen der Pferde.

Das Gesammtgeräth besteht aus:

1. einer Dampffeuerspritze »System Beduwe« mit einer Leistungsfähigkeit von 1500 Liter in der Minute, nebst Schlauch und Kohlenwagen;
2. einer mechanischen Thurmleiter »System Hönig«, Köln;
3. einer grofsen mechanischen Schiebeleiter von der Firma »C. D. Magirius« in Ulm;
4. einer kleinen mechanischen Schiebeleiter;
5. vier Personen- und Geräthewagen mit sieben Schlauchwagen;
6. 17 Abprotzspritzen (einschliefslich der Spritzen in den Aufsenorten);
7. vier tragbaren Handspritzen;
8. vier Rauchschutzapparaten sowie einer gröfseren Anzahl kleinerer Apparate.

Für die Zwecke der Feuerwehr können 1322 öffentliche Hydranten benutzt werden. Aufserdem befinden sich in den meisten gröfseren Etablissements eine grofse Anzahl privater Hydranten zu Feuerlöschzwecken. Zur Erleichterung der Auffindung der Hydranten, die in den gröfseren hiesigen Werken und Gebäuden sich befinden, sind genaue Grundrifspläne dieser Gebäude und Werke unter Einzeichnung der bezüglichen Feuerlöscheinrichtung angefertigt, in Buchform vereinigt, und auf jedem Depot in mehreren Exemplaren niedergelegt. Auf jedem ausrückenden Wagen befindet sich ein solches Planbuch, dessen Inhalt durch fortlaufende Instructionen den Mannschaften genau bekannt ist.

Für die Aufsenorte bestehen 8, aus je 6 Mann bestehende Brandcorps, welche mit 8 Spritzen und 5 Schlauchwagen nebst Zubehör ausgerüstet sind. Die Mannschaften dieser Brandcorps tragen keine Uniform, sondern bei Uebungen und im Falle eines Brandes nur ein Abzeichen.

Die Reserve-Feuerwehr, bestehend aus 10 Führern und 5 Abtheilungen mit zusammen 85 Mann, wird nur im Bedarfsfalle sowohl zu Uebungen wie zu Wachen und im Brandfalle herangezogen und je nach dem Umfang der geleisteten Arbeit bezahlt.

Eine unvermuthet nothwendig werdende Heranziehung erfolgt theils auf telephonischem Wege, theils durch Boten. Besondere Schwierigkeiten sind bei dieser Art der Zusammenberufung noch nicht zu Tage getreten.

Das Feuermeldewesen ist wie folgt eingerichtet: Es bestehen 75 und zwar offene elektrische und 9 telephonische Feuermelder. Die ersteren sind automatische Feuermelder System »Siemens & Halske«, welche sich aufserhalb der Gebäude in hierfür ausgehauenen Mauernischen befinden. Diese Nischen sind mit Eisenrahmen und verschliefsbaren Eisenthüren versehen. Um Feuer zu melden, wird eine kleine, an der eisernen Thür angebrachte Glasscheibe zertrümmert, mit dem hinter dieser befindlichen Schlüssel die Thür geöffnet und an dem Handgriff, hinter welchem das Wort »Feuerglocke« sichtbar ist, mäfsig einmal gezogen. Nach Empfang des Feuersignals im Depot erhält der Meldende durch den Ausschlag der Galvanoskopnadel die Rückantwort, dafs seine Meldung verstanden und aufgenommen worden ist, durch dreimal in kurzer Zwischenzeit sich wiederholende Schwingung der Nadel. Bleibt diese ruhig seitwärts liegen, oder stellt sie sich sogar senkrecht, so ist das Signal im Depot nicht verstanden worden, und ist in diesem Falle nochmals an dem Handgriff zu ziehen.

Die einzelnen Meldestationen sind in fünf Linien eingetheilt, die sowohl in sich, wie mit den drei Depots verbunden sind. Die Leitung erfolgt durch unterirdische Kabel mit Ausnahme ganz vereinzelter kurzer Strecken, welche noch oberirdische Leitung aufweisen. Zur Erleichterung des Auffindens des nächsten Feuermelders ist über jedem Briefkasten der Reichspost ein Schild angebracht, auf welchem Strafse und nähere Bezeichnung des nächsten Feuermelders angebracht ist. Die Feuermeldestationen selbst sind dem Publikum kenntlich gemacht durch die Anbringung des Stadtwappens mit der Aufschrift »Feuermeldestelle«, sowie durch eine Nachts mit grünem Licht brennende Laterne.

Im abgelaufenen Jahre wurde die Feuerwehr in 675 Fällen alarmirt, wovon 23 Fälle blinden Lärm betrafen. Im Rechnungsjahr 1897/98 hat die Feuerwehr 109 579 ℳ an Kosten verursacht. Diesen Kosten stehen an Einnahmen aus Arbeit für andere städtische Verwaltungszweige einschliefslich Materialwerth etc. 37 586 ℳ gegenüber.

Sämmtliche Mitglieder der Berufsfeuerwehr sind im Samariterdienst ausgebildet, und dienen die einzelnen Feuerwehrdepots gleichzeitig auch als Unfallstationen.

7. Der städtische Schlacht- und Viehhof.

Geschichtliches.

Schon frühzeitig begegnen wir in Düsseldorf auf die Fleischschau bezüglichen sanitären Vorschriften. So bestimmt ein Erlaſs des Herzogs Wilhelm zu Jülich, Cleve und Berg vom Jahre 1546, daſs diejenigen

»so Fleysch bynnen der Statt verkauffen willen, die sollen jwe beesten in die Statt leuendig brengen, den Martmeystern besehen lassen, das die beesten gesont seyen«.

Ein öffentliches Schlachthaus, das zugleich als Verkaufshalle für Fleisch diente, wird bereits im Jahre 1706 erwähnt. Herzog Johann Wilhelm erläſst in diesem Jahre ein

»Reglement, wornach sich ein und der ander, sonderlich aber hiesiger Unserer Residentz- und Haupt-Statt Fleischhackere in der New- erbowter Fleisch-Hallen und sonsten vors künftig zuverhalten haben sollen«.

Neben Bestimmungen über den Marktverkehr mit Fleisch und den Betrieb in der Schlachthalle enthält die Verordnung Vorschriften über Ausführung der Schlachtvieh- und Fleischbeschau durch besonders dafür angestellte Personen, die Qualität des zum Verkauf bestimmten und die Confiscation des zum menschlichen Genuſs ungeeignet befundenen Fleisches.

Später wurde am Rheinufer, an der sogenannten »Reuterkaserne«, ein öffentliches Schlachthaus erbaut, das bis zum Jahre 1875 im Betrieb blieb. Zu Beginn des Jahres 1876 fand dann die Eröffnung des zur Zeit noch in Benutzung befindlichen, vom Stadtbaumeister Westhofen erbauten, später vergröſserten Schlacht- und Viehhofs auf einem 1 ha 38 Ar groſsen Terrain in der Nähe der Golzheimer Insel statt. Lange Zeit hindurch konnte diese Anlage als mustergültig angesehen werden. Allein auf die Dauer genügte sie bei der starken Zunahme der Bevölkerung dem Bedürfnisse nicht mehr. Auch machte sich der Mangel eines Bahnanschlusses, eines Kühlhauses, einer Sanitätsanstalt, gröſserer Markthallen, sowie geeigneter Einrichtungen zur Klärung der Schlachthofabwässer immer mehr fühlbar. Die städtische Verwaltung beschäftigte sich daher seit dem Ende des Jahres 1890 mit der Frage der Erbauung eines neuen, allen sanitären und technischen Anforderungen genügenden Schlacht- und Viehhofes. Mit dem Bau desselben wurde im Sommer 1895 begonnen; seine Fertigstellung darf zu Beginn des Jahres 1899 erwartet werden.

Beschreibung des neuen Schlacht- und Viehhofes.

Das für die Neuanlage im Wege der Enteignung erworbene Grundstück hat eine Gröſse von etwa 9,40 Hektar; es liegt im Norden der Stadt und ist im Westen durch die Ratherstrafse, im Süden und Norden durch Privatgrundstücke und im Osten durch die Bahnlinie Düsseldorf-Duisburg begrenzt.

Als Maſsstab für die Gröſsenbestimmung des Schlachthofes in seiner gegenwärtig ausgeführten Ausdehnung ist die Fleischversorgung einer Stadt von 250000 Einwohnern dem Entwurfe zu Grunde gelegt worden. Das ausgewählte Grundstück ist aber so groſs, daſs aufser den für die jetzt zu errichtenden Gebäude erforderlichen Flächen noch weitere Flächen für eine Erweiterung der Anlage von 75—100 % verbleiben.

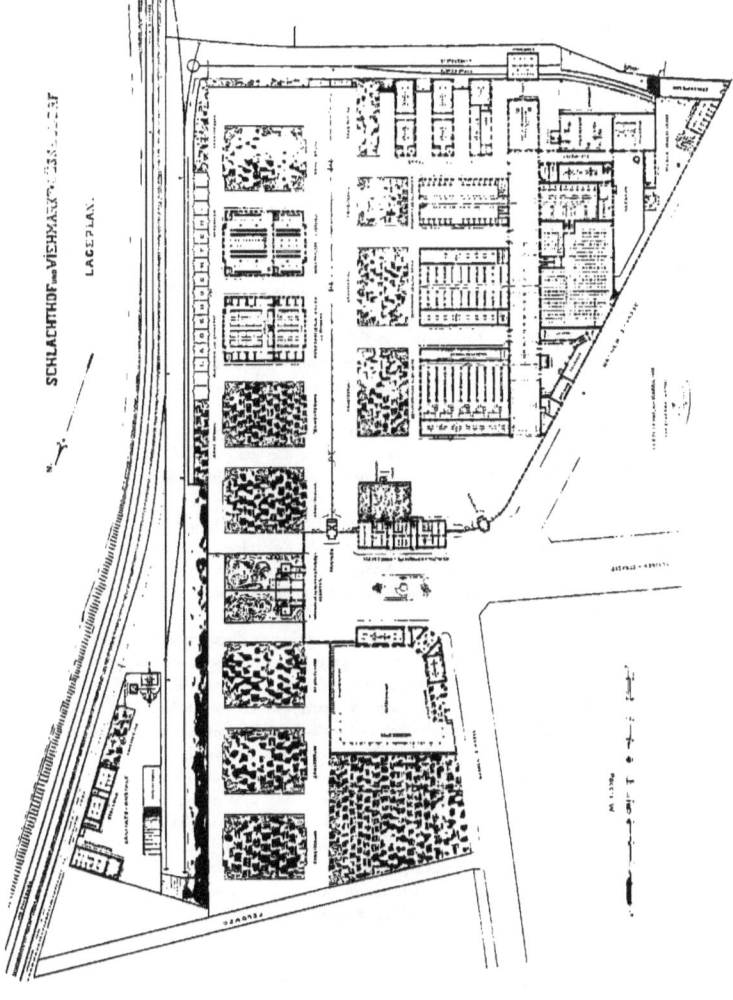

Die einstweilen für den jetzigen Betrieb vorgesehenen Markthallen und Schlachthäuser sind für einen Auftrieb bezw. eine tägliche Maximalschlachtung von 248 Stück Grofsvieh, 480 Kälbern, 502 Schafen und 534 Schweinen berechnet.

Die einzelnen Gebäude lassen sich in 5 Gruppen theilen und zwar:

I. Gebäude des Viehmarktes,
II. „ „ Schlachthofes,
III. „ „ Pferdeschlachthofes,
IV. „ der Sanitätsanstalt,
V. Verwaltungs-, Wirthschafts- und Wohngebäude.

Der Viehmarkt nimmt den östlichen Theil des Grundstücks ein und ist, entsprechend den Wünschen der Veterinärpolizei, von dem auf dem westlichen Theile gelegenen Schlachthofe behufs Ausübung der erforderlichen Controle, sowie der bei Seuchenausbrüchen etwa nothwendig werdenden Absperrung des Schlachthofes vom Viehhofe, durch eine Gittereinfriedigung getrennt. Der Verkehr zwischen dem Viehmarkte und dem Schlachthofe findet durch drei in der Gittereinfriedigung befindliche Thore statt. Für die Plangestaltung der gesammten Bauanlage war die Lage des Eisenbahnanschlusses, welche nach den örtlichen Verhältnissen nur an der östlichen Langseite des Grundstücks möglich war, bestimmend.

Der vom Güterbahnhofe Derendorf ausgehende Gleisanschlufs ist zweigleisig, und zwar ist das westliche Gleis für die Zustellung und das östliche für das Abholen der Eisenbahnwagen bestimmt. Der Verkehr zwischen den beiden Gleisen wird durch die erforderliche Anzahl Weichen bewirkt.

In der südlich gelegenen Weichenstrafse ist eine Drehscheibe eingelegt, auf der die für das Düngerhaus und das unmittelbar am Kesselhaus liegende Kohlenlager bestimmten Dünger- und Kohlenwagen in ein besonderes Dünger- und Kohlengleis befördert werden.

Parallel mit den Zustellungsgleisen sind bezw. werden die Markthallen in einer Reihe nebeneinander angeordnet.

Längs der östlichen Giebelseiten der Markthallen, zwischen diesen und der Bahnanlage, auf der 1,12 m über Schienenoberkante befindlichen Rampe befinden sich die für die Ein- und Ausladung der verschiedenen Thiere erforderlichen Zählbuchten und zwar 8 für Grofsvieh und 8 für Kleinvieh und Schweine. Die bis zu den Zählbuchten 3,50 m breiten Rampen, sowie die Buchten selbst sind mit einem auf einer Betonunterlage verlegten, undurchlässigen Klinkerfufsboden versehen und an den Kanten mit Granitbordsteinen eingefafst. Die Buchten sind aus kräftigen gufseisernen Säulen mit Zwischenholmen aus Gasrohr hergestellt und erhalten in der Mitte der Langseiten je eine zweiflügelige Thür in der Breite von 2 m für die Kleinvieh- und 2,50 m für die Grofsviehbuchten. In diesen Buchteneinfriedigungen werden die mit der Bahn ankommenden Thiere unmittelbar nach ihrer Ankunft auf ihren Gesundheitszustand, insbesondere auf Seuchen, untersucht und erst nach beendeter Untersuchung in die Markthallen geführt.

Der Viehmarkt soll vorläufig dem vorhandenen Bedürfnifs entsprechend nur zwei Markthallen umfassen und zwar eine für Grofsvieh und eine für Kleinvieh und Schweine. Für den Fall, dafs sich der gegenwärtig verhältnifsmäfsig nicht allzu grofse Marktverkehr in Vieh in der erwarteten Weise heben sollte, stehen Flächen zur Errichtung von weiteren 6 Markthallen zur Verfügung.

Die Markthalle für Grofsvieh hat eine Länge von 38,52 m, eine Breite von 31,52 m und ist für die Aufnahme von 144 Stück Grofsvieh bemessen. Die mit Futterkrippen aus Beton versehenen Wände sind paarweise mit 2,50 m breiten Eintriebsgängen angeordnet. Zwischen je zwei Futterkrippen ist ein Futtergang angelegt, der zudem zur bequemeren Ausübung der thierärztlichen Untersuchung dient. Die Halle ist durch eine Zwischenwand in zwei Theile getheilt, von denen der kleinere Theil durch Betonkappen zwischen eisernen Trägern überwölbt ist und zum etwaigen längeren Aufenthalt der unverkauft gebliebenen Marktthiere (sogenannten Ueberständer) bestimmt ist. Der über der Stallabtheilung befindliche Raum dient als Futterboden.

Die Markthalle für Kleinvieh und Schweine hat dieselben Abmessungen wie die Grofsviehmarkthalle und ist durch eine mit Verbindungsthüren versehene Zwischenwand gleichfalls in zwei Theile, die eigentliche Markthalle und die zum längern Aufenthalt der Thiere dienende Stallabtheilung, getheilt. Der für die eigentliche Markthalle bestimmte Theil enthält 10 Stück Buchten für Kleinvieh und 20 Stück für Schweine, während die Stallabtheilung 6 Buchten für Kleinvieh und 12 Buchten für Schweine aufweist. Im ganzen bietet die Halle Raum für 300 Stück Kleinvieh und 600 Stück Schweine.

Die Buchtenwände bestehen aus 10 cm starken, 0,60 m hohen Betonwänden mit auf denselben befindlicher 0,60 m hoher Gittereinfriedigung aus schmiedeeisernen Rundeisenstäben zwischen horizontalen Gasrohren. Die Buchten für Kleinvieh erhalten aufserdem abnehmbare, an den Einfriedigungsgittern befestigte Futterraufen, die Schweinebuchten feststehende Futterkrippen aus Beton.

Die zwischen den einzelnen Buchten angeordneten 1,20 m breiten Treibgänge können durch nach beiden Seiten zu öffnende, sogenannte Wanderthüren jedesmal in der der Treibrichtung entgegengesetzten Thür abgesperrt werden, so dafs eine zwangsläufige Führung der Thiere in den Treibgängen erreicht wird.

Der Fufsboden der beiden Hallen besteht aus undurchlässigem Klinkerpflaster auf Betonunterlage, welcher ein leichtes Reinigen und Desinficiren ermöglicht; die Abwässer werden durch offene Rinnen in Sinkkästen geleitet und durch diese dem Kanalnetz zugeführt. Die Dachconstruction besteht aus 4 schmiedeeisernen Bindern mit eisernen Pfosten für die Auflagerung der das Holzcement-Dach tragenden hölzernen Sparren. Der mittlere Theil des Daches ist höher geführt, so dafs durch die über den seitlichen Pultdächern angeordnete Fensterwand der Halle reichlich Licht zugeführt wird. Aufserdem sind in den Lang- und Giebelseiten genügend Fenster vorgesehen, welche nebst den oberen Fensterwänden durch eine reichlich angeordnete Anzahl von Kippfenstern zur ausgedehnten Lüftung des Raumes beitragen. Aufserdem sind in der Decke noch Dunstschlote und in den Umfassungswänden Lüftungsjalousieklappen vorgesehen. Jede der beiden Hallen ist mit einer Waage zum Verwiegen der Thiere versehen. Aufserdem befindet sich in den Hallen je ein Abort, ein Aufseherraum und in der Kleinviehmarkthalle eine Tränkeküche. Die Wände der Hallen sind 2 m hoch mit Cementputz, darüber mit Kalkputz versehen und mit Leimfarbe angestrichen.

Die Gebäude des Schlachthofes bestehen aus 3 getrennten Schlachthallen für Grofsvieh, Kleinvieh und Schweine, drei Grofsviehställen, von denen einer je einen Raum für Fett- und Häutelager enthält, dem Kühlhaus nebst Vorkühlraum, Apparatenraum, Eisfabrik und Wasserthurm, einem Maschinen- und Kesselhaus, der Grofsviehkuttelei, dem Düngerhaus, dem Trichinenschauamt mit Freibank. Die Hauptgebäude des Schlachthofes lehnen sich mit ihren Giebeln an eine 15 m breite und 141,40 m lange Verbindungshalle, welche überdeckt ist und daher unabhängig von Witterungseinflüssen den Verkehr zwischen den Schlachthallen und dem Kühlhause und dem sich anschliefsenden Gebäude für das Fleisch- und Trichinenschauamt, sowie der Grofsviehkuttelei und dem mit letzterer in Verbindung stehenden Düngerhause in bequemster Weise vermittelt.

Diese Verbindungshalle wird nach Westen von dem Kühlhause mit den zugehörigen Nebengebäuden begrenzt. Nach Osten reihen sich, durch 10 m breite Strafsen getrennt, nacheinander die drei Schlachthallen für Grofsvieh, Kleinvieh und Schweine und am südlichen Kopfende die Kuttelei und das Düngerhaus an.

An den Apparatenraum und Wasserthurm schliefst sich, durch eine überdeckte Durchfahrt getrennt, das Kessel- und Maschinenhaus mit dem angebauten Brunnenhäuschen an.

Die Grofsviehschlachthalle ist 41,05 m lang, 23,02 m breit und wird durch Seiten- und Oberlicht erhellt. In derselben sind 28 Stück Grofsviehwinden angeordnet, an denen bequem 200 Stück Grofsvieh in einem Tage geschlachtet werden können. An der westlichen Giebelseite der Schlachthalle befindet sich ein Blutraum mit abgetrennter Wiegestube, ein Aufseherzimmer und ein Abort.

Der Schlachtraum ist durch gufseiserne Säulen nach der Querrichtung in 2 Reihen Schlachtstände von je 7,50 m Breite und einen Mittelgang von 5 m Breite getheilt. An jeder der Langseiten befinden sich 13 Schlachtwinden, aufserdem an der östlichen Giebelseite noch 2 Winden. Jeder Schlachtstand dient aufser zur Schlachtung der Thiere noch dazu, eine Anzahl fertig geschlachteter Thiere mittels mechanischer Vorrichtungen beiseite schieben zu können, um hierdurch den Schlachtplatz stets wieder frei zu halten. Jedes Schlachtthier wird an einer mit Haken versehenen Spreize aus gewalztem Stahlrohr bis zu einer in Höhe von 4,05 m über dem Fufsboden befindlichen eisernen Hängebahn aus I-Eisen aufgezogen. Auf dieser Hängebahn laufen kleine vierrädrige Transportwagen mit hängenden Doppelhaken, in welche die Spreize mit dem Schlachtthier bequem eingehängt wird. Das so aufgehängte Thier kann nunmehr in leichtester Weise verschoben werden. Die Ueberführung auf den Transportgleisen aus der Querrichtung der Schlachthalle in die Längsrichtung wird durch Curven und Curvenweichen mit festen Zungen vermittelt. Ein seitlicher Druck gegen das zu transportirende geschlachtete Thier genügt, um es an der Weiche aus der geraden Richtung in die Curve zu überführen. Auf diese Weise kann jedes geschlachtete Thier ohne besonderen Kraftaufwand sowohl an beliebige andere Stellen der Schlachthalle, wie auch in den gegenüberliegenden Vorkühlraum geschoben werden. Zum Verwiegen der Schlachtthiere sind am westlichen Ausgange der Halle in die Transportgleise zwei Luftbahnwaagen von je 750 kg Tragfähigkeit eingeschaltet.

An den Wänden sind Hakenrahmen zum Anhängen von Fett und Eingeweidetheilen angeordnet.

Der Fufsboden der Halle besteht aus grofsen Granitplatten mit gestockter Oberfläche. Die Abwässer werden in nahe den Längswänden liegende Rinnen geleitet und durch Einläufe mit Thonrohrleitung der Kläranlage zugeführt. Zum Spülen der Eingeweide- u. s. w. Theile dient eine Anzahl von Spültrögen, welche neben den Hallensäulen und an sonst passenden Plätzen aufgestellt sind. Die Dachconstruction ist sichtbar; die Innenwände sind bis auf 2 m Höhe mit glasirten Wandplättchen bekleidet, die oberen Wandflächen sind mit Kalkputz versehen und werden in Leimfarbe angestrichen. Für genügende Lüftung ist aufser den in der Decke angebrachten Lüftungsschloten durch eine gröfsere Anzahl von Jalousieklappen in den Umfassungswänden nahe am Fufsboden gesorgt. Aufserdem sind die reichlich angebrachten Fenster als Schiebefenster eingerichtet.

Um das Eintreiben der Thiere und einen schnellen Verkehr unter den drei Schlachthallen zu ermöglichen, sind in der Grofsviehschlachthalle wie in den übrigen Schlachthallen Quergänge mit nach den Trennungsstrafsen führenden Thüren angeordnet.

Die Schlachthalle für Kleinvieh hat eine Länge von 44,18 m und eine Breite von 38,04 m. Dieselbe besteht aus dem eigentlichen Schlachtraum nebst unmittelbar daranschliefsenden Schlachtstallungen, und zwar dem Kälberstall an der südlichen Langseite und dem Hammelstall an der nördlichen Seite. Die Stallungen sind durch Zwischenwände, ähnlich wie in der Markthalle für Kleinvieh, in je 33 Buchten getheilt, und bieten Platz für etwa 500 Stück Kleinvieh.

Von den Stallabtheilungen abgetrennt ist ein Baderaum mit 9 Brausezellen, ein Geräthe- und ein Aufseherraum. Die Ställe erhalten seitliches Licht, während die Schlachthalle durch Seiten- und Oberlicht erhellt wird. Der Innenraum der letzteren hat in Entfernungen von 4 m zu beiden Seiten des 5 m breiten Mittelganges Doppelhakenrahmen von zusammen 830 m Länge und 70 m einfache Hakenrahmen an den Wänden mit zusammen 1400 Stück Haken erhalten, an denen täglich etwa 820 Stück Kleinvieh geschlachtet werden können. Die Schlachtungen finden innerhalb der Hakenrahmengestelle auf hölzernen Schlachtschragen statt. Die Höhe der Hakenrahmen über dem Fufsboden beträgt 1,77 m bis 1,90 m bei einer Entfernung der Haken von 0,23 m voneinander.

Durch den Mittelgang der Halle führen zum Hin- und Rücktransport zwei hochliegende Transportgleise, welche durch Weichen miteinander verbunden sind. Auf diesen findet die mechanische Ueberführung der geschlachteten Thiere durch die Verbindungshalle zum Kühlhause durch einfache mit vierfachen Haken versehene Laufkatzen in ähnlicher Weise, wie dies bei der Grofsviehhalle beschrieben wurde, statt. Spülbottiche sind ebenfalls in gleicher Weise vorgesehen, wie in der Grofsviehschlachthalle, ebenso ist die Construction der Fufsböden, Wände und Decke dieselbe. Für ausreichende Lüftung ist durch Anordnung von Dunstschloten, Ventilationsklappen und Kippflügeln in den schmiedeeisernen Fenstern gesorgt.

Nördlich von der Kleinviehschlachthalle und in unmittelbarer Verbindung mit der Verbindungshalle ist die Schweineschlachthalle angeordnet. Dieselbe besteht aus der eigentlichen Schlachthalle und den seitlich angefügten Stallungen bezw. Kuttelcirãumen. Das ganze Gebäude hat eine Länge von 44,05 m und eine Breite von 42,54 m. Die Schlachthalle selbst ist in der Längsrichtung wieder in zwei Theile getheilt und zwar in den Ausschlachtraum und in den höher geführten Abstech- und Brühraum. Beide Theile sind oberhalb der auch hier angeordneten Laufschienen der Transportvorrichtung durch eine mit Schwemmsteinen ausgemauerte Eisenfachwand getrennt. Dieselbe soll verhindern, dafs die den Brühkesseln entströmenden Dämpfe in den Ausschlachtraum und an das frische Fleisch gelangen. In dem runden 8,50 m hohen, mit Kleinschen Kappen überwölbten Brühraume befinden' sich an der Längswand die mit 0,70 m hohen Gittereinfriedigungen versehenen Tödtebuchten, in die die Schlachtthiere aus den Stallungen unmittelbar eingetrieben werden. In der Mitte des Raumes stehen 5 Brühbottiche von 1,85 m Durchmesser, neben denen die gleiche Anzahl Drehkrahne angeordnet ist, mittels deren die Schlachtthiere aus den Tödtebuchten in die Brühbottiche gehoben und von diesen aus auf die hinter den letzteren stehenden Enthaarungstische gelegt werden. Die Brühkessel erhalten aufser der Zuleitung von kaltem Wasser eine Dampfzuleitung, wodurch eine unmittelbare Erwärmung des Wassers durch Dampfstrahlgebläse stattfindet. Zur Beseitigung des den Brühbottichen entströmenden Wasserdampfes ist unter jedem Brühkessel eine Dampfheizschlange angebracht, die durch eine Ummantelung unter dem Rande des Kessels warme Luft austreten läfst, welche den Wasserdampf in die Höhe treibt. Unter den Brühbottichen sind aufserdem grofse Dunstschlote aus Eisenblech angebracht, die den Wasserdampf ansaugen und über Dach ins Freie führen. An den Brühraum schliefst sich der durch Oberlicht und durch seitliche im östlichen Giebel angebrachte Fenster erhellte Ausschlachtraum an. Derselbe erhält 400 m Hakenrahmen mit 1356 Stück Haken, an denen täglich 540 Stück Schweine geschlachtet werden können. Zwischen den mit festen Haken versehenen Hakenrahmen sind aufserdem noch 670 Stück auf Flacheisenrahmen verschiebbare Haken zum Anhängen der Weichtheile angebracht. Ueber die Hakenrahmen läuft in jeder Achse ein in doppelter Richtung fahrbarer Flaschenzug, mittels dessen die Schlachtthiere von den Enthaarungstischen an jeden Platz des Ausschlachteraumes gebracht werden können. Im südlichen Theil der Halle befindet sich nach der Längsrichtung derselben das Transportgleis, auf dem mittels kleiner mit vierfachen Hängehaken versehener Laufkatzen die Schlachtthiere zur Abfuhr in die Verbindungshalle, oder durch dieselbe in den Vorkühlraum geschafft werden können.

Der nördlich an den Brühraum anschliefsende Schweineschlachtstall enthält 29 Buchten, welche aus Betonwänden gebildet und mit sogenannten Wanderthüren abgeschlossen sind. Der Stall bietet Raum für 250 Stück Schweine und ist mit jeder Tödtebucht durch eine Thür verbunden. Südlich an den Ausschlachtraum schliefst sich die Schweinekuttelei an, an deren Längswänden 45 Stück gufseiserne emaillirte Waschgefäfse mit ebensoviel kleinen Tischplatten angebracht sind. Ueber je zwei Waschgefäfsen befindet sich ein Dampfwassermischhahn mit beweglicher Auslauftülle, durch den warmes Wasser von jedem beliebigen Wärmegrade erzeugt werden kann. Von der Schweinekuttelei ist durch eine Rabitzwand ein Raum für den Hallenaufseher abgetrennt. Für ausreichende Lüftung der Räume durch Dunstschlote, Jalousieklappen und in den Fenstern angebrachte Kippflügel ist auch hier gesorgt. Die Construction der Wände ist dieselbe wie in den beiden andern Schlachthallen, der Fufsboden der Schlachthalle und der Kuttelei erhält Granitplattenbelag, der des Schlachtstalles Klinkerpflaster auf Betonunterlage. An den östlichen Giebelseiten der Schlachthallen sind reichlich bemessene Erweiterungsflächen vorgesehen, welche auch Bedürfnissen, welche sich zur Zeit noch nicht übersehen lassen, zweifellos vollständig genügen werden.

Südlich von der Grofsviehschlachthalle befinden sich die Schlachtställe für Grofsvieh, welche in drei getrennten Abtheilungen Raum für 134 Stück Grofsvieh bieten. Zwei Grofsviehställe sind gleichmäfsig ausgestattet und erhalten je zwei durch einen Querflur vollständig abgesonderte Stallabtheilungen, während der dritte Stall ein Fett- und ein Häutelager nebst einer Stallabtheilung mit getrennten Zugängen enthält. Aufserdem befindet sich in jedem Stall ein Knechteraum und ein Treppenraum als Zugang zu den über den Ställen gelegenen Futterböden. An den Längswänden der Ställe befinden sich Futterkrippen aus Beton und darüber schmiedeeiserne Futterraufen. Die Decken sind gewölbt, der Fufsboden in den Ställen erhält undurchlässiges Klinkerpflaster, im Fett- und Häutelager Beton mit Cementfeinschicht. Für gute Lüftung ist durch Luftzuführungsöffnungen und Abzugsschlote sowie durch Kippflügel in den Fenstern gesorgt

Die Ställe haben eine Länge von 36,80 m und eine Breite von 11,12 m, die Wände erhalten in 2 m Höhe Cementputz und darüber Wandputz.

Westlich von den Grofsviehställen ist, durch Trennungsmauer und den Absperrzaun in zwei gleiche Theile getheilt, eine 20 m lange und 4 m breite Düngergrube vorgesehen, deren eine Hälfte den Viehhofzwecken und deren andere Hälfte den Schlachthofzwecken dient.

In engster Verbindung mit der überdeckten, 141,40 m langen Verbindungshalle und in nächster Nähe der Grofsviehschlachthalle ist die Kuttelei für Grofs- und Kleinvieh angelegt. Dieselbe ist 25,03 m lang und 16,02 m breit bei einer Höhe von 6,50 m. Die Wände erhalten in 2 m Höhe Wandbekleidung von glasirten Thonplättchen und darüber Kalkputz mit Leimfarbenanstrich. Der Fufsboden besteht aus Betonunterlage mit Cementfeinschicht. An den Wänden sind 34 Kaldaunenwaschgefäfse mit ebensoviel Entfettungstischplatten angebracht und über je 2 Waschgefäfsen befinden sich Dampfwassermischbähne von derselben Construction wie in der Schweinekuttelei. Der Raum enthält 4 Brühbottiche von je 1,50 m Durchmesser zum Brühen der Köpfe, Füfse und Eingeweidetheile, sowie eine Anzahl Entfettungs- und Abschabtische mit Eichenholzplatte. Bequeme Ausfahrtöffnungen vermitteln den Verkehr mit den Schlachthallen und dem südlich gelegenen Düngerhaus. Für genügende Lüftung des Raumes durch Abzugsschlote und Kippflügel in den Fenstern und Ventilationsöffnungen in den Umfassungswänden ist gesorgt.

Das mit der Kuttelei durch einen mit Wellblech überdeckten Verbindungsgang verbundene Düngerhaus hat eine Länge von 16,02 m und eine Breite von 13,77 m und dient zum Entleeren der Rindermägen. Zu diesem Zwecke sind unter dem Düngerhause verschliefsbare Abfuhrwagen in genügender Anzahl aufgestellt, in welche der Dünger mittels darüberliegender, mit Trichtern versehener Einschüttöffnungen unmittelbar geschüttet wird. Die theils als Eisenbahnwagen, theils für Landfuhrwerk eingerichteten Düngerwagen werden nach jedesmaliger Füllung sofort zur Abfuhr gebracht, so dafs ein Aufspeichern des Schlachthofdüngers nicht stattfindet. Fünf grofse Spültröge dienen zur weiteren Reinigung der Rindermägen. Die Abwässer werden durch offene Rinnen in Sinkkästen und von diesen in das Kanalnetz geleitet. Der Fufsboden besteht aus Beton mit Cementfeinschicht, die Wände erhalten in 2 m Höhe Cementputz und darüber Kalkputz mit Leimfarbenanstrich. Für Lüftung des Raumes durch Dunstschlote, Fenster mit Kippflügeln und Ventilationsöffnungen in den Umfassungswänden ist gesorgt.

Westlich der Verbindungshalle an der Ratherstrafse ist das Fleischbeschauamt angeordnet. Dasselbe ist durchweg unterkellert und erhält in einem der Kellerräume einen Hartmannschen Fleischdämpfer, in dem das thierärztlich beanstandete, in rohem Zustande nicht unbedenkliche Fleisch sterilisirt wird. Im Erdgeschofs befinden sich aufser einer Meister- und Gesellenstube zwei Auslage- und Untersuchungsräume für auswärts geschlachtetes inländisches, sowie für ausländisches Fleisch, ein Zimmer für den Thierarzt, sowie ein Raum für Confiscate. Ferner ist hier die Freibank untergebracht, das ist die amtliche Verkaufsstelle für minderwerthiges, dem freien Verkehr entzogenes Fleisch. Kauflustige betreten die Freibank von der Ratherstrafse aus, sie können also den Schlachthof nicht betreten. Zur Beförderung der Fleischtheile vom Raum für den Fleischdämpfer nach der Freibank dient ein Aufzug mit Handbetrieb.

Ueber den Auslageräumen befinden sich 2 grofse Schauamtsäle für die mikroskopische Fleischschau und ein Raum für den Schauamtsvorsteher. In letzterem ist ein kleiner Aufzug für die Beförderung der Fleischproben vom Erdgeschofs in das erste Stockwerk angebracht. Auf dem Hofe zwischen Beschauamt und Verbindungshalle liegt eine Abortanlage.

An die westliche Längsfront der Verbindungshalle schliefst sich das Kühlhaus nebst Vorkühlraum und Apparatenraum in einer Länge von 80 m und einer Breite von 34 m an. Der eigentliche Kühlraum ist zweigeschossig, hat eine Grundfläche von rund 1700 qm und ist mit Luftkühlung versehen. Für den jetzigen Betrieb soll das Kellergeschofs in Benutzung genommen werden, während das obere Geschofs der späteren Erweiterung dienen soll. Die Aufsenmauern des Kühlhauses sind mit einer Einlage von Korkplatten zwischen je 0,40 m starken Aufsen- und Innenmauern hergestellt, deren Zwischenräume mit Goudron vergossen sind; die Fensteröffnungen sind durch Falconnier-Glasbausteine in zwei Schichten mit einer dazwischenliegenden Luft-Isolierschicht geschlossen. Um die Erdwärme abzuhalten, ist der Kellerfufsboden gegen Kälteverlust durch eine 0,80 m starke Schicht von Schlackenbeton, über dem sich eine 0,20 m starke Kiesbetonschicht mit Cementfeinschicht befindet, isolirt. Die Innenräume sind mit Lochsteinen zwischen eisernen Trägern überwölbt, die Decken durch eine 0,20 m starke Schicht von Blätterholzkohle gegen Kälteverlust geschützt. Die Wandflächen sind in 2 m Höhe mit glasirten Thonplättchen und darüber mit Cementputz und Leimfarbenanstrich versehen. Von dem Kühlraum im Kellergeschofs abgetrennt ist der Pökelraum angelegt, in dem Bottiche zum Einpökeln des Fleisches aufgestellt sind. Von dem Obergeschosse des Kühlraumes ist der etwa 110 qm grofse Pferdefleischkühlraum durch eine massive Mauer vollständig abgetrennt und durch einen besonderen Eingang nebst Treppe zugänglich gemacht worden. Der Kühl- und Pökelraum ist in 261 abschliefsbare Kühlzellen zerlegt, zwischen denen Längs- und Quergänge den Verkehr nach den Ausgängen zum Vorkühlraum bezw. nach der Verbindungshalle vermitteln. Die einzelnen Zellen bestehen aus 12 mm starken, 45 mm voneinander entfernten Rundeisenstäben zwischen Gasrohren, sie sind nach oben mit starkem Drahtgeflecht überspannt und im Innern mit Aufhängevorrichtungen versehen. Sie sind etwa 4 qm grofs und haben Schiebethüren erhalten. An das Kühlhaus in südlicher Richtung schliefst sich der etwa 500 qm grofse Vorkühlraum an, der durch eine bequeme Treppenanlage mit ersterem verbunden ist. Derselbe ist durch ein, bei der Grofsviehschlachthalle bereits beschriebenes Laufschienensystem direct mit den Schlachthallen verbunden. Das Ueberführen der an den Schlachtspreizen und Laufkatzen hängenden Thiere auf die Spreizenträger des Vorkühlraumes geschieht auf bequeme Art durch mechanische Vorrichtungen. Ein Theil des Vorkühlraumes ist mit Hakenrahmen zum Aufhängen des Kleinviehes und der Schweine, sowie kleinerer Fleischstücke ausgestattet. Unmittelbar an den Vorkühlraum und unter gleicher Dachfläche lehnt sich, gleichfalls gut isolirt, der Apparatenraum an, in welchem die Luftkühlapparate und Ventilatoren aufgestellt sind. Ein Theil dieses Raumes ist höher geführt und dient als Wasserthurm. In demselben ist ein Kaltwasserbassin von 200 cbm Inhalt aufgestellt, welchem das gesammte, für den Schlacht- und Viehhof erforderliche Wasser zugeführt wird. Das Wasser wird einem neben dem Maschinenhause gelegenen Speisebrunnen entnommen und durch eine Dampfpumpe diesem zugeführt.

An die Westseite des Vorkühlraumes, zwischen Kühlraum und Apparatenraum, lehnt sich die Eisfabrik an, welche im Erdgeschofs die Eisfabrik und im Kellergeschofs einen Raum zum Aufbewahren des Eises enthält. In derselben werden stündlich 500 kg Eis erzeugt; die Anlage ist jedoch so ausgeführt, dafs sie ohne weiteres auf eine stündliche Leistung von 1000 kg Eis gebracht werden kann.

Den Abschlufs der südwestlichen Gebäudegruppen bildet das Maschinen- und Kesselhaus mit dem Kohlenlager, und zwar ist ersteres durch eine überdeckte Durchfahrt mit dem Apparatenraum verbunden. Beide sind so geräumig ausgeführt, dafs sie auch für den später vollständig erweiterten Schlachthof vollkommen genügen werden. Im Kesselhaus sind gegenwärtig 3 Dampfkessel von je 90 qm wasserberührter Heizfläche für 8 Atmosphären Ueberdruck aufgestellt, von denen immer nur zwei in Betrieb genommen werden sollen, während der dritte Kessel vorläufig zur Reserve dient. Aufserdem befinden sich in demselben zwei Körtingsche Injectoren zum Speisen der Kessel. Ein Theil des verfügbaren Raumes soll als Reparatur-Werkstätte dienen. Die offene Kohlenlagerstätte ist direct vom Kesselhause zugänglich und, wie oben bereits angedeutet, mittels eines Nebengleises für die Anfuhr des Kohlenmaterials an die Eisenbahn angeschlossen.

Im Maschinenhause befinden sich die Dampfmaschine und Compressoren für die Erzeugung der kalten Luft nebst den Condensatoren, sowie die Dampfmaschine für die elektrische Beleuchtungsanlage mit den Dynamomaschinen. In einem besonderen Anbau befinden sich 2 Schachtpumpen zur Beschaffung des Kühlwassers für die Kältemaschinen und des Gebrauchswassers.

Die nach dem System Linde ausgeführte Kühleinrichtung ist imstande, zu jeder Jahreszeit im Kühlraum eine Temperatur von nicht über 4° C. und im Vorkühlraume eine solche von nicht über 8° C. zu halten. Dabei ist die Luft in beiden Räumen relativ trocken und ihre Beschaffenheit dauernd eine derartige, dafs sich das Fleisch, ohne Schaden zu nehmen und ohne Schimmelpilzbildung zu zeigen, 4 Wochen lang aufbewahren läfst. Die zur Erzeugung der kalten Luft erforderlichen maschinellen Einrichtungen umfassen im wesentlichen die Kälteerzeugungsmaschinen und die Luftkühl- und Ventilationseinrichtungen. Die Kälte wird erzeugt durch Verdampfen des in geschlossenen Röhrensystemen, dem Verdampfer, befindlichen Ammoniaks, welches in den Compressoren verdichtet wird. Die hierdurch erhitzten Ammoniakdämpfe werden darauf in den Oberflächen-Condensatoren durch Zuflufs kalten Wassers gekühlt und zu flüssigem Ammoniak verdichtet. Durch die Kühlapparate wird die Kälte von dem Verdampfer an die Kühlhausluft übertragen und diese gleichzeitig getrocknet und gereinigt. Dies wird dadurch erreicht, dafs die abzukühlende Luft durch einen Ventilator aus dem Kühlhause angesaugt und über besonders construirte, mit kalter Salzsohle benetzte Scheibenapparate hinweggetrieben wird. Auf horizontalen, parallel hintereinanderliegenden Achsen sitzen je eine Reihe runder Blechscheiben derart, dafs sie voneinander einige Centimeter entfernt sind und auf ihrer unteren Seite in einen, mit der kalten Salzlösung gefüllten Behälter eintauchen. Langsam rotirend bedecken sich die Blechscheiben mit einer dünnen Schicht der Salzlösung und bilden gewissermafsen eine Reihe nebeneinanderliegender schmaler Kanäle, durch welche die Luft hindurchgeblasen wird, wobei sich der Kühlprocefs in bekannter Weise vollzieht und zugleich die Luft von Staubtheilchen und Keimen gereinigt wird. Zur Unterhaltung der Luftcirculation zwischen den Kühlräumen und den Kühlapparaten dienen vier Schraubenventilatoren, welche grofse Luftmengen mit geringem Arbeitsaufwand bewältigen. In Verbindung mit den Kühlapparaten befindet sich ein Heizapparat, um die während der Winterszeit zur Ventilation der Kühlräume zu benutzende kalte Aufsenluft vorzuwärmen. Der Austritt der kalten Luft in die Kühlräume geschieht an möglichst vielen Punkten durch ein an der Decke dieser Räume angebrachtes System von mit Oeffnungen versehenen Holzkästen; ebenso geschieht das Absaugen der erwärmten Luft, wodurch besonders die Gleichmäfsigkeit der Kühlhaustemperatur erzielt wird.

Der in der südwestlichen Ecke des Grundstücks liegende Pferdeschlachthof ist direct von der Ratherstrafse aus zugänglich und besteht aus einem Pferdestall und einem Pferdeschlachthaus. Der Pferdestall ist mit seiner südlichen Giebelseite an das Kesselhaus angebaut und bietet Raum für 15 Pferde. In einem von der Stallabtheilung abgetrennten Raum ist die Treppe zu dem über dem Stall befindlichen Futterboden, unter dem Podest ist ein Abort und ein Pissoir angeordnet. Der Stall ist mit Futterkrippen ausgestattet. Die Wände, Fufsböden, Decken u. s. w. sind wie bei den Grofsviehstallungen construirt. Das Gebäude hat eine Länge von 18 m und eine Breite von 5,90 m.

Das Pferdeschlachthaus stöfst direct an die Ratherstrafse, ist 9,50 m breit und hat eine mittlere Länge von 17,50 m. Dasselbe ist mit 6 Winden versehen und enthält an 13 m Hakenträgern 47 Stahlhaken zum Aufhängen von Körper- und Eingeweidetheilen. Im übrigen ist die Einrichtung und Construction des Gebäudes ähnlich wie in der Grofsviehschlachthalle. Auf dem Hofe des Pferdeschlachthofes ist eine Düngergrube vorgesehen.

Die Sanitätsanstalt, welche in die nordöstliche Ecke des Grundstücks gelegt wurde, besteht aus einem Stall zur Beobachtung von seucheverdächtigem und Einstellung krank befundenen Viehes, sowie einem Schlachthaus. Sie hat eine von dem ganzen übrigen Viehhofe vollständig getrennte und abgeschlossene Lage und ist mit besonderer Laderampe versehen. Das Stallgebäude enthält zwei getrennte Stallabtheilungen für 30 Stück Grofsvieh, etwa 40 Schweine und 10 Stück Kleinvieh. Aufserdem ist in demselben ein Raum für Fleischconfiscate und ein Knechtraum, sowie eine Treppe zum Futterboden und ein Abort vorgesehen. An das Stallgebäude ist eine Düngergrube angebaut. Die Einrichtung der Stalle, sowie die Construction der Wände, Decken, Fufsböden u. s. w. ist dieselbe wie bei den übrigen Ställen. Die Sanitätsschlachthalle hat eine Länge von 25 m, eine Breite von 10 m und ist durch eine Zwischenwand in zwei Räume getheilt, in einen Schlachtraum für Grofs- und Kleinvieh und einen für Schweine. Der erstere ist mit 3 Winden ausgestattet und enthält 9,50 m Hakenrahmen mit 32 Haken für Grofsvieh und 38 m Hakenrahmen mit 135 Haken für Kleinvieh. Im Schlachtraum für Schweine befindet sich ein Brühbottich mit Wanddrehkrahn. An den Wänden sind 7 Kaldaunenwaschgefäfse mit ebensoviel Entfettungstischplatten, sowie 8,50 m Hakenrahmen mit 27 festen und 11 verschiebbaren Haken angebracht. Die Construction des Gebäudes ist im übrigen ähnlich der der übrigen Schlachthallen.

Die Gebäude der Verwaltung bestehen aus einem Verwaltungs- und Wirthschaftsgebäude, einem Wohnhause für die Vorstandsbeamten, zwei Pförtnerhäuschen und einem Ausspannhof nebst Stallungen und Wagenremise. An der Kreuzung der Ratherstrafse mit der Rolandstrafse befindet sich der Haupteingang mit der Zufuhrstrafse zum Schlachthofe, welche auf einen grofsen freien Vorplatz mündet. In der Längsrichtung des letzteren liegt das Beamtenwohnhaus, während sich nördlich an denselben der Ausspannhof und südlich das Wirthschaftsgebäude nebst den beiden Pförtnerhäuschen anschliefst. Von diesen liegt das eine rechts vom Wirthschaftsgebäude am Haupteingange zum Schlachthofe und enthält einen Raum für den Pförtner, während das zweite links vom Wirthschaftsgebäude am Haupteingange zum Viehhof liegt und aufser einem Raum für den Pförtner einen Aufenthaltsraum für den Nachtwächter enthält.

Das Doppelwohnhaus für die beiden Vorstandsbeamten ist zweigeschossig und enthält rechts die Wohnung für den Director und links die für den ersten Assistenten. Die Wohnung des Directors besteht aus Eingangsflur, Küche, 7 Wohnräumen, Mansardenstuben, den nöthigen Keller- und Speicherräumen. Die Wohnung des ersten Assistenten hat nur 5 Wohnräume, ist aber im übrigen wie die des Directors eingetheilt. Beide Wohnungen werden bei Vermeidung allen gröfseren Aufwandes möglichst behaglich eingerichtet. Die äufseren Wandflächen des Gebäudes sind mit gelben Verblendsteinen bekleidet unter sparsamer Verwendung vom rothem Kyllburger Sandstein zu einzelnen Architekturtheilen.

Das rechts vom Vorplatz gelegene Wirthschaftsgebäude besteht aus einem dreigeschossigen Mittelbau nebst zwei zweigeschossigen Seitenbauten. Im Erdgeschofs des linken Seitenflügels befinden sich zwei Restaurationsräume nebst der Wirthschaftsküche und den Aborten und daran anschliefsend im Mittelbau die Wohnung des Wirthes. Ueber den Wirthschaftsräumen befinden sich 7 Logirzimmer nebst Aborten. Im Erdgeschofs des rechten Seitenflügels befindet sich ein Kassenlokal, ein Bureauraum, ein Dienstzimmer für den Director und ein Zimmer für die Thierärzte. Im ersten Stockwerke sind 3 Dienstwohnungen für den Maschinenmeister, Futtermeister und Pförtner, und im zweiten Stockwerke eine Wohnung für den Aufseher und 2 Zimmer für den Wirth eingerichtet. Die äufseren Wandflächen und Architekturtheile sind durchweg in gelben Verblendsteinen ausgeführt.

Nördlich von dem Vorplatze, dem Verwaltungsgebäude gegenüber, befindet sich der Ausspannhof. Derselbe besteht aus einem geräumigen, durch eine Thorfahrt zugänglichen Hofe, der ringsum mit Wagenschuppen, Pferde- und Hundeställen umschlossen ist.

Rechts von der überdachten Thoreinfahrt, durch eine Abortanlage von dieser getrennt, befindet sich ein Stall für 32 Pferde nebst Knechteraum und Treppenraum für den Futterboden. Links von der Einfahrt, durch einen Knechte- und Treppenraum getrennt, befindet sich eine Stallabtheilung für 18 Pferde und darüber gleichfalls ein Futterboden. Die nordwestliche Seite des Ausspannhofes nimmt der Wagenschuppen ein. Derselbe ist nach dem Hofe zu vollständig offen und wird durch eine einfache Säulenstellung in 18 einzelne, etwa 4 zu 5 m grofse Abtheilungen getheilt.

Den nordöstlichen Abschlufs des Ausspannhofes bilden die Hundeställe. Dieselben bestehen aus 51 einzelnen 0,85 zu 1,48 m grofsen Abtheilungen, welche durch Thüren geschlossen sind. Die Trennungswände bestehen aus Holz, der obere Abschlufs wird durch Gitterstäbe gebildet.

Die Einrichtung und Construction der Pferdeställe ist ähnlich der der übrigen Gebäude.

Sämmtliche Betriebsgebäude des Schlacht- und Viehhofes erhalten Holzcementbedachungen, die Ausstattung derselben sucht in einfacher, jedoch gefälliger Weise den praktischen Bedürfnissen zu genügen. Nur die Wohn- und Wirthschaftsgebäude sind, dem Charakter der Bauten entsprechend, etwas reicher ausgestattet. Die Räume aller Betriebsgebäude erhalten undurchlässigen Fufsboden; auf die Ventilation derselben ist besonderer Werth gelegt. Die Gesammtanlage wird elektrisch beleuchtet mit Ausnahme der Schauamtssäle, Dienstwohnungen und Diensträume im Verwaltungsgebäude, welche Gasbeleuchtung erhalten.

Sämmtliche Strafsen erhalten Kopfsteinpflaster mit Fugenverguſs aus Asphalt, mit Ausnahme der zwischen der Grofsviehschlachthalle und der Grofsviehkuttelei liegenden, der Verunreinigung durch Darm- und Mageninhalt ausgesetzten Flächen, welche behufs leichterer Reinigung und bequemeren Transportes der Düngerkarren mit Stampfasphalt versehen werden.

Die Bürgersteige erhalten Mosaikpflaster mit Bordsteineinfassung.

Die Entwässerung der einzelnen Räume erfolgt in ein Netz glasirter Thonröhren, welche, wie die Entwässerungsröhren der Strafsen, behufs Reinigung einer Kläranlage und von dieser dem Strafsenkanal zugeführt werden.

Die Reinigung der Abwässer erfolgt nach dem System von Friedrich & Glaſs in Leipzig.

Die Gesammtbaukosten des Schlacht- und Viehhofes werden einschliefslich der Kosten des Grunderwerbs und der Strafsenbeitragskosten voraussichtlich 3 800 000 Mark betragen.

Die Gesammtdisposition der Anlage rührt von Herrn Stadtbaurath a. D. Georg Osthoff in Berlin her. Die Bearbeitung des Entwurfs der Markthalle, Schlachthallen und der Verbindungshalle erfolgte ebenfalls durch Herrn Osthoff, während die übrigen Gebäude und Anlagetheile durch das städtische Hochbauamt unter der Leitung des Stadtbaurathes Carl Peiffhoven entworfen wurden.

Verwaltung und Betrieb.

In dem zur Zeit in Betrieb befindlichen alten Schlachthof sind folgende Personen angestellt:

1 Director (Thierarzt),
1 zweiter Vorstandsbeamter (Thierarzt),
1 Assistenz-Thierarzt,
1 Kassirer,
4 Aufseher (zugleich Wiegemeister),
1 Pförtner,
1 Fleischcontroleur (Polizeibeamter),

1 Trichinenschauamts-Vorsteher,
32 Trichinenschauer,
3 Probenehmer und
9 ständige Arbeiter.

Sowohl die Vieh- und Fleischbeschau, als auch die mikroskopische Untersuchung des Schweinefleisches auf Trichinen und Finnen sind obligatorisch. Die Oberaufsicht führt der thierärztliche Director. Ebenso ist letzterem die veterinärpolizeiliche Ueberwachung des Viehmarktes regierungsseitig übertragen.

Die Einführung von frischem Fleisch in den Stadtbezirk und dessen Untersuchung durch Sachverständige ist durch eine Polizeiverordnung vom 1. August 1878 geregelt. Zur Vornahme dieser Untersuchung sind zwei Fleischbeschaustellen eingerichtet, eine im Schlachthofe, die andere in der Nähe des Hauptbahnhofes. Die Controle über die Fleischeinfuhr führt ein Controleur unter Assistenz von zwei Hülfscontroleuren.

8. Nahrungsmittel-Untersuchungsamt.

In der Sitzung der Stadtverordneten-Versammlung vom 29. April 1890 wurde beschlossen, hierorts in Ausführung des Reichsgesetzes vom 14. Mai 1879, betreffend den Verkehr mit Nahrungsmitteln, Genufsmitteln und Gebrauchsgegenständen unter der Bezeichnung »Oeffentliche Nahrungsmittel-Untersuchungsanstalt der Stadt Düsseldorf« eine Anstalt zur technischen Untersuchung von Nahrungsmitteln etc. zu errichten. Laut Verfügung des Herrn Regierungspräsidenten vom 17. Juni 1890 wurde die Anstalt als eine öffentliche im Sinne des § 17 des Reichsgesetzes vom 14. Mai 1879 anerkannt; dieselbe trat am 1. December desselben Jahres unter Berufung des Verfassers dieses als Vorsteher ins Leben. Die bis zur Errichtung des Untersuchungsamtes gehandhabte Controle der Nahrungs- und Genufsmittel hatte sich als eine für die Verhältnisse Düsseldorfs völlig unzureichende erwiesen; eine systematische Probeentnahme und Untersuchung von Nahrungsmitteln etc hatte nur in ganz beschränktem Mafse stattgefunden und die Ueberwachung des Milchverkehrs lag zum grofsen Theil in den Händen der unteren Polizeiorgane. Mit Errichtung des städtischen Laboratoriums wurde nunmehr die Lebensmittelcontrole nach bestimmten Grundsätzen gehandhabt, der Ueberwachung des Milchverkehrs sowie den Wasserverhältnissen wurde eine besondere Sorgfalt gewidmet und von den sonstigen Nahrungsmitteln, Genufsmitteln und Gebrauchsgegenständen wurden von Zeit zu Zeit Proben zwecks Ausführung einer chemischen Untersuchung entnommen. Eine weitere wesentliche Aenderung in der Art und Weise der polizeilichen Ueberwachung und Probeentnahme der Nahrungsmittel trat mit dem 1. August vorigen Jahres ein, indem die Executive in der Nahrungsmittelcontrole einem besonderen Gewerbepolizeicommissariat übertragen wurde. Diesem liegt auf Grund der allgemeinen über die Controle erlassenen Anordnungen der Verwaltung die Probeentnahme im einzelnen ob, welche sich in der Weise vollzieht, dafs regelmäfsig nicht uniformirte Polizeibeamte nach Anordnung der Verwaltung Proben entnehmen und dieselben ohne Angabe der Entnahmestelle, nur mit der laufenden Nummer versehen und versiegelt, beziehungsweise plombirt, dem städtischen Laboratorium zur Vornahme der chemischen Untersuchung übermitteln. Seit

Bestehen des Amtes hat sich die Zahl der im Auftrage der Polizeiverwaltung ausgeführten Untersuchungen von Nahrungs- und Genufsmitteln um das Fünffache vermehrt; während im Jahre 1891/92 durch das Amt 317 behördliche Untersuchungen ihre Erledigung fanden, schliefst das Jahr 1897/98 mit 1495 Untersuchungen ab. Dafs die Polizeiverwaltung die Bedeutung nicht verkennt, welche diesem Zweige der öffentlichen Gesundheitspflege zuzusprechen ist, erhellt aus dem Umstande, dafs für das Jahr 1898/99 die Ausführung von rund 1800 Untersuchungen von Nahrungsmitteln etc. vorgesehen ist. Die Durchführung einer scharfen Lebensmittelcontrole hat naturgemäfs eine Reihe von Verurtheilungen auf Grund des Nahrungsmittelgesetzes mit sich gebracht. Nachstehende Zusammenstellung der auf Grund der Untersuchungen des städtischen Laboratoriums wegen Nahrungsmittelfälschung erfolgten Verurtheilungen ergiebt am besten die Wirksamkeit und den Erfolg der Anstalt. Es fanden Verurtheilungen statt:

1895/96

Milchfälschungen	in 13 Fällen zu einer Gesammtsumme von	ℳ 819
Wurstfälschungen	» 2 » » » » »	» 85
Fleischfälschungen	» 2 » » » » »	» 40
Kaffeefälschungen	» 2 » » » » »	» 800

1896/97

Milchfälschungen	in 11 Fällen zu einer Gesammtsumme von	ℳ 561
Butterfälschungen	» 6 » » » » »	» 500
Schmalzfälschungen	» 2 » zu einer Gesammtsumme von 9 Monaten Gefängnifs und	» 1000
Fleischfälschungen	in 3 Fällen zu einer Gesammtsumme von	» 60
Cognacfälschungen	» 2 » » » » »	» 950
Apfelkrautfälschungen	» 7 » » » » »	» 251
Chocoladefälschungen	» 2 » » » » »	» 60

1897/98

Milchfälschungen in 9 Fällen zu einer Gesammtsumme von	ℳ 590
Butterfälschungen in 2 Fällen zu einer Gesammtsumme von 4 Wochen Gefängnifs und	» 150
Fleischfälschungen in 26 Fällen zu einer Gesammtsumme von 7 Monaten Gefängnifs und	» 1090
Wurstfälschungen in 24 Fällen zu einer Gesammtsumme von 1 Woche Gefängnifs und	» 1040
Cognacfälschungen in 5 Fällen zu einer Gesammtsumme von	» 330
Apfelkrautfälschungen » 4 » » » » »	» 120
Limonadefälschungen » 4 » » » » »	» 290

Im Laufe der 3 letzten Jahre sind auf Grund der durch das städtische Untersuchungsamt festgestellten Fälschungen von Nahrungs- und Genufsmitteln 128 gerichtliche Verurtheilungen erfolgt und insgesammt 18 Monate Gefängnifs, 8911 Mark Geldstrafe nebst 30 Veröffentlichungen des Urtheiltenors in der Presse verhängt worden. Diese Zahlen bedürfen keines weiteren Commentars.

Wasser.

Seit Bestehen der städtischen Untersuchungsanstalt hat die Polizeiverwaltung eine ständige Controle des Wassers angeordnet. Dieselbe erstreckt sich nicht allein auf die des öfteren vorzunehmende Ermittelung der chemischen Gesammt-Zusammensetzung, sondern auch auf monatlich beziehungsweise wöchentlich auszuführende bakteriologische und kleinere chemische Untersuchungen. Düsseldorf ist in der beneidenswerthen Lage, ein in jeder Beziehung hervorragendes Leitungswasser zu besitzen; seiner chemischen und bakteriologischen Zusammensetzung nach repräsentirt dasselbe ein von Fäulniſs beziehungsweise Zersetzungsstoffen völlig freies, relativ weiches Wasser, welches für Genuſs- und Haushaltungszwecke in hohem Grade geeignet ist und infolge seiner geringen Härte für technische Zwecke sehr gut verwendet werden kann. Was die noch vorhandenen Brunnen anlangt, so sind seit Bestehen der Anstalt 343 Brunnenwässer untersucht und hiervon 248, das sind über 70 %, beanstandet und geschlossen worden.

Milch.

Der Verkehr mit Milch wird in Düsseldorf durch eine Polizeiverordnung vom 6. April 1892 geregelt. Es darf nur Vollmilch und entrahmte Milch in den Handel gebracht werden, die sogenannte Misch- oder Halbmilch ist vollständig vom Verkehr ausgeschlossen. Als Mindestfettgehalt für Marktmilch werden 2,7 % gefordert; der Fettgehalt der hier in den Handel gebrachten Milch beträgt gemeinhin über 3 %. Seit Bestehen der Milch-Polizeiverordnung haben sich die Milchverhältnisse Düsseldorfs ganz erheblich gebessert. Aus nachstehender Zusammenstellung erhellt am besten, was durch eine zweckmäſsige Ueberwachung des Milchverkehrs erreicht werden kann. Von den untersuchten Milchproben erwiesen sich

im Jahre 1894/95 — 12 % gefälscht, 24 % als minderwerthig im Sinne der Polizeiverordnung.
 „ „ 1895/96 —   8 %   „   18 % „   „   „   „   „   „   „
 „ „ 1896/97 — 4,4 %   „   5,7 % „   „   „   „   „   „   „
 „ „ 1897/98 — 4,2 %   „   5 % „   „   „   „   „   „   „

Die Milchfälschungen haben sich im Laufe von 4 Jahren auf ein Drittel, die Uebertretungen gegen die Milch-Polizeiverordnung auf ein Fünftel vermindert. Die Milchcontrole vollzieht sich in der Weise, daſs fast täglich durch nicht uniformirte Polizeibeamte Proben entnommen und dem städtischen Laboratorium zur Untersuchung überwiesen werden. Wird Fälschung nachgewiesen, so erfolgt Einleitung des Strafverfahrens wegen Nahrungsmittelfälschung, erweist sich eine Milch als minderwerthig im Sinne der Polizeiverordnung, so wird eine polizeiliche Strafe verhängt.

Sonstige Nahrungsmittel.

Eine ähnliche Abnahme der Fälschungen, wie bei der Milch, ist auch bei der Butter und dem Schweineschmalz zu verzeichnen. Während von Butter im Jahre 1892/93 50 %, von Schweineschmalz 30 % beanstandet werden muſsten, wurden im Jahre 1897/98 bei Butter nur 4,4 % beanstandet, bei Schweineschmalz überhaupt keine Fälschung nachgewiesen. Von sonstigen Nahrungsmitteln sei erwähnt, daſs die Verwendung von Mehl beziehungsweise Weiſsbrot bei Herstellung von Wurst im umfangreichsten Maſse, über 50 % der amtlich untersuchten Wurstproben muſsten beanstandet werden, stattfindet. Die im letzten Jahre erfolgten gerichtlichen Verurtheilungen haben auch hier eine wesentliche Wendung zum Besseren herbeigeführt.

Aufser der Untersuchung der Nahrungs- und Genufsmittel hat die Anstalt noch die für die städtische Verwaltung erforderlichen technischen Analysen und die Revision der Drogen und Giftverkaufsstellen vorzunehmen.

Unter dem 14. Juni 1895 ist seitens der Königlichen Regierung eine Polizeiverordnung, betreffend die Herstellung und den Vertrieb künstlicher Mineralwasser, erlassen; mit der Controle der Selterswasser- etc. Fabriken ist das Amt beauftragt worden. Wenn die Thätigkeit der Anstalt in der ersten Zeit ihres Bestehens vorwiegend auf die Erledigung der im Auftrage der städtischen Verwaltung verfügten Untersuchungen etc. beschränkt war, so haben doch allmählich hiesige und auswärtige Gerichts- und sonstige Behörden, Grofsindustrie, Handel und das grofse Publikum die Hülfe des Instituts in umfassendster Weise in Anspruch genommen.

9. Desinfectionswesen.

Die rechtliche Grundlage für das Desinfectionswesen hierselbst ist die Polizeiverordnung der hiesigen Königlichen Regierung, »betreffend das Verfahren bei ansteckenden Krankheiten nebst der Anweisung zur Desinfection« vom 1. August 1887.* Ihr Inhalt ist kurz folgender:

Jeder Erkrankungsfall von Cholera, epidemischer Ruhr, Scharlach, Diphtherie, Pocken, Flecktyphus, Rückfallfieber, Unterleibstyphus, Genickstarre, Kindbettfieber, Rotz- und Wurmkrankheit, Milzbrand und Wuthkrankheit bei Menschen mufs vom Haushaltungsvorstand und Arzt der Ortspolizeibehörde angezeigt werden. Handelt es sich um eine in einem Schulhause oder in dem Wohnhause eines Lehrers wohnende Person, so ist in den vorerwähnten Krankheitsfällen sowie bei Masern, Rötheln, Keuchhusten, Mumms, contagiöser Augenentzündung und Krätze auch dem Schulvorstande Anzeige zu erstatten. Die erkrankten Kinder sind vom Besuch der Schule und anderer Oertlichkeiten, in denen ein Zusammenflufs von Kindern stattfindet, fernzuhalten; sie dürfen erst nach stattgefundener Desinfection sowie nach ärztlich bescheinigter Heilung oder nach Ablauf der üblichen Krankheitsdauer wieder zugelassen werden. Während des Bestehens der fraglichen Krankheiten sowie nach deren Beendigung haben die zur Anzeige Verpflichteten eine vollständige Reinigung und Desinficirung nach Mafsgabe der der Verordnung angefügten Anweisung auf ihre Kosten bewirken lassen.

Diese Regierungs-Polizeiverordnung wird hierselbst folgendermafsen gehandhabt. Die Aerzte erhalten seitens der Polizeiverwaltung die sogenannten Meldekarten geliefert; diese — laut Aversionirungsvermerk portofrei — enthalten Vordruck für die Namen der Krankheit, des Kranken nebst Wohnungs- und Altersangabe, sowie für die Angaben, ob für Desinfection während der Krankheit und ob für Schlufsdesinfection Sorge getragen ist. Wird dies letztere vom Arzt verneint, so tritt behördliche Ueberwachung der Desinfection ein. Der zur Vornahme der Desinfection Verpflichtete erhält polizeiliche Aufforderung, die Desinfection baldmöglichst vornehmen zu wollen, widrigenfalls dieselbe polizeilicherseits auf Grund des Landesverwaltungsgesetzes veranlafst und der dafür vorläufig

---

* Die Aenderung derselben soll bereits seit länger Zeit beabsichtigt sein.

auf 20 ℳ festgesetzte Kostenaufwand zwangsweise eingezogen werden würde. Gleichzeitig ersucht die Polizeibehörde den behandelnden Arzt für den Fall, dafs seinerseits nicht schon für ausreichende Desinfection Sorge getragen sein sollte, um Mittheilung, wann die behördliche Desinfection vorgenommen werden könne, d. i. wenn der Kranke gesundet, in ein Krankenhaus überführt oder gestorben sein sollte. Für diese Mittheilung haben die Aerzte ebenfalls portofreie Postkarten mit entsprechendem Vordruck in Händen.

Für die somit eventuell nothwendige behördliche Vornahme der Desinfection stehen der Polizeiverwaltung drei städtische Desinfectionsdampfapparate (ein beweglicher und zwei unbewegliche) sowie die Desinfectionsfirma A. Weyergans hierselbst zur Verfügung. Mit letzterer Firma ist ein Abkommen getroffen, wonach dieselbe zur Vornahme von Desinfectionen im Auftrage der Stadt stets einen mindestens 5 cbm Raum enthaltenden Dampfdesinfectionsapparat sowie zwei Wagen zum Transport inficirter bezw. desinficirter Gegenstände bereit halten mufs.

Was die Desinfectionskosten anbelangt, so wird die Desinfection bei Unbemittelten unentgeltlich, zu Lasten der städtischen Armenverwaltung vorgenommen. Die Desinfectionsfirma Weyergans berechnet für jede Anheizung des Apparats 10 ℳ, sowie für Wagen-Hin- und Rückfahrt 3 ℳ. Die von der Firma angestellten Desinfectoren sind durch ärztliche Mitglieder der städtischen Sanitätscommission vorgebildet.

Zur Desinfection der Kleider und Decken inhaftirter und obdachloser Personen, welche mit Krätze und Ungeziefer behaftet sind, dient ein gleichfalls mit strömendem Wasserdampf arbeitender kleiner Apparat, welcher auf der Polizeihauptwache befindlich ist.

Der Umfang der behördlich vorgenommenen Desinfection erhellt am besten aus folgenden Zahlen. Die Anmeldekarten der Aerzte ergaben im Etatsjahre 1897/98 Erkrankungen an Typhus 29, an Masern 500, an Scharlach 213, an Diphtherie 460 und an Kindbettfieber 26. Behördliche Desinfection wurde veranlafst in 1 Typhusfall, in 8 Scharlach-, 4 Kindbettfieber- und 342 Diphtheriefällen.*

Die finanziellen Aufwendungen an laufenden Desinfectionskosten städtischerseits betrugen im Jahre 1896/97 ℳ 5817,50, im Jahre 1897/98 ℳ 7835,00.

An dieser Stelle sei noch das städtische Fuhrwerk zum Transport ansteckender Kranken erwähnt. Neben den Unfallwagen, mit denen jeder Polizeibezirk ausgestattet ist, hat die Verwaltung im Laufe des vergangenen Jahres einen besonderen Wagen zur Beförderung von Personen, welche mit einer ansteckenden Krankheit behaftet sind, eingestellt. Der Wagen ist von der Firma Utermöhle in Köln gebaut; er hat Landauer-Form und entspricht allen an einen Krankenwagen zu stellenden Anforderungen.** Der Benutzung öffentlichen Fuhrwerks zum Transport ansteckender Kranken ist durch eine Polizeiverordnung in Verbindung mit einer ausgedehnten Controle vorgebeugt.

* Bezüglich der Wiederholungsfälle an Diphtherie in den Wohnungen ergab die Ende September vergangenen Jahres begonnene Statistik bis zum 1. Mai d. J. folgende Zahlen. Von 261 angemeldeten Diphtheriefällen wurde in 164 Wohnungen behördlich desinficirt: in 9 Fällen kam ein Wiederholungsfall zur Anmeldung. Bei 57 Fällen, in denen ohne Inanspruchnahme der Desinfectionsanstalt desinficirt worden sein soll, ergaben sich 2 Wiederholungen, und bei 40 Fällen, in denen überhaupt nicht desinficirt worden ist, ebenfalls 2 Wiederholungsfälle.

** Der Wagen ist im Fuhrparks-Gebäude an der Krefelderstrafse untergestellt und kann dort jederzeit besichtigt werden.

10. Begräbnifswesen und Friedhöfe.

In den ersten Jahrhunderten des Bestehens der Stadt war, wie fast aller Orten im Mittelalter, der Platz um die Pfarrkirche (Lambertuskirche) der Begräbnifsplatz, der Kirchhof. Auch in der Kirche waren viele Familiengräber, in welchen die Leichen der vornehmeren Stadtbewohner beigesetzt wurden.

Im Jahre 1505 liefs Herzog Wilhelm vor der Stadt, in der jetzigen Steinstrafse vor der Benrather Brücke, einen neuen Begräbnifsplatz anlegen und durch den Weihbischof von Münster, Johann Kritins, der auf Wunsch des Herzogs zu diesem Zweck nach Düsseldorf kam, einsegnen. Der alte Begräbnifsplatz um die Kirche wurde aber bis zum Jahre 1760 noch weiter benutzt.

In der Nordstrafse zwischen Duisburger- und Kaiserstrafse war gleichfalls ein - wahrscheinlich protestantischer — Begräbnifsplatz. Die vor etwa 10 Jahren bei der Kanalisirung dieser Strafse aufgefundenen Grabsteine und Gebeine lassen das erkennen. Auch soll sich in früheren Zeiten in der Gegend der Bastions- und Kasernenstrafse ein israelitischer Begräbnifsplatz befunden haben.

Im Jahre 1802 wurde als Ersatz für den Friedhof an der Steinstrafse ein für Katholiken und Protestanten gemeinsamer Friedhof an der Golzheimer Insel angelegt. Für die Aufsengemeinden bestanden in Derendorf, Bilk, Hamm und Volmerswerth besondere Friedhöfe. Die jüdische Gemeinde benutzte in den ersten 80 Jahren des laufenden Jahrhunderts einen Begräbnifsplatz in der Verlängerung der Rosenstrafse, zwischen Bongard- und Prinz-Georg-Strafse, doch erwarben einzelne Mitglieder dieser Gemeinde auch auf dem Friedhofe an der Golzheimer Insel auf einem besonderen Felde Erbbegräbnisse.

In den siebziger und achtziger Jahren dieses Jahrhunderts zwang die Unzulänglichkeit der bisherigen Friedhöfe zu durchgreifenden Mafsnahmen. Für die Fabrikstadt Oberbilk wurde 1878/79 der Stoffeler Friedhof angelegt. Der Bilker Friedhof wurde im Jahre 1884 erheblich erweitert und ihm ein gröfserer Theil der südwestlichen Stadt als Beerdigungsbezirk zugewiesen. Trotz dieser Neuanlage und der Vergröfserung des bestehenden Bilker Friedhofes reichten aber bei dem grofsen Aufschwung, den die Stadt nahm, und der rapiden Zunahme ihrer Bewohner die Friedhöfe Ende der siebziger Jahre nicht mehr aus, und da der Hauptfriedhof der Stadt, derjenige an der Golzheimer Insel, einestheils nicht vergröfsert werden konnte, anderntheils aber schon damals Bedenken erhoben wurden, wegen der Nähe der Stadt den Friedhof fernerhin als Begräbnifsplatz zu benutzen, wurde von der Stadtverwaltung anfangs der achtziger Jahre beschlossen, einen gröfseren Friedhof im Norden und in weiterer Entfernung von der Stadt anzulegen. Zu diesem Zweck wurde im Jahre 1882 eine Fläche von ca. 18 Hektar, zum gröfsten Theile trockener Sandboden, hinter dem Tannenwäldchen im Golzheimer Felde erworben und im Jahre 1883/84 angelegt.

Nachdem sowohl der Friedhof Tannenwald wie auch die beiden südlichen Friedhöfe, dringendem Bedürfnifs entsprechend, im letzten Jahrzehnt wiederholt vergröfsert worden, haben die drei Hauptbegräbnifsplätze der Stadt heute folgende Gröfse:

1. Friedhof Tannenwald ca. 27 Hektar (ca. 5½ Hektar sind noch nicht gärtnerisch angelegt),
2. » Stoffeln » 15 » (ca. 2 » » » » » »),
3. » Bilk » 5 ».

Da die Friedhöfe Stoffeln und Bilk durchaus unzureichend sind, ist die Anlage eines 20 Hektar grofsen südwestlichen Friedhofes bereits seit mehreren Jahren beschlossen und der Grunderwerb für diesen fast beendet.

Friedhof hinter dem Tannenwäldchen.

einer Stelle unterhalb der auf demselben befindlichen Anhöhe Wasser; die Untersuchung ergab, dafs die atmosphärischen Niederschläge sich auf einer 0,6 bis 1,5 m starken Lehmschicht sammelten. Letztere wurde durchstochen und ein mit grober Kohlenschlacke gefüllter Graben angelegt, wodurch das Wasser verschwand.

Der Untergrund der Friedhöfe ist durchgängig Sandboden, theilweise kiesiger Sandboden, in den oberen Schichten stellenweise mit Lehm gemischt. Während früher die Friedhöfe in der von Alters her üblichen Weise geometrisch eingetheilt wurden, ist bei der Anlegung des Friedhofes

Tannenwald und bei der Erweiterung des Friedhofes Stoffeln dahin gestrebt worden, Gärten in freiem landschaftlichem Stil zu schaffen.

Es ist irrig, wenn vielfach angenommen wird, dafs bei dieser Art der Anlage nothwendig viel Fläche für die Gräber verloren gehe; durch die Schaffung grofser Wiesenflächen läfst sich eine sehr starke Ausnutzung des Geländes auch hier ermöglichen.

Die in den Text eingedruckten Pläne der Friedhöfe Tannenwald und Stoffeln zeigen, in welcher Weise die Absicht, die Begräbnifsplätze zu natürlichen Parkanlagen auszugestalten, verwirklicht worden.

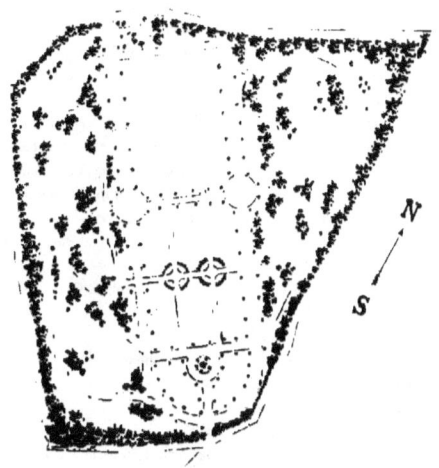

Friedhof Stoffeln.

Die Verwaltung und Beaufsichtigung des Begräbnifswesens erfolgt durch den Oberbürgermeister unter Mitwirkung der Friedhofs-Commission. Die letztere besteht aus dem Oberbürgermeister oder dem von diesem zu delegirenden Beigeordneten und aus einer der Zahl nach von der Stadtverordneten-Versammlung zu bestimmenden und von dieser zu wählenden Anzahl von Mitgliedern.

Zur speciellen Beaufsichtigung der Friedhöfe ist ein Friedhofsinspector angestellt, dem es mit Hülfe des ihm beigegebenen Personals zugleich obliegt, auf dem Friedhof am Tannenwäldchen die Geschäfte des Todtengräbers wahrzunehmen und der die Todtengräber der anderen Friedhöfe zu beaufsichtigen hat.

Auf dem Friedhof Tannenwald erfolgt die Anfertigung der Gräber für Rechnung der Stadt, die Stadt übernimmt dort auf Wunsch auch die gärtnerische Ausschmückung der Gräber; auf den anderen Friedhöfen fertigen die Todtengräber für eigene Rechnung die Gräber und erhalten dafür die tarifmäfsigen Gebühren; die gärtnerische Anlage und Unterhaltung der Gräber ist Privatgeschäft der Todtengräber; Privatgärtner sind auf allen Friedhöfen zugelassen.

Die Gräber Erwachsener dürfen nach 20, die Kindergräber nach 12 Jahren wieder benutzt werden; die Stadtverwaltung kann diese Frist auf 12 Jahre für Erwachsene, auf 9 Jahre für Kinder verkürzen.

Die Tiefe der Gräber ist auf 2 m, für Reihengräber von Kindern bis zu 8 Jahren auf 1 m festgestellt. Oberirdische Bestattungen sind nicht zulässig.

Die Beerdigungen erfolgen in Familien- bezw. Erbbegräbnissen oder in der Reihe. Für Familienbegräbnisse werden Plätze an hervorragenden Stellen der Friedhöfe von der Friedhofs-Commission bestimmt. Unter 4 Stellen werden nicht angewiesen. Die Verleihung erfolgt auf 60 Jahre. Nach deren Ablauf kann gegen Zahlung der Hälfte der Gebühr die Weiterverleihung auf je 60 Jahre erfolgen.

Die Erbbegräbnisse zerfallen in zwei Klassen. Erbbegräbnisse I. Klasse werden unmittelbar an den Wegen. Erbbegräbnisse II. Klasse in zweiter Reihe, hinter den Erbbegräbnissen I. Klasse, der Reihe nach angewiesen und können nicht beliebig gewählt werden. Verliehen werden die Erbbegräbnisse auf 40 Jahre, gleichfalls mit dem Recht der Verlängerung wie bei den Familienbegräbnissen.

Familien- und Erbbegräbnisse gehen nur auf die näheren Verwandten über. Jede Verfügung des Besitzers durch Veräufserung oder Abtretung seiner Rechte ist unstatthaft.

Die Bezirke, aus welchen die Leichen der in der Stadt Düsseldorf Verstorbenen in den Reihengräbern auf den Friedhöfen beigesetzt werden, werden auf Grund eines Stadtverordneten-Beschlusses durch Verordnung des Oberbürgermeisters bestimmt.

Bei den Reihengräbern werden, sofern nicht die Friedhofs-Commission für einzelne Friedhöfe anders bestimmt, besondere Reihenfelder eingerichtet:

a) für Erwachsene, d. h. Personen über 8 Jahre;
b) für Kinder im Alter von über 4 bis 8 Jahren;
c) für Kinder im Alter bis zu 4 Jahren.

Die Grabstellen erhalten durchweg

a) für Erwachsene eine Länge von 2,20 m und eine Breite von 0,90 m;
b) für Kinder über 4 Jahre eine Länge von 1,75 m und eine Breite von 0,70 m;
c) für Kinder unter 4 Jahren eine Länge von 1,20 m und eine Breite von 0,60 m.

Zwischen allen Reihengräbern Erwachsener wird ein Raum von 0,30 m Breite, zwischen denjenigen von Kindern ein solcher von 0,20 m Breite gelassen. Die Felder für die Reihengräber sind nach Confessionen getrennt.

Die Erbbegräbnisse sind möglichst an den Rändern der Reihenfelder angelegt. Sie verdecken so die Reihengräber und heben durch ihre meist hervorragende Ausschmückung und insbesondere durch ihren Blumenschmuck den Gesammteindruck des Friedhofes.

Register, aus welchen sich alle erheblichen Daten bezüglich jedes einzelnen Beerdigungsfalles ergeben, werden sowohl bei der städtischen Centralverwaltung wie auf jedem Friedhofe geführt.

Eine Kapelle, welche für die Abhaltung gröfserer Leichenfeierlichkeiten geeignet ist, befindet sich auf dem Friedhofe Tannenwald.

Leichenhallen sind auf den Friedhöfen Bilk, Stoffeln, Tannenwald vorhanden; diejenige auf letzterem, vor 13 Jahren errichtet, entspricht allen an eine solche Einrichtung zu stellenden Anforderungen. Ueber die Aufnahme und Behandlung der Leichen bestehen genaue Vorschriften.

Im allgemeinen ist die hygienisch bedenkliche Sitte, die Leichen bis zur Beerdigung im Sterbehause zu behalten, auch hier noch vorherrschend. Die Leichenbegängnisse erfolgen mittels städtischer Leichenwagen unter der Führung der von der Stadt angestellten Leichenbitter; auch die Leichenträger werden auf Wunsch von der Stadt gestellt.

Die Gebühren sowohl für die Gräber wie für die Benutzung der Leichenwagen sind so bemessen, dafs die Erträge aus dem Verkauf der Familien- und Erbbegräbnisse und aus der Benutzung der vornehmer ausgestatteten Leichenwagen einen Theil der für die Reihengräber und die Leichenbegängnisse der ärmeren Klassen der Stadt entstehenden Kosten decken; durch die Einnahmen der Begräbnifskasse werden sowohl die laufenden Ausgaben wie auch die Verzinsung und Tilgung der Anlagekosten gedeckt.

Realschule an der Prinz-Georgstrafse.

Das Schulwesen.

1. Kunstgewerbeschule.

Die Kunstgewerbeschule zu Düsseldorf ist eine von der Stadt gegründete, durch Staatszuschufs unterstützte und unter Aufsicht des Staates und eines Schulvorstandes stehende Lehranstalt, welche am 3. April 1883 eröffnet wurde.

Die Kunstgewerbeschule soll jungen Gewerbetreibenden Gelegenheit bieten, sich solche Kenntnisse und Fähigkeiten anzueignen, welche sie zu der erfolgreichen Ausübung ihres Berufes, besonders in künstlerischer Beziehung, befähigen.

Die Schule zerfällt in 3 Abtheilungen: Vorschule, Fachschule und Abendschule.

Der Unterricht der Vorschule (Tagesunterricht) umfafst: Geometrisches Zeichnen einschliefslich Schattenconstruction, ornamentale Formenlehre, Flachornamente und Gipszeichnen.

Die Fachschule (Tagesunterricht) zerfällt in folgende Fachklassen:

1. Fachklasse für Möbel-, Geräth- und Architekturzeichnen;
2. Fachklasse für Decorationsmalen;
3. Fachklasse für figurales Zeichnen und Malen;

4. Fachklasse für ornamentales und figurales Modelliren in Thon;
5. Fachklasse für ornamentales und figurales Holzschnitzen;
6. Fachklasse für Treiben, Graviren, Ciseliren und Wachsmodelliren.

Aufser an dem eigentlichen Fachunterricht haben die Fachschüler je nach ihrem Beruf an dem Nachmittags stattfindenden Ergänzungsunterricht theilzunehmen. Derselbe umfafst:

1. Skizziren und Zeichnen nach ornamentalen und figuralen Gipsmodellen;
2. Zeichnen und Malen nach Blumen, Früchten, Vögeln u. s. w.;
3. Das Studium der lebenden Pflanzen in den verschiedenen Stadien ihres Wachsthums mit Rücksicht auf ihre Verwendbarkeit zu Schmuckformen, ihre Stilisirung für die Uebertragung in das Flachornament, die Malerei, Metalltechnik u. s. w.;
4. Entwerfen von Flächendecorationen unter Berücksichtigung der Berufsart der einzelnen Schüler;
5. Perspective.

An diesen Unterricht schliefsen sich:

6. Die Vorträge in Stillehre, welche einen Ueberblick über die Geschichte und Entwickelung des Kunstgewerbes, der Architektur, Malerei und Bildhauerkunst geben sollen.

Sodann wird Abends Unterricht ertheilt:

7. im Actzeichnen, d. h. im Zeichnen und Skizziren nach dem lebenden Modell.

Nebenher gehen im Anschlufs daran, aber nur im Wintersemester:

8. die Vorträge in Anatomie, welche die Knochen- und Muskellehre umfassen. Hierbei wird eine kurze Anleitung für die erste Hülfeleistung bei Unglücksfällen ertheilt.

Die Abendschule mit einer Unterrichtszeit von 7 bis 9 Uhr an allen Wochentagen umfafst folgende Unterrichtsgegenstände: Ornamentales und figurales Gipszeichnen, Actzeichnen, Fachzeichnen für Möbel, Geräthe und Bauschmuck, Modelliren für Bildhauer und Stuckateure, Wachsmodelliren für Graveure, Gold- und Silberarbeiter, Entwerfen von Flächendecorationen.

Um den in den Fachklassen beschäftigten Schülern Gelegenheit zu geben, ihre Fähigkeiten im selbständigen Lösen gestellter Aufgaben zu bethätigen, und um dieselben in ihrer freien Zeit anregend zu beschäftigen, werden sogenannte Monats-Concurrenzen ausgeschrieben, wobei eine öffentliche Besprechung der eingegangenen Arbeiten und Vertheilung kleiner Prämien stattfindet. Begabten, aber mittellosen Schülern, konnten auf Antrag aus dem städtischen Schul-Stipendienfonds, aus der Aders-Tönnies-Stiftung und seitens des Herrn Ministers für Handel und Gewerbe Stipendien verliehen werden.

Die Frequenz im Winter-Halbjahr 1897/98 betrug 144 Tagesschüler und zwar 56 Vor- und 88 Fachschüler und 118 Abendschüler, zusammen 262 Schüler. Die Leitung der Anstalt liegt seit ihrem Bestehen in den Händen des Herrn Director Professor Heinrich Stiller, dem 9 etatsmäfsige Lehrer und 5 Hülfslehrer zur Seite stehen.

Das in freier Lage am Rhein unter dem damaligen Stadtbaumeister E. Westhofen aufgeführte Gebäude, in welchem die Kunstgewerbeschule untergebracht ist, enthält 14 Klassen nebst den erforderlichen Nebenräumen für Lehrmittel, Modelle u. s. w., 8 Atelierräume für die Lehrpersonen, 1 Amtszimmer des Directors, 1 Bibliothekszimmer, welches zugleich als Conferenzzimmer dient, eine aus 9 Zimmern, Küche und 2 Speicherzimmern bestehende Directorwohnung und eine Castellanwohnung von 4 Zimmern und Küche. Die Abortanlagen für die Schüler befinden sich aufserhalb des Schulgebäudes.

Die innere Ausstattung ist einfach und zweckentsprechend, auf die äufsere Gestaltung ist der Lage entsprechend etwas mehr Aufwand verwendet worden und sind die in Renaissanceformen ausgebildeten Façaden nach dem Rheine und der verlängerten Mühlenstraße in Haustein mit Verwendung von Blendsteinen für die Flächen ausgeführt, während die Hoffronten einfach in Feldbrandziegeln gemauert und ausgefugt wurden.

2. Gewerbliche Fortbildungsschule.

Die Leitung der gewerblichen Fortbildungsschule wurde am 1. October 1883 dem Director der Kunstgewerbeschule unterstellt. Der Unterricht umfaßte damals folgende Lehrgegenstände: 1. Freihandzeichnen, 2. Zirkelzeichnen, 3. Projectionszeichnen, 4. Fachzeichnen für Bauhandwerker und Maschinenbauer, 5. Geometrie, 6. Deutsch, 7. Rechnen und Buchführung.

Die Schülerzahl betrug 395. Durch die stetig wachsende Zahl der Schüler machten sich wiederholt den Bedürfnissen entsprechende Aenderungen und Erweiterungen des Lehrplanes erforderlich und umfasst die Schule gegenwärtig folgende Klassen:

4 Freihandzeichenklassen (davon 2 für Schulknaben),
12 Klassen für Körperzeichnen (davon 2 für Schulknaben)
2 Klassen für farbiges Ornament,
2 Klassen für Umrißzeichnen und Schattiren nach Gips,
1 Klasse für Holz- und Marmormalen,
5 Klassen für Linearzeichnen,
1 Fachklasse für Bauhandwerker,
5 Fachklassen für Maschinenbauer und Mechaniker,
1 Fachklasse für Möbeltischler,
1 Fachklasse für Kunstschlosser,
1 Fachklasse für Gärtner (nur im Wintersemester),
6 Klassen für Rechnen und Deutsch (davon 1 in Grafenberg, 2 für Fleischer, 1 für Bäcker),
2 Klassen für Geometrie.

Die Schülerzahl ist im verflossenen Wintersemester auf 1196 gestiegen, der Unterricht wird von 31 Lehrern ertheilt. Leiter der gewerblichen Fortbildungsschule ist auch jetzt noch Herr Professor Director Stiller, welchem seit dem Jahre 1886 Herr Zeichenlehrer Piepgras als Stellvertreter zur Seite steht.

Der Unterricht wird größtentheils am Sonntagmorgen von 9 bis 12 Uhr und an den Wochentagen von 7 bis 9 Uhr ertheilt, jedoch besteht eine Klasse für Holz- und Marmormalen, in welcher in 4 Wintermonaten Nachmittags von 1 bis 4 Uhr unterrichtet wird. Der Unterricht der Zeichenklassen für Knaben ist auf den Sonnabendnachmittag von 2 bis 5 Uhr gelegt. Hauptsächlich der hohen Kosten halber ließ sich bis jetzt der Gedanke, das gesammte Unterrichtswesen der gewerblichen Fortbildungsschule in einem Gebäude zu vereinigen, nicht verwirklichen, weshalb der Unterricht in Räumen der städtischen höheren Lehranstalten, der Volksschulen sowie, wenn keine anderen Räume zur Verfügung stehen, auch in Turnhallen ertheilt werden muſs.

3. Die höheren Schulen.

I. Das Königliche Gymnasium nebst Vorschule.

Das an der Alleestrafse gelegene Königliche Gymnasium ist die einzige höhere Lehranstalt in Düsseldorf, welche nicht aus städtischen Mitteln erbaut ist und unterhalten wird. Das aus dem ersten Drittel dieses Jahrhunderts stammende Gebäude ist nach aufsen als einfache Putzfaçade behandelt und auch im Innern der damaligen Richtung und den zur Verfügung stehenden Mitteln entsprechend ohne jeglichen Aufwand ausgestattet. Nur die Aula zeigt etwas reichere Architekturformen. Das ursprüngliche mit zwei nach dem Hofe gelegenen Flügelbauten errichtete Gebäude wurde der steigenden Frequenz halber im Jahre 1891 bis 1892 durch einen nach Osten gelegenen Anbau mit Treppe vergröfsert, so dafs dadurch die jetzige geschlossene, sich um einen mittleren Hof gruppirende Anlage entstand. Die gleichfalls später errichtete Turnhalle liegt an der nach der Kanalstrafse gelegenen Front des nach 3 Seiten von Strafsen begrenzten Grundstücks. Auf dem Hofe befinden sich 2 getrennte Abort- und 1 Pissoiranlage.

Das Gymnasium enthält 20 Klassenzimmer, 1 Naturaliencabinet, 1 physikalisches Cabinet, 1 historisches Cabinet, 1 Bibliothekszimmer, 1 Zeichensaal, 1 Conferenzzimmer und die Aula, aufserdem die Wohnung für den Director, bestehend aus 7 Zimmern, Amtszimmer, Küche und Waschküche, sowie die aus 4 Zimmern und Küche bestehende Castellanwohnung.

Die Frequenz bei Schlufs des Wintersemesters 1897/98 betrug bei dem Gymnasium 553, bei der Vorschule 117, also im ganzen 670 Schüler. Die Leitung der Anstalt liegt in den Händen des Herrn Director Dr. Asbach, dem Nachfolger des im Herbst vorigen Jahres in den Ruhestand getretenen langjährigen Leiters Herrn Dr. Uppenkamp. Zur Seite stehen dem Director 5 Professoren, 11 Oberlehrer, 2 wissenschaftliche Hülfslehrer, 6 Lehrer, sowie 3 Vorschullehrer.

II. Städtisches Gymnasium und Realgymnasium mit Vorschule.

Mit der Einrichtung der ursprünglich nur als städtische Realschule geplanten Anstalt wurde im Jahre 1858 begonnen. Die nach der Klosterstrafse gelegene, in Putzbau unter Verwendung von Haustein für einzelne Architekturtheile hergestellte Hauptfaçade zeigt, der damaligen Richtung entsprechend, die einfachen klassischen Formen der Schinkelschen Schule. Entsprechend sind auch die Innenräume einfach ausgestattet, nur die Aula mit ihrer Festraum reicher decorirt und besitzt in dem unter der Decke befindlichen hohen, al fresco hergestellten figürlichen Wandfries, dessen Schöpfer der verstorbene Director der Düsseldorfer Königlichen Kunstakademie, Herr Professor Eduard Bendemann ist, einen Schmuck von hervorragend künstlerischer Bedeutung. Aufserdem gereichen der Aula die mit künstlerisch ausgeführten Glasmalereien geschmückten Fenster, welche von früheren Schülern der Anstalt in anerkennenswerther Weise gestiftet wurden, zur besonderen Zierde.

Die älteren Gebäudetheile wurden von dem früheren Stadtbaumeister Westhofen erbaut.

Um der stetig wachsenden Schülerzahl Rechnung zu tragen und die für das erweiterte gröfsere Schulsystem des Gymnasiums und Realgymnasiums und der Vorschule erforderlichen Räumlichkeiten zu schaffen, wurde die Anstalt verschiedentlich durch Anbauten vergröfsert, wie auch im laufenden Jahre eine neue Vergröfserung im Bau begriffen ist.

Für das ganze Schulsystem stehen jetzt zur Verfügung: 26 Klassenzimmer, 1 Turnhalle, 1 Laboratorium, 1 physikalisches Lehrzimmer mit Cabinet, 1 naturwissenschaftliches Cabinet, 1 Kartenzimmer, Bibliothek, Amtszimmer, Conferenzzimmer und die Aula. In dem Gebäude befinden sich außerdem noch die Wohnungen für den Director und Castellan, erstere aus 9 Zimmern und Küche, letztere aus 5 Zimmern und Küche bestehend. Die Abortanlagen für die Schüler liegen auf dem Hofe.

Die Frequenz der Schule bei Schluß des Wintersemesters 1897/98 betrug bei dem Gymnasium und Realgymnasium 573, bei der Vorschule 135, also im ganzen 708 Schüler. Zum Leiter der Anstalt wurde an Stelle des zum Provinzial-Schulrath ernannten bisherigen Directors Dr. Matthias Herr Director Cauer aus Flensburg ernannt. Der Unterricht wird ertheilt von 21 Oberlehrern, 2 wissenschaftlichen Lehrern und 7 Lehrern.

III. Oberrealschule mit Vorschule an der Fürstenwallstrafse.

Die an der Ecke der Fürstenwall- und Florastrafse gelegene Oberrealschule wurde in den Jahren 1886 und 1887 von dem damaligen Stadtbaumeister E. Westhofen erbaut. Die von der Strafse sichtbaren Fronten, deren Architektur sich der Formensprache der italienischen Renaissance anschliefst, wurden in echtem witterungsbeständigem Material, und zwar in Haustein für die Architekturtheile und in Blendsteinen für die Flächen ausgeführt. Die Innenräume mit Ausnahme der Aula, welche etwas reichere Decoration und Ausmalung zeigt, sind in einfacher Art ausgestattet.

Für die Oberrealschule nebst Vorschule stehen zur Verfügung: 16 Klassen, 1 Zeichensaal, Lehrzimmer für Physik und Chemie nebst den zugehörigen Räumen für Laboratorium und physikalisches Cabinet, 1 naturwissenschaftliches Cabinet, Turnhalle, Bibliotheks- und Kartenzimmer, Conferenz- und Amtszimmer, sowie die Aula. Sodann enthält das Gebäude die Directorwohnung von 10 Zimmern, Küche und 1 Speicherzimmer und die aus 2 Zimmern, Küche und 1 Speicherzimmer bestehende Wohnung für den Castellan. Die Aborte für die Schüler befinden sich in einem getrennt von dem Haupthause liegenden Gebäude auf dem Hofe.

Die Leitung der als höheren Bürgerschule gegründeten, jetzt den Rang einer Oberrealschule nebst Vorschule einnehmenden Anstalt, liegt seit ihrer Gründung als höheren Bürgerschule in den Händen des Herrn Directors Hugo Viehoff, welchem 13 Oberlehrer und 7 Lehrer zur Seite stehen.

Bei Schluß des Wintersemesters betrug die Schülerzahl der Oberrealschule 379, die der Vorschule 115, der Besuch belief sich also im ganzen auf 494 Schüler.

IV. Realschule mit Vorschule an der Prinz-Georgstrafse.

Das im Frühjahr 1896 in Benutzung genommene Gebäude der Realschule mit Vorschule an der Prinz-Georgstrafse wurde innen und aufsen mit etwas gröfserem Aufwand aufgeführt, als ihn die in früheren Jahren errichteten Gebäude für die übrigen höheren Lehranstalten zeigen, sowie mit allen, den Anforderungen der Neuzeit entsprechenden inneren Einrichtungen und Lehrmitteln ausgestattet, aus welchen Gründen eine ausführlichere Beschreibung der Anstalt gerechtfertigt sein dürfte.

Das von allen Seiten freiliegende Schulhaus wurde auf einem an der Ecke der Prinz-Georg- und Franklinstrafse gelegenen Grundstück errichtet und besteht im allgemeinen aus Kellergeschofs, Erdgeschofs, erstem und zweitem Stockwerk und Dachgeschofs; der nach hinten in der Hauptachse gelegene Aula-Ausbau hat nur ein als Luftraum dienendes Untergeschofs, ein Erdgeschofs und ein Obergeschofs. Im Mittel-Risalit an der Prinz-Georgstrafse liegen die 3 Haupteingänge, welche zu der von Granitsäulen getragenen, überwölbten Eingangshalle führen; ein weiterer Zugang liegt an der Einfahrt an der Stockkampstrafse hin und führt in das Neppentreppenhaus; der Schulhof ist ferner durch 2 Ausgangsthüren von den das ganze Gebäude durchziehenden Fluren und durch eine Thür von der Turnhalle aus erreichbar. Die weiträumige, dreiläufige Haupttreppe und die zweiläufige Nebentreppe sind bis zum Dachgeschofs durchgeführt. Die Mittelmauern der Treppe sind, um dem mittleren Laufe mehr Licht zuzuführen und der ganzen Anlage ein gefälligeres Aussehen zu geben, in Pfeiler und korbbogenförmige Gurtbögen aufgelöst. Vor letzteren haben zum Schutze schmiedeeiserne Geländer Aufstellung gefunden. Die das ganze Gebäude in allen Geschossen durchziehenden Flure sind 3,10 bezw. 2,60 m breit.

Das Kellergeschofs enthält die Räume für die Centralheizung nebst Kohlen- und Vorrathsräumen, das Erdgeschofs neben der Eingangshalle, die aus 4 Räumen bestehende Wohnung des Hauswarts, Amts- und Vorzimmer für den Director, die Turnhalle, 6 Klassenzimmer und 2 kleinere Räume für die Lehrpersonen und zur Unterbringung von Schränken u. s. w. Das erste Stockwerk enthält die Aula über der Turnhalle, das Conferenz- bezw. Lehrerzimmer über der Eingangshalle, Bücherei und Kartenzimmer zu beiden Seiten des Conferenzzimmers, eine Klasse für den Religionsunterricht, einen Raum für die naturwissenschaftlichen Sammlungen, 6 Klassenzimmer, einen Raum für Schränke, Geräthe u. s. w., sowie eine Abortanlage für die Lehrer. Im zweiten Stockwerk sind untergebracht: der Saal für den naturwissenschaftlichen Unterricht mit aufsteigenden Sitzreihen, je ein Raum für die physikalischen und chemischen Apparate, je ein Arbeitsraum für den Physiker und Chemiker, der Zeichensaal, 4 Klassenzimmer und eine weitere Abortanlage für die Lehrer.

Die Aula, welche eine lichte Länge von 21,00 m und eine lichte Breite von 12,63 m erhalten hat und durch ihre bedeutendere Höhe und reichere architektonische Anordnung den vornehmsten Raum der ganzen Anlage bildet, ist vom Podeste der Haupttreppe in halber Höhe zwischen dem ersten und zweiten Stockwerk, die Galerie derselben von dem Podeste zwischen zweitem Stockwerk und Dachgeschofs zugänglich. Der fünfachsige in Hallenform errichtete Saal enthält eine vierfache doppelreihige durchgehende Säulenstellung, welche die Galerien, die Decke und das Dachwerk des ganzen Raumes tragen. Der Zeichensaal ist 17,90 m lang, 9,60 m breit und 5,20 m im Lichten hoch.

Die Wohnung des Directors ist in dem östlichen Theile des Flügels an der Franklinstrafse in 3 Geschossen derart angeordnet, dafs sie vom Schulhause nur durch das Amtszimmer im Erdgeschofs erreichbar, im übrigen aber von den Schulräumen vollständig abgetrennt ist. Sie besteht aus 10 Wohn- und Schlafzimmern, Küche, einigen Speicherzimmern, Keller und Trockenraum. Neben der Directorwohnung ist ein kleiner, von der Terrasse vor dem östlichen Wohnzimmer im Erdgeschofs aus zugänglicher Garten angelegt. Die Façaden des Schulhauses sind in den Formen einer schlichten Gothik entworfen und in gelben und rothen Blendziegeln unter sparsamer Verwendung von Cordeler Sandstein ausgeführt; zu dem Sockel und den äufseren Trittstufen wurde bayerischer Granit verwendet. Das Haupt-Risalit ist durch einen hochragenden Giebel, der von 2 thurmartigen Aufbauten flankirt wird, sowie durch Mafswerkfenster besonders hervorgehoben. Auch die beiden Risalite der Seitenflügel sind durch Giebel mit Mafswerkfenstern abgeschlossen.

Die grofsen, weit sichtbaren Dachflächen, welche durch gemauerte Dachaufsätze, Lukarnen und Dachhäuschen wirkungsvoll belebt werden, sind durchweg mit Moselschiefer in deutscher Art gedeckt; nur die Plattformen der mansardartigen Dächer der Flügelbauten sind mit Holzcement gedeckt.

Der innere Ausbau des Hauses ist durchweg in einfacher, aber solidester Weise hergestellt worden; nur die Eingangshalle, das Haupttreppenhaus, die Aula, das Conferenzzimmer und das Amtszimmer des Directors haben einen etwas reicheren architektonischen Schmuck erhalten, wobei ebenfalls die Formen der neueren Gothik gewählt wurden.

Die Flure und Podeste der Haupttreppe sind mit Kreuzgewölben zwischen von Kragsteinen getragenen Gurtbögen, die Eingangshalle ist mit gleichen Gewölben, deren Gurtbögen in Granitsäulen ihre Stütze finden, das Haupttreppenhaus mit einer Decke nach Kleineschem Patent überdeckt. Die

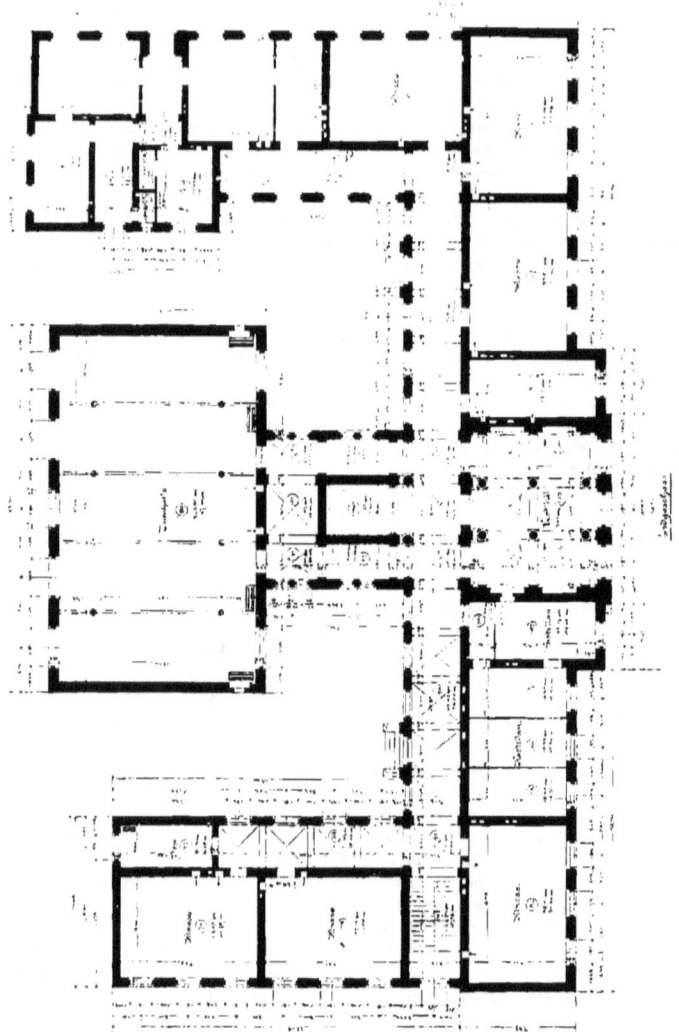

übrigen Räume haben Decken von ausgestaakten Holzbalken, welche von unten mit Spalierdeckenputz bekleidet sind, erhalten. Die sämmtlichen Fufsböden in der Eingangshalle, den Treppenpodesten und den Fluren sind mit Tonplatten belegt, die Fufsböden der Schul- und Wohnräume sind in reinem Pitchpineholz mit Feder und Nuth hergestellt. Die Stufen der Haupt- und der Nebentreppe bestehen aus Ruhrkohlensandstein, die, die einzelnen Stockwerke der Directorwohnung verbindende Treppe wurde in Eichenholz ausgeführt. Die Wände der Klassenzimmer und Flure sind im unteren Theile mit Cementputz, darüber in Kalkputz hergestellt, Wände und Decken sind in Leimfarbe in hellen freundlichen Tönen gestrichen.

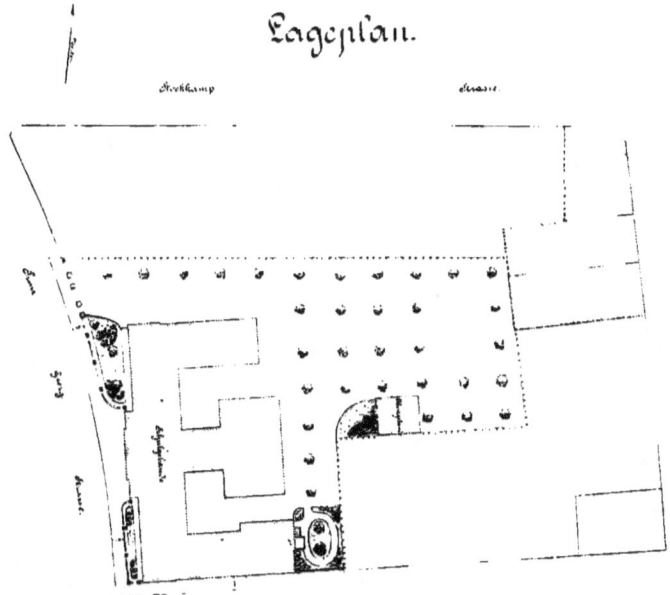

Die Schulräume werden im allgemeinen durch eine Niederdruck-Dampfluftheizung erwärmt, nur die Turnhalle, die Aula und einzelne von den Luftheizkammern zu entlegene Räume haben Niederdruck-Dampföfen erhalten. Bei der Wahl dieses Heizsystems wurde von der Erwägung ausgegangen, dafs einmal wegen der räumlichen Ausdehnung des Gebäudes nur der Dampf als Erzeuger der Wärme in Frage kommen konnte, wollte man nicht eine gröfsere Anzahl von Feuerstellen in dem Gebäude anlegen, dafs aber andererseits, um eine ausreichende, nie versagende Lüftung der Schulräume zu erreichen, die Luft als Träger der Wärme am vortheilhaftesten sei. Namentlich während der rauheren Jahreszeit wird durch das gewählte System gleichzeitig mit der Heizung eine wirksamste Lüftung verbunden, da die letztere gleichsam zwangsweise mit der Heizung erfolgen mufs. Gegenüber der sonst üblichen Feuerluftheizung hat das gewählte System aufserdem noch den Vorzug, dafs die Luft durchaus rein erhalten und nicht an den Feuerrohren versengt wird. Gerade bei einem Schulhause kann man aber in Bezug auf eine reichliche Zufuhr möglichst reiner Luft im Interesse der Gesundheit des heranwachsenden Geschlechts kaum genug thun. Für das ausgedehnte Schulgebäude ist nur eine einzige Feuerstelle, vier liegende Niederdruckdampfkessel enthaltend, angelegt worden. Jeder Kessel hat eine wasserberührte Heizfläche von 14 qm und leistet eine stündliche Verdampfung von 17—18 kg auf das qm. Der für die Heizung nöthige Dampf erhält eine Spannung von $^1/_{20}$—$^1/_{10}$ Atmosphären, so dafs man hier eigentlich mehr von Wasserdunst, als von Dampf sprechen kann. Die Bedienung der Kessel ist nur auf wenige Stunden am Tage beschränkt, da sich die Feuerung selbstthätig durch entsprechende Vorrichtungen regelt. Bei mildem Wetter ist nur ein Kessel im Betriebe, bei rauherem Wetter zwei oder drei Kessel. Letztere Zahl hat sich bisher auch bei grofser Kälte als ausreichend erwiesen, so dafs der vierte Kessel als Reserve angesehen werden kann. Aus den Kesseln gelangt der Dampf nach fünf im Kellergeschofs vertheilten Luftkammern, welchen durch besondere Kanäle die zu erwärmende Luft von den Vorgärten bezw. von dem geräumigen Hofe aus zugeführt wird. Der Dampf wird in den Luftkammern durch grofse, den zu erwärmenden Luftmengen entsprechend angelegte Batterien von gufseisernen Rippenrohren geleitet. Diese Rohre werden von der zugeführten Luft umspült und die hierdurch erwärmte Luft steigt durch sorgfältig gemauerte, senkrechte Kanäle zu den einzelnen Räumen auf. Auf diese Weise werden 27 Schulräumen selbst bei strengster Kälte noch rund 14000 cbm Luft in der Stunde zugeführt. Bei milderem Wetter wird die Lüftung noch bis etwa 50 % verstärkt. Die Regelung der Wärme erfolgt einerseits in den Dampfluftkammern selbst durch den Heizer, indem derselbe je nach den Witterungsverhältnissen durch Schaltvorrichtungen einen kleineren oder gröfseren Theil der Rippenrohre in Betrieb setzt, andererseits durch Stellung der in den Schulräumen selbst angebrachten Luftklappen seitens der Lehrer. Diese Luftklappen sind so eingerichtet, dafs je nach Bedarf nur warme oder nur kalte Luft oder eine beliebige Mischung von warmer und kalter Luft in die betreffenden Räume eingelassen, oder schliefslich die Luftzuführung gänzlich abgesperrt werden kann. Durch ein zweites System von entsprechend weit angelegten, ebenfalls sorgfältig im Mauerwerk hergestellten senkrechten Kanälen wird die verbrauchte Luft nach dem Speicher abgeleitet, der wieder durch Deflectoren ausreichend entlüftet wird. Die mit örtlichen Niederdruck-Dampföfen erwärmten Räume haben ebenfalls Zuführung von frischer Luft zu den Oefen und Ableitung der verbrauchten Luft erhalten. Die Oefen selbst bestehen gleichfalls aus gufseisernen Rippenröhren, die mit entsprechenden, den betreffenden Räumen angepafsten Ummantelungen bekleidet sind. Nicht ohne Interesse dürfte es sein, zu erfahren, welche Wärmemengen für sämmtliche an die Heizung angeschlossenen Räume des Schulhauses erforderlich sind:

Bei gröfster Kälte (zu — 20° C. angenommen) betragen die berechneten Wärmeverluste durch Transmission der Wände, Fenster, Decken u. s. w. in der Stunde rund 300000 Wärmeeinheiten.

Dazu kommt die Erwärmung der Ventilationsluft noch rund 20000 cbm in der Stunde, welche von — 20° bis auf + 20° C. im angenommenen ungünstigsten Falle zu erwärmen sind und somit verlangen $20000 . 40 . 0,3 =$ rund 240000 "

Summa 540000 Wärmeeinheiten, welche bei der angenommenen gröfsten Kälte von der Heizung in der Stunde zu leisten sind.

Diese stündliche Wärmemenge, auf die durchschnittliche Wärmetemperatur umgerechnet und auf rund 180 Heiztage ausgedehnt, erfordert rechnungsmäfsig einen Brennstoffaufwand von rund 12 Doppelladern Hüttenkoks für die Heizperiode.

Für die Dienstwohnungen wurde Ofenheizung, theils mittels Gas-, theils mittels Kohlenfeuerung vorgesehen, damit im Frühjahr oder Herbst bei geringerem Wärmebedürfniſs, besonders aber in den Ferien die Beheizung der Wohnungen unabhängig von der Centralheizung erfolgen kann. Das ganze Gebäude ist mit Gas- und Wasserleitungen in ausreichendem Maſse versehen; die Entwässerung des ganzen Hauses und des Hofraumes erfolgt nach dem städtischen Schwemmkanal.

Die Aborte für die Lehrer im Schulhause sind nach dem bewährten neuen System als freistehende Closets ausgeführt.

Die Ausstattung der Schulräume mit Möbeln und Geräthen erfolgte nach den neuesten Erfahrungen auf diesem Gebiete der Specialtechnik. Bei Beschaffung geeigneter Schulbänke wurden nach eingehenden Erwägungen zweisitzige feste Bänke als am zweckdienlichsten gehalten, da bei allen beweglichen Banksystemen Störungen des Schulbetriebs infolge Klapperns der beweglichen Theile sich bemerkbar machen und auſserdem viele Instandhaltungsarbeiten auf die Dauer erforderlich werden. Bei Verwendung richtig construirter feststehender zweisitziger Bänke müssen allerdings die Schüler beim Aufstehen seitwärts in die Gänge zwischen den Bankreihen treten, was aber im vorliegenden Falle bei der reichlich bemessenen Gröſse der Klassen keine Schwierigkeiten bot.

Bei Auswahl unter den von verschiedenen Firmen eingesandten Probebänken wurde dem System der Actiengesellschaft »Mechanische Bautischlerei und Holzgeschäft« zu Oeynhausen der Vorzug gegeben und der Auftrag zur Lieferung sämmtlicher Schulbänke dieser Firma ertheilt. Mit Ausnahme einiger Beschlagtheile sind die Bänke ganz in Holz mit fester Pultplatte und festem, etwas geschweiftem Sitz hergestellt. Der Zwischenraum zwischen Sitz und Pultplatte ist auf sogenannte Nulldistanz festgesetzt, d. h. ein von der vorderen Kante der Pultplatte (vom Schüler aus gerechnet) gefälltes Loth trifft genau die Vorderkante der Sitzplatte. Die Bänke haben sich bisher in bester Weise zur Zufriedenheit der Lehrer bewährt. Die aufsteigenden Bänke in dem naturwissenschaftlichen Lehrsaal wurden von der Firma L. G. Vogel in Urdenbach bei Benrath nach einem neu erfundenen, sehr zweckmäſsigen System dieser Firma, bei welchem die sonst üblichen Schwellen in den Bankreihen ganz in Wegfall kommen konnten, geliefert. Die Schultafeln wurden von der Firma A. C. Lemcke in Cassel nach einem dieser patentirten System bezogen. Diese Tafeln lassen sich durch eine einfache Vorrichtung sehr bequem umdrehen, so daſs beide Seiten derselben in leichtester Weise benutzt werden können. Die Tafeln selbst sind aus wellenförmiger Pappe zwischen Holzrahmen hergestellt, die Wellen sind mit einer Masse ausgefüllt, die eine saubere und sichere Schreibfläche bietet. Die Kartenschoner wurden von der Firma Schleenstein & Holzapfel, ebenfalls in Cassel, geliefert. Die für den Zeichensaal erforderlichen Tische, Schemel und Schränke für Zeichenbretter und Modelle wurden unter Benutzung der neuesten Erfahrungen ausgeführt. Die übrigen Einrichtungsgegenstände für den naturwissenschaftlichen Lehrsaal, für die physikalischen und chemischen Arbeits- und Sammlungsräume stammen aus den Werkstätten der auf diesem Gebiet bewährten Firma Max Kohl in Chemnitz i. S. her.

Die Turnhalle ist entsprechend dem Turnplane der Anstalt und der Schülerzahl der Klassen mit einer vollständig durchgeführten vierfachen Gerätheintheilung ausgestattet. Es sind nur Geräthe neuester und zweckentsprechendster Bauart zur Verwendung gelangt, welche leicht und rasch für die verschiedenen Altersklassen und die jeweils ausgewählten Turnübungen passend verstellt werden können. Besonderes Gewicht wurde darauf gelegt, daſs die in der Halle befestigten Geräthe bei Nichtgebrauch leicht und mühelos beseitigt werden können, so daſs der ganze mittlere Raum der Turnhalle in wenigen Minuten vollständig frei und für Massenturnen, Spiele und dergl. benutzbar gemacht werden kann. Für den Turnplatz auf dem Hofe sind 4 eiserne Recke mit 5 Recksäulen und ein eiserner Gerkopf mit 24 Gerstangen vorgesehen. Der gröfste Theil der Geräthe in der Halle ist auch zum Turnen im Freien zu benutzen. Die gesammte Ausstattung mit Turn- und Spielgeräthen wurde von der »Westfälischen Turn- und Feuerwehr-Geräthefabrik« von Heinrich Meyer in Hagen i. W. nach den Vorschlägen und Entwürfen dieser Fabrik geliefert und haben sich sämmtliche Gegenstände bis jetzt aufs beste bewährt.

Die Abort- und Pissoiranlagen für die Schüler sind in einem besonderen, auf dem Spielplatze in nicht allzu grofser Entfernung vom Schulhause errichteten massiven Gebäude untergebracht, welches ausreichend durch Tageslicht beleuchtet und durch einen Dachreiter entlüftet wird. Es enthält 16 Abortsitze und 30 durch Granitplatten abgetheilte Pissoirstände. Die Rückwände der letzteren, sowie die Rinnen bestehen ebenfalls aus geschliffenem Granit. Der Fufsboden der Räume ist mit Thonplatten belegt, das Dach ist mit Schiefer und Rohglas abgedeckt.

Der Schulhof hat einen nutzbaren Flächenraum von rund 3300 qm. Er ist mit grober und feiner Schlacke befestigt, mit Bäumen bepflanzt, mit Trink- und Sprengvorrichtungen versehen und nach der Strafse hin mit einem Thor und zwei Eingangspforten aus schmiedeeisernem Gitterwerk zwischen Mauerpfeilern abgeschlossen.

Bei Schlufs des Wintersemesters 1897/98 betrug die Schülerzahl in der Realschule 293, in der Vorschule 26, also im ganzen 319.

Die Realschule nebst Vorschule an der Prinz-Georgstrafse steht unter der Leitung des Herrn Director Professor Jakob Masberg, den Unterricht ertheilen sechs Oberlehrer und sieben Lehrer. Die Gebäulichkeiten wurden vom städtischen Hochbauamt unter Leitung des Herrn Stadtbaurath Peiffhoven entworfen und ausgeführt.

V. Louisenschule, höhere Mädchenschule an der Steinstrafse nebst Parallelsystem der Friedrichsschule.

Die aus Privatmitteln errichtete Anstalt wurde im Jahre 1876 von der Stadtverwaltung übernommen und dem steigenden Bedürfnifs entsprechend mehrmals vergröfsert, so dafs dieselbe jetzt 14 Klassenzimmer, Zeichensaal, Aula, 1 naturwissenschaftliches Lehrzimmer, 1 Amtszimmer, 1 Conferenzzimmer (zugleich Aufenthaltsraum für die Lehrer während der Pausen), 1 Aufenthaltsraum für die Lehrerinnen, 1 Bibliothekzimmer, die aus 8 Zimmern, Küche und 3 Speicherzimmern bestehende Directorwohnung, 1 Wohnung für eine Lehrerin (2 Räume) und die Castellanwohnung mit 2 Zimmern, Küche und Speicherzimmer enthält. Turnhalle und Abortanlage liegen von dem Hauptgebäude getrennt auf dem Hofe.

Für die in dem südlichen Stadttheile wohnenden Schülerinnen wurde im Jahre 1878 ein Haus in der Friedrichsstrafse gemiethet und in demselben 6 Parallelklassen für die unteren Jahrgänge eingerichtet. Die Louisenschule und die Friedrichsschule werden seit ihrem Bestehen durch Herrn Director Dr. Cellner geleitet, welchem 2 Oberlehrer, 4 Lehrer, 2 Hülfslehrer, 10 Lehrerinnen und 2 Hülfslehrerinnen zur Seite stehen. Zu Ostern 1898 betrug der Besuch der Louisenschule 303, der Friedrichsschule 69, also im ganzen 372 Schülerinnen.

VI. Mittelmädchenschule an der Oststrafse (Bürgermädchenschule).

Die im Jahre 1882/83 vom damaligen Stadtbaumeister E. Westhofen erbaute Anstalt enthält 11 Klassenräume, 1 Zeichensaal, Turnhalle, Aula, Amts- und Conferenzzimmer. Da die Schule schon seit mehreren Jahren überfüllt ist, wurden die Aula, der Zeichensaal und das Conferenzzimmer zu Klassen eingerichtet, welche Räume, nachdem die im Bau begriffene neue Bürgermädchenschule im südlichen Stadttheile fertiggestellt und die Schule in der Oststrafse dadurch entlastet sein wird, ihrer ursprünglichen Bestimmung wieder ganz übergeben werden.

In dem getrennt von dem Schulhause liegenden Wohnhause befinden sich eine Wohnung für den Rector von 6 Zimmern, Küche und Speicherzimmer, zwei Wohnungen für Lehrerinnen von je 3 Zimmern und die aus 3 Zimmern und Küche bestehende Castellanwohnung. Die Abortanlagen liegen auf dem Hofe.

Seit ihrem Bestehen wird die Schule von Herrn Rector Hagenbuch geleitet; den Unterricht ertheilen 5 Lehrer und 10 Lehrerinnen.

Bei Schlufs des Schuljahres 1897/98 betrug der Besuch 472 Schülerinnen.

An gröfseren Privatlehranstalten für Mädchen sind in Düsseldorf noch vorhanden:
    a) die Marienschule, katholische höhere Töchterschule,
    b) höhere Mädchenschule von Fräulein Anna Schmidt, frühere Schubacksche Schule,
    c) höhere Mädchenschule der Ursulinen.

4. Die Volksschulen.

Bis zum 1. April 1888 waren in Düsseldorf 30 städtische Volksschulen vorhanden mit 298 Klassen, von welchen 272 mit 17421 Schülern belegt waren. Bei 4 dieser Schulen befanden sich besondere Wohnhäuser für die Hauptlehrer und Castellane, bei den übrigen Schulen waren Lehrer- und Castellanwohnungen in den Schulgebäuden selbst untergebracht.

Entsprechend der Zunahme der Bevölkerung in den letzten 10 Jahren besitzt Düsseldorf jetzt 37 Volksschulen mit 430 Klassen, von welchen am 1. April d. J. 417 mit 26815 Schülern belegt waren. Bei 7 Schulen sind Turnhallen vorhanden, die Schulen ohne Turnhalle benutzen entweder die Turnhallen nahe gelegener Schulen, oder die grofse städtische Turnhalle in der Bleichstrafse. Bei 4 Schulen befinden sich besondere Wohnhäuser für die Rectoren bezw. Hauptlehrer, bei den übrigen Schulen sind Lehrer- und Castellanwohnungen in den Schulgebäuden selbst untergebracht. Von den am 1. April d. J. vorhandenen 37 Volksschulen sind 35 confessionell und zwar 28 katholische, 7 evangelische und 2 paritätische Schulen. Hierbei sind einbegriffen die städtischen Warteschulen (Bewahranstalten für kleine Kinder) und die Hülfsschulen für schwachbegabte Kinder, welche dem Normal-Unterricht nicht zu folgen vermögen.

Sämmtliche Schulen besitzen nach Geschlechtern getrennte Klassenräume, Spielhöfe und Abortanlagen. Bei einigen älteren Schulen ist die Trennung streng durch Mauerabschlüsse und gesonderte Eingänge durchgeführt, während bei den neueren Schulen eine Trennung der Klassen wohl vorhanden ist, die Spielplätze jedoch ohne Trennung sind. Die Aborte für Knaben und Mädchen sind natürlich auch hier mit gesonderten Eingängen angelegt. Die früher meist übliche Anlage von Lehrerwohnhäusern neben den Schulen ist in den letzten Jahren aufgegeben worden und werden Lehrer- und Castellanwohnungen jetzt in den Schulhäusern selbst untergebracht. Die Volksschulen werden jetzt durchgängig als Systeme mit je 14 Klassen projectirt, zu welchem Zwecke das ganze Gebäude aufser den erforderlichen Corridoren und Treppenräumen in 3 Geschossen den Raum von je 6, also zusammen 18 Klassen enthält, von welchen einer auf Amts- und Conferenzzimmer (theils im Erdgeschofs, theils im 2. Stockwerk), zwei auf die Rectorwohnung im 2. Stockwerk, einer auf die

Castellanwohnung im Erdgeschofs entfallen, so dafs also 14 Klassen (je 7 Klassen für Knaben und Mädchen) für das vollständige Schulsystem übrig bleiben. Die Rectorwohnungen bestehen aus 5 Zimmern, Küche und Speicherzimmer, die Castellanwohnungen aus 2 Zimmern, Küche und Speicherzimmer. Den Rectoren werden seitens der Stadt 2 Zimmeröfen und 1 Küchenherd gestellt.

In früheren Jahren war es üblich, dafs die Schüler Kopfbedeckungen und Mäntel in den Klassen aufhingen, weshalb bei Anlage der älteren Volksschulen keine Rücksicht auf ausgedehntere Corridore und Vorräume genommen zu werden brauchte. In den neueren Schulen ist durch Anbringung von Hut- und Mantelbrettern in den vor den Klassen gelegenen Corridoren den Kindern Gelegenheit gegeben, ihre Garderobestücke aufserhalb der Klassenräume unterzubringen, was natürlich in gesundheitlicher Beziehung als grofse Verbesserung anzusehen ist. Aus diesen Gründen mufste auch auf andere Grundrifslösungen, als dieselben früher sich als praktisch erwiesen hatten, Bedacht genommen werden, die sich natürlich den einzelnen zur Verfügung stehenden Grundstücken anpassen mufsten. In der Regel werden schon mit Rücksicht auf die Grunderwerbskosten Grundstücke mit möglichst grofsem Hinterland gewählt, wodurch aufserdem eine ruhigere Lage des Schulhauses gewährleistet ist. Als typisches Beispiel für die älteren Schulen kann die an der Thal- und Kirchfeldstrafse, für die neueren die Schule in Lierenfeld und an der Oberbilkerallee dienen.

Die älteren Schulen sind mit Localheizung versehen und zwar mit ummantelten Oefen, welchen von aufsen durch Kanäle unter dem Fufsboden frische Luft zugeführt wird. Die frische Luft erwärmt sich zwischen Mantel und Ofen und strömt dann in die Klassen ein. Die verbrauchte Luft wird durch Abluftkanäle in den Aufsenmauern abgeführt; aufserdem sind die Oberlichter der Fenster mit Aufstellvorrichtungen, welche von unten zu handhaben sind, versehen. In den neueren Schulen wird meistens Centralheizung verschiedener Systeme angelegt, welche mit ausgiebiger Zuführung der frischen Luft und Abführung der verbrauchten Luft in Verbindung gebracht ist. Das neuerdings durchweg gewählte Heizsystem ist Niederdruck-Dampfluftheizung und besteht in der Hauptsache aus den im Kellergeschofs gelegenen Feuerstellen und Luftkammern, in welchen die von aufsen eingeführte frische Luft erwärmt und den einzelnen Räumen zugeführt wird.

Von den concessionsfreien Kesseln wird der Dampf mit Spannung bis zu $^2/_{10}$ Atmosphäre durch isolirte Rohrleitungen den in den Heizkammern angeordneten Rippenheizrohren zugeführt. In die Heizkammern, deren meistens zwei angeordnet sind, tritt von aufsen durch unter der Kellersohle angelegte Kanäle frische Luft ein, welche an den Rippenheizrohren vorbeistreichend sich erwärmt und dann durch senkrecht in den Mauern aufsteigende, sauber ausgefugte Kanäle, die unter der Decke der Heizkammern beginnen, den einzelnen Räumen zugeführt wird. Die Regelung der Wärmezuführung geschieht in jedem einzelnen Raum unabhängig von den übrigen Räumen. Zur Abführung der verbrauchten Luft mündet in jeden Raum ein gleichfalls im Mauerwerk ausgesparter Kanal, der die verbrauchte Luft zum Dachraum führt und dadurch den vorgeschriebenen Luftwechsel vermittelt. Von dem Dachraum wird die schlechte Luft durch eine entsprechende Anzahl über Dach angeordneter Deflectoren ins Freie geführt.

Um im Sommer eine wirksame Lüftung herbeizuführen, sind die Frischluftkanäle mit den Warmluftkanälen in den einzelnen Räumen in Verbindung gebracht. Durch die Anbringung sogenannter Mischklappen ist es möglich, die von aufsen zugeführte frische Luft unmittelbar in die Klassen zu führen. Hierdurch kann in Verbindung mit den Abluftkanälen im Sommer eine wirksame Lüftung erzielt werden. Im Winter kann, wenn die Temperatur in einem Raume zu hoch sein sollte (das Oeffnen der Fenster soll möglichst vermieden werden), durch Einstellung der Mischklappen so lange frische ungewärmte Luft in denselben eingeführt werden, bis die gewünschte Temperatur vorhanden ist. Die Mischklappen können von jedem einzelnen Raum unabhängig eingestellt werden. Es ist zu diesem Zweck in jedem, mit der Heizungsanlage in Verbindung stehenden Raum eine Stellvorrichtung angebracht, an welcher genau angegeben ist, ob kalte ungewärmte, mäfsig erwärmte oder warme Luft eintritt. Um den erforderlichen Feuchtigkeitsgehalt der Luft in den Klassen zu erhalten, sind in den Heizkammern über den Rippenheizkörpern Wasserverdampfschalen angebracht. Bei einzelnen Heizanlagen kann noch durch in die Verdampfschalen eingelegte Heizschlangen eine raschere Verdunstung des Wassers erzielt werden. Auch in den mit Centralheizungen versehenen Schulen sind die Fensteroberlichter mit den früher erwähnten Stellvorrichtungen versehen. Die Wohnräume für die Rectoren und Castellane erhalten Localheizung.

Die neueren Schulen werden im Innern durchweg massiv und möglichst feuersicher hergestellt. Für die Treppen gelangen Hausteinstufen zur Verwendung und zwar wurde früher Niedermendiger Basaltlava dazu gewählt, während in der letzten Zeit Granit bevorzugt wurde, welches Material eine sauberere Bearbeitung ermöglicht. Die Zwischendecken werden zwischen Trägern nach verschiedenen der jetzt üblichen neueren Systeme gewölbt, und kamen bis jetzt Patentdecken nach den Systemen von Kleine, Lautenbach oder Möbers & Co. zur Verwendung. Die Corridore werden mit hellen Achteckthonplatten und dunkeln quadratischen Einlagen und mit Wandfriesen belegt, die Klassen- und Wohnräume erhalten Fufsböden aus Pitchpine-Brettern mit Feder und Nuth. Die Wandflächen erhalten unten, um Beschädigungen möglichst zu vermeiden, Cementputz in 1,50 m Höhe, darüber glatten Verputz aus Kalkmörtel. Wände und Decken der Klassen und Corridore werden in Leimfarbe, in Höhe des Cementverputzes in Oelfarbe, in hellen Tönen gestrichen; die Wohnräume sind tapezirt. In einzelnen der älteren Schulen sind die Wandflächen unten statt mit Cementverputz mit einfacher Holzlambris verkleidet.

Die Klassenzimmer, welche jetzt in der Regel für etwa 70 Schüler berechnet sind, erhalten eine Gröfse von 6,20 m zu 9,20 m und eine lichte Höhe von 4,25 m. Dieselben werden mit 5- und 4 sitzigen feststehenden Schulbänken, welche in vier verschiedenen Gröfsen den Altersklassen angepafst sind, ausgestattet. Aufserdem enthält jede Klasse einen Katheder mit Anhöhe, einen Klassenschrank, Landkartenhalter und zwei Wandtafeln auf Gestellen. Eine derselben ist eine Holztafel von genau 1 qm Gröfse und 1 m Seitenlänge, die andere eine Patenttafel nach System Lemcke in Cassel. In jeder Klasse sind 1 bis 3 Kaiserbilder, in den Klassen der katholischen Schulen aufserdem noch Crucifixe an den Wänden aufgehängt. Das Amtszimmer enthält einen Formularschrank, Pult, Tisch und Stühle, das Conferenzzimmer einen grofsen Tisch, Schrank für Lehrmittel und Stühle.

Was die äufsere Ausstattung der Volksschulen anbetrifft, so werden dieselben in den letzten Jahren durchweg in echten Materialien, in einfacher Backsteinarchitektur mit leichten Anklängen an mittelalterliche Formen in Blendsteinen unter sparsamer Verwendung von Hausteinen zur Ausführung gebracht. Den oberen Abschlufs bilden Mansardendächer, deren vordere Fläche mit Moselschiefer auf Schalung gedeckt ist, während die obere Plattform als Holzcementdach ausgebildet wird, zu welchem ein Gesims von geprefstem Zink den Uebergang von der Mansardenfläche vermittelt. Sämmtliche Schulgebäude sind mit Blitzableitern versehen. Die älteren Schulen sind theils in ähnlicher Weise in Blendsteinarchitektur, theils in Feldbrandziegeln ausgeführt und haben theils Schiefer-, theils Pfannendächer erhalten.

Die von den Schulgebäuden getrennt liegenden Abortanlagen der neueren Schulen sind so bemessen, dafs für jede Mädchenklasse 2 Aborte, für jede Knabenklasse ein Abort nebst den erforderlichen Pissoirständen vorhanden sind. Um eine möglichst ausgiebige Lüftung der Abortanlagen zu erzielen, sind die einzelnen Abtheilungen nicht mit Decken versehen und bildet die höherliegende Dachfläche, deren in Holz ausgeführte Construction von unten sichtbar bleibt, den Abschluſs. Auf dem Dache befindet sich ein Dachreiter, dessen Seitenflächen mit feststehenden Holzjalousien versehen sind. Die obere Fläche des Dachreiters ist mit Rohglasscheiben eingedeckt. Um Beschädigungen durch etwa herabfallende Scheibenbruchstücke zu vermeiden, wurde in der letzten Zeit dazu übergegangen, unter den Rohglasscheiben ein leichtes, horizontal liegendes Drahtgeflecht anzubringen. Die Aborte für die Lehrpersonen befinden sich theils in den Schulgebäuden, theils sind sie mit den für die Kinder bestimmten Abortgebäuden vereinigt, jedoch wird erstere Anordnung jetzt bei allen Neubauten bevorzugt und durchgeführt. Die äuſsere Ausstattung der Abortgebäude erfolgt den Schulgebäuden entsprechend in Blendsteinarchitektur unter sparsamer Hausteinverwendung. Um ein Beschreiben der inneren Wandflächen zu verhindern, erhalten dieselben einen rauhen Cement-Spritzbewurf.

Die von den Schulgebäuden getrennt liegenden Turnhallen, welche in der Regel 23,40 m lang und 11,00 m breit zur Ausführung gelangen, erhalten bei sichtbarer Dachconstruction (Gitterträger mit darauf liegendem Holzcementdach mit sichtbaren Sparren und Schalbrettern) eine mittlere Höhe von etwa 7,40 m bis Unterkante Schalung. Der hohlliegende Fuſsboden besteht aus Pitchpine-Brettern mit Feder und Nuth, welche auf Balken von Eichenholz lagern, die durch schmiedeeiserne Träger unterstützt sind. Letztere liegen auf Pfeilern aus Ziegelsteinmauerwerk. Die Wandflächen werden unten in 1,50 m Höhe in Cementmörtel, darüber in Kalkmörtel verputzt und mit Leimfarbe in hellen, freundlichen Tönen gestrichen, die sichtbaren Decken- bezw. Dachconstructionen erhalten Oelfarbenanstrich. Die innere Ausstattung mit Turngeräthen besteht aus einem Klettergerüst mit Stangen und Tauen, einem Rundlauf mit 6 Staffeln, 4 Paar Schaukelringen, Rollreckständern mit Stangen, Rollleitern, Barren, Springböcken, sowie den übrigen erforderlichen kleineren Geräthen. Sämmtliche Turngeräthe mit Ausnahme des Klettergerüstes können theils leicht zur Seite geschoben und gerollt, theils an den Wandflächen hochgezogen werden, so daſs hierdurch dann ungefähr die ganze Bodenfläche der Turnhalle für vorzunehmende Freiübungen zur Verfügung steht. Die Heizung der Turnhalle geschieht durch je zwei ummantelte Oefen mit Frischluftzuführung von auſsen. Frische Luft wird auſserdem noch zugeführt durch in der vorderen Langwand in den Fensterbrüstungen angebrachte Kanäle. Die verdorbene Luft wird abgeführt durch 4 senkrecht in den Mauern hochgeführte Kanäle mit je 2 Einströmungsklappen, von welchen die untere im Sommer, die obere im Winter geöffnet wird. Auſserdem sind zur Beförderung des Luftwechsels in den Fenstern der Vorderfront von unten zu handhabende Stellvorrichtungen angebracht, zu welchen in der zuletzt erbauten Turnhalle an der Neuſserstraſse nach oben angebrachte kleine Fenster in den 2 Kopfmauern treten, welche gleichfalls durch Zugvorrichtungen von unten geöffnet und geschlossen werden können.

Die äuſsere Ausbildung entspricht der der Schulgebäude und Abortanlagen.

Um noch einmal das in Vorstehendem über die städtischen Volksschulanlagen Gesagte kurz zusammenzufassen, so wird bei der Herstellung derselben stets danach gestrebt, unter Benutzung derjenigen praktischen Hülfsmittel, welche die Neuzeit zur Verfügung stellt, und unter Erfüllung der zu beobachtenden hygienischen Vorschriften, jedoch unter Vermeidung jedes unnützen Aufwandes, Gebäude zu schaffen, welche durch helle und luftige Aufenthaltsräume und durch ein gefälliges, ästhetischen Ansprüchen genügendes Aeuſsere bei Schülern und Lehrern die Empfindung erwecken, daſs Alles aufgeboten wurde, um ihnen den Aufenthalt während der Schulstunden in jeder Beziehung zu einem möglichst nutzbringenden und anregenden zu gestalten.

5. Die Kleinkinderschulen.

Für die Erziehung von Kindern im nicht schulpflichtigen Alter bestehen in Düsseldorf zur Zeit 26 Kleinkinderschulen bezw. Kindergärten, von welchen 19 Privat- und 7 städtische Anstalten sind. Von den Privatschulen erhalten 15 von der Stadtverwaltung eine jährliche Unterstützung. Die städtischen Anstalten, welche am 1. April d. J. eine Gesammtzahl von 882 Kindern aufwiesen, sind in je einem (vereinzelt in 2) Klassenzimmer der Volksschulgebäude untergebracht und haben in der Regel eine Lehrerin, welcher in einigen Fällen noch eine Gehülfin zur Seite steht. Die Gesammtzahl der in städtischen und Privatanstalten untergebrachten Kinder betrug am 1. April d. J. 3321. Für jedes Kind ist eine Bodenfläche des Schulzimmers von 0,50 qm vorgeschrieben und muß hiernach unter Umständen der Besuch beschränkt werden.

Zweimal jährlich findet eine Revision aller Kleinkinderschulen gleichwie bei den Volksschulen in Beziehung auf die Gesundheitszustand der Kinder und in Hinsicht auf die Gesundheitsverhältnisse der Schule durch den als ärztlichen Revisor bestellten Kreisphysikus statt; im übrigen werden dieselben durch den Stadtschulrath im Auftrage der städtischen Schuldeputation beaufsichtigt.

6. Die Hülfsschule für schwachbegabte Kinder.

Die in der Volksschule an der Kreuzstraße untergebrachte Hülfsschule für schwachbegabte Kinder schulpflichtigen Alters besteht seit dem 1. April 1888 und ist ein dreiklassiges, nach Geschlechtern und Confessionen gemischtes Schulsystem mit einer Vorbereitungsklasse.

I. Aufnahme.

Aufgenommen in die Hülfsschule werden:
1. vor allem die Kinder, welche bildungsfähig, aber geistig so beschränkt sind, daß sie dem Unterricht der normalen Schule nicht zu folgen vermögen;
2. die Kinder, welche zwar normal begabt, aber wegen körperlicher Gebrechen, Schwerhörigkeit und dergl. nicht imstande sind, sich die Kenntnisse anzueignen, welche sie in weniger zahlreich besuchten Klassen und bei mehr individueller Behandlung sich erwerben können;
3. auch solche Kinder, welche infolge von Krankheiten, z. B. Skrophulose, Rhachitis, körperlich und geistig zurückgeblieben sind, auch lange am regelmäßigen Schulbesuch verhindert waren und daher eingehender und speciellerer Nachhülfe bedürfen.

Diese Kinder werden aber durchweg erst dann aufgenommen, wenn sie trotz eines zweijährigen Aufenthaltes in der Volksschul-Unterklasse das Lehrziel dieser Klasse nicht erreichen konnten; nach Vorlage eines ärztlichen Attestes können sie jedoch auch früher aufgenommen werden.

Die Aufnahme findet in der Regel nur zu Beginn des Schuljahres statt. Die Entscheidung über die Aufnahme der von den Volksschulen vorgeschlagenen Kinder hängt von einer Prüfung ab, welche nach der, vom dem Hauptlehrer der Hülfsschule in den einzelnen Volksschulklassen mit diesen Kindern angestellten Prüfung von dem Stadtschulrathe, dem Schularzte und dem Hauptlehrer der Hülfsschule abgenommen wird.

II. Entlassung.

Die Entlassung findet im allgemeinen nach den gesetzlichen Bestimmungen statt. Auf Antrag der Eltern können einzelne Kinder nach vollendetem 14. Lebensjahre die Schule noch ferner besuchen, wenn Hoffnung auf weitere Förderung und Raum vorhanden ist. Erweist sich ein in die Hülfsschule aufgenommenes Kind als gänzlich bildungsunfähig, so kann dasselbe auf Antrag des Hauptlehrers aus der Schule entlassen werden. Stellt sich dagegen nach einiger Zeit heraus, dafs ein Kind mit Erfolg an dem Unterricht der normalen Volksschule theilnehmen kann, so wird es auf Antrag des Hauptlehrers seiner Bezirksschule wieder zugewiesen.

III. Trennung der Geschlechter
findet nicht statt. Die Hülfsschule hat 4 aufsteigende, gemischte Klassen.

IV. Lehrkräfte.
Die Lehrpersonen der Hülfsschule werden aus den tüchtigsten Volksschullehrern und Lehrerinnen ausgewählt und erhalten während der Dauer ihrer Thätigkeit an der Hülfsschule neben ihrem regulativmäfsigen Einkommen eine jährliche, nicht pensionsfähige Zulage von 200 Mark; der Hauptlehrer erhält diese Zulage neben dem Hauptlehrergehalt. Die Lehrkräfte werden zunächst provisorisch mit der Verwaltung der Stelle betraut und können, falls sie sich als ungeeignet erweisen, wieder an die Volksschule zurückversetzt werden.

V. Unterricht und Disciplin.
Stoffbeschränkung, peinlichste Beobachtung und Beachtung der Individualität, Hebung des schwachen, manchmal gänzlich geschwundenen Selbstvertrauens, Bevorzugung des erziehenden Unterrichts, weitgehendste Anschauung und Veranschaulichung auf alle nur erdenkliche Art und Weise, äufserst langsames Vorwärtsschreiten, unausgesetzte Uebung und Wiederholung, liebevolle, streng consequente Behandlung — so heifsen die Forderungen in Bezug auf Unterricht und Disciplin. Ferner müssen die Lehrkräfte mit der Behandlung von Sprachgebrechen vertraut sein.

VI. Lehr- und Stundenplan.
Der Lehrplan umfafst den Lehrstoff der ersten vier Schuljahre mit Ausschlufs der Realien, an deren Stelle engere Heimathskunde und die Geschichte der drei letzten Herrscher tritt; bei manchen Schülern wird dieses Ziel nicht erreicht, manche schiefsen aber auch über dasselbe hinaus. Die IV. und III. Klasse bewegen sich im Rahmen des ersten Schuljahres; die II. bearbeitet das Pensum des zweiten und die I. das des dritten und vierten Schuljahres.

Der Stundenplan der I. und II. Klasse weist 26, der der III. und IV. Klasse 24 Stunden auf. Der Unterricht beginnt Morgens eine halbe und Nachmittags eine viertel Stunde später als an den Volksschulen.

VII. Lehrmittel und Lehrbücher.
Die Lehrmittel und Lehrbücher sind die der betreffenden Schuljahre der Volksschule, nur ist die Hülfsschule mit Anschauungsbildern reichlicher versehen. Für die vorbereitenden Uebungen zum Unterscheiden der Buchstaben wird das Formenbrett benutzt.

Da die für die Hülfsschule in Anspruch genommenen Räume in dem Volksschulgebäude an der Kreuzstrafse für den sich am 1. April d. J. auf 170 Kinder belaufenden Besuch nicht mehr ausreichten, so mufste auf eine Vergröfserung Bedacht genommen werden und wurde deshalb hierzu ein Klassenzimmer der früheren Volksschule an der Stoffelerstrafse seit dem 1. April 1898 in Benutzung genommen.

Die Düsseldorfer Sternwarte.
Von Professor Dr. **Robert Luther.**

Die Düsseldorfer Sternwarte verdankt ihre Gründung dem rühmlichst bekannten Physiker und Astronomen Professor Dr J. F. Benzenberg.

Johann Friedrich Benzenberg, geboren am 5. Mai 1777 als einziges Kind des Pfarrers Heinrich Benzenberg zu Schöller zwischen Mettmann und Dornap, erhielt neben dem Volksunterricht weitere Ausbildung von seinem Vater, welcher ihn zuerst nach Herborn und 1795 nach Marburg schickte, um Theologie zu studiren. Als er aber 1797 von Marburg nach Göttingen gegangen war, wurde er 1797 und 1798 durch die Vorlesungen von Kästner, Lichtenberg und Blumenbach für die Mathematik und Naturwissenschaften gewonnen und fand durch die gleichzeitig mit seinem Universitätsfreunde H. W. Brandes, welcher später bis Mai 1834 Professor der Physik in Leipzig war, auf einer Standlinie von 46200 Pariser Fuſs bei Göttingen beobachteten Sternschnuppen, wobei Benzenberg im November 1798 zu Clausberg in einem Heuschober Schutz vor der Kälte suchen muſste, daſs es nicht atmosphärische Erscheinungen, sondern kleine kosmische Körper seien, die sich mit groſser Geschwindigkeit bewegen und beim Eintritt in die Erdatmosphäre so heiſs reiben, daſs sie zuweilen als Feuerkugeln platzen und als Meteorsteine (wie die u. a. in Aachen und Wien verwahrten) zur Erde fallen, worauf sich die Worte in Livius »lapidibus pluit« beziehen. In manchen Nächten, wie im November 1799, 1838, 1866, im August etc. sind sie zahlreicher als sonst und kommen in den verschiedenen Nächten aus verschiedenen Ausstrahlungspunkten, wodurch Schiaparelli, Leverrier und Andere den Zusammenhang mit gewissen Kometen erkannt haben, so daſs Lichtenbergs frühere Hypothese, daſs sie vielleicht aus Mondvulkanen kämen, die auch Benzenberg anfangs für richtig hielt, wieder aufgegeben ist.

Im Winter 1798 99 war Benzenberg einige Zeit in Sachsen, nachher schrieb er im elterlichen Hause zu Schöller eine Dissertation »Ueber die Bestimmung der geographischen Länge durch Sternschnuppen«, auf Grund welcher ihn die Philosophische Facultät in Duisburg am 24. Nov. 1800 zum Doctor der Philosophie ernannte. Dann erhielt er eine Lehrerstelle an einer Erziehungsanstalt in Hamburg, dessen Klima ihm während eines $2^{1}/_{2}$ jährigen Aufenthalts weniger als das rheinische Klima gefiel, bewies durch zuerst von Newton vorgeschlagene Versuche mit östlich vom Lothpunkte niederfallenden Bleikugeln 1801 und 1802 im Michaelisthurme die Achsendrehung der Erde von Westen nach Osten und wiederholte diese Versuche 1803 und besonders 1804 in einem Kohlenschachte bei Schlebusch, nach ihm auch Reich in Freiburg 1831 bei noch gröſserer Fallhöhe, mit gutem Erfolg.

Im Sommer 1804 hielt Benzenberg sich drei Monate in Paris auf, um mit den dortigen Mathematikern und Naturforschern zu verkehren. 1805 wurde er zum Professor der Physik und

Mathematik am Lyceum in Düsseldorf und Director der Bergischen Katastervermessung ernannt. Zu diesem Zweck gründete er in seinem damaligen Wohnhause Breitestrafse 3 eine Schule für Geometer, auf demselben eine kleine Sternwarte und gab 1810 ein »Handbuch der angewandten Geometrie« heraus. Nach der Ernte 1805 begann er die Messungen der Standlinien und Winkel für die grofsen Dreiecke, setzte dieselben 1806 und 1807 mit mehr denn 20 Landmessern und Trigonometern fort, unterwarf den Troughtonschen Sextanten 1807 in der Wahner Heide einer Prüfung und versuchte 1808 vergeblich dafür den Astronomen Bessel zu gewinnen, der 1809 von Lilienthal nach Königsberg ging. Seine junge Frau, geb. J. Charlotte Platzhoff aus Elberfeld, mit welcher er sich 1807 verheirathet hatte, wurde ihm leider bereits am 9. Januar 1809 während eines Besuches bei ihrer Mutter in Elberfeld und in demselben Jahre auch sein Vater in Schöller durch den Tod entrissen, worauf seine Mutter zu ihm zog.

Am 14. Februar 1809, dem Geburtstage seiner im 20. Lebensjahre dahingeschiedenen geliebten Gattin, kam er zuerst auf den Gedanken, zur Erinnerung an sie einer neu zu gründenden Sternwarte den Namen »Charlottenruhe« zu geben, wofür er damals einen Punkt zwischen Oberkassel und Niederdollendorf unterhalb des Siebengebirges in Aussicht nahm, denselben aber wieder aufgab, als später in Bonn eine neue Universitäts-Sternwarte gegründet wurde.

Durch Veränderungen in der Verwaltung gerieth die Bergische Katastervermessung wieder ins Stocken, Benzenberg verlor 1810 seine Stellung, reiste vom 4. Juli 1810 bis zum 8. Januar 1811 nach der Schweiz, beschäftigte sich mit Höhenmessungen durch das Barometer und machte nach Gilberts Annalen der Physik 1809 und 1811 Schallversuche, die er nebst anderen Versuchen 1814 zu Brüggen bei Krefeld fortsetzte, wo er am 5. September bei seiner stattlichen Figur von 5 Fufs 8 Zoll zum Hauptmann der Bürgermiliz ernannt wurde. Er gab u. a. 1812 die »Erstlinge« von Tobias Mayer heraus. Nach dem Sturze Napoleons war er 1815 zum zweitenmal in Paris, veröffentlichte seine Schrift »Wünsche und Hoffnungen eines Rheinländers« und bekundete durch viele Veröffentlichungen eine sehr vielseitige publicistische Thätigkeit. Durch Reisen und Briefe unterhielt er mit den Heroen der Wissenschaft einen sehr regen Verkehr. Bei Untersuchung des akustischen und ballistischen Problems unweit Brüggen und Krefeld erhielt Benzenberg am 1. Februar 1824, in gebückter Stellung vor der Scheibe stehend, aus Unvorsichtigkeit mit einer fünflöthigen Kugel aus seiner Wallbüchse einen Schufs auf den Hüftknochen nebst von hinten nach vorn durchgehender Wunde am rechten Bein und, da er sich nicht geschont hatte, im März 1824 einen Schlaganfall, infolgedessen er 2 bis 3 Jahre lang am Arbeiten sehr gehindert war. Deshalb nahm er einen Secretär an, dem er dictirte, und liefs sich in den letzten Jahren in einer dreirädrigen Draisine herumfahren. Von 1829 bis Anfang Juli 1845 wohnte er in seinem Hause auf der Hohestrafse 964 (jetzt mit 80 bezeichnet). Bei den bis 1836 fortgesetzten trigonometrischen und barometrischen Messungen im Siebengebirge, für welche sich auch Professor Heis interessirte, erfreute sich Benzenberg der Mitwirkung des Herrn Custodis; die Chaussee zwischen Mehlem und Rolandseck eignete sich gut für die Messung der 2 Standlinien von 2406 und 2835 Pariser Fufs Länge, die Winkel wurden mit einem siebenzölligen Sextanten von Troughton gemessen, die Höhe des Löwenbergs über Mehlem 1230 Fufs und die des Drachenfels über Mehlem 800 Fufs gefunden.

Herr Custodis beobachtete auf Benzenbergs Vorschlag am 12. November 1832 vom Hofgarten aus in 3 Stunden 267 Sternschnuppen, wovon durchschnittlich die sechste erster Gröfse war. Im August 1842 liefs Benzenberg durch Herrn Beeren, im August 1845 durch Herrn Schmidt die Sternschnuppen zählen, die in einigen Stunden sichtbar wurden, um deren gröfsere oder geringere

Häufigkeit in den einzelnen Nächten festzustellen; seit 1798 bis an sein Ende behielt er die Sternschnuppen stets im Auge, ebenso auch die mögliche Existenz eines Planeten innerhalb der Merkursbahn, nach welchem er 1802 in Hamburg mit einem kleinen Fernrohr in der Nachbarschaft der Sonne vergeblich suchte und den er vielleicht später einmal bei einem Vorübergehen vor der Sonne als kleinen dunkeln Kreis zu erhaschen hoffte. Obgleich auch Leverrier aus theoretischen Gründen annahm, dafs innerhalb der Merkursbahn noch ein oder mehrere Planeten existiren könnten und die amerikanischen Astronomen Watson und Swift während der totalen Sonnenfinsternifs am 29. Juli 1878 neben der verfinsterten Sonne leuchtende Objecte wahrgenommen haben, so könnten letztere doch auch Fixsterne gewesen sein, und die weitere Untersuchung dieser wichtigen Frage mufs den Beobachtern künftiger totaler Sonnenfinsternisse überlassen bleiben, während die Sternschnuppenfrage seit dem Erscheinen von Schiaparellis Buch als gelöst anzusehen ist.

In einem später widerrufenen Testament, welches vom Notar Deycks in Opladen am 6. October 1840 aufgenommen wurde, zu welcher Zeit Benzenbergs hochbejahrte Mutter noch lebte, bedachte er hauptsächlich diese und seine Verwandten und wollte seine Instrumente dem Königl. Gymnasium in Düsseldorf zuwenden. Nach dem 1841 erfolgten Tode seiner Mutter reifte aber in ihm die Idee, eine Sternwarte in Bilk zu begründen und dieselbe der Stadt Düsseldorf unter der Bedingung zuzuwenden, dafs für die in derselben anzustellenden Beobachtungen und Berechnungen ein geeigneter Astronom zunächst mit 200 Thaler Gehalt und freier Wohnung anzustellen wäre und ein Curatorium für die Sternwarte weiter sorgte.

Am 2. August 1843 kaufte Benzenberg vom Notar Weiler in Düsseldorf unweit des Deutzer Hofes in Bilk eine Gartenfläche von 2 Morgen 63 Ruthen, um an deren Ostseite sein neues Wohnhaus mit Nebenhaus, an der Westseite ein Gärtnerhaus, welches Herr Beeren bezog, und dazwischen die eigentliche Sternwarte so zu errichten, dafs die Mauern nach den astronomischen Weltrichtungen und der Meridian durch die reichlich 600 Meter nördlicher liegende Bilker Lorettokapelle ging, damit dieselbe nach den Sterndurchgängen bei Tage als irdische Nordmarke dienen könne, als welche sie bis zum Juli 1893 in der That gedient hat. Nach dem Umbau der etwas östlicher neu errichteten Kirche traf seit 1895 der Mittelfaden des Passagen-Instruments einen Punkt nahe der Süd-West-Kante des massiven Kirchthurmes, welches Nordzeichen leider im December 1897 verbaut, jedoch infolge der Bemühungen der Verwaltung im Mai 1898 wieder geöffnet wurde.

Nachdem Benzenberg am 27. September 1843 mit Herrn Beeren unter Benutzung eines Winkelkreuzes und einer Magnetnadel eine erste Orientirung ausgeführt und das Grundstück am 11. November 1843 als Eigenthum übernommen hatte, erfolgten weitere Orientirungen am 8. März und 9. Mai 1844. Am 3. Juli 1844 verglich er seine Magnetnadel von Breithaupt mit der des Oberbergamts in Essen, welche die westliche Abweichung 19° 40′ zeigte, und steckte am 15. Juli 1844 das Sternwartengebäude mit 37 Fufs Länge von Nord nach Süd und 20 Fufs Breite von Ost nach West, welches 1 Wohnzimmer, 1 Schlafzimmer und in 18 Fufs Höhe ein auf acht siebenfüssigen gufseisernen Säulen ruhendes plattes Dach von Eichenholz mit einem Geländer enthalten sollte, ab, woran senkrecht auf der Westseite das niedrige Meridianzimmer mit Dachklappen für die Bestimmungen der Polhöhe und Zeit angeschlossen wurde, von etwa 28 Fufs Länge in der Richtung von Ost nach West und einer inneren Breite von etwa 11 Fufs von Nord nach Süd. Die vier Gebäude wurden bis zum Herbst 1844 nahezu fertig. Im September 1844 machte er noch eine Reise nach Belgien, wohl um Quetelet zu besuchen. Für die Sonnenbeobachtungen schaffte sich Benzenberg Fernröhre von Merz in München an, deren eines, auch mit einem prismatischen Ocular versehen von 43 Linien Oeffnung, später nach Bonn kam. Durch das auf der Nordseite liegende Schlafzimmer des Gehülfen gelangte man über eine Treppe auf das Dach der Sternwarte, worauf vor Beginn der Beobachtungen für Benzenberg und seinen Gehülfen ein Tisch mit verschiedenen Utensilien und zwei Kanapees aufzustellen waren, um in liegender Stellung zu beobachten, die nach Schluſs der Beobachtungen wieder entfernt und auf dem Speicher verwahrt wurden. Zur Aufstellung im Meridianzimmer hielt er ein Passagen-Instrument von Mauch in Köln, welches später von Emil Schrödter in Düsseldorf umgearbeitet wurde, den 1808 von Baumann in Stuttgart gearbeiteten Kreis mit Decimaltheilung, eine Pendeluhr von Utzschneider & Fraunhofer in München, und kleinere Instrumente bereit.

Der Umzug aus Düsseldorf (Hohestraſse) nach Bilk wurde Ende Juni 1845 vorbereitet und mehrere Mobilien an die Familie Platzhoff in Elberfeld verschenkt. Am 2. Juli 1845 schrieb er noch aus Düsseldorf an seinen Freund, den damaligen Staatsprocurator Kühlwetter in Düsseldorf, und am 5. Juli 1845 bereits aus »Bilk bei Düsseldorf« an Professor Arndt und bald darauf an mehrere der damaligen Astronomen, daſs er nach Bilk gezogen sei. Nach einem Briefe an Director Hansen auf dem Seeberg bei Gotha vom 5. August 1845 wünschte Benzenberg Beobachtungen von Sternschnuppen, Bestimmung der geographischen Länge und Entdeckungen von neuen Planeten oder Kometen zu erzielen. Am 12. August 1845 schrieb Benzenberg an seinen Freund Superintendent Dr. Hülsmann in Elberfeld, der im Sommer 1846 als Regierungs- und Schulrath nach Düsseldorf (Schadowstraſse) zog, über die von seinem Gehülfen Julius Schmidt auf dem Dache in Bilk beobachteten August-Sternschnuppen, deren stündliche Frequenz am 9. August 1845 40 betrug, und über die jetzt erfolgte Ankunft der 2 sechs Fuſs langen Steinpfeiler für das Passagen-Instrument und 21 sonstigen Hausteine von Basaltlava aus Niedermendig bei Andernach. Julius Schmidt sollte ihm nach der Rückkehr von einer Erholungsreise mit einem geliehenen Universal-Instrument die eigentliche astronomische Mittagslinie für Aufstellung des Passagen-Instruments durch den nördlichen Kirchthurm ziehen, was aber nicht zur Ausführung gekommen ist, weil Benzenberg seit Anfang September 1845 an Engbrüstigkeit litt, im folgenden Winter oft leidend war und Schmidt, der sich auf dem platten Dache erkältet hatte, Mitte October 1845 abging, angezogen durch die unter Argelanders Leitung stehende neu erbaute Königl. Universitäts-Sternwarte in Bonn. Versuche, unter Mitwirkung des Herrn Director Carl Rümcker in Hamburg einen anderen Gehülfen, etwa durch Enckes Empfehlung zu gewinnen, blieben zunächst ohne Resultat. Nach eingehenden Besprechungen mit seinem Freunde, dem damaligen Staatsprocurator und Eisenbahndirector Kühlwetter in Düsseldorf, die bis zum April 1846 dauerten, setzte Benzenberg an Stelle des Testamentes von 1840 durch ein neues vom Notar Otto in Düsseldorf im April 1846 aufgenommenes Testament die Stadt Düsseldorf zur Erbin seiner Sternwarte und der Gärtnerwohnung in Bilk nebst einigen Kapitalien ein, freilich mit Ausnahme seines den Elberfelder Verwandten vermachten Bilker Wohnhauses und Gartens, welches dieses nicht selbst bezogen, sondern an einen Bauer Werker verkauften, nach dessen Tode es mehrmals den Besitzer wechselte. Benzenberg ernannte die Herren Oberbürgermeister von Fuchsius und Staatsprocurator Kühlwetter zu Testamentsexecutoren und vorbehaltlich der staatlichen Genehmigung den jedesmaligen Oberbürgermeister von Düsseldorf zum Vorsitzenden des aus acht Curatoren bestehenden Curatoriums, um die Fortdauer der Sternwarte und deren weitere wissenschaftliche Entwickelung zu sichern.

Am 28. April 1846 schrieb Kühlwetter an Benzenberg: »Die Function eines Testamentsexecutors ist gerade keine angenehme, doch besitze ich viel zu groſse Anhänglichkeit an Sie, als dafs ich mich weigern sollte, das mir zugedachte Amt anzunehmen. Ich erkläre mich daher bereit, nach bestem Wissen und besten Kräften Ihren Willen zu vollziehen und hoffe nur, dafs es noch recht lange dauern möge, bis mein Amt wirksam wird.«

Benzenberg sprach ihm am 27. April seinen Dank dafür aus und schrieb ihm noch am 12. Mai 1846, am 18. Mai 1846 an Gaufs, über Bessels Tod. Am 20. Mai schrieb seine langjährige Haushälterin Caroline Zöller an Kühlwetter, Benzenberg würde von Tag zu Tag schwächer und bäte um seinen baldigen Besuch; am 29. Mai erbat Benzenberg sich wegen des Asthmas noch den Besuch des Dr. med. Jacobi in Ratingen.

Am 11. Juni 1846 brachte die »Düsseldorfer Zeitung« folgende — Todesanzeige: »Am 8. d. M. starb nach mehrwöchentlicher Krankheit der Professor Johann Friedrich Benzenberg auf seiner neu erbauten Sternwarte zu Bilk, im 70. Jahre seines Lebens. Düsseldorf verliert in ihm einen seiner ausgezeichnetsten Bürger, der auf die Dankbarkeit der Stadt sich gerechte Ansprüche erworben hat. Die Freunde des Verstorbenen werden eingeladen, sich zur Leichenbestattung am Donnerstag den 11. d. M. Nachmittags 5 Uhr in dem Wohnhause Hohestrafse Nr. 964 zu versammeln. Düsseldorf, den 10. Juni 1846. Die Testamentsexecutoren: von Fuchsius, Kühlwetter.« Seine Ruhestätte auf dem alten grofsen Düsseldorfer Kirchhofe ist durch ein schönes Denkmal aus carrarischem Marmor bezeichnet, welches er nach dem Tode seiner 1841 im Alter von 86 Jahren gestorbenen Mutter hatte setzen lassen.

Die Entsiegelung und Inventarisirung fand am 15. Juli 1846 Nachmittags zu Bilk statt. Benzenberg hat bis an sein Ende der Wissenschaft gehuldigt. Die Bezeichnung »Sonderling« hat aufser ihm schon mancher andere Astronom und Gelehrte geduldig ertragen müssen. Einen Procefs, welchen die Verwandten gegen sein Testament von 1846 anstrengten, verloren dieselben. Mehrere seiner Wahlsprüche, z. B: »Zahlen beweisen, Zahlen entscheiden,« leben noch im Munde des Volkes fort. Nach ertheilter staatlicher Genehmigung übernahm der berühmte Bonner Astronom Argelander die Inspection der noch jungen Sternwarte. Auch Dr. Hülsmann, welcher im Sommer 1846 als Regierungs- und Schulrath von Elberfeld nach Düsseldorf versetzt wurde und sich auf seinem Hause in der Schadowstrafse eine kleine Privatsternwarte erbaute, nahm sich als Curator der Stiftung seines Freundes Benzenberg eifrigst an und veranlafste im Verein mit Argelander und den anderen Herren, dafs Enckes talentvoller Schüler Dr. Franz Brünnow im Frühjahr 1847 als Astronom eintrat.

Wegen des unfertigen Zustandes der Bilker Sternwarte mufste Brünnow zunächst anderwärts wohnen und unter Mitwirkung seiner astronomischen Gönner Argelander und Hülsmann die durchaus nothwendigen baulichen und instrumentalen Aenderungen bezw. Verbesserungen beantragen und zur Ausführung bringen, um überhaupt streng wissenschaftlich arbeiten zu können. Das platte Holzdach, welches sich nicht bewährt hatte, wurde wieder entfernt und über der westlichen Hälfte des Meridianzimmers eine Drehkuppel, für ein sechsfüfsiges Fernrohr mit horizontaler Aufstellung von Merz in München, errichtet, welches bei den Beobachtungen von 1848 bis 1877 nützliche Dienste geleistet hat.

Im östlichen mit Dachklappen versehenen Theile des Meridianzimmers stellte erst Brünnow das von Emil Schrödter in Düsseldorf umgearbeitete Passagen-Instrument von 2 Fufs Brennweite und 2 Zoll Oeffnung, eine Sternzeituhr von Utzschneider & Fraunhofer sowie den alten in 400 Grade getheilten Baumannschen Repetitionskreis auf.

Seit 1848 wurde die geographische Lage der Bilk-Düsseldorfer Sternwarte so angenommen:
Polhöhe $+$ 51 Grad 12 Minuten 25 Secunden in Bogen
Länge westlich von Berlin . 26   »   30   »   » Zeit
östlich von Greenwich 27   »   5   »   »   »

also westlich vom später eingeführten mitteleuropäischen Meridian 32 Minuten 55 Secunden in Zeit. In Gehlers Physikalischem Wörterbuch (Bd. V. 1. Abtheilung, Leipzig 1829) ist nach barometrischen Messungen die Höhe von Düsseldorf über dem Meere 120 Pariser Fufs, also = 39 m angegeben.

Als Drehvorrichtung dient seit 50 Jahren nach Benzenbergs Vorschlag im Jahrbuch von 1813 eine Haspel, über deren Walze ein Seil geht, dessen Endhaken in einem der 12 kleinen Ringe der Drehkuppel rechts oder links eingehakt wird. 1858 wurde es nothwendig, die östliche Mauer des Thurmes zu erneuern und die auf 3 Kugeln laufende Rundbahn durch 2 abgedrehte eiserne Ringe zu ersetzen, welche in der Sterkrader Hütte der Firma Jacobi, Haniel & Huyssen bei Oberhausen in vorzüglicher Weise ausgeführt wurden und sich bis jetzt sehr bewährt haben, weil jeder Ring in einem einzigen Stück gegossen und dann abgedreht ist.

Brünnow mufste sich, da die Gärtnerwohnung vermiethet war, bis zu seinem im November 1851 erfolgten Abgang mit 200 Thalern Gehalt und 2 Zimmern behelfen. Aus finanziellen Gründen bekam die Sternwarte erst 1852 einen Brunnen nebst Pumpe sowie einen kleinen Anbau auf der Nordseite, 1854 einen Fahrweg, erst 1894 nach Ueberwindung von mancherlei Schwierigkeiten durch Rückkauf 11,60 Ar des östlich dicht angrenzenden früheren Benzenbergschen Gartens, der durch seine Verwandten verkauft, in verschiedene Hände gelangt und dadurch theurer geworden war und hierin 1896 ein gröfseres Gebäude für die gewachsene Bibliothek nebst einigen Wohnräumen und Waschküche, wodurch einem namentlich 1892 hervorgetretenen dringenden Bedürfnifs abgeholfen wurde.

Als 1877 unter der bisherigen Drehkuppel statt des Merzschen Sechsfüfsers ein von Carl Bamberg in Berlin in Bezug auf den Aequator solid montirter Siebenfüfser, dessen Kosten zur Hälfte vom Staat und zur Hälfte vom Benzenbergschen Fonds durch Cedirung eines Gütchens in Golzheim getragen wurden, aufgestellt wurde, erwies es sich als nothwendig, den zu schwachen hohlen Backsteinpfeiler durch einen massiven Hausteinpfeiler zu ersetzen, was 1878 ausgeführt wurde und sich bis jetzt sehr bewährt hat.

Der Sechsfüfser zeigte die Sterne bis zur 11. Gröfse, der Siebenfüfser bis zur 11½ Gröfse. Für das nächste Jahrhundert möchten wir der Sternwarte einen Refractor wünschen, in welchem Sterne bis zur 14. Gröfse sichtbar wären, damit mehrere lichtschwache Planeten in jeder Opposition durchschnittlich nach ⁵⁄₁₄ Jahren wieder beobachtet werden könnten, während man jetzt manchmal 9 Jahre lang, wie bei 288 Glauke von 1895 bis 1904, geduldig warten mufs, bis der Planet, der hier nur 1890 und 1895 in wenigen Nächten sichtbar war, im Siebenfüfser wieder sichtbar wird. Hierbei würden aber nicht allein die Kosten des Fernrohres, sondern auch die eines gröfseren Thurmes nebst Drehkuppel und die vorherige Erwerbung benachbarter Grundflächen in Betracht kommen, damit nicht wieder die Aussicht, wie es im December 1897 leider mit der 50 Jahre lang offen gewesenen Aussicht von Meridianzimmer nach der Nordmarke des nördlichen Kirchthurms geschehen war, durch ein Hintergebäude verbaut werde.

Zum Theil mit Rücksicht auf den zunehmenden äufseren Fabrik- und Eisenbahnlärm wurde 1887 ein nach mittlerer Zeit gehendes Marine-Chronometer von W. Bröcking in Hamburg und 1890 eine lauttickende Sternzeit-Penduluhr von Ad. Kittel in Altona angekauft, welche sich seitdem durchaus bewährt haben.

Unter den sehr dankenswerthen Geschenken, welche der Bibliothek der Düsseldorfer Sternwarte zu theil wurden, ist besonders hervorzuheben, dafs die Wittwe des am 18. Juni 1857 gestorbenen hochverdienten Curators, Regierungs- und Schulraths Dr. Hülsmann, dem u. a. die Bestimmung der geographischen Länge und Breite von Elberfeld zu verdanken ist, im November 1857 der Sternwarte eine Reihe von Büchern schenkte, welche unter Nr. 1454 bis 1481 inventarisirt wurden. Jetzt ist die Bibliothek schon auf mehr denn 3000 Nummern angewachsen.

Nach Herrn Oberbürgermeister v. Fuchsius, der 1848 abging, worauf die städtische Verwaltung auf Herrn Beigeordneten Dietze und Herrn Regierungsrath Graf Villers überging, hatten seit dem 5. August 1849 die Herren Oberbürgermeister Hammers, Becker und Geheimer Regierungsrath Lindemann den Vorsitz im Sternwarten-Curatorium, dem noch jetzt der älteste der Curatoren, Herr Gymnasialdirector a. D. Dr. C. Kiesel, angehört. Nach Dr. Hülsmanns Tode war der Geheime Regierungsrath Altgelt mehrere Jahre Curator, später in der Regel der jedesmalige Regierungspräsident, z. B. jetzt Freiherr G. von Rheinbaben. Die jedesmaligen Directoren des Königlichen Gymnasiums, z. B. Dr. C. Kiesel, Dr. Aug. Uppenkamp und neuerdings Dr. J. Asbach, und die der früheren städtischen Realschule erster Ordnung, des jetzigen städtischen Realgymnasiums auf der Klosterstrafse, zuerst Heinen, später Ostendorf und in den letzten Jahren Dr. Ad. Matthias, der 1898 einem ehrenvollen Rufe als Provinzial-Schul- und Regierungsrath nach Coblenz folgte, sowie der jedesmalige Astronom haben Sitz im Curatorium, ferner auch besonders dazu ausgewählte Stadtverordnete, früher Justizrath Friederichs, Commerzienrath Rud. Lupp, Kaufmann G. Meurer und jetzt Herr Commerzienrath August Stein.

Die Zukunft der Sternwarte beruht auf der stetigen Ergänzung des Curatoriums, der sorgfältigen Auswahl der geeigneten Astronomen, dem wohlwollenden Schutze der Behörden und Gewährung der für die Erhaltung und Verbesserungen erforderlichen Fonds, woran sich im Ausland oft Privatpersonen betheiligen.

Es folgen nun einige biographische Notizen über die bisherigen Astronomen der Bilk-Düsseldorfer städtischen Sternwarte.

Gleichzeitig mit Benzenberg siedelten Anfang Juli 1845 aus seinem Düsseldorfer Wohnhause Hohestrafse (damals Nr. 964, jetzt Nr. 80 bezeichnet) sein Gehülfe Joh. Friedr. Julius Schmidt und seine sonstigen Hausgenossen nach dem östlich von der neuen Sternwarte liegenden, mit einem Uhrenthürmchen versehenen neuen Wohnhause über, jetzt Martinstrafse 99 bezeichnet, während die Sternwarte jetzt Nr. 101 hat.

Julius Schmidt, der Sohn eines Glasermeisters in Eutin, geb. am 25. October 1825, hatte sich bereits seit 1842 als Gymnasiast erfolgreich an astronomischen Beobachtungen in Hamburg betheiligt, wie aus dem 20. und folgenden Bänden der damals in Altona erschienenen Astronomischen Nachrichten hervorging und dadurch, sowie durch einen Brief des Director Carl Rümcker bei Benzenberg das nöthige Zutrauen erweckt, um ihn Mitte April 1845 als Gehülfen anzunehmen für Sternschnuppenbeobachtungen auf dem platten Dache und die eventuelle Entdeckung eines Planeten innerhalb der Merkurbahn, dessen Existenz auch Leverrier für möglich hielt. Schmidt hatte u. a. den schönen Collaschen Kometen 1845 III in Düsseldorf am 8. Juni 1845 als Stern dritter Gröfse selbständig gefunden, auch weiter verfolgt und sonstige Beobachtungen gemacht, es aber nach einem halben Jahre vorgezogen, nach Bonn zu gehen und nach einem kurzen Aufenthalt in der Heimath als Gehülfe an der neuen Königlichen Sternwarte in Bonn einzutreten, wo er sich unter Argelanders Führung zu einem geschickten fleifsigen Beobachter ausgebildet und im 24. und den folgenden Bänden der Astronomischen Nachrichten zahlreiche werthvolle Beobachtungen veröffentlicht hat, die mit dem 21. Februar 1846 beginnen. Sein Abgang war für Benzenbergs neue Sternwarte zu bedauern. Schmidt arbeitete 7$^1/_4$ Jahre in Bonn, übernahm im Juni 1853 die selbständigere Stellung als Astronom an der Privatsternwarte des Freiherrn E. von Unkrechtsberg in Olmütz, nachdem R. Luther in Bilk dieselbe dankend abgelehnt hatte, wurde 1858 zum Director der Sternwarte in Athen, 1868 von der Philosophischen Facultät der Bonner Universität zum Ehrendoctor ernannt, von der Preufsischen Regierung durch Ankauf seiner Manuscripte und Herausgabe seiner werthvollen Mondkarte in auszeichnender Weise unterstützt, und starb am 7. Februar 1884 in seinem 59. Lebensjahre, wobei sich seine Beerdigung zu einer nationalen Trauerfeier gestaltete. Auf den Rath des hochverdienten Astronomen Fr. W. Argelander, der bis zu seinem am 17. Februar 1875 erfolgten Tode ein wohlwollender Beschützer und Freund der hiesigen Sternwarte war, wurde nach eingeholter staatlicher Genehmigung der Benzenbergschen Stiftung durch das Curatorium der Bilk-Düsseldorfer Sternwarte (dem u. a. die Herren Dr. Hülsmann, Dr. C. Kiesel, Dr. Heinen, Justizrath Friederichs angehörten) und die stadtische Verwaltung im Frühjahr 1847 Dr. Franz Friedrich Ernst Brünnow aus Berlin als Astronom mit 200 Thalern Jahrgehalt und nur kleiner Wohnung hierher berufen, da das Bilker Wohnhaus laut Testament von 1846 den Verwandten Benzenbergs zugefallen war.

Franz Brünnow, geboren am 18. November 1821 zu Berlin als Sohn des Geheimen Kanzleiraths am Königlichen Kammergericht Johann Brünnow aus dessen erster Ehe, besuchte seit 1829 das Berliner Friedrich-Wilhelm-Gymnasium und seit 1839 die Berliner Universität, wo er die Vorlesungen von Encke, Dove und mehreren berühmten Mathematikern hörte, im April 1843 mit einer Abhandlung »de attractione moleculari« promovirte und mit d'Arrest, dem späteren Director der Sternwarte in Kopenhagen, um die Wette sich an den astronomischen Berechnungen betheiligte, worüber die Astronomischen Nachrichten vom 22. Bande an Kunde geben. Als er im Frühjahr 1847 in Bilk ankam, mufste er wegen dringend nothwendiger baulicher Umänderungen zunächst anderwärts wohnen, dann allein in der Sternwarte wohnen und bis zu seinem im November 1851 erfolgten Abgang nach Berlin wesentliche Zuschüsse von Hause erhalten. Im 27. und folgenden Bänden der Astronomischen Nachrichten stehen seine Beschreibung der Bilk-Düsseldorfer Sternwarte und seine streng wissenschaftlichen Beobachtungen und Berechnungen mehrerer Planeten und Kometen, z. B. der Hindschen Planeten, 8 Flora, 12 Victoria und des de Vicoschen Kometen vom 22. August 1844 1, wofür er 1848 laut Nr. 681 der Astronomischen Nachrichten einen Preis des Königlich niederländischen Instituts in Amsterdam erhielt. Im Herbst 1851 erschien bei Ferd. Dümmler in Berlin die erste Auflage seines hier verfafsten bewährten Lehrbuches der Astronomie auf 591 Druckseiten mit einem Vorwort von Encke, welches in späteren Auflagen bis zur 4. stetig verbessert, vervollständigt und in 5 andere Sprachen, ins Englische, Französische, Russische, Italienische und Spanische, übersetzt wurde. Im November 1851 wurde Brünnow an Galles Stelle erster Observator der Berliner Königlichen Sternwarte und berechnete dort Tafeln des Planeten 8 Flora, denen später Tafeln von 12 Victoria und 7 Iris folgten. Im Frühjahr 1854 wurde Brünnow Director der neuen Sternwarte zu Ann-Arbor im Staate Michigan, verwaltete aufserdem 1860 bis 1861 als Associate-Director die Sternwarte in Albany, war 1861 bis 1863 wieder in Ann-Arbor, gab aber 1863 des Krieges wegen seine Stellung in Amerika auf, besuchte seine Vaterstadt Berlin, wo Encke am 26 August 1865 gestorben war, und seinen Freund Director George Rümcker jr. in Hamburg, und übernahm 1866 die Direction der Sternwarte zu Dunsink bei Dublin als Astronomer Royal for Ireland und Professor der Astronomie am Trinity College in Dublin. In 2 Bänden stehen seine dortigen Untersuchungen über Sternparallaxen, wobei er sein Auge zu sehr anstrengte. Theils aus Gesundheits-, theils aus Familienrücksichten gab er 1874 diese angesehene Stellung wieder auf, um zuerst in Basel, dann in Chalet Beauval Vevey zu leben, wo er die 4. Auflage seiner sphärischen Astronomie besorgte und der Musik huldigte. Am 15. März 1857 hatte er sich mit Miss Rebecca

Lloyd Tappan in Ann-Arbor vermählt. Wohl seines einzigen Sohnes Rudolf Ernst wegen nahm er 1888 kurzen Aufenthalt in Oxford und zog 1889 nach Heidelberg, wo sein Sohn eine Anstellung als Professor der orientalischen Sprachen an der Universität erhielt. Seine letzte astronomische Mittheilung vom 20. October 1886 aus Vevey ist in Nr. 2754 der Astronomischen Nachrichten veröffentlicht. Am 20. August 1891 wurde er zu Heidelberg im 70. Lebensjahre den Seinigen und der Wissenschaft durch einen Herzschlag entrissen, nachdem er sich durch seine gediegenen Arbeiten ein bleibendes Denkmal gestiftet hatte.

Als Brünnow im November 1851 in Berlin eintraf, überbrachte er gleichzeitig dem von mehreren Seiten empfohlenen zweiten Berliner Observator Carl Theodor Robert Luther seine Ernennung zum Astronomen der von Benzenberg gestifteten und seitdem bereits verbesserten städtischen Sternwarte »Charlottenruhe« in Bilk-Düsseldorf, welcher derselbe im December 1851 folgte. Sein Vater F. H. A. August Luther, dessen einzig lebender Sohn er war, war am 2. November 1790 zu Schönebeck geboren, hatte nach absolvirtem juristischem Examen beim Königlichen Gericht in Berlin 1813 gearbeitet, dann im 3. ostpreußischen Infanterie-Regiment, nacher im 2. westfälischen Landwehr-Regiment den Krieg 1813—1815 mitgemacht, das eiserne Kreuz und den Offiziersrang erworben und im Juni 1815 beim Angriff auf Saint-Amand den rechten Arm verloren. Am 22. Februar 1816 als Hauptmann ehrenvoll entlassen, bekam er vom 1. Januar 1817 an eine Civilversorgung in Schweidnitz, verheirathete sich im October 1818 mit A. M. Wilhelmine von Ende aus Essen, die er während des Krieges in Werden kennen gelernt hatte, und verwaltete trotz seiner schweren Verwundung sein anstrengendes Amt 6 Jahre lang, indem er mit dem linken Arm schrieb, rechnete und Sonstiges besorgte, bis er wegen schwerer Erkrankung am 13. August 1823 mit 500 Thalern Jahresgehalt pensionirt wurde, und starb nach schweren langen Leiden am 10. März 1844 zu Schweidnitz.

Während dieses 21jährigen schweren Leidens sorgte seine opfermuthige Frau, welche am 12. Juli 1853 zu Bilk starb, zuerst fast allein für die Erziehung des am 16. April 1822 zu Schweidnitz geborenen Sohnes Carl Theodor Robert Luther, für welchen später viele Jahre lang auch ihr am 5. November 1876 gestorbener Schwager, der Geheime Justizrath Wilhelm Luther, wahrhaft väterlich gesorgt hat.

Robert Luther besuchte nach vorausgegangenem Privatunterricht das Gymnasium zu Schweidnitz von 1831—1841, dann nach bestandenem Abiturientenexamen die nahe Universität Breslau, wo er u. a. die Vorlesungen von Scholz, von Boguslawski, Koch und Kummer hörte, und im Herbst 1843 die Universität Berlin. Obgleich am 10. März 1844 sein Vater gestorben war, studirte er doch weiter in Berlin, ähnlich wie Brünnow unter Encke, Dove und den berühmten Mathematikern, betheiligte sich an den Vorausberechnungen für die Berliner astronomischen Jahrbücher für 1849 etc., berechnete aufs neue mit zehnstelligen Logarithmen Barkers Tafel für die parabolische wahre und mittlere Bewegung der Kometen, deren 6480 Werthe auf Seite 87—146 der neuen Enckeschen Ausgabe von Olbers Methode, eine Kometenbahn zu berechnen, Weimar 1847, abgedruckt sind, durfte seit 1847 an den Berliner Beobachtungen theilnehmen, hatte nach Ablehnung einer Leipziger Anstellung seit 1848 Enckes Meridiankreis-Beobachtungen zu reduciren und seit 1850 als zweiter Beobachter die bis dahin von Galle angestellten Beobachtungen am beleuchteten Fadenmikrometer des $13\frac{1}{4}$ füfsigen Refractors von 9 Zoll Oeffnung fortzusetzen und zu reduciren. Nachdem er, einem idealen wissenschaftlichen Drange folgend, es im December 1851 gewagt hatte, an Brünnows Stelle nach Düsseldorf zu gehen, stand ihm hier bis 1877 nur ein 6 füfsiger Refractor mit Kreismikrometer zur Verfügung. Auf Argelanders und Hülsmanns Rath übte er sich bald auf Kreismikrometer-Beobachtungen ein, machte besonders Ortsbestimmungen von Planeten, welche für die Bahnberechnungen und Bahnverbesserungen der Planeten gebraucht werden, und kam dadurch in regen Verkehr mit der Bonner, Berliner, Hamburger, Wiener und anderen Sternwarten, auch des Auslands.

Da die kleineren Planeten sich nur durch ihre Bewegung von den Fixsternen unterscheiden lassen, kam es zunächst darauf an, die Himmelskarten möglichst zu vervollständigen, zu verbessern und oft mit dem Himmel zu vergleichen.

Nachdem sogar Gebildete es bezweifelt hatten, ob die kleine Düsseldorfer Sternwarte neben den grofsen Staatssternwarten der Wissenschaft einigen Nutzen bringen werde, lieferte er durch die Meldung seiner ersten Planeten-Entdeckung vom 17. April 1852, des 17. der kleinen Planeten »Thetis«, welchen Namen Argelander auswählte, den thatsächlichen Beweis, welcher auch Herrn Oberbürgermeister Hammers, dem Curatorium und dem Gemeinderath so willkommen war, dafs die Düsseldorfer Herren es sich nicht nehmen liefsen, die erste Düsseldorfer Planeten-Entdeckung, der später noch weitere folgten, durch ein Festessen im Rittersaale der städtischen Tonhalle zu feiern, dem auch Argelander beiwohnte und bei dieser Gelegenheit u. a. dem Andenken Benzenbergs anerkennende Worte widmete.

R. Luther wurde dadurch ermuthigt, in bisheriger Weise hier weiter zu arbeiten, eine ihm angebotene Stellung in Olmütz dankend abzulehnen und auch die sich ihm 1854 darbietende Gelegenheit, bei Brünnows Abgang von Berlin nach Ann-Arbor in dessen Berliner Stellung des ersten Observators einzurücken, unbenutzt vorüber gehen zu lassen.

Auf Veranlassung von Arago, Elie de Beaumont und Leverrier erhielt er für verschiedene Planeten-Entdeckungen in den Jahren 1852—1861 siebenmal den Lalandeschen astronomischen Preis; die Priorität, welche ihm für 3 Planeten-Entdeckungen entgangen war, blieb ihm für 24, nämlich für 20 am Sechsfüfser und 4 am Siebenfüfser gelungene Planeten-Entdeckungen.

Am 10. November 1854 erwählte ihn die Royal Astronomical Society in London zu ihrem Associate. Am 24. April 1855 nach der vierten Entdeckung erhöhte der Düsseldorfer Gemeinderath sein Gehalt, welches für Brünnow und ihn 8 Jahre lang nur 200 Thaler jährlich betragen und nicht ausgereicht hatte, und nach seiner Verheirathung nochmals vom Jahre 1860 an. Vom 1. Mai 1861 an bewilligte auch der Staat einen gleichen Zuschufs wie die Stadt, der nach je 5 Jahren prolongirt oder erhöht wurde. Am 9. Mai 1855 wurde er von der Philosophischen Facultät der K. Friedrich-Wilhelms-Universität in Bonn auf Grund seiner Berechnungen und Entdeckungen zum Dr. philosophiae honoris causa promovirt. Alexander von Humboldt sprach sich 1855 recht anerkennend über die Düsseldorfer Sternwarte aus. Im December 1855 verlieh Se. Majestät König Friedrich Wilhelm IV. dem Dr. Robert Luther den Rothen Adlerorden IV, im Frühjahr 1868 Se. Majestät König Wilhelm I. den Rothen Adlerorden III mit der Schleife. In den Jahren 1854—1857 bearbeitete R. Luther für die Berliner K. Akademie der Wissenschaften die 4302 Sterne enthaltende akademische Sternkarte 0 Uhr nebst Katalog, welche Arbeit Encke und Dove im Namen der Commission für die akademischen Sternkarten in einem Schreiben vom 26. Juli 1858 lobend anerkannten.

Nach den Düsseldorfer Berechnungen fand H. Goldschmidt seinen Planeten vom 9. September 1857, der einige Zeit Pseudo-Daphne hiefs, am 27. August 1861 wieder auf; seitdem heifst er 56 Melete. Am 12. Januar 1863 kam Enckes Berliner astronomisches Jahrbuch für 1865 an, worin auf Seite 493 und 494 lobend anerkannt ist, dafs Dr. R. Luther die seit 4 und 6 Jahren auf keiner Sternwarte beobachteten Planeten 53 Calypso und 41 Daphne 1862 wieder aufgefunden und beobachtet habe. Am 7. April 1859 verheirathete sich Dr. R. Luther mit Fräulein Caroline Märcker, der zweiten Tochter des Königl. Kanzleiraths Alexander Märcker in Solingen, die, am 12. Januar 1823 zu Essen geboren, ihm seit 1842 bekannt war und nun seit 1859 treulich zur Seite steht.

1863 wurde er Mitglied der Schlesischen Gesellschaft für vaterländische Cultur zu Breslau, sowie der 1863 zu Heidelberg gegründeten Astronomischen Gesellschaft, 1864 der Niederrheinischen Gesellschaft für Natur- und Heilkunde in Bonn, 1868 der Société Impériale des Sciences naturelles de Cherbourg und am 13. März 1882 Mitglied der ehrwürdigen Kaiserlichen Leopoldino-Karolinischen Deutschen Akademie der Naturforscher in Halle, deren Wahlspruch ist: »Nunquam otiosus«. R. Luther hat während seiner hiesigen Amtsführung bis jetzt nur 4mal Urlaub genommen. Am 4. März 1886 wurde ihm durch Se. Majestät Kaiser und König Wilhelm I. das Prädicat »Professor« und am 26. Juli 1897 durch Patent Sr. Majestät des Kaisers und Königs Wilhelm II. der Titel »Geheimer Regierungsrath« Allergnädigst verliehen.

R. Luthers Berechnungen für die Berliner astronomischen Jahrbücher 1849 und folgende bezogen sich zuerst auf ältere Planeten, den Mond und die Fundamentalsterne nach den Tafeln, später aber hauptsächlich auf die Berechnung und Verfeinerung der Bahnen, Störungen und Ephemeriden der 5 Planeten.

    6 Hebe von 1847—1899,
   11 Parthenope von 1850—1899,
   56 Melete von 1857—1899,
   61 Danaë von 1861—1899, dem er auf Goldschmidts Wunsch den Namen gegeben hatte,
 288 Glauke von 1890—1899 des letzten und lichtschwächsten der 24 Düsseldorfer Planeten.

Seine anderen Berechnungen, Beobachtungen und Entdeckungen stehen im 21. und folgenden Bänden der Astronomischen Nachrichten.

Da die Bahn-Elemente der Planeten und Berechnung der Störungen für die weitere Verfolgung durch Beobachtungen sehr wichtig sind, folgt unten eine Zusammenstellung der Bahn-Elemente der 4 seit langer Zeit in Düsseldorf berechneten fremden Planeten 6 Hebe, 11 Parthenope, 56 Melete, 60 Danaë, und derjenigen 24 in Düsseldorf entdeckten Planeten, für welche der Düsseldorfer Sternwarte die Priorität geblieben ist. Für die Berechnung der hauptsächlich durch Jupiter bewirkten speciellen Störungen nach der Gaufs-Enckeschen Methode (in den Berliner astronomischen Jahrbüchern für 1837 und 1838) genügen fünfstellige Logarithmentafeln. Wenn man aus Zeit-Oekonomie sich auf die Jupiterstörungen von 40 zu 40 Tagen beschränkt, kann man hoffen, dafs die Berechnung mit der controlirenden späteren Beobachtung auf $\mp$ 1 Bogenminute = $\mp$ 4 Zeitsecunden stimmen werde. Wünscht man eine gröfsere Genauigkeit, so zieht man auch die Störungen durch Saturn, ebenfalls mit 5 stelligen Logarithmen, in Rechnung. Bei dem neuesten Düsseldorfer Planeten 288 Glauke, der wegen seiner Lichtschwäche erst im Jahre 1904 im Düsseldorfer Siebenfüfser wieder sichtbar sein wird, wurden von Professor Robert Luther der gröfseren Genauigkeit wegen die Störungen durch Jupiter und Saturn von 40 zu 40 Tagen berechnet, wovon, wenn es der Raum gestattet, unten als Beispiel einige Werthe folgen sollen, womit die bisherigen Glauke-Beobachtungen auf 1 Zeitsecunde stimmten. Ein Beispiel für Intervall von 20 Tagen findet man in der Leipziger den Planeten 113 Amalthea behandelnden Doctor-Dissertation seines Sohnes, über dessen bisherige Wirksamkeit die nachstehenden Zeilen Auskunft geben.

Alexander Wilhelm Luther, welcher seit dem 1. Mai 1892 als Adjunct der Düsseldorfer Sternwarte an den Beobachtungen und Berechnungen regen Antheil nimmt, ist der einzige Sohn von Robert Luther. Am 25. Januar 1860 zu Bilk geboren, besuchte er nach vorausgegangenem Elementarunterricht von 1868 an die damalige städtische Realschule auf der Klosterstraße in Düsseldorf, bestand an derselben 1877 das Abiturientenexamen unter Ostendorf und nach weiterer Vorbereitung im Frühjahr 1879 auch das Abiturientenexamen am K. Friedrich-Wilhelm-Gymnasium in Köln unter Dr. O. Jäger, studirte 1 Jahr in Bonn, 1 Jahr in Berlin und $2\frac{1}{2}$ Jahre in Leipzig Philosophie, Mathematik, Physik und Astronomie, nahm an den praktischen Uebungen der dortigen Sternwarten theil und übte sich auch während der Ferien an hiesiger Sternwarte in Beobachtungen und Berechnungen. Da die Berechnung des Planeten 82 Alcmene, welche 1875 noch gestimmt hatte, später nicht mehr stimmte und die Berliner Jahres-Ephemeride 1879 nach 3 Düsseldorfer Beobachtungen vom Januar 1879 einer Verbesserung von $+ 1,3$ Zeitminute bedurfte, brachte er als Student durch Wiederholung der Störungsrechnungen seit der Epoche 1875 April 5 eine bessere Uebereinstimmung hervor, berechnete die Ephemeride 1882 für das Berliner astronomische Jahrbuch 1884 und setzte diese Berechnung bis 1899 fort. Am 12. Juni 1883 bestand er in Leipzig das Doktorexamen auf Grund einer Dissertation über die Bahn des Planeten 113 Amalthea, welche sich auf die Beobachtungen von 1871–1882 unter Berücksichtigung der Störungen durch Jupiter und Saturn stützte, und setzte auch diese Berechnung bis 1899 fort. Vom Herbst 1883 bis zum Herbst 1884 arbeitete er freiwillig an der Düsseldorfer Sternwarte, war vom Herbst 1884 bis zum Herbst 1885 stellvertretender Assistent der K. Universitätssternwarte in Bonn unter Geheimrath Professor Schoenfeld, vom Herbst 1885 bis zum 30. April 1892 zuerst stellvertretender Observator, dann Observator der Sternwarte in Hamburg unter Herrn Director Professor G. Rümcker, wo er in den $6\frac{1}{2}$ Jahren 418 Beobachtungen von 57 Planeten und 496 Beobachtungen von 30 Kometen am Fadenmikrometer des lichtstarken $9\frac{1}{2}$ zölligen Refractors anstellte, die in den Astronomischen Nachrichten veröffentlicht sind, an dem Repsoldschen Meridiankreise außer der Zeit die Positionen von 636 Fixsternen durch wiederholte Beobachtungen bestimmte und später selbst berechnete, welcher Sternkatalog 1898 als Mittheilung Nr. 4 der Hamburger Sternwarte im Druck erschienen ist.

Seit 1884 hat er auch die Berechnung des Planeten 241 Germania und 1892 die in den vorhergehenden Jahren von seinem Vater ausgeführte Berechnung des Planeten 247 Eukrate übernommen. Alle 4 Planetenrechnungen, welche innerhalb einer Bogenminute stimmen und noch weiter verfeinert werden, hat er bereits bis 1899 fortgesetzt. Seine Leipziger, Hamburger und Düsseldorfer Berechnungen und Beobachtungen sind außer seiner Doctor-Dissertation hauptsächlich in den Berliner astronomischen Jahrbüchern für 1884 und folgenden, sowie in den Astronomischen Nachrichten vom 96. Bande an veröffentlicht und werden hoffentlich in Düsseldorf zum Nutzen der Wissenschaft noch lange fortgesetzt werden.

Bis Ende 1897 wurden in Düsseldorf von 3 Astronomen 2071 Beobachtungen von 208 kleinen Planeten angestellt. Allen Denen, welche der Düsseldorfer Sternwarte bisher förderlich waren, sei hiermit der aufrichtigste Dank ausgesprochen.

Zusammenstellung einiger Notizen über die in Düsseldorf seit langer Zeit berechneten 4 fremden Planeten:

	Planet	entdeckt	durch	benannt durch	Mittlere Entfernung in Sonnenweiten	Umlaufszeit in Jahren	Period. Wiederkehr der Opposit. in derselben Himmelsgegend	Mittlere Helligkeit
					J.	J.		Gr.
6	Hebe	1847 Juli 1.	K. L. Hencke in Driesen	C. Fr. Gauss in Göttingen	2.43	3.78	34	8.5
11	Parthenope	1850 Mai 11.	A. de Gasparis in Neapel	Annibale de Gasparis in Neapel	2.45	3.84	23	9.3
56	Melete	1857 Sept. 9.	H. Goldschmidt in Paris	E. Schubert in Ann-Arbor	2.60	4.19	21	11.3
61	Danaë	1860 Sept. 9.	" " "	Robert Luther in Düsseldorf	2.98	5.15	36	11.0

Zusammenstellung in Bezug auf diejenigen 24 Düsseldorfer Planeten, für welche der hiesigen Sternwarte die Priorität der Entdeckung geblieben ist:

	Planet	entdeckt	durch	benannt durch	Mittlere Entfernung in Sonnenweiten	Umlaufszeit in Jahren	Period. Wiederkehr der Opposit. in derselben Himmelsgegend	Mittlere Helligkeit
					J.	J.		Gr.
17	Thetis	1852 April 17.	Rob. Luther in Düsseldorf	Fr. W. Argelander in Bonn	2.47	3.89	35	10.1
26	Proserpina	1853 Mai 5.	do.	Al. von Humboldt in Potsdam	2.65	4.33	13	10.5
28	Bellona	1854 März 1	do.	J. F. Encke in Berlin	2.78	4.63	37	10.1
35	Leukothea	1855 April 19.	do.	Peters-Altona u.C.Rümcker-Hamburg	3.00	5.19	26	12.2
37	Fides	1855 Oct. 5.	do.	Gemeinderath in Düsseldorf	2.64	4.29	48	10.4
47	Aglaja	1857 Sept. 15.	do.	Philosophische Facultät in Bonn	2.89	4.88	44	11.2
53	Kalypso	1858 April 4.	do.	E. Schönfeld in Bonn	2.62	4.23	17	11.5
57	Mnemosyne	1859 Sept. 22.	do.	M. Hoek in Utrecht	3.15	5.59	29	10.7
58	Concordia	1860 März 24.	do.	C. Bruhns in Leipzig	2.70	4.44	31	11.6
68	Leto	1861 April 29.	do.	Argelander, Krüger u. Tiele in Bonn	2.78	4.63	14	10.5
71	Niobe	1861 Aug. 13.	do.	Astronomen-Versamml. in Dresden	2.76	4.58	32	10.7
78	Diana	1863 März 15.	do.	G.-R. W. Luther in Naumburg	2.62	4.24	17	10.0
82	Alkmene	1864 Nov. 27.	do.	Littrow, Weiss, Oppolzer in Wien	2.76	4.59	23	11.2
84	Klio	1865 Aug. 25.	do.	Astronom.-Versamml. in Leipzig	2.36	3.63	29	11.3
90	Antiope	1866 Oct. 1.	do.	R.-Pr. v. Köhlwetter in Düsseldorf	3.16	5.61	30	11.6
95	Arethusa	1867 Nov. 23.	do.	Galle und Günther in Breslau	3.07	5.37	27	11.3
108	Hekuba	1869 April 2.	do.	Director Heinen in Düsseldorf	3.21	5.75	23	11.7
113	Amalthea	1871 März 12.	do.	Auwers, Förster, Tietjen etc. i. Berlin	2.38	3.66	11	11.0
118	Peitho	1872 März 15.	do.	G. Rümcker und E. Becker	2.44	3.81	19	10.8
134	Sophrosyne	1873 Sept. 27.	do.	Argelander und Wolff in Bonn	2.56	4.10	41	11.1
241	Germania	1884 Sept. 12.	do.	R. Luther, auf Vorschlag s. Sohnes	3.05	5.33	16	11.3
247	Eukrate	1885 März 14.	do.	G.-R. E. Schönfeld in Bonn	2.74	4.54	9	11.0
258	Tyche	1886 Mai 4.	do.	G. Rümcker in Hamburg	2.62	4.24	17	11.1
288	Glauke	1890 Febr. 20.	do.	W. Luther, damals in Hamburg	2.76	4.58	55	12.5

Zusammenstellung der Bahn-Elemente der vier in Düsseldorf berechneten fremden Planeten.

Name	Epoche für den mittleren Berliner Mittag	Mittlere Anomalie M	Länge des Perihels π	Länge des aufsteigenden Knotens N	Neigung der Bahn gegen die Ekliptik i	Excentricitäts-Winkel φ	Mittlere tägliche Bewegung μ
Hebe	1899 März 30.	164° 38′ 56″	15° 24′ 35″	138° 46′ 44″	14° 48′ 9″	11° 37′ 45″	939,2605
Parthenope	1899 Januar 29.	160 8 21	318 56 54	125 18 39	4 37 50	5 47 39	924,1367
Melete	1899 Sept. 26.	49 13 21	295 5 53	194 3 1	8 3 17	13 23 24	840,2736
Danaë	1899 Febr. 18.	163 46 51	342 53 33	334 16 27	18 15 37	9 31 38	688,0908

Zusammenstellung der Bahn-Elemente derjenigen 24 Planeten, für welche der Düsseldorfer Sternwarte die Priorität der Entdeckung geblieben ist.
58 Concordia bezieht sich auf das Aequinox der Epoche, 26 Proserpina auf das Aequinox 1890, alle übrigen auf das Aequinox 1900.

Name	Epoche für den mittleren Berliner Mittag	Mittlere Anomalie M	Länge des Perihels π	Länge des aufsteigenden Knotens N	Neigung der Bahn gegen die Ekliptik i	Excentricitäts-Winkel φ	Mittlere tägliche Bewegung μ
Thetis	1897 Dec. 25.	208° 58′ 32″	263° 2′ 12″	125° 14′ 12″	5° 36′ 41″	7° 36′ 13″	913,3116
Proserpina	1893 August 28.	96 37 23	236 7 12	45 56 45	3 35 31	5 4 50	829,4504
Bellona	1898 Sept. 11.	258 21 44	123 14 15	144 48 18	9 21 37	8 38 55	765,8782
Leukothea	1898 Sept. 11.	127 0 27	201 31 10	355 47 24	8 11 45	12 44 58	683,6866
Fides	1898 Oct. 21.	323 52 24	67 9 54	8 7 36	3 6 14	10 16 1	826,7028
Aglaja	1897 Dec. 25.	120 24 50	314 10 12	4 3 42	5 0 35	7 42 52	726,6697
Kalypso	1898 Sept. 11.	262 39 9	93 45 2	143 54 58	5 7 29	11 56 46	837,9945
Mnemosyne	1897 Juni 28.	231 1 18	50 9 56	200 1 13	15 11 44	6 49 36	635,2903
Concordia	1865 Januar 7.	21 24 4	189 10 5	161 19 50	5 1 50	2 26 22	799,5964
Leto	1898 April 24.	236 41 25	346 26 25	44 42 44	7 58 22	10 39 16	763,4868
Niobe	1898 Oct. 1.	134 2 10	222 1 57	316 22 37	23 16 54	9 57 52	775,1805
Diana	1898 Juni 23.	151 1 30	122 47 41	333 49 41	8 41 25	12 6 17	837,5905
Alkmene	1899 Juli 18.	146 36 16	183 41 47	26 30 34	2 51 21	12 52 18	778,5683
Klio	1897 April 29.	252 45 5	340 21 56	327 31 22	9 21 25	13 40 0	977,4411
Antiope	1898 April 4.	277 45 51	302 56 29	71 13 5	2 16 17	8 53 22	692,5389
Arethusa	1898 Juli 13.	268 41 0	34 6 31	243 59 54	12 55 10	8 49 44	661,1501
Hekuba	1898 April 4.	32 19 41	167 59 55	352 25 29	4 23 38	6 5 17	617,1197
Amalthea	1899 Dec. 25.	287 59 50	200 12 53	123 14 23	5 2 4	5 1 18	969,0375
Peitho	1897 Dec. 5.	352 0 6	78 36 12	47 36 5	8 46 31	9 19 4	982,3525
Sophrosyne	1897 Juli 18.	235 51 38	67 45 8	346 19 4	11 36 9	6 43 12	861,1642
Germania	1899 Juni 18.	289 28 8	344 54 38	271 59 1	5 30 41	5 26 23	605,6150
Eukrate	1899 März 30.	129 34 6	53 37 12	0 25 52	25 6 53	13 52 18	780,7086
Tyche	1898 Dec. 20.	230 47 36	0 15 24	207 44 56	14 14 45	11 47 55	837,7900
Glauke	1899 Januar 29.	307 4 28	201 48 25	121 0 17	4 19 54	11 55 21	774,4471

Als Beispiel folgen die beträchtlichen Störungen des Planeten 288 Glauke durch Jupiter in Bogensecunden:

von 1890 Februar 5. 0 Uhr mittlere Zeit Berlin bis	in M	in π	in N	in i	in φ	in μ
1890 Februar 5.	0″	0″	0″	0″	0″	0,0000″
März 17.	— 18	+ 13	+ 0	+ 0	— 7	— 0,0483
April 26.	27	24	1	0	14	0,1003
Juni 5.	31	33	1	0	22	0,1535
Juli 15.	30	39	2	0	28	0,2045
August 24.	23	44	2	0	35	0,2492
October 3.	13	50	2	0	41	0,2832
November 12.	5	59	2	0	44	0,3023
December 22.	3	76	2	0	47	0,3023
1891 Januar 31.	13	106	2	0	47	0,2799
März 12.	40	152	2	+ 0	47	0,2318
April 21.	92	220	3	0	48	0,1557
Mai 31.	173	311	4	0	46	0,0493
Juli 10.	288	429	5	1	46	0,0891
August 19.	443	577	4	2	50	0,2610
September 28.	641	754	+ 1	3	56	0,4671
November 7.	886	962	— 6	4	67	0,7074
December 17.	1 182	1 199	20	7	83	0,9803
1892 Januar 26.	1 531	1 465	45	9	104	1,2825
März 6.	1 933	1 756	84	13	130	1,6075
April 15.	2 387	2 067	143	17	162	1,9451
Mai 25.	2 890	2 393	227	22	197	2,2812
Juli 4.	3 458	2 730	339	28	233	2,5970
August 13.	4 025	3 072	481	33	268	2,8707
September 22.	4 641	3 416	652	38	298	3,0797
November 1.	5 276	3 761	845	42	320	3,2044
December 11.	5 918	4 106	1 050	44	331	3,2327
1893 Januar 20.	6 564	4 455	1 269	45	332	3,1694
März 1.	7 194	4 804	1 457	44	324	3,0157
April 10.	7 796	5 151	1 634	42	309	2,7888
Mai 30.	8 361	5 490	1 784	39	289	2,5107
Juni 29.	8 679	5 818	1 904	36	269	2,2041
August 8.	9 347	6 129	1 996	32	250	1,8891
September 17.	9 760	6 416	2 063	29	234	1,5823
October 27.	10 117	6 677	2 110	26	222	1,2949
December 6.	10 419	6 907	2 140	24	214	1,0349
1894 Januar 15.	10 670	7 107	2 159	21	210	0,8063
Februar 24.	10 872	7 274	2 170	20	208	0,6114
April 5.	11 031	7 411	2 175	19	209	0,4493
Mai 15.	11 151	7 519	2 177	18	210	0,3204
Juni 24.	11 237	7 600	2 177	17	213	0,2234
August 3.	11 296	7 658	2 176	17	214	0,1563
September 12.	11 332	7 698	2 176	17	215	0.1166
October 22.	11 354	7 722	2 175	17	215	0,1017
December 1.	— 11 366	7 736	— 2 175	— 17	— 212	— 0,1080

von 1800 Februar 5, 0 Uhr mittlere Zeit Berlin bis	in M	in π	in N	in i	in ϙ	in μ
1895 Januar 10.	11 371″	+ 7744″	− 2176″	− 17″	208″	0,1318
Februar 19.	11 382	7751	2177	17	203	0,1687
März 31.	11 395	7758	2178	17	196	0,2144
Mai 10.	11 413	7767	2179	17	189	0,2645
Juni 19.	11 437	7778	2180	17	182	0,3154
Juli 29.	11 467	7791	2181	17	175	0,3641
September 7.	11 501	7805	2182	17	169	0,4086
October 17.	11 538	7819	2182	17	164	0,4474
November 26.	11 576	7832	2182	17	158	0,4799
1896 Januar 5.	11 615	7843	2182	17	154	0,5060
Februar 14.	11 653	7852	2183	17	149	0,5257
März 25.	11 691	7860	2183	17	145	0,5393
Mai 4.	11 728	7866	2183	17	140	0,5472
Juni 13.	11 764	7871	2183	17	136	0,5499
Juli 23.	11 800	7874	2183	17	131	0,5477
September 1.	11 835	7878	2183	17	126	0,5411
October 11.	11 870	7881	2184	17	121	0,5304
November 20.	11 905	7886	2185	17	115	0,5159
December 30.	11 939	7891	2187	17	109	0,4980
1897 Februar 8.	11 974	7897	2188	17	103	0,4770
März 20.	12 010	7906	2190	17	97	0,4530
April 29.	12 048	7916	2192	17	90	0,4263
Juni 8.	12 083	7929	2195	17	83	0,3972
Juli 18.	12 120	7944	2198	17	76	0,3657
August 27.	12 158	7962	2201	17	70	0,3321
October 6.	12 197	7983	2204	17	63	0,2966
November 15.	12 236	8006	2207	17	57	0,2594
December 25.	12 275	8031	2210	17	51	0,2209
1898 Februar 3.	12 314	8059	2213	17	45	0 1812
März 15.	12 352	8089	2216	17	39	0,1409
April 24.	12 389	8120	2219	17	35	0,1003
Juni 3.	12 421	8152	2221	17	30	0,0601
Juli 13.	12 456	8184	2223	17	27	− 0,0212
August 22.	12 485	8216	2225	16	24	+ 0,0155
October 1.	12 510	8245	2226	16	21	0,0484
November 10.	12 529	8271	2226	16	19	0,0759
December 20.	12 542	8292	2227	16	17	0,0955
1899 Januar 29.	12 547	8307	2227	16	15	0,1044
März 10.	12 543	8314	2227	16	12	0,0989
April 19.	12 533	8313	2227	16	7	0,0751
Mai 29.	12 515	8303	2228	16	− 0	+ 0,0290
Juli 8.	12 495	8285	2231	16	+ 9	− 0,0421
August 17.	12 476	8261	2236	16	22	0,1374
September 26.	12 462	8234	2245	17	38	0,2492
November 5.	12 456	8202	2257	17	54	0,3602
December 15.	− 12 452	+ 8162	− 2273	− 17	+ 69	− 0,4448

Es folgen nun die geringeren Störungen des Planeten 288 Glauke durch Saturn:

von 1890 Februar 5. 0 Uhr mittlere Zeit Berlin bis	in M	in π	in N	in i	in φ	in μ
1890 Februar 5.	0″	0″	0″	0″	0″	0″,0000
März 17.	+ 1	— 2	— 0	— 0	— 1	+ 0,0017
April 26.	1	3	0	0	1	0,0054
Juni 5.	1	3	0	0	2	0,0103
Juli 15.	2	4	0	0	3	0,0154
August 24.	3	4	0	0	3	0,0199
October 3.	4	4	0	0	4	0,0232
November 12.	5	4	0	0	4	0,0249
December 22.	6	3	0	0	4	0,0252
1891 Januar 31.	6	2	0	0	4	0,0242
März 12.	5	— 0	0	0	4	0,0224
April 21.	4	+ 2	0	0	4	0,0199
Mai 31.	3	4	0	0	4	0,0170
Juli 10.	+ 1	7	0	0	4	0,0140
August 19.	— 1	9	0	0	4	0,0111
September 28.	4	11	0	0	4	0,0082
November 7.	6	14	0	0	4	0,0056
December 17.	9	16	0	0	4	0,0034
1892 Januar 26.	11	18	1	0	4	+ 0,0014
März 6.	14	20	1	0	4	0,0001
April 15.	16	22	1	0	4	0,0012
Mai 25.	19	23	1	0	4	0,0020
Juli 4.	21	25	1	0	4	0,0023
August 13.	23	26	1	0	3	0,0022
September 22.	26	28	1	0	3	0,0018
November 1.	28	29	2	0	3	— 0,0009
December 11.	30	31	2	0	3	+ 0,0008
1893 Januar 20.	32	32	2	0	3	0,0018
März 1.	34	34	2	0	2	0,0036
April 10.	36	36	2	0	2	0,0057
Mai 20.	39	37	2	0	2	0,0081
Juni 29.	41	40	3	0	1	0,0106
August 8.	42	42	3	0	1	0,0132
September 17.	44	44	3	0	1	0,0159
October 27.	46	46	3	0	1	0,0185
December 6.	47	48	3	0	0	0,0210
1894 Januar 15.	48	50	3	0	— 0	0,0233
Februar 24.	48	52	3	0	+ 0	0,0251
April 5.	48	53	3	0	0	0,0264
Mai 15.	48	54	3	0	0	0,0269
Juni 24.	46	54	3	0	1	0,0265
August 3.	45	53	3	0	1	0,0250
September 12.	42	52	3	0	1	0,0225
October 22.	40	51	3	0	2	0,0189
December 1.	— 37	+ 49	— 3	— 0	+ 2	+ 0,0148

171

von 1890 Februar 5. 0 Uhr mittlere Zeit Berlin bis	in M	in π	in N	in i	in ☋	in μ
1895 Januar 10.	− 35″	+ 47″	− 4″	− 0″	+ 3″	+ 0″,0108
Februar 19.	34	45	4	0	3	0,0076
März 31.	32	43	4	0	3	0,0080
Mai 10.	30	41	4	0	3	0,0065
Juni 19.	28	38	5	0	3	0,0088
Juli 29.	25	35	5	0	3	0,0124
September 7.	22	32	5	0	2	0,0165
October 17.	19	30	5	0	2	0,0203
November 26.	16	28	5	0	2	0,0236
1896 Januar 5.	13	26	5	0	2	0,0260
Februar 14.	11	25	5	0	1	0,0274
März 25.	9	25	5	0	1	0,0280
Mai 4.	8	25	5	0	1	0,0278
Juni 13.	7	26	5	0	1	0,0270
Juli 23.	6	27	5	0	1	0,0256
September 1.	6	28	5	0	+ 0	0,0239
October 11.	7	29	5	0	− 0	0,0218
November 20.	7	30	5	0	0	0,0196
December 30.	8	32	6	0	1	0,0172
1897 Februar 8.	8	33	6	0	1	0,0149
März 20.	9	34	6	0	2	0,0126
April 29.	10	35	6	0	2	0,0103
Juni 8.	11	36	6	0	3	0,0082
Juli 18.	12	37	6	0	3	0,0063
August 27.	13	38	7	0	3	0,0047
October 6.	14	38	7	0	4	0,0033
November 15.	15	39	7	0	4	0,0022
December 25.	16	40	7	0	4	0,0015
1898 Februar 3.	17	40	7	0	5	0,0011
März 15.	19	41	7	0	5	0,0011
April 24.	20	42	8	0	5	0,0015
Juni 3.	22	43	8	0	5	0,0022
Juli 13.	23	44	8	0	6	0,0034
August 22.	25	46	8	0	6	0,0050
October 1.	27	47	8	0	6	0,0069
November 10.	28	49	8	0	6	0,0091
December 20.	30	50	8	0	6	0,0115
1899 Januar 29.	31	52	8	0	6	0,0141
März 10.	32	54	8	0	7	0,0165
April 19.	33	55	8	0	7	0,0187
Mai 29.	33	56	8	0	7	0,0203
Juli 8.	33	57	8	0	7	0,0210
August 17.	32	58	8	0	7	0,0207
September 26.	32	58	8	0	7	0,0192
November 5.	32	59	8	0	6	0,0164
December 15.	− 32	+ 59	− 8	− 0	− 6	+ 0,0127

Zahlen beweisen.

Die Armenfürsorge.

1. Die Armenpflege der Stadt Düsseldorf.

Während des ganzen Mittelalters bis in das vorige Jahrhundert hinein lag die Armenpflege in den Händen der Geistlichkeit. In der Stadt Düsseldorf waren es von 1288 ab bis Mitte des 15. Jahrhunderts die Stiftsherren des Collegiatstiftes allein, welche der Armen sich annahmen; dann traten 1445 die Kreuzherren dazu, welche auch die Pflege in dem neben ihrem Kloster liegenden Krankenhause ausübten. Im 17. Jahrhundert wurde vom Herzog Wolfgang Wilhelm eine Anzahl neuer Ordensniederlassungen zugelassen, von denen die Cellitinnen auf der Hunsrückenstrafse sich hauptsächlich mit der Hauspflege armer Kranker beschäftigten. Sonst bestand die Armenpflege bis zum Ende vorigen Jahrhunderts nur in einer Vertheilung von Brot oder Geld an bestimmten Tagen. Diese geschah am Portal der Stiftskirche, zu welchem Zwecke ein besonderes »Elmifs- (Almosen-) Häuschen« daselbst errichtet war. Der Empfang der Spende war für die Bedürftigen meist mit der Bedingung verknüpft, vorher einer Messe beizuwohnen.

Die Mittel zu den Spenden wurden zumeist bestritten aus milden Stiftungen, die vielfach von wohlhabenden Canonichen errichtet worden sind.

Im Jahre 1525 wurde regierungsseitig angeordnet, dafs »Arme, Kranke und Alte vom Kirchspiel zu unterhalten seien«. 1546 wurden »Provisoren« ernannt, welche Sonntags bei dem Hauptgottesdienste in den Kirchen umgehen, für die Armen bitten und nachher das Gesammelte vertheilen mufsten.

Da Düsseldorf Jahrhunderte lang der Sitz einer herzoglichen Hofhaltung war, wodurch Geld unter die Bürgerschaft gebracht wurde, auch Handel und Wandel sich durch manche Freiheiten trefflich entwickelt hatte, so ist die Armuth hierselbst lange Zeit nicht sonderlich grofs gewesen. Anders wurde es aber durch die langwierigen Kriege des 17. und 18. Jahrhunderts, namentlich durch die wiederholte Beschiefsung der Stadt (1758 am 28. Juni seitens hannoverscher Truppen und 1794 am 5. October von seiten der Franzosen). Zwar liefs der kurfürstliche Statthalter, Graf Goltstein, grofse öffentliche Arbeiten (Rheinwerft, alter Hofgarten) ausführen, doch konnte dies der zunehmenden Noth nicht steuern.

Bis in die Mitte des vorigen Jahrhunderts hinein bekümmerten sich die herzoglichen und städtischen Behörden nur so viel um die Armen, als sie ihnen das Betteln erlaubten und den Bettlern als Erkennungszeichen eine bleierne, auf der Brust zu tragende Denkmünze gaben.

Wie berichtet wird, muſs um das Ende des vorigen Jahrhunderts das Elend auſserordentlich grofs gewesen sein, und es wuchs durch die Kriege Napoleons, dessen Herrschaft Düsseldorf unterstand, von Jahr zu Jahr. Schaaren von Bettlern durchzogen die Strafsen, lagen an den Thoren, auf den Plätzen und an den Portalen der Kirchen.

Wenn man erwägt, daſs vom 6. September 1795 bis 31. Mai 1801, also in nicht voll 6 Jahren, 3½ Millionen Mann Soldaten und nahezu eine halbe Million Pferde in der kaum 14 000 Einwohner zählenden Stadt Düsseldorf einquartirt und verpflegt worden sind, dazu die traurigen Folgen der wiederholten Beschieſsungen traten, hohe Contributionen zu zahlen waren, so ist die Erklärung für das damalige grofse Elend gefunden. Die Landesregierung und der Rath der Stadt konnten nicht viel ausrichten, die private Wohlthätigkeit, soweit sie überhaupt noch bestehen konnte, zersplitterte sich. Da traten drei Männer zusammen, welche in diesen unhaltbaren Zuständen Wandel schafften und den Plan faſsten, die zerfahrene Sache der Armen zu sammeln, zu ordnen und eine sogenannte allgemeine Armenanstalt zu begründen. Es waren der Stiftsdechant Lülsdorff, der Canonikus Bracht und der Jungrath (später Appellationsgerichtsrath) Lenzen. Ihnen lieh seine Unterstützung bereitwilligst der Stadtdirector (maire) Freiherr von Pfeil, zugleich kurfürstlicher Commissarius, und am ersten Tage des neuen Jahrhunderts, dem 1. Januar 1801, wurde diese wohlthätige Anstalt eröffnet. Es wurden Aufrufe an die Bürgerschaft zu regelmäſsigen freiwilligen Beiträgen erlassen, auf den Kanzeln der verschiedenen Gotteshäuser darüber gepredigt, dann Geldsammlungen abgehalten und dadurch eine gröſsere Summe zusammengebracht. Hiervon wurden die bedürftigen Familien nicht allein durch Geld, Brot, Brennmaterial unterstützt, sondern es wurden auch dauernde Einrichtungen zur Bekämpfung der Armuth geschaffen. In dem sogenannten Arbeitshause (in der Reuterkaserne) wurde den Arbeitslosen Gelegenheit zu Verdienst gegeben und im Erziehungshause nebst der Armenschule ihren Kindern unentgeltliche Unterkunft und Unterricht ertheilt. Das Arbeitshaus bestand bis etwa 1830, das Erziehungshaus ging schon früher ein, die Armenschule ist später mit der Volksschule vereinigt worden.

Unter französischer Herrschaft wurde aus der allgemeinen Armenanstalt die Central-Armenverwaltung geschaffen, die unter Leitung des Oberbürgermeisters stand. Die freiwilligen Spenden der Bürgerschaft, welche in den ersten Jahren dieses Jahrhunderts jährlich über 11 000 Reichsthaler betrugen, gingen allmählich zurück, stiegen aber in den Nothjahren 1816/17 wieder auf die beträchtliche Höhe, um später wieder (1828) auf etwa 4000 Reichsthaler zu sinken. Der Rest der Armenbedürfnisse (13- bis 14 000 Thaler) wurde aus der Communalkasse gedeckt. In dieser Weise blieb die Armenverwaltung bis zum Jahre 1851 bestehen, zu welchem Zeitpunkte man derselben eine andere Organisation gab und dieselbe unter die Gemeindeverwaltung zurückführte. Die oberste Leitung des Armenwesens führte eine gemeinderäthliche Deputation, bestehend aus:

1. dem Bürgermeister oder einem Beigeordneten als Vorsitzenden;
2. aus 6, vom Gemeinderathe gewählten Gemeindeverordneten und 4 Gemeindewählern als ordentlichen, stimmberechtigten Mitgliedern;
3. aus den Pfarrern beider Confessionen, dem Rabbiner der jüdischen Gemeinde, dem Kreisphysikus, dem Polizeidirigenten, den 4 Armenärzten und aus dem Vorsitzenden jeder Bezirkscommission als Ehrenmitgliedern.

Für die specielle Leitung des Armenwesens wurde die Gemeinde in 20 Bezirke getheilt und in jedem Bezirke eine Commission gebildet. Dieselbe wurde von der Armendeputation ernannt und bestand:

1. aus einem Armenpfleger,
2. » drei Armenfreunden,
3. » einem Geistlichen jeder Confession.

Die Commission wählte aus ihrer Mitte einen Vorsitzenden. Der Bürgermeister oder der Beigeordnete hatten das Recht, den Commissionssitzungen beizuwohnen, und führten in diesem Falle den Vorsitz. Die evangelischen Geistlichen konnten sich im Verhinderungsfalle durch einen Diakon vertreten lassen.

Der Zweck der Bezirkscommission war, einerseits als Organ der Armendeputation in allen den Fällen wirksam zu sein, wo die Sorge für die Hülfsbedürftigen als Theil des Gemeindewesens erschien, während sie andererseits völlig selbständig standen, da wo sie als Organ der Privatwohlthätigkeit die Armen unterstützten. In ersterer Beziehung war die Bezirkscommission der Controle der Armendeputation nach den für die Verwaltung aller Theile des Gemeindewesens geltenden Grundsätzen unterworfen, in letzterer Beziehung fand eine Controle in keiner Weise statt, es wurde nur als wünschenswerth bezeichnet, wenn auch dieser Theil der Armenpflege nach bestimmten Grundsätzen und unter genauer Verzeichnung der verabreichten Unterstützungen erfolgte.

Von jeher ist es von den Armenfreunden dringend gewünscht worden, dafs die öffentliche Armenpflege mit der Privatwohlthätigkeit in einen innigen Zusammenhang treten möchte, um desto sicherer, wirksamer und nachhaltiger der Armuth begegnen zu können. Die Gelegenheit zu solch' innigem Anschlufs der Privat-Armenpflege an die öffentliche war nunmehr in der Schöpfung der Bezirkscommissionen geboten. Durch die Umgestaltung des Armenwesens wurde eine lebendige Betheiligung der Gemeindemitglieder und insbesondere eine geregelte Mitwirkung der Geistlichkeit bei der Armenverwaltung hervorgerufen.

Die Unterstützungen bestanden in der Regel in Verabreichung von Naturalien (Brand, Brot, Kartoffeln, Reis); in Gewährung freier Wohnung oder, wo diese nicht zu beschaffen war, in directer Zahlung der ganzen oder theilweisen Miethe an den Miethsherrn. Nur in aufserordentlichen Fällen wurde baares Geld gegeben.

Freie ärztliche Behandlung trat ein bei jedem Dürftigen, welcher durch den Pfleger oder den Vorsitzenden der Bezirkscommission dem Armenarzte zugewiesen wurde.

Diese Armenordnung war bis zum Jahre 1877 in Kraft. Alsdann wurde abermals eine Umgestaltung des Armenwesens auf Grundlage der bisher gemachten Erfahrungen vorgenommen und es gelangte die jetzt noch bestehende Armenordnung vom 19. Juni 1877 zur Einführung, welche sich im wesentlichen eng anlehnt an das erprobte sogenannte Elberfelder System und wodurch auch hier eine segensreiche und erspriefsliche Entfaltung des ganzen Armenwesens hervorgerufen wurde und zwar durch die grundlegenden Hauptvorzüge dieses typisch gewordenen Systems: der Individualisirung und der Decentralisation. Auf Grund des § 54 der Städte-Ordnung für die Rheinprovinz vom 15. Mai 1856 und entsprechend dem § 3 des Preufsischen Gesetzes vom 8. Mai 1871, betreffend die Ausführung des Bundesgesetzes über den Unterstützungswohnsitz, wurde eine Verwaltungsdeputation eingesetzt, welche den Namen »Städtische Armenverwaltung« führt. Dieselbe besteht, aufser dem Vorsitzenden, aus acht stimmfähigen Mitgliedern, unter denen mindestens vier Stadtverordnete sein müssen, und welche von der Stadtverordneten-Versammlung auf zwei Jahre gewählt werden. Den Vorsitz führt der Oberbürgermeister oder ein von demselben damit beauftragter Beigeordneter. Für vorübergehende Behinderungen bezeichnet der Vorsitzende ein Mitglied der Armendeputation als seinen Stellvertreter.

Die Armenverwaltung wird unterstützt:

a) in Bezug auf die offene Armenpflege, d. i. die Pflege solcher Armen, welche nicht ins städtische Verpflegungshaus aufgenommen sind, durch 40 Bezirksvorsteher und 420 Armenpfleger;

b) in Bezug auf die Verwaltung der städtischen Pflegehäuser und der Gemeindehäuser durch das denselben vorgesetzte Curatorium.

Die Bezirksvorsteher werden auf den Vorschlag der Armenverwaltung durch die Stadtverordneten-Versammlung auf drei Jahre, die Armenpfleger direct durch die Armenverwaltung auf drei Jahre und die stellvertretenden Bezirksvorsteher aus der Zahl der Armenpfleger ebenfalls durch die Armenverwaltung jedesmal auf ein Jahr gewählt; in jedem Jahre scheidet ein Drittheil der Bezirksvorsteher und Armenpfleger, im ersten und zweiten Jahre durch das Loos, später nach dem Dienstalter, aus. Jedem Armenpfleger wird ein nach Hausnummern bestimmtes Quartier der Stadt, jedem Bezirksvorsteher ein aus mehreren Quartieren bestehender Bezirk überwiesen, wobei im allgemeinen und, soweit es die fluctuirenden Verhältnisse des grofsen Gemeinwesens zulassen, streng an dem Grundsatze festgehalten wird, dafs jeder Armenpfleger möglichst nicht mehr als 5 zu unterstützende Personen, beziehungsweise Familien, zugetheilt erhalten soll.

Die Armenpfleger eines jeden Bezirks treten regelmäfsig jeden Monat einmal zu Bezirksversammlungen unter dem Vorsitze des Bezirksvorstehers oder dessen Stellvertreters zusammen.

Ein jedes Gesuch um Armenhülfe aus städtischen Mitteln mufs bei dem Armenpfleger des betreffenden Quartiers angebracht werden.

Der Armenpfleger hat sich dann sofort durch eine sorgfältige persönliche Untersuchung Kenntnifs von den Verhältnissen des Bittstellers zu verschaffen. Gewinnt er dabei die Ueberzeugung, dafs der Fall eines gesetzlichen Anspruchs auf Armenhülfe vorliegt, findet er ferner die Noth so dringend, dafs die Hülfe unverzüglich gewährt werden mufs, so steht es ihm zu, dieselbe im Einverständnisse mit dem Bezirksvorsteher oder dem Vorsitzenden der Armenverwaltung sofort eintreten zu lassen. Diese Unterstützungen dürfen in einem solchen Falle jedoch nur ausnahmsweise und in ganz geringen Beträgen gewährt werden. In allen anderen Fällen hat der Armenpfleger in der nächsten Bezirksversammlung das Gesuch vorzutragen und seine Anträge zu stellen. Gleiches gilt auch in betreff der Fortdauer der in dringenden Fällen vorläufig bewilligten Unterstützungen.

Die Bezirksversammlung entscheidet nach Stimmenmehrheit über alle Gesuche und Anträge und haben die Armenpfleger diese Entscheidung zu befolgen.

Die städtische Armenverwaltung erhält sich durch Einsicht der Protokolle der Bezirksversammlungen, welche ihr nach einer jeden solchen Sitzung sofort zuzustellen sind, und auf sonst geeignete Weise in beständiger, genauester Kenntnifs von den Beschlüssen der Bezirksversammlungen. Sie ist befugt, diese Beschlüsse, wenn sie den ermittelten Verhältnissen oder den ergangenen Vorschriften nicht entsprechen, sei es von Amtswegen oder auf Anrufen eines Betheiligten, aufzuheben und in der Sache anderweit zu entscheiden.

Zu den monatlich einmal stattfindenden regelmäfsigen Sitzungen der städtischen Armenverwaltung werden die sämmtlichen Bezirksvorsteher eingeladen. In diesen Sitzungen erstatten dieselben einen kurzen Bericht über die Lage der Armenverhältnisse in ihren Bezirken und geben darüber der Verwaltung die erforderlichen Aufschlüsse, sie tragen die Entscheidungen der Bezirksversammlungen vor, hauptsächlich diejenigen, deren Zulässigkeit oder Angemessenheit ihnen bedenklich ist, oder deren Ausführung sie beanstandet haben. Sie theilen Anträge oder Wünsche mit, welche in Bezug auf das Armenwesen an sie gelangt sind und deren Entscheidung nicht zur Competenz der Bezirksversammlungen gehört. Die Verwaltung beschließt über diese Anträge und Wünsche innerhalb der durch den Etat gezogenen Grenzen.

Die zur Unterstützung bewilligten Geldbeträge werden den Bezirksvorstehern auf Anweisung des Vorsitzenden der Armenverwaltung durch die Armenkasse gezahlt. Kleidungsstücke und Bettzeug werden auf dem Büreau der Armenverwaltung verabfolgt.

Der Bezirksvorsteher übermittelt jedem der Armenpfleger diejenigen Geldbeträge und Anweisungen, welche demselben nach den Beschlüssen für die Armen seines Quartiers bewilligt worden sind. Ueber die Verwendung legen die Armenpfleger dem Bezirksvorsteher und dieser der Verwaltung Rechenschaft ab.

Die städtische Armenverwaltung hat insbesondere die folgenden Obliegenheiten:
1. sie hat die Verhältnisse der ärmeren Klasse der Bevölkerung und die Ursachen ihrer Verarmung zu erforschen, die zur Vorbeugung und zur Abhülfe dienlichen Einrichtungen zu treffen oder bei der städtischen Verwaltungsbehörde zu beantragen;
2. den jährlichen Etat für die gesammte Armenpflege zu entwerfen und der Stadtverordneten-Versammlung zur Genehmigung vorzulegen;
3. die für die Armenpflege durch den festgestellten Etat oder durch besondere Beschlüsse der Stadtverordneten-Versammlung überwiesenen Geldmittel bestimmungsmäfsig zu verwenden;
4. die Jahresrechnung über die betreffenden Einnahmen und Ausgaben, behufs der Feststellung durch die Stadtverordneten-Versammlung, vorzuprüfen;
5. nach Ablauf eines jeden Jahres einen Verwaltungsbericht zu erstatten.

Die Bedürfnisse an Naturalien und Bekleidungsgegenständen für alle Zweige des Armenwesens werden unmittelbar durch die Armenverwaltung beschafft. Alle Gelder, mögen dieselben an den Bezirksvorsteher oder an die Lieferanten oder an dritte Personen zu entrichten sein, werden unmittelbar aus der städtischen Armenkasse auf jedesmalige schriftliche Anweisung des Vorsitzenden gezahlt.

Bei der Armenverwaltung sind 4 Armen-Controlbeamte angestellt. Dieselben haben innerhalb ihrer Bezirke eine laufende Aufsicht über die unterstützten Personen und deren Angehörige, namentlich in Bezug auf die Arbeitsfähigkeit, die Erwerbsverhältnisse, die Betheiligung bei Kranken-Unterstützungs- und Sterbekassen u. s. w., Unterstützung von Vereinen und Privaten, die Ermittelung von zur Unterstützung verpflichteten und fähigen Verwandten u. s. w. auszuüben, ferner in Todesfällen die Ermittelung und Sicherstellung der Nachlässe zu bewirken. Die Controlbeamten haben sich bei Ausübung ihrer Thätigkeit mit den Bezirksvorstehern, beziehungsweise Armenpflegern, in beständigem genauem Einvernehmen zu halten und sind in erster Linie dazu berufen, diesen — Armenpflegern und Bezirksvorstehern — Unterstützung zu leisten.

Die nachstehende Aufstellung giebt ein Bild über die Armenpflegeausgaben der letzten drei rechnerisch bereits festgestellten Etatsjahre. Es betrugen die Ausgaben, einschließlich der Stiftungszuwendungen:

	bei einer Civilbevölkerung von	insgesammt
a) 1895/96 . . .	177 811	773 300 $\mathscr{M}$,
b) 1896/97 . . .	186 009	800 300 „
c) 1897/98	191 224	830 645 „

mithin pro Kopf der Bevölkerung 4,32 $\mathscr{M}$, beziehungsweise 4,37 $\mathscr{M}$, beziehungsweise 4,34 $\mathscr{M}$.

Die Zuschüsse der Stadt betrugen in jenen Jahren 649.000 ℳ, 670.300 ℳ und 716.922 ℳ, während die übrigen Ausgaben aus den eigenen Einkünften der Armenverwaltung bestritten wurden. Im Rechnungsjahre 1896/97 beliefen sich die Gesammtbewilligungen in Baar auf 256.000 ℳ, oder wöchentlich durchschnittlich 4923 ℳ. Es wurden in offener Armenpflege unterstützt:

einzelstehende Personen 614,
Familienhaupter 1515,
mit Angehörigen 4744,
im ganzen also 6873.

Auf jede Person entfallen sonach 37,25 ℳ, während auf jeden Einzelstehenden und jedes Familienhaupt (Unterstützungspositionen) durchschnittlich 120,25 ℳ kommen.

Die am Schlusse des Rechnungsjahres 1895/96 verbliebene Kopfzahl der Unterstützten betrug 4738 in 1517 Positionen.

Die verbliebene Zahl der Positionen und Unterstützten betrug am Schlusse des Rechnungsjahres 1896/97 = 1540 Pflegefälle mit 4742 Unterstützten, also 23, beziehungsweise 4 mehr, als aus dem Jahre 1895/96 übernommen wurden.

Der Gesammtzugang in der Kopfzahl der Unterstützten betrug 2135 in 612 Positionen gegen 2399, beziehungsweise 685 des Vorjahres; der Gesammtabgang 2131 in 589 Positionen gegen 2159, beziehungsweise 563 in 1895/96. Der Zugang war somit um 73 geringer, der Abgang um 26 unterstützte Personen gröfser als im Vorjahre.

Der stärkste Zugang fand statt im Monat März mit 81 Positionen, der geringste im Monat April mit 34 Positionen; der stärkste Abgang in den Monaten April und Mai mit 68, beziehungsweise 79 Positionen, der geringste in den Monaten October und März mit 26, beziehungsweise 37 Positionen.

Von den aus 1895/96 übernommenen 1517 Unterstützungspositionen waren Ende März 1897 noch 1085 vorhanden. Dieselben hatten also abgenommen um 432 = 28,48 %; von den im Laufe des Jahres in Zugang gekommenen 612 Positionen waren Ende März 1897 noch 455 vorhanden; es sind also im Laufe des Jahres wieder in Abgang gekommen 157 = 25,65 %.

Der durchschnittliche Wochenbetrag der gezahlten Unterstützungen (4923) ist in den Monaten April, Februar und März erreicht, beziehungsweise überschritten worden, während die Aufwendungen in den Monaten Mai/Januar unter diesem Durchschnittsbetrage blieben.

Aufser der vorbezeichneten Summe für Baarunterstützungen an die in ständiger Pflege stehenden Armen wurden noch verabreicht im Jahre 1896/97:

a) an aufsergewöhnlichen Unterstützungen . . . 1162 ℳ,
b) für Brot . . . . 7022 »
c) » Brennmaterialien . .
d) an Bekleidung . . . . 16548 »
e) » Unterstützungen hier ortsangehöriger, in auswärtigen Gemeinden wohnender Personen . . . . , ... 17228 »
f) für Bekleidung armer Schulkinder . . . . 3200 »
g) an Beherbergung und Unterstützung durchreisender Fremden, sowie für Unterbringung nicht ortsangehöriger Familien und Personen . 9038 »
h) Baarunterstützungen für nicht ortsangehörige Personen . . . . . 27790 »

81988 ℳ.

Hierzu die Summe der durch die Bezirksversammlungen gewährten Baarunterstützungen mit . . . . 256 007 ℳ,
ergiebt eine Gesammtausgabe für die offene Armenpflege von . . . . . . 337 995 ℳ.
Es sind 12 Aerzte angestellt, welchen die Behandlung der Armen obliegt.

In den hiesigen Krankenhäusern wurden in 1896/97 für Rechnung der Armenverwaltung im ganzen 2296 Personen während 83 233 Pflegetage verpflegt.

Die Ausgabe hierfür betrug 120 349 ℳ.

Es entfallen durchschnittlich auf einen Kranken 36 Pflegetage à 52,20 ℳ Pflegekosten.

An sonstigen Ausgaben für die Krankenpflege sind entstanden 57 132 ℳ.

Es wurden in 1896/97 für Rechnung der Armenverwaltung 170 Irre verpflegt mit einem Gesammtkostenaufwande von 37 015 ℳ.

Die Ausgabe für die Pflege von Blinden, Taubstummen, Blödsinnigen u. s. w. betrug 13 930 ℳ.

Das Activvermögen der Armenverwaltung beläuft sich auf

a) Grundvermögen rund .   532 000 ℳ,
b) Kapitalvermögen   . . . 57 800 „
                                                          zusammen 589 800 ℳ.

Zum Armenvermögen gehören aufser Ackerländereien und den beiden, in einem besonderen Abschnitte besprochenen Pflegeanstalten zwei sogenannte Armenhäuser, welche in erster Linie obdachlosen Personen zum vorübergehenden Aufenthalte dienen, sowie zwei, zu Arbeiterwohnungen eingerichtete Gebäude. Das früher nicht unbedeutende Kapital des Allgemeinen Armenfonds und des Reservefonds der Armenverwaltung, aus welchem die Kosten des Pflegehausneubaues bestritten worden sind, ist zum gröfsten Theile hierfür verbraucht. Die Legate und milden Stiftungen haben dank dem edlen Wohlthätigkeitssinn der hiesigen Bürger einen erheblichen Zuwachs erfahren. Das Stiftungsvermögen betrug am Schlusse des Rechnungsjahres 1896/97 615 900 ℳ. Der Zinsertrag von etwa 29 000 ℳ wurde im Sinne der Stiftungen zum gröfsten Theile durch Gewährung von Beihülfen an verschämte, nicht in Armenunterstützung stehende Personen, für Waisenkinder, für Erziehungs- und Studienbeihülfen, für Reconvalescentenkuren und ähnliche wohlthätige Zwecke verwandt.

Die Privatwohlthätigkeit in hiesiger Stadt ist eine sehr rege und namentlich sind mehrere Vereine zu erwähnen, deren Wirksamkeit auf dem Gebiete der Aufserarmenpflege vollste Anerkennung verdient. Wir nennen unter Anderem: den Elisabethen-Verein, den Verein gegen Verarmung und den St. Vincenz-Verein.

Aufserdem verdienen besondere Erwähnung verschiedene Anstalten zur Verabreichung von Suppen und Mittagsportionen an Schulkinder und arme Familien, die Armenpflege der evangelischen und der israelitischen Gemeinde, verschiedene Vereine zur Veranstaltung von Weihnachtsbescheerungen für bedürftige Kinder und viele andere mehr, die sämmtlich eine segensreiche Thätigkeit entfalten.

Die Nothwendigkeit der Herbeiführung einer festen organischen Verbindung zwischen der gesetzlichen, öffentlichen Armenpflege und der Privatwohlthätigkeit ist immer mehr zu Tage getreten und hat im letzten Jahre dazu geführt, in Vorverhandlungen über diesen Punkt einzutreten. Es wurde ins Auge gefafst, als ersten Schritt zu dieser Verbindung eine Auskunftstelle für Wohlthätigkeit zu schaffen. Die Verhandlungen, welche indefs noch nicht zum Abschlusse gelangt sind, werden hoffentlich von Erfolg begleitet sein.

2. Die städtische Waisenpflege.

Unter den weitverzweigten Gebieten der Armenverwaltung nimmt die Kinderfürsorge einen besonders hervorragenden Platz ein. Sie bildet den erfreulichsten und hoffnungsreichsten Theil derselben, weil Gelegenheit geboten ist, nicht blofs rettend und helfend, sondern auch bewahrend und erziehend einzugreifen. Ihre Hauptaufgabe hat darin zu bestehen, denjenigen Kindern, welche überhaupt keine Eltern mehr haben, oder deren Eltern zur Erfüllung ihrer Pflichten aufser stande oder ungeeignet sind, das Elternhaus zu ersetzen. Wenn in dem nachstehenden Abschnitte der Kürze halber die Ausdrücke »Waisenpflege« und »Waisenkinder« gebraucht werden, so sollen damit nicht blofs die eigentlichen Waisenkinder, deren Eltern beide verstorben sind, gemeint sein, sondern alle diejenigen Kinder, bei denen die Armenverwaltung Elternstelle zu vertreten hat.

Die der Fürsorge der hiesigen Armenverwaltung anheimfallenden hülfsbedürftigen Waisenkinder werden zunächst dem städtischen Kinderpflegehause überwiesen. Die Aufnahme erfolgt in der Regel auf Antrag des Armenpflegers, beziehungsweise des Bezirksvorstehers. In dieser Anstalt werden die Kinder zunächst ärztlich untersucht, ordentlich gereinigt und, wenn nothwendig, mit neuer Bekleidung versehen. Falls die Kinder gesund sind und sich zur Unterbringung in Privatpflege eignen, werden dieselbe kurze Zeit nachher in Familienpflege untergebracht. 75 Procent aller dieser Waisenkinder befinden sich auf dem Lande oder in kleineren Städten der Umgebung von Düsseldorf bei Privaten gegen eine Vergütung von durchschnittlich 160 Mark pro Kind und Jahr, und nur 25 Procent sind in den hiesigen confessionellen Waisenhäusern untergebracht.

Mit der Unterbringung der Kinder auf dem Lande sind zwei geeignete Bureaubeamte der Armenverwaltung im Nebenamte betraut; dieselben ermitteln passende Pflegeeltern und bringen dann im Einverständnisse mit dem Vorsitzenden der Armenverwaltung die Kinder bei denselben unter.

Bei der Auswahl der Pflegeeltern sind folgende Gesichtspunkte mafsgebend:

1. ihre Religion, beziehungsweise ihr religiös-sittliches Leben überhaupt,
2. ihre erzieherische Befähigung,
3. ihre bürgerliche Stellung, Beschäftigung etc.,
4. ihre materielle Lage,
5. ihr Wohnort und ihre Wohnung,
6. ihre Familienverhältnisse.

Die Pflegeeltern werden, bevor sie ein Kind in Pflege erhalten, durch den betreffenden Beamten persönlich besucht und eingehende, auch vertrauliche Erkundigungen an Ort und Stelle finden zuvor statt. Aufserdem wird ein Attest des Pfarrers und Bürgermeisters verlangt, darüber, dafs die betreffenden Familien unbescholten und zur Erziehung eines Waisenkindes geeignet sind. Bei solchen Familien, welche selbst viele kleine Kinder haben, werden seitens der Armenverwaltung Waisenkinder grundsätzlich nicht untergebracht. Kinderlose Familien eignen sich, wie die Erfahrung hier gelehrt hat, in der Regel zur Erziehung von Waisenkindern besonders gut. Fälle, in denen die Pflegekinder von kinderlosen Pflegeeltern im Laufe der Zeit in alle Rechte der eigenen Kinder eingesetzt worden und dadurch in relativ glänzende materielle Verhältnisse gekommen sind, zählen zwar zu den Ausnahmen, sind aber nicht selten. Grundsätzlich finden nur solche Familien Berücksichtigung, die ein gesichertes Einkommen haben. Es werden also diejenigen Familien von vornherein ausgeschlossen, welche Armenunterstützung beziehen, Kostgänger halten oder welche nur lediglich deshalb Kinder in Pflege nehmen wollen, um daran zu verdienen. Die in Privatpflege untergebrachten Kinder werden jährlich zweimal zu unbestimmter Zeit durch die mit der Waiseninspection betrauten vorgenannten beiden Beamten besucht. Ferner nimmt der Vorsitzende der Armenverwaltung bei allen in Pflege befindlichen Kindern alle zwei Jahre Superrevisionen vor, und mündliche Aussprachen mit den Pflegeeltern, Lehrern, Ortsgeistlichen, gegebenen Falles auch mit dem Gemeindevorstand, finden statt. Eine fortgesetzte Controle ist im Interesse der Kinder unbedingt nothwendig, damit die Armenverwaltung beständig über das Befinden und Wohlergehen derselben unterrichtet und dadurch in den Stand gesetzt ist, das sonst leicht erlahmende Interesse der Pflegeeltern stets rege zu erhalten.

Besondere Sorgfalt wird auf die Berufswahl der schulentlassenen Waisen gelegt. Unter eingehender Berücksichtigung der Individualität, der Neigungen und Fähigkeiten der Kinder kommen dieselben entweder zu tüchtigen Meistern in die Lehre oder erhalten Dienststellen oder werden anderweitig ausgebildet. Für die in Lehre untergebrachten Kinder wird für die beiden ersten Lehrjahre zusammen 96 Mark Kleidergeld gezahlt und zwar in halbjährigen Raten von 24 Mark. Bis zur Beendigung der Lehrzeit verbleiben die Kinder unter fortgesetzter Aufsicht der Armenverwaltung, und selbst über diese Zeit hinaus findet noch eine sorgende Ueberwachung in einzelnen Fällen statt und zwar so lange, bis die Sicherheit gewonnen ist, dafs die Waisen imstande sind, für ihr Fortkommen selbst sorgen zu können.

Zur Beschaffung von Kleidungsstücken für die Communion, beziehungsweise Confirmation wird den Pflegeeltern eine einmalige Vergütung von 20 Mark gewährt.

An Reise-, Arznei- und Bekleidungskosten etc. entfallen jährlich auf jedes, in Familienpflege untergebrachte Kind im Durchschnitt 18 Mark.

Die Gesammtkosten für ein Kind belaufen sich pro Jahr somit auf 178 Mark.

Nach den bisher hier gemachten Erfahrungen hat sich die Familienpflege der Kinder ausgezeichnet bewährt. Die hier zu Tage getretenen Vorzüge derselben bestehen hauptsächlich darin, dafs die Kinder in den gewohnten Lebensverhältnissen bleiben, in natürlicher, einfacher Weise, wie andere Kinder, erzogen werden, sich, wie diese, an den Arbeiten, den häuslichen Sorgen und Freuden der Pflegeeltern betheiligen, überhaupt sich dessen kaum bewufst werden, dafs sie die Eltern verloren haben.

Verschiedene einschlägige Stiftungen setzen die Armenverwaltung in den Stand, alljährlich einer Anzahl von etwa 40 Waisenkindern eine Summe von je 30—35 Mark zuzuweisen, welche in Form eines Sparkassenbuches hinterlegt und mit den aufgelaufenen Zinsen und Zinseszinsen den betreffenden Kindern spätestens nach vollendetem 18. Lebensjahre ausgehändigt wird, indefs nicht, ohne vorgängige Verständigung mit dem Vormunde.

Da in hiesiger Stadt geschlossene städtische Waisenanstalten nicht vorhanden sind, so hat die Armenverwaltung mit den Vorständen der hier bestehenden confessionellen Waisenanstalten Unterbringungsverträge abgeschlossen. Die für jedes Kind zu zahlende Vergütung beträgt zur Zeit jährlich 175 Mark.

Nachstehende Tabelle weist die Zahl der in den letzten 10 Jahren verpflegten Waisenkinder nach:

Tabelle
der vom 1. April 1887 bis 1. April 1896/97 verpflegten Waisenkinder.

	1887/88	1888/89	1889/90	1890/91	1891/92	1892/93	1893/94	1894/95	1895/96	1896/97
Gesammtzahl der Kinder . . .	282	300	280	298	297	255	256	243	227	227
Davon waren untergebracht: in hiesigen katholischen Waisenhäusern . . .	44	44	20	17	20	25	26	23	28	31
in evangelischen Waisenhäuser hier .	23	32	25	31	27	27	29	27	24	25
" in Privatpflege	215	233	214	247	250	200	201	193	175	171
Neuaufnahmen fanden insgesammt statt	35	43	49	53	43	62	53	48	29	32
Auf 1000 Einwohner kommen Waisenkinder überhaupt	2,10	2,25	2,05	2,03	1,05	1,63	1,58	1,46	1,20	1,25
Von 100 Waisenkindern sind: a) eigentlich verwaist . .	80,85	81,23	82,00	78,52	75,08	67,84	70,70	67,90	67,84	69,60
b) aus anderen Gründen in Pflege gekommen .	19,15	18,77	18,00	21,48	24,92	32,16	29,30	32,10	32,16	30,40

3. Das städtische Pflegehaus an der Himmelgeisterstrafse.

A. Geschichtliches.

In der herzoglich bergischen, später kurpfälzischen Residenzstadt Düsseldorf bestand zur Zeit ihrer Erhebung als Stadt, 1288, bereits ein Gasthaus »zum h. Geist«. Es diente zur Aufnahme und Verpflegung armer Bürger und schwacher Pilger und befand sich gleich vor dem östlichen Thor des alten Stadttheils. Von 1443 ab bauten daselbst die Kreuzherren ihr Kloster und die Kirche. Neben dem südlichen Schiffe der letzteren blieb die kleine Marienkapelle, welche im Mittelalter das Ziel vieler Wallfahrer stets war und dadurch hauptsächlich den Bau des »Gasthauses« veranlafst hatte, bestehen. Das »Gasthaus« selbst aber mufste verlegt werden und wechselte bis Ende vorigen Jahrhunderts sogar dreimal seine Stelle, indem es mit der zunehmenden Vergröfserung der Stadt immer weiter hinaus nach Süden rückte. Von dem ersten Orte, woselbst jetzt die alte Kreuzbrüderkirche (das heutige Montirungsdepot) noch steht, mufste das Hospiz in die Flingerstrafse verziehen, wo 1449 ein Neubau für dasselbe vollendet war. Dort erhielten seine Einkünfte reichlichen Zuwachs durch manche Schenkungen, so namentlich seitens des Herzogs Wilhelm II., der ihm 1000 Goldgülden vermachte. Fast 200 Jahre später, 1621, begannen die Kapuziner den Bau eines Klosters auf der Flingerstrafse, ganz in der Nähe des Hospitals, an der Stelle, wo jetzt der »Kölnische Hof« steht; hierdurch wurde eine abermalige Verlegung des »Gasthauses« veranlafst. An der Stelle der heute noch bestehenden Garnisonkirche erhob sich um 1710 das neue Gebäude und erhielt den Namen »Hubertushospital« zum Gedächtnifs an die, von Herzog Gerhard II. am Hubertustage 1444 siegreich geschlagene Schlacht bei Linnich. Der damals gestiftete Hubertusorden, der nur aus dem hohen Adel seine Mitglieder entnahm, wurde ebenfalls reorganisirt. Jeder neu aufgenommene Ordensritter mufste 100 Dukaten an das Hospital schenken. Auch kamen letzterem die Militärstrafgelder zu gute; ebenso sollten ihm die Obersten der drei Hubertusregimenter den zehnten Theil ihres Einkommens abgeben. Das »Gasthaus« erhielt jetzt auch einen eigenen Pfarrer.

Mit dem weiteren Ausbau der Kasernen, welche heute noch in Benutzung sind, machte sich bald wieder die Nothwendigkeit einer Verlegung geltend. Das »Gasthaus« mufste als Militärlazareth eingerichtet werden, seine Kirche als Garnisonkirche dienen. Die alte Hubertusstiftung siedelte nach der Neustadt, der Neufserstrafse, über. Es wurde dort um 1770 von dem kurfürstlichen Hofkammer-Agenten Jos. Jak. van Geldern dessen neu erbautes Haus angekauft und für die Pfründner hergerichtet unter dem Namen »Hubertus-Gasthaus«. Gleich nebenan richtete die Verwaltung 1798 das neue Krankenhaus ein, welches später nach dem Landesfürsten, Herzog Maximilian Joseph, seit 1806 König von Bayern, Max-Joseph-Hospital genannt wurde. Zugleich trennte man ein besonderes Haus für die »Irrenden« ab, eines der ersten in Deutschland. Alle drei Anstalten unterstanden einer aus drei Mitgliedern zusammengesetzten Verwaltungscommission unter Aufsicht der Regierung. Nach Aufhebung der französischen Fremdherrschaft erstattete die Commission dem General-Gouverneur, Prinzen Solms, 1814 einen umfangreichen Bericht über diese, zur sogenannten Central-Wohlthätigkeits-Anstalt gehörenden Verpflegungshäuser. Danach waren im Hubertus-Gasthaus 30 Insassen: 28 alte Personen, 1 Vorsteherin und 1 Magd.

Früher bestanden 60 und mehr Pfründen, die aber nach dem Verluste der Besitzungen auf dem linken Rheinufer allmählich bis auf die jetzige Zahl herabging.

Die 12 ältesten Pfründner erhielten jeder täglich 6 Stüber (24 Pfennig) an Geld, die anderen 4 Stüber (16 Pfennig) und jeder wöchentlich ein Brot von 7 Pfund. Die Vorsteherin empfing die doppelte Portion an Geld und Brot. Die 14 ältesten Hospitaliten bekamen aus einer besonders dazu errichteten Stiftung der Wittwe Mühlenweg täglich jeder noch 2 Stüber (8 Pfennig) Zulage.

Die Hospitalkirche mufste nach alten Stiftungen aus dem Hospitalfonds erhalten werden; ebenso wurden daraus der Pfarrer und der Küster bezahlt. Der Pfarrer hatte 278 Reichsthaler 15 Stüber (667 ℳ) Gehalt. Der Arzt versah die Behandlung in allen drei Anstalten und erhielt dafür vom Municipalrath 200 Reichsthaler (480 ℳ).

So blieb unter Leitung der später mit 9 Mitgliedern zusammengesetzten Verwaltungscommission und mit weltlichem Personal das Pflegehaus 70 Jahre lang bestehen. Mit der rasch zunehmenden Bevölkerungszahl der Stadt wuchs auch die Zahl seiner Insassen. Die Stadt übernahm dann selbst die Oberaufsicht. Sie berief auf Antrag des Curatoriums die Schwestern vom hl. Franziskus aus Aachen, welche anfangs Juni 1868 zuerst die Sorge für die weiblichen Pfleglinge, dann, nach Ankunft neuer Schwestern, auch die für die weiblichen Kranken im Max-Joseph-Krankenhause übernahmen. Bald trat auch die Pflege für die männlichen Pfründner und Kranken hinzu. Die Schwestern führten nun selbst die Oekonomie, welche im Spital bisher von einem Verwalter besorgt worden, unter Aufsicht eines von der Stadtverordneten-Versammlung gewählten Curatoriums.

Neben dieser, jetzt »Städtisches Pflegehaus« genannten Wohlthätigkeitsanstalt, in welcher die der Armenverwaltung anheimfallenden siechen Personen: Männer, Frauen, Kinder und Altersschwache unentgeltlich verpflegt werden, ist noch eine andere Einrichtung unter dem Namen »Hubertusstift« weiter bestehen geblieben, in welcher indefs zur Zeit nur 35 Insassen vorhanden sind.

Das Krankenhaus wurde 1872 nach Vollendung des Marienhospitals, in welches sämmtliche Kranke überführt worden, ganz aufgehoben. Im Pflegehause blieben etwa 80 weibliche und 60 männliche Pfleglinge nebst 20 Schwestern zurück. Doch da bei der aufserordentlich stark zunehmen-

Städtisches Pflegehaus.

Städtisches Pflegehaus.

den Bevölkerung die Anzahl der Pflegebedürftigen von Jahr zu Jahr stieg, die Gebäude auch alt und unzweckmäfsig waren, so ging die Stadtverwaltung dazu über, eine neue grofse Pflegeanstalt zu erbauen. Dieselbe liegt im Süden der Stadt, etwa 1,5 Kilometer vom Bahnhofe Bilk entfernt an der Himmelgeisterstrafse, und von allen Seiten frei. Sie wurde im Juni 1892 mit ca. 400 Pfleglingen und 80 Schwestern eröffnet.

Arzt der Pflegeanstalt war bis 1813 der Medicinaldirector Dr. Odendahl, von 1813 an Dr. Heinr. Brewer, dann Kreisphysikus Dr. Ernst bis 1. Januar 1856, Sanitätsrath Dr. Zens von 1856 bis 1. October 1893. Der jetzige Anstaltsarzt ist Sanitätsrath Dr. Hucklenbroich, welcher dieses Amt seit 1893 versieht.

B. Bauliche Beschreibung.

a) Allgemeines.

Zum Neubau des Pflegehauses wurde bereits vor etwa 20 Jahren ein Grundstück an der Himmelgeisterstrafse, hinter dem Stoffeler Damm, angekauft, welches einen Flächeninhalt von 29 170 qm hatte. Durch die im vorläufigen Stadtbebauungsplane vorgesehenen Strafsen wurden, falls dieser Plan künftig beibehalten wird, rund . . . 8 700 »
abgeschnitten, so dafs . . . . 20 470 qm
übrig blieben. Die letztere Fläche konnte daher auch für die beabsichtigten Bauwerke nur in Frage kommen, und mufste die Lage derselben auf dem Grundstück so gewählt werden, dafs die Ausführung des vorläufigen Stadtbebauungsplanes möglich blieb. Infolge dieser Einschränkungen mufsten die Bauten möglichst nach dem Stoffeler Damm hin gerückt werden, was sich auch noch aus der allgemeinen Gestaltung des Geländes empfahl, indem nach der südlichen Seite hin das Grundstück bedeutend höher als in den nördlichen Theilen lag. Die Bebauung des Grundstückes mufste naturgemäfs im allgemeinen derart erfolgen, dafs die Hauptfront und Zugangsseite der Anstalt an der Himmelgeisterstrafse, also gegen Westen, liegt. Inmitten der Front liegt das Verwaltungsgebäude, welches zugleich einen Theil der Pfleglinge aufnimmt, während rechtwinkelig dazu die nach den beiden Geschlechtern getrennten Pflegehäuser untergebracht wurden. Diese drei Hauptgebäude sind durch Hallen untereinander verbunden. Im Hintergrunde des Grundstückes nach dem Stoffeler Damm fand das Stallgebäude eine passende Stelle. Durch späteren Ankauf wurde das Grundstück dann nach Süden und Osten hin nicht unwesentlich (um rund 41 257 qm) vergröfsert, wodurch weitere Flächen zum landwirthschaftlichen Betriebe gewonnen wurden und eine ausgedehntere Beschäftigung der Pfleglinge in diesem Betriebe ermöglicht wurde.

b) Das Verwaltungsgebäude

liegt mit seinem Erdgeschosse etwa 1,50 m über der Krone der Himmelgeisterstrafse, ist ganz unterkellert und besteht aufser dem Erdgeschosse aus zwei Obergeschossen und einem Dachgeschosse. Das Erdgeschofs enthält auf der rechten Seite die Räume für die Verwaltung, bestehend aus einem Zimmer für die Versammlungen des Curatoriums nebst Vorzimmer, einem Bureau nebst Vorraum, einer kleinen Bibliothek und den Räumen für die Franziskaner-Schwestern, welchen die Pflege in dem neuen, wie früher im alten Hause an der Neufserstrafse, übertragen, und welchen der rechte Flügel des Verwaltungsgebäudes in allen Geschossen eingeräumt worden ist. Auf der linken Seite des Gebäudes sind das Zimmer für die Pförtnerin, ein Anspraschzimmer für die Pfleglinge, je ein Zimmer für den katholischen und evangelischen Geistlichen zu beiden Seiten dieses Zimmers, sowie ein Ausgabezimmer für die Schwestern, ferner die Apotheke, ein Zimmer für den Hausarzt und ein Operationszimmer für etwaige einfachere, im Hause selbst vorzunehmende Operationen, Zimmer zum vorübergehenden Aufenthalt schwererer Kranken. In dem nach dem Mittelflügel des Verwaltungsgebäudes ist dann die Kochküche mit den nöthigen Nebenräumen, und zwar: zwei getrennte Speiseausgaben, Spülküche und Gemüsereinigungsraum, ferner mit Vorrathsräumen für Mehl, Hülsenfrüchte, Brot u. s. w. angelegt. Die Kochküche, deren Anordnung sich aus dem Grundriss des Erdgeschosses des Verwaltungsgebäudes ergiebt, hat drei Kessel zum Kochen mit Dampfbetrieb und einen großen Herd zum Braten mit unmittelbarer Kohlenfeuerung erhalten, einen großen, mit Wärmevorrichtung versehenen Anrichtetisch, einen Wärme-

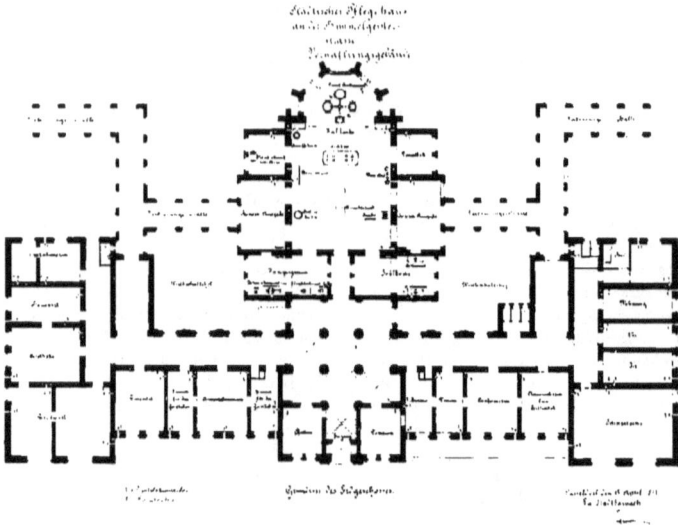

schrank, einen Kartoffel- und einen Kaffeesieder, beide ebenfalls mit Dampfbetrieb. In den Nebenräumen sind eine Anzahl kleinerer Maschinen zum Mahlen von Kaffee, zum Schneiden von Brot, Fleisch, Gemüse u. s. w., die sämmtlich maschinell betrieben werden können, untergebracht.

Das erste Stockwerk des Verwaltungsgebäudes enthält außer den nöthigen Wärterstuben, Badezimmer, Spül-, bezw. Theeküchen, eine Anzahl von Zimmern zu je 4 bis 14 Betten für die Pfleglinge. Im Mittelflügel hat hier der Betsaal einen günstigen Platz gefunden.

Das zweite Stockwerk zeigt eine ähnliche Einrichtung, wie das erste Stockwerk. Von dem Flur ist die Empore des Betsaales zugänglich.

Das Dachgeschoss enthält eine große Anzahl von Schlafzimmern für das Wärterpersonal, bezw. für die Wärterinnen.

Das Kellergeschofs wird zu Vorrathsräumen für Gemüse, Kartoffeln, Fleisch, Bier, Oel. Seife, sowie für Brennmaterial u. s. w. verwendet. Aufserdem enthält es den Maschinenraum nebst Zimmer für den Maschinisten und eine Schlosserwerkstätte. Ferner ist im Kellergeschofs ein Backofen nebst Backstubenraum, ein Zimmer für den Bäcker und ein Mehlvorrathsraum untergebracht. Die Waschküche, ebenfalls mit Dampfbetrieb, ist unter der Kochküche im Mittelflügel des Verwaltungsgebäudes angelegt worden. Sie enthält zwei Behälter zum Einweichen, Bütten zum Kochen, sowie zur Behandlung der Wäsche von Hand, ferner eine Wasch-, Spül- und Centrifugal-Wringmaschine, sowie einen grofsen Trockenapparat in Coulissenform, endlich eine Mangel, welche sowohl von Hand, wie durch die kleine Dampfmaschine im Nebenraume der Waschküche, welche die sämmtlichen Maschinen betreibt, in Thätigkeit gesetzt werden kann. Die Stellung der Maschinen ist derart gewählt, dafs die Wäsche einen ungestörten Rundgang von den Einweich-Bottichen bis zur Mangel bei ihrer Behandlung machen mufs. Neben der Waschküche ist noch ein Arbeitsraum zum Flicken der Wäsche, ein Leinwandzimmer, ein Zimmer für die Wäscherei und zwei Zimmer für Kleider und Bettzeug angelegt. Aufzüge zur Beförderung der Leinwand, sowie der übrigen Gegenstände nach den höher liegenden Geschossen sind an zwei Stellen im Verwaltungsgebäude untergebracht.

c) Die beiden Pflegehäuser.

Dieselben sind ebenfalls vollständig unterkellert und haben ein Erdgeschofs und zwei Obergeschosse nebst Dachgeschofs erhalten. Nördlich vom Hauptgebäude liegt das Männerhaus, südlich das Frauenhaus. Beide sind durch bedeckte Hallen einerseits mit den Speisenausgaben der Kochküche, andererseits mit den beiden Treppenhäusern des Verwaltungsgebäudes verbunden.

Das Männerhaus hat in dem in Geländehöhe angeordneten Untergeschofs Remisen für Karren und Geschirre, eine Schusterei, eine Schreinerei, ein Zimmer für den Gärtner, einen Raum für Sämereien und ein Zimmer für Topfgewächse, endlich zwei Zellen für den vorübergehenden Aufenthalt von männlichen Irren nebst Wärterraum erhalten. Die übrigen Geschosse enthalten die Aufenthalts- und Schlafräume der männlichen Pfleglinge. Da die Pfleglinge in der Regel zur Hälfte so schwach sind, dafs sie das Bett nicht verlassen können, so sind nur für die gesundere Hälfte Wohnräume eingerichtet. Die schwächeren Pfleglinge sind in Zimmern von 4 bis 6 Betten untergebracht, die in einzelnen Räumen durch niedrige Rabitzwände abgetrennt sind. Für die übrigen Pfleglinge sind Zimmer zu 8 bis 10 Betten vorgesehen. Die Betten sind 1,90 m lang und 0,90 m breit angenommen. Der Gang zwischen den Bettreihen ist etwa 2 m und der Zwischenraum zwischen den einzelnen Betten etwa 1,20 bis 1,40 m grofs. Die Zimmer der Pfleglinge sind sämmtlich nach Süden oder Südosten und Südwesten gelegt worden, während die Flure sich an der Nordseite befinden. Die Flure haben 3 m Breite erhalten und sind sämmtlich überwölbt. Die Treppe ist massiv ausgeführt. Im ersten und zweiten Stockwerk ist je ein Arbeitszimmer ausgebaut worden. Im übrigen sind auch hier in jedem Stockwerk Wärterstuben, Badestuben, Spül- bezw. Theeküchen und die nöthige Anzahl Aborte vorgesehen.

Das Frauenhaus, südlich des Verwaltungsgebäudes, hat im Untergeschofs Vorrathsräume, sowie einen Milch- und Butterkeller erhalten. Auch sind hier wiederum zwei Zellen zur vorübergehenden Unterbringung weiblicher Irren nebst dem erforderlichen Wärterraum vorgesehen. Das Erdgeschofs und die beiden oberen Stockwerke sind in gleicher Weise wie das Männerhaus eingerichtet. Die Aborte in den drei genannten Gebäuden sind nach dem sogenannten Heidelberger Tonnensystem ausgeführt, da hierbei die Abfallstoffe am einfachsten zu Düngmitteln für die Gärten verwerthet werden konnten. Dieses System, bei welchem eine Verunreinigung des Untergrundes vollständig ausgeschlossen ist, hat sich in nahezu achtjährigem Betriebe bisher aufs beste bewährt.

Im Anschlusse an die nördliche Verbindungshalle ist das Kesselhaus für den Betrieb der Waschküche, sowie einen Theil der Heizung der Badéräume u. s. w. in der Höhe des Kellergeschosses und in Verbindung damit ein Arbeitsraum für den Heizer und ein kleiner Raum zur Desinfection angelegt worden. Die Desinfection geschieht in der üblichen Weise durch strömenden Dampf derart, dass die schmutzigen und gereinigten Gegenstände völlig getrennt bleiben. Abgesondert von den bisher aufgeführten Gebäuden ist noch ein Stallgebäude für drei Pferde, acht Kühe und ca. 40 bis 50 Schweine nebst den erforderlichen Nebenräumen zur Ausführung gelangt.

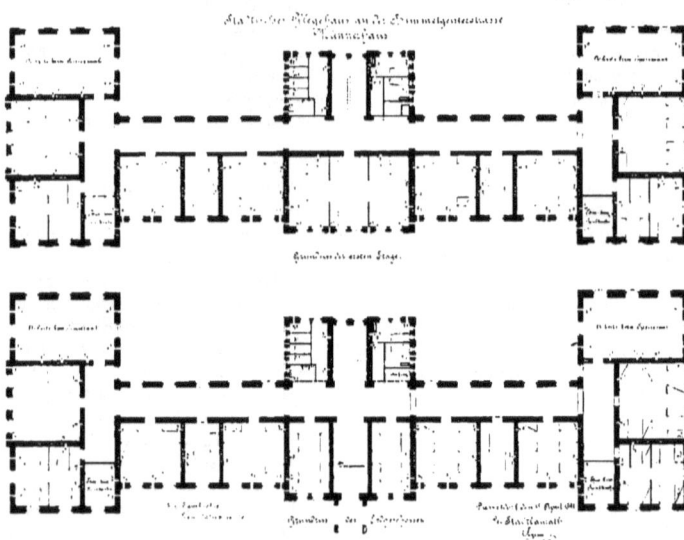

d) Bauart der Gebäude.

Die Bauart und Ausstattung der Anstalt ist den bei städtischen Bauten ähnlichen Ranges angewendeten Grundsätzen entsprechend und ihre äufsere Erscheinung demgemäfs so gehalten worden, dafs sie bei aller Einfachheit der Umgebung zur Zierde gereichen. Die Aufsenfronten sind mit gelben und rothen Blendsteinen sauber verkleidet worden.

Die Stockwerkshöhen betragen, einschliefslich Decken, 4,50 m, da bei der Anzahl der in einem Raum befindlichen Pfleglinge ein Luftraum von etwa 30 cbm pro Person erforderlich erschien.

Die Corridore, welche, wie bemerkt, gewölbt sind, sind mit Terrazzoböden einfachster Art in allen Geschossen belegt, die Fufsböden der Wohnräume bestehen aus Pitchpine-Riemen auf Lagerhölzern, bezw. auf den Balkenlagen. In etwas reicherer Weise ist der Terrazzofufsboden der Eingangshalle des Verwaltungsgebäudes, sowie des Betsaales angeordnet. Die Fufsböden der Waschküche bestehen aus geriffelten Thonplatten, die des Maschinenraumes, der Werkstätten, Speise- und Vorrathskammern, des Gemüseputzraumes, der Ställe, Futterküchen u. s. w. sind in Stampfbeton hergestellt. Die Baderäume sind in Gips-Estrich ausgeführt. Die Dächer sind mit doppelter Pappe auf Schalung gedeckt. Die Räume der Pfleglinge sind durchweg mit Leimfarbe gestrichen, die Flure und Treppenhäuser, sowie die Aborte haben ein 1,50 m hohes Oelpaneel erhalten. Nur die Baderäume sind ganz in Oelfarbe gestrichen. Die Wände der beiden Küchen nebst deren Nebenräume haben im Innern bis auf 1,50 m Höhe eine Verkleidung mit Mettlacher weifsen achteckigen Wandplatten mit blauen Einlagen erhalten.

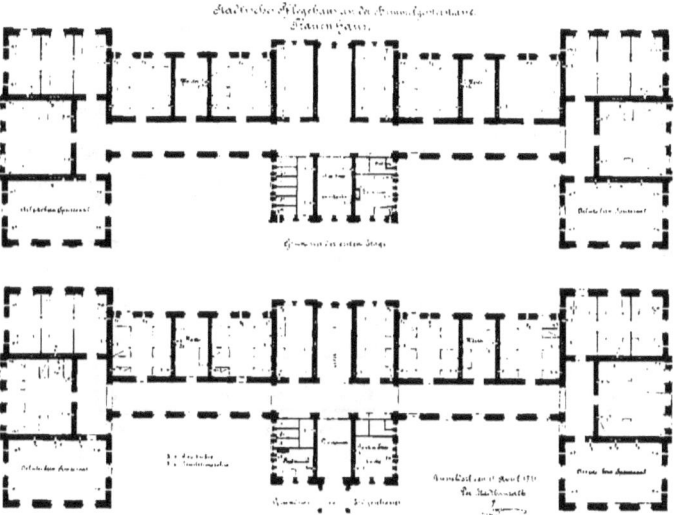

In reicherer Weise ist der Betsaal, der Hauptraum der ganzen Anlage, ausgestattet worden, der denn auch nach allgemeiner Ansicht einen sehr harmonischen und schönen Eindruck auf den Besucher macht.

Die Heizung ist, abgesehen von der Wasch- und Kochküche, dem Betsaal, den Badestuben u. s. w., welche eine Niederdruck-Dampfheizung erhalten haben, durch gewöhnliche Ventilationsöfen mit Luftzuführung von aufsen bewirkt worden. Ueberhaupt ist überall auf eine ausreichende Lüftung besonderer Werth gelegt worden, indem sowohl im Sommer, wie im Winter, allen Räumen von aufsen frische Luft in genügender Menge durch Kanäle zugeführt und die verbrauchte Luft nach dem Dachraum und von dort mittels Deflectoren ins Freie abgeführt werden kann.

Die Beleuchtung erfolgt durch Gas aus dem städtischen Gaswerk.

Der Wasserbedarf wird durch Anschluß an die städtische Wasserleitung gedeckt.

Für die sämmtlichen Gebäude ist eine Blitzableitung, den in neuester Zeit aufgestellten Untersuchungsergebnissen über Blitzgefahr entsprechend, angelegt worden. Die ganze Anlage wurde auf Grund eines Programms nebst Skizze des Stadtbauraths Peiffhoven unter dessen Leitung vom Hochbauamte entworfen und ausgeführt. Die Bauarbeiten begannen im Frühjahre 1890 und bereits im Sommer 1892 konnte das Gebäude bezogen werden.

Die Heizung, die maschinelle Einrichtung der Koch- und Waschküche, sowie die Anlage der Bäder wurden von der Düsseldorfer Firma Gebr. Poensgen bewirkt, wobei deren damaliger Oberingenieur Franz Halbig die örtliche Bauleitung der genannten Anlagen wahrgenommen hat.

Die Gesammtkosten der Bauten nebst deren innerer Einrichtung, soweit dieselbe nicht aus dem alten Hause übernommen werden konnte, haben rund 850 000 ℳ betragen.

Die Anstalt bietet Raum für etwa 700 Pfleglinge.

C Statistische Angaben.

Am 1. April 1898 waren in der Anstalt: 264 Männer, 304 Frauen, 37 Kinder, dann 32 Ordensschwestern und das Dienst- etc. Personal, im ganzen 657 Personen.

Die Anstalt hat einen eigenen katholischen Seelsorger. Für die etwa 40 evangelischen Pfleglinge kommt ein Geistlicher aus der Stadt zum Gottesdienste. Die Kapelle ist gemeinschaftlich.

Die Belegschaft in den letzten beiden Jahren erhellt aus der nachstehenden Uebersicht. Es waren untergebracht:

	1895/96				1896/97			
	Männer	Frauen	Kinder	Summe	Männer	Frauen	Kinder	Summe
Bestand aus dem Vorjahre	229	255	32	516	243	275	35	553
Zuwachs	137	115	43	295	126	101	55	282
zusammen	366	370	75	811	369	376	90	835
Abgang	123	95	40	258	113	91	46	250
Bestand am Jahresschlusse	243	275	35	553	256	285	44	585

Nach den Verpflegungsnachweisungen belief sich die Gesammtzahl der Pflegetage
auf . . . 204 413 pro 1896/97
gegen . . 194 287 » 1895/96.

Es entfielen somit auf einen der im Laufe des Jahres 1896/97,
bezw. 1895/96 untergebrachten 835, bezw. 706 Pfleglinge . . . 245 Pflegetage pro 1896/97
239 » » 1895/96.

Die Ausgaben beliefen sich auf mit 835, bezw. 811 Pfleglingen 138 635 ℳ pro 1896/97
135 058 » » 1895/96.

Hiernach kostete jeder Pflegling 65½ Pf. täglich pro 1896/97
69½ » » » 1895/96.

Das Verwaltungspersonal besteht aus einer Vorsteherin und 31 Ordensschwestern (Franziskanerinnen), 13 Dienstboten, 3 Wärtern, 2 Bäckern, einem Schuster, einem Schneider, einem Maschinisten, einem Heizer und einem Pferdeknecht.

4. Das Kinder-Pflegehaus an der Ratingerstrafse.

Die städtische Pflegeanstalt für verwaiste und verwahrloste Kinder befindet sich im alten Stadttheile an der Ratingerstrafse. Sie ist in einem grofsen Gebäude untergebracht, das auf den Ruinen des früheren Coelestinerinnenklosters erbaut wurde. Kloster und Kirche waren durch das Bombardement der französischen Revolutionstruppen in der Nacht vom 5. zum 6. October 1794 fast ganz eingeäschert. Nachdem die Häuser in den Händen verschiedener Privatpersonen gewesen, kaufte die Stadt dieselben an und richtete daselbst die Augenklinik ein, welche unter Leitung des Geheimen Medicinalrathes Professor Dr. Mooren vom April 1862 bis October 1883 blühte. Nachdem diese aufgelöst worden war, eröffnete die städtische Verwaltung daselbst das zweite Pflegehaus für jugendliche Bedürftige. Es hat jetzt etwa 180 Insassen, meistens Kinder. Die Gebäulichkeiten sind zum gröfsten Theile zwar ein Jahrhundert alt, doch ihrem Zwecke entsprechend eingerichtet. Hausarzt der Anstalt ist Dr. F. Bartel.

Die Zahl der in den letzten beiden Jahren dort untergebrachten Pfleglinge ergiebt sich aus der nachstehenden Zusammenstellung. Es waren untergebracht:

	1895/96				1896/97			
	Männer	Frauen	Kinder	Summe	Männer	Frauen	Kinder	Summe
Bestand aus dem Vorjahre .	5	3	124	132	5	3	139	147
Zuwachs . . .	3	-	187	190	-	1	196	197
Zusammen . .	8	3	311	322	5	4	335	344
Abgang	3	—	172	175	2	2	169	173
Bestand am Jahresschlusse .	5	3	139	147	3	2	166	171

Nach den Verpflegungsnachweisungen belief sich die Gesammtzahl der Pflegetage
auf . . 56 095 pro 1896/87
gegen . . 50 839 » 1895/96

Es entfielen somit auf einen der im Laufe des Jahres 1896/97 bezw. 1895/96 untergebrachten 344 bezw. 268 Pfleglinge . . .   . . .   163 Pflegetage pro 1896/97
    158 » » 1895/96

Die Ausgaben beliefen sich auf mit 344 bezw. 322 Pfleglingen   25 476 ℳ pro 1896/97
    22 058 » » 1895/96

Hiernach kostete jeder Pflegling .   . 45 Pfg. täglich pro 1896/97
    43½ » » » 1895/96

Die Anstalt leitet ein Verwalter unter Mithülfe von dessen Ehefrau. Das Warte- bezw. Dienstpersonal besteht aus vier Mägden, einer Wärterin, einem Gehülfen und zwei Gehülfinnen.

※

5. Das Wöchnerinnen-Asyl.
Von San.-Rath Dr. Hucklenbroich.

Am 19. December 1881 versammelten sich zum erstenmal 12 Damen und der heute noch die Behandlung der Wöchnerinnen leitende Arzt, um auf des letzteren Anregung hin Mittel und Wege zu finden, für bedürftige verheirathete Frauen ohne Unterschied der Religion, welche zur Zeit des Wochenbettes zu Hause nicht die nothwendige Pflege und Ruhe haben können, eine Entbindungsanstalt einzurichten. Einstimmig wurde der vorgelegte Plan angenommen und beschlossen, einestheils noch weitere sich dafür interessirende Damen zu werben, andererseits einen Aufruf an die Bürgerschaft zu veröffentlichen und eine allgemeine Sammlung von Geld und sonstigen Gaben zu veranstalten. Dies geschah in den ersten Monaten des Jahres 1882 durch die Damen persönlich, und der Erfolg war ein sehr günstiger. Aufser vielen Einrichtungssachen kamen über 15 000 ℳ baar ein, so dafs ein kleines Haus in der Grafenbergerstrafse für 20 400 ℳ angekauft und ausgestattet werden konnte.

Die neue Anstalt wurde officiell am 1. April 1882 eröffnet, nachdem schon 3 Tage vorher die erste Entbindung im Hause statthatte. Bis Ende des Jahres 1882 waren 80 Frauen aufgenommen, im ersten Betriebsjahr 120. Die Anzahl der Betten stieg bald auf 10. Eine Hausmutter besorgte das Hauswesen, eine in der Anstalt wohnende Hebamme die Frauen und Kinder. Dazu traten bald Wärterinnen, welche in sechswöchentlichem Lehrgange die Wochenpflege erlernten. Schon bald nach Gründung der Anstalt wurde die Verleihung der Corporationsrechte angestrebt; doch gelang es erst nach einigen Jahren, im October 1885, die Königliche Bestätigung zu erhalten. Der Vorstand, welcher bis dahin aus vier Damen und dem Arzte bestand, mufste noch um eine Dame und den Schriftführer vermehrt werden. Daneben besteht das sog. Comité aus 40 Damen, von denen je 2 monatlich abwechselnd die Aufsicht im Hause führen, indem sie letzteres und die dort befindlichen Wöchnerinnen 2- bis 3mal in der Woche besuchen. Sie nehmen dann an der nächsten Vorstandssitzung theil und sprechen ihre Wahrnehmungen, Wünsche u. s. w. aus, denen möglichst Rechnung getragen wird.

Das zuerst angekaufte Haus erwies sich im Laufe der Jahre für den stetig zunehmenden Besuch als zu klein. Es wurde deshalb nach längerem Suchen ein bedeutend gröfseres Haus in der Nähe, in der Adlerstrafse, vortheilhaft gegen das frühere Besitzthum, das zu 36 000 ℳ angerechnet ist, mit Zuzahlung eingetauscht. Die innere Ausstattung geschah fast ganz durch Geschenke und Geldbeiträge der Vereinsdamen. Am 1. Mai 1890 wurde die Anstalt in dem neuen Heim eröffnet. Die Anzahl der Betten ist jetzt 15 mit Einschlufs von 2 Geburtsbetten. Einer Hausvorsteherin, die eine Magd zur Hülfe hat, untersteht das Hauswesen, einer Hebamme nebst zwei Warteschülerinnen, die jetzt drei Monate lernen müssen, die Pflege der Frauen und Säuglinge. Im Laufe der Jahre sind eine ganze Anzahl von Geldbeiträgen dem Verein zugewendet worden, von kleineren Beträgen an bis zu einem Legat von 7500 ℳ. Die städtische Armenverwaltung gab von Anfang an die Medicamente unentgeltlich, dann später auch einen Geldzuschufs, der von 500 ℳ an bis auf 3000 ℳ erhöht worden ist.

Nichtsdestoweniger gingen die Mittel bei den stetig wachsenden Anforderungen allmählich zur Neige. Nachdem im Jahre 1895 eine Lotterie im engeren Kreise an 2000 ℳ erbrachte, wurde von den Vereinsdamen 1897 ein grofser Bazar veranstaltet. Durch Unterstützung seitens vieler andern Damen und Herren und namentlich auch durch die Künstlerschaft war der Erfolg ein glänzender: über 38 000 ℳ Reingewinn wurde erzielt.

Es konnten nun im Hause dringend nothwendige Veränderungen und Anschaffungen gemacht, namentlich auch die Kanalisation, dann ein zweiter Baderaum und ein neues Isolirzimmer angelegt werden. Das Haus nebst dem Garten macht jedem Besuchenden durch sein sauberes Aussehen und die zwar einfache, doch zweckmäfsige und freundliche Einrichtung den besten Eindruck.

Nach dem letzten Jahresbericht sind vom 1. April 1897 bis 1. April 1898 234 Frauen mit ihren Kindern in 2287 Tagen verpflegt worden. In den 16 Jahren des Bestehens der Anstalt waren 2518 Ehefrauen nebst 2530 Kindern gepflegt, darunter manche Frauen zu wiederholten Malen, bis zum 8. und 9. Mal. In sehr vielen Fällen (etwa in 20%) war die Hülfe oder Behandlung und Rath des Arztes nöthig. An Ausgaben verursachten die 234 Frauen (aufser den einmaligen für das Haus) rund 9000 ℳ, denen 9500 ℳ Einnahmen gegenüberstehen. Letztere setzen sich zusammen aus 5200 ℳ festen Beiträgen der Vereinsmitglieder, 3000 ℳ Zuschufs der Armenverwaltung und 1300 ℳ sonstigen Zuwendungen. Das Gesammtvermögen beträgt 66 500 ℳ.

So steht also die Anstalt finanziell ziemlich gefestigt da. Selbst wenn keine gröfseren Stiftungen ihr vermacht werden sollten, darf sie doch hoffen, dafs der bewährte Wohlthätigkeitssinn der Mitbürger sie bei dem von Jahr zu Jahr sich steigernden Besuch nicht im Stiche lassen wird. Ist doch jetzt in weiten Kreisen, so namentlich auch durch hervorragende Universitätslehrer, die Nothwendigkeit der Wöchnerinnen-Asyle erkannt und ihre Thätigkeit geschätzt.

Erwähnt sei noch, dafs Düsseldorf nach einem halben Jahrhundert zuerst wieder in Deutschland ein Wöchnerinnen-Asyl erstehen sah. In Aachen war 1830 ein solches gegründet worden, hatte aber leider keine Nachfolge gefunden. Jetzt bestehen in etwa 20 deutschen Städten derartige Wohlfahrtsanstalten zum grofsen Segen der bedürftigen Ehefrauen und ihrer Angehörigen, und die Zahl der Asyle mehrt sich von Jahr zu Jahr.

Die erste Präsidentin des Vereins war Frau Geh. Sanitätsrath Nieland bis 29. Januar 1886 (1890 gestorben), die zweite Frau Oberbürgermeister Becker (jetzt in Köln) von da an bis 27. Mai 1886, die dritte Frau Geh. Commerzienrath Pfeiffer bis Ende 1896, die vierte ist Frau J. Krons. Stellvertreterinnen (zweite Vorsitzende): Frau Becker, Frau Pfeiffer, Frau Krons, Frau Matthes. Kassenführerin: Frau Ida Hagen von 1882 ab bis zu ihrem Tode 1. November 1896, von da ab Frau Beigeordneter Marx. Beisitzerinnen: Frau Director Bendemann (1895 gestorben), Frau Dr. Bausch, Freifrau von Berlepsch Excellenz, Frau Oberbürgermeister Lindemann. Schriftführer: Justizrath Frings (von 1885 ab). Anstaltsarzt: Dr. Hucklenbroich von 1882 an. Hülfsarzt Dr. Pfeiffer vom 1. April 1898 ab.

6. Der Wöchnerinnen-Pflegeverein.

Im Jahre 1888 wurde hierselbst der Verein zur Pflege armer, unbescholtener Wöchnerinnen ins Leben gerufen. Der Verein verfolgt den Zweck, arme Frauen während ihres Wochenbettes nicht von ihren Familien zu trennen, sondern denselben im Hause nach Kräften Schonung, Hülfe und Pflege angedeihen zu lassen. Die Mitglieder des Vereins besuchen die Wöchnerinnen in ihren Wohnungen. Früher trug der Verein einen confessionellen Charakter, seit dem Jahre 1896 hat derselbe aber seine Thätigkeit dahin ausgedehnt, dafs er arme, unbescholtene Wöchnerinnen, ohne Unterschied der Confession, unterstützt.

Im Jahre 1897 wurden 285 katholische und 10 evangelische Wöchnerinnen verpflegt. An Pflegegeld wurden gezahlt im ganzen 1478 Mark. Die Ausgabe für Kleidungsstücke, Wäsche u. s. w. betrug 2630 Mark.

Der Verein erhält seit dem 1. April 1897 aus städtischen Mitteln eine Beihülfe von 1500 Mark pro Jahr. Er hat gemäfs Vereinbarung im Rahmen der Statuten alle Personen zu unterstützen, welche ihm von der Armenverwaltung überwiesen werden. Seine Thätigkeit mufs als eine sehr segensreiche bezeichnet werden.

7. Ferien-Colonien, Soolbad- und Milchkuren.

Dem Vorgehen verschiedener gröfseren Städte folgend, bildete sich auch in hiesiger Stadt im Laufe des Sommers 1881 ein Comité für die Einrichtung von Ferien-Colonien. Dasselbe besteht zur Zeit aus folgenden Herren:

Oberbürgermeister Geheimer Regierungsrath Lindemann, Dr. Bartel, Dr. Bonnekamp, Beigeordneter Greve (Vorsitzender), Stadtverordneter Gustav Herzfeld, Rentner August Höltgen, Rector Kellermann, Stadtschulrath Kessler (stellvertretender Vorsitzender), Gymnasial-Director a. D Dr. Kiesel, Geheimer Regierungs- und Schulrath Professor Dr. Rovenhagen, Stadtverordneter Suhl (Schatzmeister), Rector Steinert, Fabrikbesitzer B. G. Weismüller, Rector Westhoff (Schriftführer), und Rector Wirtz.

Das Comité verfolgt den Zweck, kränklichen, schwächlichen und erholungsbedürftigen Kindern hiesiger, in dürftigen Verhältnissen lebender Eltern Soolbadkuren zu ermöglichen oder Landaufenthalt an gesunden, geeigneten Orten während der Herbstferien oder eine längere Milchkur hier am Orte selbst bezw. in unmittelbarer Nähe, unentgeltlich zu gewähren.

Die Mittel zur Bestreitung der Kosten werden durch freiwillige Beiträge, verfügbare Zinsen geeigneter wohlthätiger Stiftungen, sowie durch einen festen Zuschufs der Stadt Düsseldorf im Betrage von 6000 Mark und aus etwaigen Beiträgen von Wohlthätern oder Angehörigen der verpflegten Kinder aufgebracht.

Die Anmeldungen der Kinder erfolgen für die Soolbadkuren durch die Eltern bezw. Pflegeeltern unter Vorlage eines ärztlichen Gutachtens direct bei dem Vorsitzenden des Comités; die für die Ferien-Colonien und Milchkuren bei den Rectoren bezw. Hauptlehrern.

Die ärztliche Untersuchung der angemeldeten Kinder erfolgt durch die Comité-Aerzte Dr. Bartel und Dr. Bonnekamp.

Auf die Auswahl der Kinder wird besondere Sorgfalt verwandt. Es werden vorzugsweise wohlerzogene, kränkliche, reconvalescente, schwächliche und scrophulöse Kinder der ärmeren Bürgerschaft ausgewählt; Kinder, die an einer ansteckenden Krankheit, an Krämpfen oder Epilepsie leiden, sind ausgeschlossen.

Diejenigen Kinder, welche wegen unzureichender Mittel des Comités oder aus anderen Gründen von der Theilnahme an den Ferien-Colonien ausgeschlossen werden müssen, nehmen in solchen Fällen stets an den in hiesiger Stadt errichteten Milchkur-Veranstaltungen theil.

Die zu einer Soolbadkur nach Kreuznach oder Alstaden entsandten Kinder verbleiben dort 4—8 Wochen, während die Theilnahme an einer Ferien-Colonie oder einer Milchkur-Veranstaltung 3 Wochen beträgt.

Im Jahre 1897 wurden 3 Knaben- und 3 Mädchen-Colonien gebildet, welche in Ruppichteroth (Siegkreis), Alfter (Landkreis Bonn), Kettwig, Schuir bei Kettwig und Lützenkirchen bei Opladen untergebracht waren.

Die Colonie-Orte werden durch den Vorsitzenden des Comités auf das sorgfältigste persönlich ausgewählt und die Colonien selbst auch regelmäfsig einmal durch denselben besucht.

Die bisher mit den Ferien-Colonien, Soolbad- und Milchkuren erzielten Resultate müssen als recht gute bezeichnet werden. Der mehrwöchige Aufenthalt der Kinder in guter, frischer Luft, die reichlich vorhandene gute und zweckmässige Nahrung, Erheiterung durch anregende Spiele und Ausflüge, haben einen wohlthätigen Einflufs auf das körperliche wie geistige Wohlbefinden derselben ausgeübt. Die bei einzelnen Kindern erzielte Zunahme des Körpergewichts schwankte zwischen 1-5 Kilo und betrug durchschnittlich 2,5 Kilo.

Die Gesammtkosten einer 30tägigen Soolbadkur betrugen pro Kind durchschnittlich 55 Mark, eines dreiwöchigen Landaufenthalts 37 Mark.

Versuche mit Winterpflege oder Nachkuren sind hier noch nicht angestellt worden, da ein Bedürfnifs hierzu noch nicht zu Tage getreten ist. Wohl aber ist die Armenverwaltung seit 2 Jahren dazu übergegangen, besonders bedürftigen Schulkindern, welche ohne genügendes Frühstück zur Schule kommen, auf Vorschlag der Lehrer ein Frühstück, bestehend aus einer Tasse warmen Milchkaffees und einem grofsen Brödchen, während der Wintermonate zu verabreichen. Im Rechnungsjahre 1896/97 wurden im ganzen fast 10000 solcher Frühstücksportionen vertheilt mit einem Kostenaufwande von nicht ganz 1100 Mark.

Die Erfahrung hat gezeigt, dafs die verpflegten Kinder in den meisten Fällen die gleichen sind, welche auch bereits an Ferien-Milchkurveranstaltungen theilgenommen haben.

Aus der nachstehenden Uebersicht ist die Zahl der in den letzten 10 Jahren in Colonien etc. entsandten Kinder zu ersehen.

Uebersicht
der in dem Zeitraume der letzten 10 Jahre in Ferien-Colonien entsandten Kinder:

	Es entfallen Kinder auf:								
	1888	1889	1890	1891	1892	1893	1894	1895	1896	1897
Soolbadkuren	46	52	70	65	59	64	53	68	86	112
Ferien-Colonien	194	183	183	184	159	179	159	179	225	247
Milchkur-Veranstaltungen	332	600	700	830	900	700	700	800	820	850
Summe	572	835	953	1079	1118	943	912	1047	1131	1209

Die Ausgaben betrugen durchschnittlich pro Jahr 12231 Mark.

Die Arbeiterfürsorge.

I. Krankenkassenwesen.

Am 1. April 1898 bestanden in Düsseldorf 5 Ortskrankenkassen, 60 Betriebs- (Fabrik-) Krankenkassen, 1 Innungskrankenkasse und 3 eingeschriebene Hülfskassen. Die Gemeindekrankenversicherung ist hier nicht eingeführt. Ueber den Stand der 5 Ortskrankenkassen giebt die nachstehende Uebersicht Aufschluss.

Laufende Nummer	Bezeichnung der Kasse	Durchschnittliche Mitgliederzahl im Jahre 1896	Durchschnittliche Mitgliederzahl im Jahre 1897	Aus dem Jahre 1896 wurden übernommen Reservefonds	Aus dem Jahre 1896 wurden übernommen Betriebsfonds	Einnahme pro 1897 ℳ	Ausgabe pro 1897 ℳ	Reservefonds am Schlusse des Jahres 1897 ℳ	Betriebsfonds am Schlusse des Jahres 1897 ℳ	An Beiträgen wurden erhoben incl. Zuschuss des Arbeitgebers ℳ	Unterstützt wurden: Zahl der Personen	Unterstützungstage
1	Ortskrankenkasse für Handwerker und in sonstigen stehenden Gewerben beschäftigte Personen	11 834	12 940	116 468,01	14 788,93	366 190,63	347 437,59	108 816,29	19 153,14	305 361,98	5415	149 769
2	Ortskrankenkasse für Fabrikarbeiter	4 019	4 142	49 500,—	8 733,15	130 672,96	128 418,14	2 500,—	4 484,30	94 082,37	1881	63 076
3	Metallarbeiterkasse (Ortskrankenkasse)	4 075	4 136	80 359,97	13 258,01	116 998,75	114 256,45	65 359,97	15 640,36	80 884,94	1604	43 765
4	Ortskrankenkasse für das Schuhmachergewerbe	504	591	8 537,50	1 242,40	11 472,23	9 630,05	7 087,50	1 800,36	8 012,28	195	4 642
5	Ortskrankenkasse für kaufmännisches und Büreau- etc. Personal	665	652	—	762,23	16 279,88	15 597,22	—	2 359,19	14 777,46	103	4 408

Bis zum 31. December vorigen Jahres wurden sämmtliche Ortskrankenkassen auf Grund eines Abkommens durch städtische Beamten verwaltet. Vom 1. Januar 1898 ab ist die Ortskrankenkasse für Fabrikarbeiter und die Ortskrankenkasse für Metallarbeiter in eine selbständige Verwaltung übergegangen.

Die ärztliche Behandlung der Mitglieder der Kassen, mit Ausnahme derjenigen für kaufmännisches und Büreau- etc. Personal, wurde durch 10 praktische Aerzte, 2 Augenärzte, 1 Zahnarzt und 1 Specialarzt für Hals-, Nasen- und Ohrenleiden ausgeführt. Für die letztgenannte Kasse waren ausser den vorbezeichneten Specialärzten 7 praktische Aerzte thätig. Diese Aerzte hatten die Kassenmitglieder nach den mit den Kassen eingegangenen Bedingungen gegen Gewährung der vereinbarten Sätze für die Einzelleistungen zu behandeln mit der Maßgabe, dass, wenn die hiernach an die Kassenärzte zu zahlende Gesammtsumme den Maximalbetrag von 3 Mark pro Jahr und Kopf aller Mitglieder der Ortskrankenkassen nach einer am 1. September jeden Jahres festzustellenden Durchschnittszahl übersteigt, eine entsprechende Herabsetzung der Vergütung für die einzelnen Leistungen eintritt. Die Beziehungen der Kassenärzte zu den Ortskrankenkassen können nur nach einer vorhergegangenen, beiden Theilen zustehenden dreimonatlichen Kündigung gelöst werden.

2. Die Aderssche Wohnungsstiftung für Arbeiter.

Durch letztwillige Verfügung vom 3. Juni 1887 hat der verstorbene Herr Landgerichts-Director a. D. Aders die Stadt Düsseldorf zur Universalerbin seines etwas über 2 Millionen Mark betragenden Vermögens mit der Bestimmung eingesetzt, dafs die eine Hälfte zu einer Studienstiftung, die andere Hälfte zur Errichtung von billigen Wohnungen zwecks Vermiethung an Arbeiter, kleine Handwerker u. s. w. verwendet werde.

Durch diese hochherzige Stiftung ist die Stadt Düsseldorf in die Lage gebracht, Minderbemittelten entsprechend billige Wohnungen zu beschaffen und zwar nicht nur für die Gegenwart, sondern auch in alle Zukunft, indem die Miethertraäge, nach Verwendung des ursprünglich zur Verfügung gestandenen Kapitals, angesammelt und immer wieder zu Neubauten verwendet werden.

Wie sehr durch diese Stiftung einem wirklichen Bedürfnisse abgeholfen wird, beweist der Umstand, dafs diese Wohnungen in den betreffenden Bevölkerungsklassen aufserordentlich stark begehrt sind, so dafs meistens schon lange vor Fertigstellung der Neubauten eine weit gröfsere Anzahl von Miethanträgen beim Curatorium eingeht, als berücksichtigt werden kann.

Am 1. Juli 1890 wurde durch Stadtverordneten-Beschlufs das Statut der Stiftung genehmigt, wonach dieselbe von einer Verwaltungsdeputation unter der Bezeichnung »Curatorium der Adersschen Wohnungsstiftung« verwaltet werden soll, und wählte das Curatorium den Architekten Herrn E. Roeting-Düsseldorf zum leitenden Baumeister für die Stiftung.

Es wurde nun zunächst in der Stadt mit der Erbauung von Stiftungshäusern begonnen. Zu diesem Zwecke wurde im Februar 1892 das im inneren alten Stadttheile gelegene Haus Ratingerstrafse 1 zum Preise von 55000 Mark käuflich erworben. Durch Um- und Anbau wurden dort 13 Wohnungen hergestellt und zwar: 10 Wohnungen zu 3 Zimmern 3 Wohnungen zu 2 Zimmern.

Die Wohnungen zu 3 Zimmern enthalten durchschnittlich je 43,50 qm Fläche bewohnbaren Raumes (einschliefslich Küche), und stellt sich der Miethpreis hierfür im Durchschnitt auf 243 Mark pro Jahr.

Die Wohnungen zu 2 Zimmern enthalten durchschnittlich 28,65 qm Fläche bewohnbaren Raumes zu einem durchschnittlichen Miethpreise von 144 Mark.

Am 1. November 1893 wurde dieses Haus von 13 Familien bezogen. Die Baukosten beliefen sich auf rund 34000 Mark, so dafs das Haus auf ungefähr 90000 Mark Gesammtkosten zu stehen kam.

In Anbetracht der im älteren und enger bebauten Stadttheile verhältnifsmäfsig theueren Bauplätze wurde für die Folge Rücksicht darauf genommen, solche Bauplätze zu erwerben, welche vom Stadtinneren weiter entfernt liegen, die zu billigeren Preisen angekauft werden konnten, und die noch in gesundheitlicher Hinsicht den Vortheil boten, dafs den Wohnungen Licht und Luft in reicherem Mafse zugeführt werden kann. Demnach wurde ein stadtseits zu Pferdebahnzwecken angekauftes Grundstück an der Hildenerstrafse, im südöstlichen Stadttheile Oberbilk gelegen, grofs 85 ar 80 qm, durch Stadtverordneten-Beschlufs zum Preise von 40000 Mark an die Aderssche Wohnungsstiftung übertragen. Auf diesem Grundstücke, welches für etwa 14 Wohnhäuser Raum bietet, wurden 1892/93 zunächst 4 Wohnhäuser mit der Bezeichnung Hildenerstrafse 8a bis 8d zum Preise von zusammen rund 130000 Mark errichtet und am 1. September 1893 von 24 Familien bezogen.

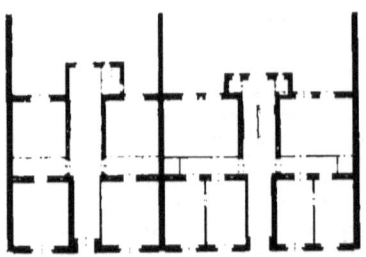

Wohnhäuser an der Blücherstraße.

Außer Keller und Dachgeschoß enthalten diese 4 Wohnhäuser im Erdgeschoß und 2 Obergeschossen zusammen 16 Wohnungen zu je 3 Zimmern, jede, einschließlich Küche, durchschnittlich 54,70 qm Fläche bewohnbaren Raumes (Miethspreis im Durchschnitt 250 Mark pro Jahr) und 8 Wohnungen zu 2 Zimmern, jede mit entsprechend 36,66 qm Fläche (174 Mark Miethspreis).

Im Jahre 1894 wurden auf diesem Grundstücke 2 weitere Häuser zum Preise von zusammen 56000 Mark fertiggestellt, welche in Anordnung, Größe und Miethspreisen den vorigen annähernd entsprechen und zusammen 4 Wohnungen zu 3 Zimmern und 8 Wohnungen zu 2 Zimmern enthalten.

Im März 1898 ist auf diesem Grundstücke mit der Erbauung von 2 weiteren Wohnhäusern nach fast gleichem Typ begonnen worden.

Das hinter diesen Häusern gelegene freie Terrain, pro Haus ungefähr 40,0 qm, wurde zu Garten und Bleichen hergerichtet und an 22 Miether zu je 3 Mark pro Jahr verpachtet.

Im December 1892 wurden stadtseits dem Curatorium zwei Grundstücke überlassen, eines an der Blücherstraße, im nördlichen, noch nicht völlig ausgebauten Stadttheile gelegen, groß 19 Ar 72 qm, zum Preise von 45850 Mark; das andere, an der nordwestlichen Stadtgrenze, Golzheim benannt, an der Ecke der Kaiserswertherstraße und des Kirchhofweges gelegen, groß 11 Ar 78 qm, zum Preise von 16422 Mark.

Auf ersterem Grundstücke wurden 1893/94 die Häuser Blücherstraße 42 und 44 mit je einem Hintergebäude, enthaltend zusammen 4 Wohnungen zu 2 Zimmern, 20 Wohnungen zu 3 Zimmern, mit einem Kostenaufwande von 130000 Mark erbaut.

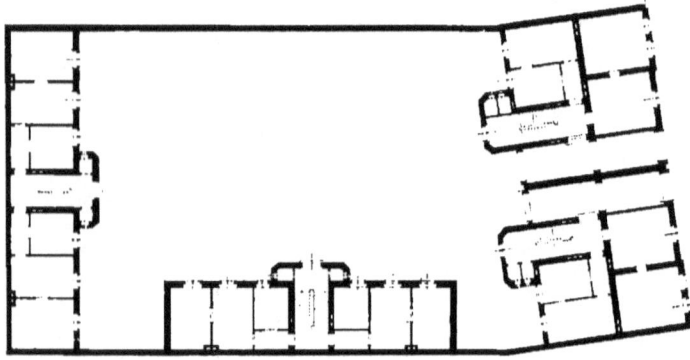

Wohnhäuser an der Blücherstraße.

Die in den Vorderhäusern gelegenen Wohnungen von 3 Zimmern enthalten im Durchschnitt jede 48,18 qm Fläche bewohnbaren Raumes zu durchschnittlich 258 Mark Miethe pro Jahr; diejenigen von 2 Zimmern bezw. 35,50 qm Fläche und 156 Mark Miethe.

Die Hintergebäude enthalten nur Wohnungen zu 3 Zimmern mit bezw. 48,44 qm Fläche und 204 Mark Miethe.

Auf dem Grundstücke zu Golzheim wurden zur nämlichen Zeit 3 Wohnhäuser zum Preise von 98 000 Mark errichtet.

Diese Wohnhäuser sind als Etagenhäuser mit 3 Geschossen erbaut und enthält das Eckhaus Nr. 31 Wohnungen von je drei Zimmern mit je 53,71 qm Fläche und je 172 Mark Miethe.

Die beiden Häuser Nr. 31a und 31b enthalten Wohnungen zu 3 Zimmern mit je 48,02 qm Fläche und 172 Mark Miethe, und Wohnungen zu 2 Zimmern mit je 37,30 qm Fläche und 120 Mark Miethe.

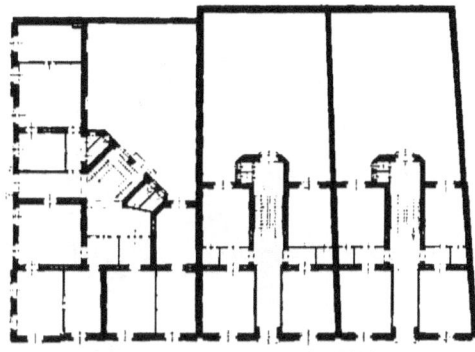

Wohnhäuser an der Kaiserswertherstraße (Golzheim).

Diese Gebäude sind seit dem 1. Januar 1895 bewohnt, und ist auch hier das unbebaut gebliebene Terrain neben bezw. vor den Häusern zu Gärten und Bleichen hergerichtet und den Miethern zu freier Benutzung übergeben worden. Im Hinblick auf die weite Entfernung bis zur Stadt ist in dem Hause Nr. 31 im Interesse der Miether ein Ladenlocal für Colonialwaaren etc. eingerichtet und an einen Kaufmann zu günstigen Bedingungen vermiethet.

Im östlichen Stadttheile Düsseldorf-Flingern wurde ein Grundstück, groß 25 Ar 14 qm, zum Preise von 19 513 Mark erworben und auf demselben im Jahre 1895 mit dem Bau von 4 Wohnhäusern unter der Bezeichnung Flurstraße 101, 101a bis 101c begonnen, deren Gesammtbaukosten rund 97 000 Mark betrugen.

Ebenfalls als Etagenhäuser mit 3 Geschossen erbaut, enthalten diese Gebäude 12 Wohnungen zu 2 Zimmern mit je 31,56 qm Fläche und 156 Mark Miethe, und 10 Wohnungen zu 3 Zimmern mit je 42,46 qm Fläche und 204 Mark Miethe. Dieselben wurden im September 1896 von 22 Familien bezogen.

Auf dem Hofterrain dieses Grundstückes ist im Herbst 1897 mit der Errichtung eines Hintergebäudes angefangen worden, welches im Laufe dieses Jahres fertiggestellt werden und 18 Wohnungen zu je 2 Zimmern enthalten wird.

Während bei den bisher errichteten Gebäuden das Princip der Etagenhäuser befolgt wurde, werden neuerdings auf einem im südlichen Stadttheile Düsseldorf-Bilk an der Volmerswertherstraße gelegenen, zum Preise von 14 874 Mark angekauften Grundstücke, groß 56 Ar 10 qm, sechs

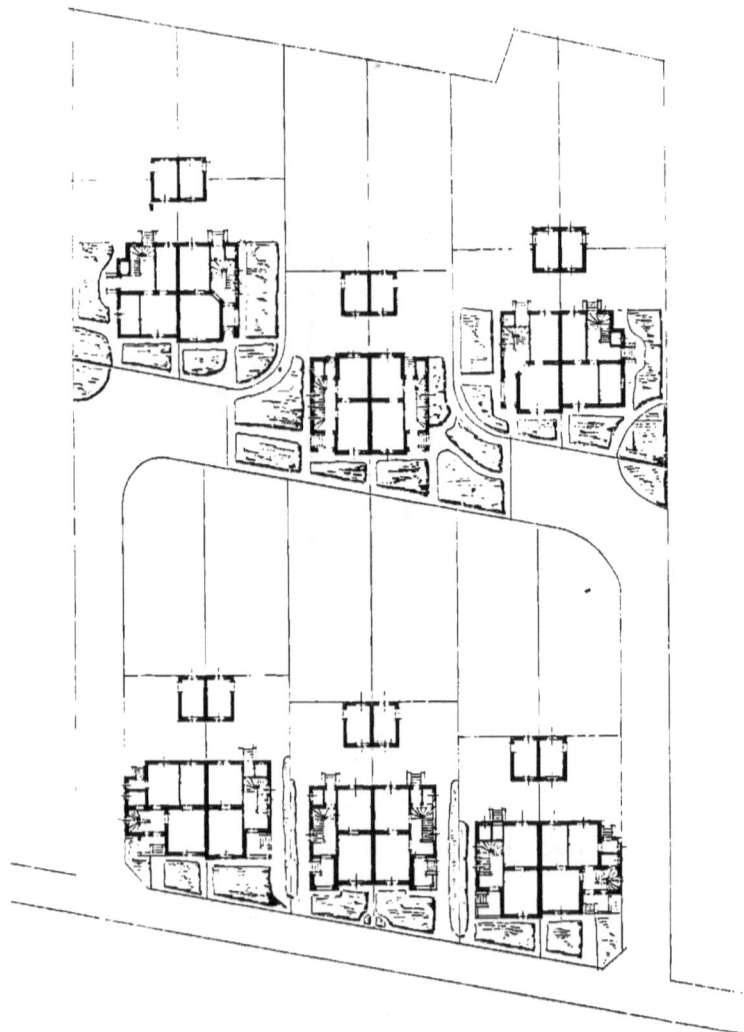

Wohnhäuser an der Volmerswertherstraße.

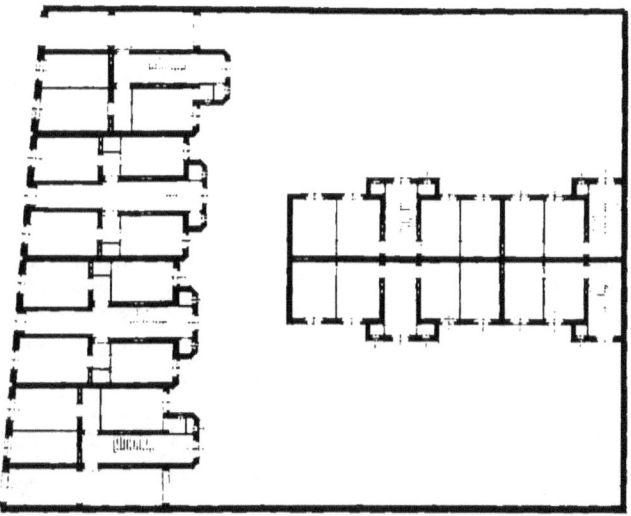

Wohnhäuser an der Florastraße.

Doppelwohnhäuser errichtet, mit deren Erbauung im März dieses Jahres begonnen wurde. Von diesen wird jedes 2 Familien eine Wohnung bieten, welche im Erdgeschofs 1 bezw. 2 Wohnzimmer, 1 Küche, Vorraum und Abort, im Dachgeschosse 1 Schlafzimmer und 1 Kammer enthält. Im Durchschnitt wird jede Wohnung mit 46,80 qm bezw. mit 55,94 qm Fläche bewohnbaren Raumes ausgestattet.

Diese, getrennt von einander, ganz frei liegenden Wohnhäuser werden voraussichtlich kleinen Beamten, Fabrikmeistern, auch besser gestellten Fabrikarbeitern zu verhältnismäfsig billigen Preisen die Annehmlichkeiten ländlicher Wohnungen in nicht zu grofser Entfernung von der Stadt bieten. Zu jeder Wohnung gehört ein Stück Gartenland und ein, am vorderen Ende desselben gelegenes Stallgebäude, welches Raum bietet für kleines Hausvieh, Geflügel und dergl. Auf diesem frei gelegenen Terrain hat Luft und Licht von allen Seiten ungehinderten Zutritt, was von den demnächstigen Bewohnern ohne Zweifel als eine grofse Wohlthat empfunden werden wird.

Zur Erwerbung der Pläne dieser Doppelwohnhäuser an der Volmerswertherstrafse war seiner Zeit von dem Stiftungs-Curatorium eine Concurrenz unter den Düsseldorfer Architekten ausgeschrieben worden, als deren Ergebnifs dem Architekten Herrn Genschmer für seinen Entwurf der 1. Preis, dem Architekten Herrn E. Roeting für dessen Entwürfe der 2. und 3. Preis zuerkannt wurde. Ausgeführt wurden diese Häuser nach dem Entwurfe des Architekten Herrn Genschmer.

Es sind bis jetzt erbaut 18 Häuser mit zusammen 116 Wohnungen, enthaltend 43 Wohnungen zu je 2 Zimmern und 73 Wohnungen zu je 3 Zimmern, welche zur Zeit sämmtlich bewohnt sind.

Die Häuser sind an den städtischen Schwemmkanal angeschlossen. Zu jeder Wohnung gehört 1 Speicherzimmer, Abort, abgeschlossener Vorflur, Kellerraum und freier Wasserverbrauch, Mitbenutzung von Waschküche und theilweise von Gärten und Bleichen.

Der Miethpreis ist in monatlichen Raten im Voraus von den Miethern an die Stadtkasse zu entrichten.

Von den 116 Familien mit zusammen 310 Kindern, wovon
235 unter 14 Jahren,
75 über 14 »
gehören 68 dem Fabrikarbeiterstande,
32 » Handwerkerstande,
16 » Beamtenstande an.

Die Aufsicht über die Häuser wird von besonders hierzu bestellten Verwaltern geübt. Eine bauliche Revision findet durch den Vorsitzenden des Curatoriums unter Zuziehung des Stiftungsbaumeisters alle 6 Monate statt, wobei die Revisionsergebnisse schriftlich niedergelegt werden.

Tabellarische Uebersicht der Wohnhäuser nach Strafsen, Gröfsen, Kosten, Eintheilung der Wohnungen und Miethpreisen.

Bezeichnung der Häuser	Grundstück		Bebaute Grundfläche pro Haus durchschnittlich			Wohnungen von			
						2 Zimmern pro Wohnung im Durchschnitt		3 Zimmern pro Wohnung im Durchschnitt	
	Gröfse	Kosten	Gröfse	Kosten		Anzahl	bewohnter Raum	Miethe pro Jahr	Anzahl	bewohnter Raum	Miethe pro Jahr
	Ar	ℳ	qm	pro qm ℳ	pro qm im ganzen ℳ		qm	ℳ		qm	ℳ
Ratingerstrafse 1, im älteren Stadttheile		55 000			34 000	3	23,65	144.—	10	48.50	243.—
Hüdenerstrafse, im südöstlichen Stadttheile, Oberbilk	85,30	40 000									
8a bis 8d			mit Holzbalken	221,—	147.—	9.—	130 000	8	36.06	174,—	16	51,70	250,
8e bis 8f			mit eisernen	161,—	170.—	11,50	56 000	8	40,00	186,—	4	53,70	258,—
8g bis 8h (im Bau begriffen)			T-Balken	149,—	181,—	11,65	54 000	8	40,72	—	4	53,70	—
Blücherstrafse 42/44, im nördlichen Stadttheile	19.72	15 850				130 000						
Vorderhäuser			mit Holzbalken	155,— 151,50	212.—	13.70	einschliefsl. Hinterhaus	4	35,50	156,—	8	48,18	258,—
Hintergebäude								—	—	—	12	48,44	204,—
Golzheim, an der nördlichen Stadtgrenze	11.78	16 422				98 000						
Eckhaus 31			mit Holzbalken	192,50 144,—	204,—	12,40		—	—	—	9	53,71	172,—
31a und 31b								8	37,90	120,—	4	48,02	172,—
Flurstrafse, im östlichen Stadttheile, Flingern	25.14	19 518										
Vorderhäuser, 101. 101a bis 101c			mit eisernen	181,50	170,—	10,25	97 000	12	31,56	156,—	10	42,46	204,—
Hintergebäude (im Bau begriffen)			T-Balken	288,50	184,—	10,20	53 000	18	28,63	—	—	—	—
Volmerswertherstrafse, im südlichen Stadttheile, Bilk (im Bau begriffen)	56,10	14 674	mit Holzbalken	141,—	179,—	20,14	101 000	8	46.80	—	4	55.94	—

Die Krankenanstalten.

1. Das Marienhospital.
Von Oberarzt Dr. Sträter.

Das Marienhospital, in den Jahren 1867, 1868, 1869 gebaut, liegt im nördlichen Stadttheile Düsseldorfs in einem 11 Morgen grofsen Garten. Seine Entstehung verdankt es dem Opferwilligkeitssinn der Katholiken Düsseldorfs, welcher sich in demselben ein monumentum aere perennius gesetzt hat.

Das Krankenhaus ist, wie die nach Süden an dasselbe anstofsende Kirche, im gothischen Rohbaustile aufgeführt und besteht aus einem Mittelbau, der von Osten nach Westen verläuft, und zwei grofsen Seitenflügeln; es hat eine Gesammtlänge von 75 Metern. Auf der Rückseite des Mittelbaues ist nach Süden gelegen ein dritter Flügel angebaut. Das Hospital hat ein Souterrain, das ebenerdig liegt, ein Erdgeschofs und zwei Stockwerke. Aufserdem sind in dem hohen gothischen Dachraume noch eine Anzahl gröfserer und kleinerer Zimmer vorhanden.

Im Erdgeschofs gelangt man auf einer stattlichen, durch Podeste unterbrochenen Freitreppe in den Mittelbau, auf zwei seitlichen Freitreppen in die Seitenflügel. Durch das Hauptportal führt ein breiter Gang zu einer grofsen Halle, in welcher acht freistehende Granitsäulen die imposanten Gewölbe tragen. Aus der Halle übersieht man die weiten Corridore und die beiden grofsen Treppen, welche zu den oberen Stockwerken führen. In der Mitte der Halle ist ein geräumiger Elevator angebracht, mit welchem die Kranken in ihren Betten in die verschiedenen Etagen, wie auch in den Garten gebracht werden können. Aufserdem dient ein weiteres Gelafs in dem Elevator dem Transport von Kohlen, Speisen etc.

Das Hospital hat 350 Betten, die auf 24 gröfseren Sälen und 40 kleineren Zimmern vertheilt sind. Die gröfseren Säle werden durch in der Mitte angebrachte gewöhnliche eiserne Oefen geheizt. Die Oefen sind mit einem Blechmantel umgeben, der oben mit zahlreichen Oeffnungen versehen ist und durch einen Kanal, welcher unter dem Fufsboden verläuft, mit der Aufsenluft verbunden, so dafs beständig frische Luft herangesogen wird und durch die oberen Oeffnungen des Mantels in die Zimmer einströmt. Aufserdem sind in jedem gröfseren Saale 2 Ventilationen, welche die Zimmerluft abführen und 2, welche frische Luft zuführen. In den kleineren Zimmern wird die Luft durch Glasventilatoren in den Fenstern regulirt.

Sämmtliche Krankenräume schauen nach Osten, Süden und Westen, die Corridore, die Apotheke, die Operationszimmer, eins für frische Wunden, eins für inficirte, das Laboratorium der internen Abtheilung nach Norden.

Die Closets, ebenfalls nach Norden gelegen, verdienen ein besonderes Wort der Erwähnung. Sie befinden sich in 2 vom Hauptgebäude getrennten Thürmen, die in der Front des Hauses, da wo der Langbau an die Seitenflügel anstöfst, ingeniös angebracht sind, so dafs sie sogar dem ganzen Bau zur Zierde gereichen.

Die der Front zugewandte Hälfte der Seitenflügel, welche besondere Eingänge und Treppen haben, dient den Patienten I und II. Klasse. Es sind dort 80 kleinere Zimmer, 18 für Herren und 12 für Damen.

Oberhalb des Hauptportals in der ersten Etage ist das Operationszimmer unmittelbar gegenüber dem Elevator. Dasselbe ist nach den Vorschriften der Asepsis angelegt mit Terrazzo-Fufsboden, abwaschbaren Wänden, Tischen und Schränken aus Glas und Eisen construirt. Lautenschlägers Dampfsterilisator und Schimmelbuschs Apparat zur Sodasterilisation der Instrumente sind vorhanden, ebenso ein Röntgen-Apparat.

Im dritten (wirthschaftlichen) Flügel befindet sich im Erdgeschofs die sehr geräumige, auf 2 gegenüberliegenden Seiten mit je 3 Fenstern versehene Küche, hinter derselben die Spülküche, im Souterrain die Waschküche, welche von einem Gasmotor von 6 Pferdekräften getrieben wird. Der Motor versorgt aufserdem die Wasserpumpe für den Elevator, treibt im Souterrain 2 Kartoffelschäl- und Gemüseschneidemaschinen, Schleifstein und Pferdehaarzupfmaschine zum Reinigen der Matratzen, in der Küche Brot- und Fleischschneidemaschinen, Kaffeemühle und Kartoffelquetsche.

Oestlich von dem Hauptgebäude befindet sich im Garten ein Pavillon für Infectionskrankheiten. Derselbe hat 4 gröfsere Räume mit je 12 Betten und 2 kleinere. Der Pavillon hat 3 separate Eingänge.

Westlich vom Hospital ist das Leichenhaus. Das Hospital besitzt einen grofsen Desinfectionsapparat, in den ganze Bettstellen gebracht werden können, welche mit strömendem Wasserdampf sterilisirt werden.

Das Hospital, welchem die Rechte einer juristischen Person verliehen sind, wird von einem aus 8 Herren gebildeten Vorstande verwaltet, dem ein Verwaltungsrath von 80 Mitgliedern beigeordnet ist. Der Vorsitzende ist zur Zeit Herr Geheimer Regierungsrath Seul.

Der Etat des Hospitals balancirt in Einnahme und Ausgabe mit circa 180000 ℳ. Die Verpflegungskosten für die Kranken betragen:

für die I. Klasse mit 2 Zimmern 8 ℳ,
» » I. » » 1 » 6 »
» » II. » » 1 » 4 »
» » III » allgemeiner Saal 2 »

Der Vorstand verfügt über eine Anzahl Freibetten infolge gemachter Stiftungen.

Die ärztliche Behandlung leiten 2 Oberärzte, je einer die innere und die chirurgische Abtheilung; ersterem ist ein Assistenzarzt, letzterem ein Assistenzarzt und ein Volontärarzt zugewiesen. Die Pflege wird von 38 Krankenschwestern aus der Genossenschaft der Armenschwestern vom hl. Franziskus, deren Mutterhaus sich in Aachen befindet, versehen. Aufserdem sind 6 Krankenwärter an der Anstalt thätig.

Das Hospital ist am 15 August 1870, obgleich im Innern noch nicht fertiggestellt, zuerst mit Kranken belegt worden. Es waren Verwundete aus dem deutsch-französischen Kriege. Die Gesammtzahl derselben war bis zum Juni 1871 800. Da von denselben nur 19 Soldaten gestorben sind, was einen Procentsatz von 2,3 ausmacht, so müssen die Heilresultate als sehr günstig bezeichnet werden. Der behandelnde Arzt war Herr Dr. Windscheid, welcher auch später das Krankenhaus als Oberarzt leitete bis zu seinem im Juni 1880 erfolgten Tode. Sein Nachfolger ist Dr. Sträter, welcher seither das Hospital leitet, anfangs allein mit mehreren Assistenten, bis infolge des sehr erhöhten Krankenbestandes im Jahre 1894 die innere Abtheilung abgetrennt und die Oberleitung derselben Herrn Dr. Wirsing übertragen wurde.

Von Interesse dürfte folgende Tabelle sein, welche über die allmähliche Entwickelung des Hospitals Auskunft giebt:

	Gesammtzahl	Geheilt	Gebessert	Ungeheilt	Gestorben
1881	1126	683	60	24	147
1882	947	751	44	28	127
1883	1156	907	65	14	170
1884	1128	831	92	21	135
1885	1300	680	104	28	168
1886	1776	1222	127	29	179
1887	1888	1140	241	87	179
1888	2026	1234	298	72	162
1889	2345	1519	190	55	191
1890	2538	1712	258	62	188
1891	2769	1860	274	109	206
1892	2888	2096	215	68	212
1893	3217	2428	148	72	256
1894	3615	2525	336	155	240
1895	3564	2513	387	82	273
1896	3485	2441	384	61	273
1897	3143	2152	308	113	227

Die Anzahl der Operationen wuchs entsprechend der Zunahme der Krankenzahl, so dafs in den letzten 3 Jahren durchschnittlich 750 Operationen gemacht wurden.

2. Das evangelische Krankenhaus.
Von Oberarzt Dr. R. Schultze.

Nachdem am 29. März 1849 seitens eines kleinen Privatvereins von Mitgliedern der evangelischen Gemeinde zu Düsseldorf die Gründung einer evangelischen Krankenanstalt beschlossen worden war, weil durch die in der Stadt vorhandenen Anstalten dem Bedürfnifs nicht völlig genügt wurde, trat dieses Unternehmen am 1. October 1849 ins Leben, indem die Räume des ehemals lutherischen Pastoratshauses zunächst für die Aufnahme kranker Frauen und Kinder eingerichtet wurden. Das Presbyterium erklärte sich im Jahre 1852, nach Vereinbarung eines Statuts, bereit, die äufsere Vertretung des Hauses zu übernehmen, während die Verwaltung der Zinsen und die innere Leitung dem Curatorium überlassen blieb. Bald stellte sich nun heraus, dafs diese Anstalt dem vorhandenen Bedürfnifs nicht genügte und dafs es nothwendig sei, das begonnene Werk durch einen Neubau zu erweitern. Infolge der zu diesem Zwecke gestifteten Schenkungen, Vermächtnisse und Sammlungen wurde es möglich, im Juli 1862 den Ankauf eines über 6 Morgen grofsen Areals an der Fürstenwallstrafse zu bewirken, worauf alsbald die Vorbereitungen für den Bau ihren Anfang nahmen und am 15. Juli 1864 die Grundsteinlegung erfolgte. Schon am Schlusse desselben Jahres stand das

Haus unter Dach. Bei Ausarbeitung der Pläne hatte der Director der Charité, Herr Geheimer Regierungsrath Dr Esse, in dankenswerther Weise gerathen und mitgewirkt; derselbe stattete, nach einer vorgenommenen Besichtigung des der Vollendung nahen Baues, am 22. November 1865 dem Ministerium einen Bericht ab über die Zweckmäfsigkeit der Einrichtung, so dafs der Minister und die hiesige Regierung Veranlassung nahmen, dem Presbyterium und Curatorium den Wunsch auszudrücken, dafs es ihrer fortgesetzten Thätigkeit gelingen möge, das Haus in derselben mustergültigen Weise, wie es begonnen, in seiner inneren Einrichtung und Ausrüstung zu Ende zu führen.

Als der Krieg im Jahre 1866 ausbrach, wurde das im Rohbau vollendete Gebäude zur Aufnahme verwundeter und erkrankter Krieger hergerichtet und dem Kriegsministerium zur Verfügung gestellt. Es hatte sich damals ein Frauenverein gebildet, welchem von der Verwaltung des Hauses die Benutzung desselben für diesen Zweck gestattet wurde. Am 22. Juli wurden die ersten 30 Militärkranken aufgenommen. Die Zahl der Betten wurde im Verhältnifs zu den neu hinzutretenden Kranken stetig vermehrt. Bis zum Ende des Jahres 1866 wurden 204 kranke und verwundete Soldaten im Hause verpflegt.

In den ersten Tagen des Jahres 1867 liefs das Curatorium die im alten Krankenhause befindlichen Frauen und Kinder in das neue Haus überführen. Da von den drei Stockwerken erst zwei zur Aufnahme von Kranken eingerichtet waren, so wurden die weiblichen Kranken sowie die Kinder in das untere, die männlichen Kranken in das obere Stockwerk gelegt. In jedem dieser Stockwerke befinden sich vier gröfsere Krankensäle, in welchen ein grofses Fenster den Ausblick nach der Südseite gewährt, und welche durchschnittlich mit je 9 Betten belegt sind. Aufserdem enthält jede Etage 8 kleinere Zimmer, und in jedem der beiden Flügel noch 4 Zimmer, welche letztere später zur Aufnahme von Privatkranken benutzt wurden. Die Kranken und Pfleglinge wurden so vertheilt, dafs die Pfleglinge in den Räumen des einen Flügels, die wegen ansteckender Krankheiten zu Isolirenden in denen des anderen Flügels untergebracht wurden, während die übrigen je nach den verschiedenen Kategorien in die grofsen Säle gelegt wurden. Das später gleichfalls zur Aufnahme von Kranken eingerichtete dritte Stockwerk zeigt in betreff der Räumlichkeiten entsprechende Verhältnisse wie die übrigen Stockwerke.

Während der Kriegszeit hatten Kaiserswerther Diakonissen den Dienst der Krankenpflege mit grofser Aufopferung und Treue versehen. Nunmehr wurde dieses Verhältnifs zu einem definitiven gestaltet, indem mit der Direction der Kaiserswerther Diakonissenanstalt ein Vertrag abgeschlossen wurde. Die vorstehende Schwester übernimmt die Leitung des ganzen Hauswesens, und unter ihrer Führung versieht eine nach dem Bedürfnifs sich richtende Anzahl von Schwestern den Dienst der Krankenpflege. Ferner ist seit mehreren Jahren eine Schwester ausschliefslich mit der Sorge für den Operationssaal, Instandhaltung der Instrumente, Verbandstoffe u. s. w. betraut.

Die ärztliche Hülfe wurde zur Zeit des Krieges von zwei Aerzten geleistet, vom 1. Juli 1876 ab von einem Oberarzte, dem im December 1877 ein Assistenzarzt beigegeben wurde. Seit dem 1. October 1895 sind zwei Assistenzärzte in Thätigkeit, welche beide im Krankenhause wohnen. Aufserdem sind schon seit mehreren Jahren zwei Specialärzte für die Behandlung der Augenkranken sowie für die gynäkologischen Kranken am Krankenhause thätig.

Durch Allerhöchste Ordre vom 26. März 1877 wurde das neue Statut des Krankenhauses genehmigt und der Anstalt die Rechte einer juristischen Person verliehen.

Im Jahre 1880 wurde die schon früher begonnene Einfriedigung des Krankenhausareals durch Umfassungsmauern vollendet. Ferner wurde der Garten angebaut und durch Bepflanzung mit Obst-

und Schattenbäumen für den Aufenthalt der Kranken im Freien hergerichtet. An Stelle des bisher benutzten Operationsraumes, eines Krankensaales mit einem Fenster, wurde über dem Vorbau des Portals ein grofser heller Operationssaal erbaut, welcher in mustergültiger Weise den an ihn gestellten Anforderungen entsprach.

Der Jahresbericht über das Jahr 1889 berichtet von weiteren sehr wichtigen Fortschritten, der Erbauung eines Infectionshauses, sowie einer besonderen Begräbnifskapelle nebst Leichenhalle.

Ferner konnte im Bericht über das Jahr 1893 gemeldet werden, dafs die geplante Einrichtung einer Dampfwäscherei mit Trockenkammer, die Aufstellung eines Desinfectionsapparates mit strömendem Wasserdampf, sowie die Einrichtung eines hydraulischen Speiseaufzuges erfolgt seien. Zu diesen wesentlichen Verbesserungen der inneren Einrichtung traten dann noch im Laufe der letzten Jahre hinzu die Einrichtung einer Dampfkocherei, ferner der Neubau eines Kesselhauses mit Dampfkamin und Beschaffung eines zweiten Dampfkessels, und die Anlage einer Dampfheizung im ganzen Hause. Alle diese Neueinrichtungen sind in beständigem Betrieb und haben sich auf das beste bewährt.

Auch für die nächste Zukunft sind nun wieder neue Verbesserungen geplant, welche demnächst zur Ausführung gelangen werden, so besonders der Neubau eines zweiten Operationssaales, welcher über dem jetzt benutzten Operationssaale errichtet werden wird und zur ausschliefslichen Vornahme aseptischer Operationen zu dienen bestimmt ist, ferner die Anbringung von Balkonen am Hause, sowie die Einrichtung eines Personenaufzuges, welche den Transport der Kranken zu den einzelnen Stockwerken hinauf und von denselben herab in ganz aufserordentlicher Weise erleichtern wird.

Zum Schlusse sei, um das Wachsthum des Hauses und der in demselben geübten Thätigkeit seit seiner Gründung zahlenmäfsig zu belegen, eine Tabelle angefügt, aus welcher die Zahl der seit dem 1. Januar 1867 in jedem einzelnen Jahre verpflegten Kranken und Pfleglinge ersichtlich ist.

Es wurden verpflegt:

Im Jahre 1867	712 Kranke	Im Jahre 1882 .	906 Kranke
(excl. kranke u. verwundete Soldaten)		» » 1883 .	876 »
» » 1868 .	763 Kranke	» » 1884	851 »
» » 1869	642 »	» » 1885	849 »
» » 1870	647 »	» » 1886 .	. 1055 »
» » 1871	905 »	» » 1887	. 1210 »
(excl. kranke u. verwundete Soldaten)		» » 1888	. 1182 »
» » 1872 . . .	850 Kranke	» » 1889 .	. 1382 »
» » 1873 . . .	627 »	» » 1890 . . .	. 1445 »
» » 1874 . . .	724 »	» » 1891	1494 »
» » 1875 . . .	621 »	» » 1892	. 1488 »
» » 1876 . . .	701 »	» » 1893 .	1313 »
» » 1877 . . .	841 »	» » 1894	1642 »
» » 1878 . . .	942 »	» » 1895 . . .	. 2183 »
» » 1879 . .	916 »	» » 1896	. 2259 »
» » 1880 . . .	925 »	» » 1897	. 1831 »
» » 1881	904 »		

Die Säle und Einzelzimmer des Krankenhauses bieten so viel Raum, dafs dasselbe mit 230 Betten belegt werden kann.

3. Das Königliche Garnison-Lazareth.
Von Divisionsarzt Dr. Siemon.

Das Garnison-Lazareth befindet sich am südöstlichen Ende der Stadt Düsseldorf, an der Färberstrafse, auf einem ziemlich frei gelegenen, 1 Hektar 74 Ar und 94 qm grofsen Gelände. Der Untergrund besteht aus lehmigem Sand und grobem Kies; der Stand des Grundwassers, welches durchschnittlich 3 bis 3,20 m unter Terrain liegt, ist in seiner Höhe abhängig von dem Stand des Rheinwassers. Das Lazareth wurde in den Jahren 1876—1880 erbaut und ist für 150 Kranke bei einem durchschnittlichen Luftraum von 37,5 cbm eingerichtet und ausgestattet. Am 11. Juni 1880 wurde es in Benutzung genommen. Die ganze Anlage ist mit einer massiven Ziegelsteinmauer umgeben.

Das Lazareth besteht aus: 1. dem Verwaltungsgebäude, 2. zwei Pavillons, 3. dem Krankenblock, 4. dem Isolirpavillon, 5. dem Wasch- und Leichenhaus, 6. dem Desinfectionshaus, 7. den Kohlenremisen, 8. dem Garten.

1. Das Verwaltungsgebäude ist durch einen 9,71 m breiten Vorplatz von der Färberstrafse getrennt und bietet die Hauptfront nach Norden dar. Es hat Keller- und Erdgeschofs, ein Ober- und ein Dachgeschofs. Im Kellergeschofs befinden sich der Keller der Apotheke, zwei Räume für die Beamten, der Flickraum, die Küche, der Aufbewahrungsraum für die Victualien und ein Weinverschlag; im Erdgeschofs das Zimmer für den Chefarzt, das Conferenzzimmer, das Geschäftszimmer, die Apotheke nebst einem Raum für den Destillationsapparat, das bakteriologische Station, das Aufnahmezimmer, die Polizei-Unterofficierstube und zwei Zimmer für Lazarethgehülfen. Im Obergeschofs sind die Wohnungen der Beamten und die Bandagenkammer. Das Dachgeschofs dient als Wäschetrockenboden.

2. Die beiden Pavillons zu je 45 Betten bilden die westliche und östliche Seite des grofsen, von den Hauptgebäuden gebildeten Vierecks. Ihre Fronten sehen annähernd nach Westen und Osten, ihre Längsachsen verlaufen also von Nord nach Süd; die Entfernung der beiden Längsachsen von einander beträgt 78 m. Die eingeschossigen Pavillons sind massiv aus Ziegelsteinen erbaut, mit einem Holzcementdach gedeckt und nicht unterkellert. Der gedielte Fufsboden liegt hohl auf einer asphaltirten Ziegelflachschicht; Latrine und Badezimmer haben Fliesenbelag. Von dem im Mittelbau gelegenen Eingange kommt man in einen Vorraum, von welchem aus sämmtliche zur Pflege und Wartung der Kranken erforderlichen Räume und die Bedürfnifsanstalten unmittelbar zugänglich sind, ebenso auch die beiden grofsen Krankensäle. Diese letzteren, rechts und links vom Vorraum, nehmen die ganze Tiefe des Gebäudes ein und sind an beiden Seiten mit Fenstern versehen. An die südlichen Säle schliefst sich je ein Aufenthaltsraum für Kranke und Genesende, der sogenannte Tageraum, und daran ein offener Balkon mit einem Ausgang zum Garten. Aus den nördlichen Sälen gelangt man in je zwei kleine Krankenstuben (zu 2 und 3 Betten), von denen die kleinste im westlichen Pavillon als Operationszimmer verwendet wird. Dieses hat Anschlufs an die Wasserleitung und ist mit zwei festangebrachten Waschbecken mit directem Abflufs in den Kanal versehen; eine Vorrichtung zum Sterilisiren der Verbandstoffe und Instrumente ist gleichfalls im Operationszimmer untergebracht. Die Beleuchtung bewirkt eine Gasglühlichtlampe. Der Mittelbau der Pavillons enthält die Theeküchen, Latrinen, Badestuben, sowie zwei Stuben für Lazarethgehülfen und zwei für Krankenwärter.

3. Der Krankenblock (für 60 Betten) ist ein massives aus Ziegelsteinen erbautes, mit Schiefer gedecktes Gebäude mit einem Keller-, Erd-, Ober- und Dachgeschofs. Seine 725 qm grofse Grundfläche ist ein von Osten nach Westen verlaufendes Rechteck, an welches sich in der Mitte der Nordseite ein Vorbau lehnt. Erd- und Obergeschofs sind unter sich und mit dem Dachgeschofs durch Steintreppen mit Bohlenbelag verbunden; zum Kellergeschofs führt eine Treppe aus Granitstufen. Sämmtliche Krankenzimmer liegen nach Süden, die die ganze Länge des Gebäudes durchziehenden Flure nach Norden. Im Erdgeschofs ist der Flur asphaltirt und mit Linoleum belegt, im Obergeschofs gedielt. Durch zahlreiche Fenster an der Längsseite und je ein Fenster an der Ost- und Westseite werden die Flure sehr gut erhellt und gelüftet. Auf jedem befinden sich zwei porzellanene Ausgufsbecken mit Wasserleitung.

Im Erdgeschofs sind drei Krankenstuben zu je 6, zwei Krankenstuben zu je 3, eine Krankenstube zu 2 Betten, eine Krankenstube zur Aufnahme von Geisteskranken; aufserdem die aus Stube und Kammer bestehende Wohnung des wachthabenden Arztes und eine Lazarethgehülfenstube. In dem nördlichen Anbau befinden sich eine Krankenwärterstube, eine Badestube, eine Theeküche und eine Latrine.

Das Obergeschofs enthält vier gröfsere und drei kleinere Krankenstuben, die Offizierkrankenstube und eine Stube für Arrestanten, aufserdem in dem Anbau eine Stube für Krankenwärter, eine Badestube und eine Latrine.

Im Dachgeschofs befinden sich ein grofser Wäschetrockenboden, die Montirungskammer und Kammern für Geräthe.

Das Kellergeschofs wird als Geräthekeller, Wäsche- und Deckendepot, Keller für auszurangirende Gegenstände, Strohkeller, Matratzenkeller, Holz- und Kohlenkeller benutzt, ein Theil dient als Wohnung für den Maschinisten.

Sämmtliche Fenster sind Doppelfenster.

In den beiden Pavillons sind die äufserlich Kranken; im Erdgeschofs des Krankenblocks ist die Station für innerlich Kranke untergebracht, im Obergeschofs die gemischte Station.

4. Der Isolirpavillon im südwestlichen Theile des Lazarethgartens, von welchem eine 1416 qm grofse Fläche durch einen hohen Stacketenzaun abgetrennt ist, hat seinen Zugang an der Nordseite. Die Längsachse des Pavillons ist von Norden nach Süden gerichtet, seine Hauptfronten nach Osten und Westen. Die mittlere Entfernung vom Krankenblock beträgt 44 m. Der Isolirpavillon ist aus demselben Material und mit derselben Bedachung hergestellt wie die grofsen Pavillons. An der Nord- und Südseite befindet sich je ein Eingang und ein Flur; beide führen zu einem in der Mitte gelegenen gröfseren Krankensaal, der die ganze Breite des Gebäudes einnimmt. Zu beiden Seiten des nördlichen Flurs liegen Latrine und Baderaum, sowie eine Theeküche und ein Wohnraum für Lazarethgehülfen und einen Krankenwärter. Zu beiden Seiten des südlichen Flurs befinden sich zwei kleine Krankenzimmer.

5. Das Wasch- und Leichenhaus im südöstlichen Theile des Lazarethgartens besteht aus einem Erdgeschofs mit Anbau und einem Trockenboden und ist mit einer Mauer, welche auch einen Rasenplatz und einen gepflasterten Hof umgiebt, eingefriedigt. Der Zugang von der Weberstrafse zu diesem Hofe erfolgt durch zwei Thore. Vom Garten aus führt ein eisernes Thor zum Leichenraum, während die Wäscherei direct vom Garten aus zugängig ist. Das Leichenhaus, an der nördlichen Seite des Grundstücks, enthält die Leichenhalle und den Obductionsraum und ist ganz getrennt von der Waschanstalt an der südlichen Seite des Erdgeschosses. Die Anstalt besteht aus einem

Vorflur mit Treppe zum Trockenboden, einer Waschküche nebst Anbau, einer Rollkammer, einem Raum für unreine Wäsche und einer Latrine. Die Construction des im Ziegelrohbau aufgeführten Gebäudes, sowie des Daches entspricht durchaus der der Pavillons, ebenso die Anlage des Asphaltfufsbodens.

6. Das Desinfectionshaus, innerhalb des eingefriedigten Raumes hinter dem Waschhaus im südöstlichen Theile des Grundstücks gelegen, ist ein massives Gebäude mit einem Doppellagepappdach. Es enthält einen Einladeraum, einen Ausladeraum, einen Baderaum, einen Raum für chemische Desinfection und einen kleinen Raum zur Aufbewahrung von Sachen. Die Desinfection der Wäsche- und Kleidungsstücke etc. geschieht mittelst strömenden Wasserdampfes in einem transportablen Schmidtschen Desinfectionsapparat.

7. Die Kohlen-Remisen. Es sind deren zwei vorhanden; eine befindet sich hinter dem Wasch- und Leichenhaus, die andere ist an die südliche Umwehrungsmauer des Grundstückes mit der Rückfront angebaut.

8. Die Gartenanlagen. In dem hinter dem Krankenblock gelegenen Theile des Gartens ist ein Platz für die transportable Militär-Lazarethbaracke hergerichtet. Hinter dem östlichen Pavillon und auf dem eingezäunten Raume des Isolirpavillons befindet sich je ein oberirdischer gemauerter Müllbehälter.

Bauliche Einrichtung des Lazareths.

a) Anstrich: Wände und Decken sämmtlicher Krankenstuben sind glatt geputzt, erstere mit Oelfarbe in graugrünlichem (in der Stube für Augenkranke in blauem), die Decken in mattweissem Ton gestrichen. Sämmtliche Thüren im Innern des Gebäudes, sowie sämmtliche Geräthe in den Stuben haben denselben graugrünlichen, die Fufsböden dunkelbraunen Oelfarbenanstrich. Die Wände der Flure und Treppen sind 1,5 m hoch mit Oelfarbe, die übrigen Wände mit Ausnahme der Badestuben wie die Decken und Wände sämmtlicher Dienststuben mit weifser Kalkfarbe gestrichen. Die Wohnungen des wachthabenden Arztes und der Beamten sind tapezirt.

b) Heizungs- und Lüftungsanlagen: In den Krankenstuben des Blocks geschieht die Heizung durch Regulir-Füllöfen, welche mit Ventilations- und Circulationseinrichtung in der Weise versehen sind, dafs durch weite, hölzerne mit Blech ausgeschlagene Kanäle, zu denen der Luftzutritt durch eine stellbare Klappe geregelt werden kann, die Aufsenluft in den Sockel der Oefen geführt wird und nach Erwärmung in die Höhe steigt. Die Luft zuführenden Kanäle verlaufen im Erdgeschofs von der Südseite des Gebäudes her unter dem Fufsboden der Stuben entlang, im Obergeschofs von der Nordseite her unter dem Boden auf die Oefen. Die Ventilation tritt in Thätigkeit, sobald der im Ofensockel befindliche Schieber herausgezogen wird; wird derselbe hineingeschoben und der Luftzuführungskanal geschlossen, so wird dem Ofensockel durch eine mit Drahtgitter versehene Oeffnung Stubenluft zugeführt und eine lebhafte Circulation hervorgerufen.

Aufser der unmittelbaren Lüftung durch Fenster und Thüren dienen folgende Vorrichtungen zur Verbesserung der Luft. In jedem Fenster sind die oberen beiden Scheiben als Kippfenster eingerichtet. Die eine Hälfte der unteren Thürfüllungen ist rosettenförmig durchbrochen und mit einem Schieber zum Oeffnen und Schliefsen versehen. Ferner befindet sich neben jedem Rauchrohr, getrennt von diesem durch eine gufseiserne Platte, ein mit einem Sauger versehenes Lüftungsrohr, das durch Klappen mit dem Zimmer in Verbindung gesetzt werden kann; die obere, unterhalb der Decke gelegene Klappe, wird im Sommer, die untere, dicht über dem Fufsboden gelegene, im Winter geöffnet.

In den Krankensälen der Pavillons und des Isolirpavillons befinden sich eiserne Regulir-Mantelöfen nach dem System von Gropius und Schmieden mit Vorrichtung zur Ventilation und Circulation. Aufserdem ist in jedem Saale noch ein besonderer Ventilations- und Circulationsofen und ein Luftabzugskanal aus Eisenblech aufgestellt. Die von den beiden Längsseiten der Gebäude nach den Oefen unter dem Fufsboden verlaufenden Ventilationskanäle sind gemauert. Die übrigen Krankenstuben der Pavillons und des Isolirpavillons besitzen Oefen wie die Krankenstuben des Blocks. Sämmtliche Mannschaftsstuben sind mit Regulir-Füllöfen ausgestattet; als Feuerungsmaterial dient westfälische Stückkohle.

c) Latrinen: Die Closets sind in allen Krankengebäuden derartig angelegt, dafs sie von den Fluren aus nur durch einen ventilirbaren Nebenflur zu betreten sind, so dafs die eigentlichen Closeträume durch zwei Thüren abgeschlossen sind. Die Kothmassen fallen durch die Sitztrichter in senkrechte eiserne, emaillirte Muffenrohre von 18 cm Lichtung. Diese sind luftdicht in einem im Kellergeschofs aufgestellten Kothkasten eingesetzt, aus welchem der Inhalt auf pneumatischem Wege durch einen Unternehmer in bestimmten Zwischenräumen entleert wird. In jedem Latrinenraum befindet sich auch eine Uriniranlage.

d) Wasserversorgung: Das Lazareth ist an die städtische Wasserleitung angeschlossen, welche in alle Gebäude geführt ist. Der tägliche durchschnittliche Wasserverbrauch beträgt 10 cbm.

e) Beleuchtung: In sämmtlichen Krankenstuben, sowie den ärztlichen Zwecken dienenden Stuben wird Gasglühlicht gebrannt. Die Flammen in den Krankenzimmern können durch blaue Zeugvorhänge abgeblendet werden, die an den Lampenkuppeln angebracht sind. In allen übrigen Räumen, aufser in der Küche, die ebenfalls Gasbeleuchtung hat, wird Petroleum gebrannt.

f) Badeeinrichtungen: In jedem Geschofs des Blocks, sowie in den Pavillons und dem Isolirpavillon befindet sich je eine Badestube, deren Umbau und Neueinrichtung indefs beantragt ist. Die Badestuben sollen je einen kupfernen Cylinderbadeofen erhalten, je zwei kupferne Wannen, ferner Regendouche, Strahlendouche und temperirte Douche. Die Erwärmung der Badestuben selbst soll durch Gasöfen geschehen. Wände und Decken sind mit Oelfarbe gestrichen, die Wände in der Umgebung der Wannen 1,5 m hoch mit weifsen Fliesen belegt. Der Fufsboden besteht aus Asphalt und neigt sich nach der Mitte zu, das abgelassene Wasser wird durch Röhren dem Entwässerungskanal zugeführt. Auf dem Fufsboden neben der Wanne liegt ein beweglicher Lattenrost.

g) Was die Entwässerung anlangt, so ist das Lazareth zur Abführung der Tages- und Wirthschaftswässer an die städtische Rohrleitung angeschlossen. Die Rohrleitung auf dem Lazarethgrundstück ist unterirdisch und frostfrei verlegt.

h) Die Kochküche ist seit dem Bestehen des Lazareths mit einem Senkingschen Kochherd ausgestattet, der jedoch in nächster Zeit durch einen Wasserbad-Kochherd mit 4 gröfseren Kesseln ersetzt werden soll. Für die Bereitung aufsergewöhnlicher Kost ist ein Tafelherd mit zwei gröfseren und zwei kleineren Ringöffnungen, mit Bratofen und Wärmevorrichtung für das Geschirr, in Aussicht genommen. Bei dieser Erneuerung der Kochvorrichtung wird gleichzeitig auch für besseren Abzug des Wrasens und für die Anlegung eines Spülsteins Sorge getragen. Der Kochraum erhält einen neuen Fufsboden mit Gefälle für den Wasserabflufs, um eine schnellere Reinigung zu erzielen.

Die Ausstattung des Lazareths entspricht genau den Bestimmungen der Friedens-Sanitätsordnung, nach welcher sich auch die Beköstigung sowie die gesammte Verwaltung des Lazareths zu richten hat.

Die Unterhaltungskosten betrugen für das Etatsjahr 1896/97 auf Tag und Kopf berechnet 1 ℳ 81 ₰.

Die Krankenbewegung der Garnison (Lazareth- und Revierkranke) ist ersichtlich aus nachstehenden, die letzten vier Jahre umfassenden Tabellen.

Krankenbewegung der Garnison Düsseldorf in den Rapportjahren 1892/93—1895/96.

Lfd. Nr.	Jahr	A. Gesammt	D.	Gestorben einschl. Pensionen u.s.w.	in der militärärztlichen Behandlung	Sonstige	Summe	Scharlach, Masern	Diphtherie	Gastrisches Fieber, Abdominal Typhus	Wechselfieber	Ruhr	Acute	Chronische	II. An Krankheiten des Nervensystems
						1—20 erkr.	1—18 erkr.	zu 4 erkr.	6 erkr.	10—11 erkr.	14 erkr.	15 erkr.	26 erkr.	27 erkr.	40—49 erkr.
1	1892/93	3069	a. 2785 b. 940	20 30	4	59	17	2		8	—	30	1	13
2	1893/94	3519	a. 3051 b. 1435	14 15	5	88	24	2	—	2	—	46	4	14
3	1894/95	3460	a. 2324 b. 1086	21 30	3	73	16	3	1	3	—	36	3	22
4	1895/96	3648	a. 2160 b. 986	28 30	2	33	14	3		4	—	14		15

Lfd. Nr.	III. An Krankheiten der Athmungsorgane Summe	1. Katarrh der Luftwege	2. Lungenentzündung	3. Schwindsucht	4. Brustfellentzündung	IV. An Krankheiten der Kreislauforgane	V. An Krankheiten der Ernährungsorgane Summe	davon Mandelentzündung	VI. An Krankheiten der Harn- und Geschlechtsorgane	VII. An venerischen Krankheiten Summe	davon constitut. ndle. Syphilis	VIII. An Augenkrankheiten Summe	davon contagiöse	IX. An Ohrenkrankheiten	X. An Krankheiten der äusseren Bedeckungen Summe	davon Zellgewebsentzündung
1	243	203	17	8	15	53	657	328	28	114	20	68	1	37	708	435
2	328	253	11	14	19	48	639	333	28	160	30	64	1	34	888	510
3	289	227	23	21	17	44	328	151	31	120	25	61	—	30	703	489
4	268	216	22	14	16	48	368	160	16	147	36	67	1	50	837	508

Lfd. Nr.	XI. An Krankheiten der Bewegungsorgane Summe	davon acute u. chronische Gelenkentzündung	XII. An mechanischen Verletzungen Summe	1. Quetschungen, Zerreissungen	2. Knochenbrüche	3. Verstauchungen	4. Verrenkungen	5. Verwundungen	XIII. An sonstigen Krankheiten Summe	davon Selbstmordversuche einschl. Passanten anderer Corps	XIV. Ausserdem zur Beobachtung	Gestorben ausserhalb der militärärztlichen Behandlung durch Krankheit	Selbstmord	Verunglückt	Summe aller Todesfälle in der Garnison
1	125	20	602	300	2	78	5	51	1	1	37	2	—	—	6
2	116	17	580	228	1	101	4	60	—	—	60	2	1	2	10
3	137	22	459	224	2	82	4	52	1	1	26	—	1	3	7
4	114	30	471	219	3	80	6	53	2	2	26	2		1	5

4. Das Hospital der Töchter vom h. Kreuz.

Von Sanitätsrath Dr. v. Kühlwetter.

Es sind im Hospital der Töchter vom h. Kreuz behandelt und verpflegt worden:

Im Jahre 1888	541 männliche Kranke,	17 189	Pflegetage,
	414 weibliche "	10 390	"
Gesammtsumme	955 Kranke,	27 579	Pflegetage.
Im Jahre 1889	592 männliche Kranke,	17 739	Pflegetage,
	422 weibliche "	10 268	"
Gesammtsumme	1014 Kranke,	27 007	Pflegetage.
Im Jahre 1890	514 männliche Kranke,	14 953	Pflegetage,
	571 weibliche "	14 341	"
Gesammtsumme	1085 Kranke,	29 294	Pflegetage.
Im Jahre 1891	586 männliche Kranke,	17 999	Pflegetage,
	467 weibliche "	11 457	"
Gesammtsumme	1053 Kranke,	29 456	Pflegetage.
Im Jahre 1892	655 männliche Kranke,	14 286	Pflegetage,
	492 weibliche "	15 299	"
Gesammtsumme	1117 Kranke,	29 585	Pflegetage.
Im Jahre 1893	568 männliche Kranke,	16 266	Pflegetage,
	437 weibliche "	14 563	"
Gesammtsumme	1005 Kranke,	30 829	Pflegetage.
Im Jahre 1894	581 männliche Kranke,	17 876	Pflegetage,
	542 weibliche "	15 473	"
Gesammtsumme	1123 Kranke,	33 249	Pflegetage.
Im Jahre 1895	626 männliche Kranke,	17 729	Pflegetage,
	591 weibliche "	11 248	"
Gesammtsumme	1217 Kranke,	28 977	Pflegetage.
Im Jahre 1896	677 männliche Kranke,	18 191	Pflegetage,
	472 weibliche "	10 948	"
Gesammtsumme	1149 Kranke,	29 139	Pflegetage.
Im Jahre 1897	835 männliche Kranke,	16 291	Pflegetage,
	271 weibliche "	11 373	"
Gesammtsumme	1106 Kranke,	27 664	Pflegetage.

5. Das städtische Baracken-Krankenhaus.

Bis zum Jahre 1896 besafs die Stadt Düsseldorf kein eigenes Krankenhaus, vielmehr wurden die auf Armenkosten zu verpflegenden Kranken gegen Zahlung der ortsüblichen Pflegesätze in den bestehenden 3 confessionellen Krankenhäusern untergebracht. Dies Verhältnifs beruhte auf langjährigen Verträgen. Trotz dieser Abmachungen ergaben sich in den letzten Jahren mancherlei Mifsverhältnisse. So mufsten im Jahre 1892 bei drohender Choleragefahr die bestehenden Einrichtungen der Stadtverwaltung zu ernsten Bedenken insofern Veranlassung geben, als die möglicherweise nothwendig werdende Unterbringung von Cholerakranken in Frage gestellt zu werden schien. Wenngleich glücklicherweise Düsseldorf von Cholera frei blieb, so durften doch die gemachten Erfahrungen nicht unbeachtet bleiben. Die zu der Zeit bestehende Auffassung spiegelt sich am besten wieder in einer im März 1893 auf Antrag des damaligen Regierungs- und Medicinalraths Michelsen im hiesigen Aerzteverein gefafsten Resolution, welche u. a. besagte: »Die Errichtung eines Epidemienhauses ist ein dringendes Bedürfnifs.« Diese der städtischen Verwaltung damals kundgegebene Auffassung der ärztlichen Kreise entsprach auch den Ansichten der Stadtverwaltung. Es wurden demgemäfs, um allen Eventualitäten wenigstens nicht ganz ungerüstet gegenüberzustehen, in dem Hause Eisenstrafse 18 Vorkehrungen getroffen, um etwaige choleraverdächtige Kranke aufnehmen zu können. Mit dieser Einrichtung war aber die Aufgabe der Stadtverwaltung nicht erfüllt, zumal sich immer mehr herausstellte, dafs die bestehenden Krankenhäuser dem bedeutenden Anwachsen der Bevölkerungsziffer gegenüber räumlich nicht mehr immer genügten. Die Anforderungen der Revisionsbehörde steigerten sich zudem und es stellte sich bald, besonders im Winter, heraus, dafs die sachgemäfse Unterbringung eines Theiles der Kranken, die auf Armenkosten verpflegt werden mufsten, überhaupt in Frage gestellt wurde. Besonders machte die Unterbringung der Prostituirten in den Krankenhäusern Schwierigkeiten mancher Art. Unter Berücksichtigung dieser auf die Dauer unhaltbaren Verhältnisse fafste die Stadtverordneten-Versammlung am 2. August 1895 den grundlegenden Beschlufs: Zur provisorischen Unterbringung städtischer Kranken das Baracken-Krankenhaus einzurichten und den Bau eines allgemeinen städtischen Krankenhauses (zunächst zwei Pavillons) in Vorbereitung zu nehmen.

Die Ausführung des ersten Theiles des Beschlusses wurde alsbald in Angriff genommen und konnte nach Ueberwindung von mancherlei Hindernissen so gefördert werden, dafs die Anlage bis Mitte Sommer 1896 soweit vollendet war, dafs der Betrieb hätte aufgenommen werden können. Die ausstehende Genehmigung zur Niederlassung für das gewonnene geistliche Pflegepersonal (Augustinerinnen vom Severinskloster in Köln) verzögerte die Eröffnung bis zum 17. August 1896. Seit dem Tage ist das Krankenhaus in Betrieb und stellt dasselbe also als Vorläufer des zu erbauenden allgemeinen Krankenhauses ein Provisorium dar, welches dazu dient, einem Theil der städtischen Kranken Unterkunft zu bieten. Durch dies Provisorium ist Zeit gewonnen für die Durcharbeitung der allgemeinen Pläne für den Neubau, und Gelegenheit gegeben, Erfahrungen zu sammeln über die Ausdehnung des für die nahe Zukunft Nothwendigen. Auf Grund der Verfügung der Königl. Regierung durfte die anfangs geplante Verwendung auch für Infectionskrankheiten nicht innegehalten werden. Die jetzige Art der Verwendung ergiebt sich aus der weiter unten folgenden Uebersicht über die im Jahre 1897 aufgenommenen Kranken.

Für die allgemeine Lage des Krankenhauses bot sich bei der Dringlichkeit der Angelegenheit keine grofse Auswahl. Man entschied sich für das Terrain an der Eisenstrafse, woselbst — wie oben bemerkt — schon früher für den Nothfall Vorkehrungen getroffen worden waren, ohne dafs der Platz als solcher der Revisionsbehörde zu Bedenken Veranlassung gegeben hätte. Abgesehen davon, dafs einzelne Grundbesitzer ihre Interessen durch das Krankenhaus beeinträchtigt glaubten und dies in Form einer übrigens abschläglich beschiedenen Petition an die Königl. Regierung zum Ausdruck brachten, — sind über die Wahl des Terrains Klagen erheblicher Natur nicht laut geworden. Die zweijährige Erfahrung hat auch gezeigt, dafs trotz einzelner Bedenken das Terrain als solches sich für den Betrieb als nicht ungeeignet erwiesen hat, wenngleich nicht verkannt werden kann, dafs für den Neubau eines allgemeinen Krankenhauses ganz andere Anforderungen an das Baugelände gestellt werden müssen.

Durch Ausgestaltung der bereits vorhandenen Gartenanlagen und durch Neuanpflanzungen ist an dem Bahndamm hinter dem Hauptbahnhof, inmitten eines volkreichen Stadtviertels, leicht erreichbar von dem Verkehr und doch genügend entfernt von bewohnten Häusern, eine Krankenunterkunft geschaffen, die nicht den Anspruch des Vollkommenen erhebt, die aber doch dem Nothstande in passender Weise Abhülfe bereiten kann. Derartige in aller Eile unter dem Drucke der Verhältnisse entstehende Anlagen dürfen erwarten, anders beurtheilt zu werden, als die von langer Hand vorbereiteten, unter Berücksichtigung der neuesten Erfahrungen ausgearbeiteten Anlagen. Man darf die Schwierigkeiten nicht unterschätzen, die sich bei derartigen Nothbehelfen für die Verwaltung und nicht zum wenigsten für die ärztliche Leitung ergeben.

Die allgemeine Einrichtung des Krankenhauses entbehrt schon aus dem Grunde nicht des allgemeinen Interesses, als der Versuch, mit Dockerschen Baracken eine für alle Jahreszeiten geeignete Krankenunterkunft zu schaffen, nach den Erfahrungen der beiden Betriebsjahre als gelungen bezeichnet werden mufs. Wenn auch die beiden letzten Winter im allgemeinen als milde bezeichnet werden konnten, so war doch in einzelnen Nächten die Aufsentemperatur derart niedrig (— 12° R.), dafs es fraglich erscheinen konnte, ob die Heizung der Baracken ausreichend sein würde für den Dauerbetrieb im Winter. Die Befürchtungen haben sich nicht bewahrheitet, vielmehr müssen nach den vorliegenden Erfahrungen bei gut geregelter Heizung die Dockerschen Baracken für unsere Breitegrade als geeignet bezeichnet werden, auch länger dauernde Krankenunterkünfte zu bieten.

Auch die Erfahrungen an heifsen Sommertagen waren nicht ungünstige, zumal wenn reichlich gesprengt und durch Sonnensegel und ausgiebige Bepflanzung für Schatten genügend gesorgt wird.

Es mufs allerdings bemerkt werden, dafs an den Baracken einige Aenderungen vorgenommen wurden, die für die Beurtheilung nicht unwichtig sind. Zunächst wurde durch Windfänge resp. durch Abtrennung des ersten Raumes Sorge getragen, dafs die Eingangsthür sich nicht direct ins Freie, sondern in einen Vorraum öffnet. Der unvermittelte Ausgleich zwischen Innen- und Aufsenluft fiel damit fort. Sodann wurden die Fugen der Aufsenwände noch gedichtet, ebenso die Dachfugen durch Blech noch besonders verschlossen. Von Wichtigkeit ist auch der Linoleumbelag des Fufsbodens. Eine ganz besondere Vorsicht ist auf die exacte Einrichtung der Fufsböden verwendet. In den zuerst aufgestellten 5 Baracken wurde das Schwanken und Ziehen der Böden durch Unterkeilen mit Schräghölzern vermieden, in den beiden im Sommer 1897 hinzugekommenen ist der Fufsboden auf gemauerten Pfeilern basirt, was sich aufserordentlich gut bewährt. Der seitliche Abschlufs des zwischen Erdboden und Baracke befindlichen Luftraumes durch Bretter und Erdschüttung erwies sich nicht als nothwendig.

Die Heizung der Baracken erfolgt durch je zwei Dauerbrandöfen (Lönholdt). Geheizt wurde mit Koks allein bei mildem, mit Koks und Anthracit resp. Anthracit allein bei kälterem Wetter. Die Heizung kostete bei kaltem Winter 10 ₰ rund pro Bett und Tag.

Die Beleuchtung erfolgt mit Gas, was auch zur Heizung der Badeöfen dient.

Die Ableitung der Abwässer geschieht durch Kanalisation; für die Closetanlagen mußte Tonnensystem gewählt werden, wobei sich die Verwendung des Torfmulles aufserordentlich bewährt.

Zur Gewinnung der für den Krankenhausbetrieb erforderlichen Nebenräume (Verwaltung, Küche, Schwesternwohnung, Materialien- und Wäscheraum, Zimmer für den Hülfsarzt, Operationszimmer etc.) wurde dem alten Hause Eisenstraße 18 ein Anbau zugefügt. Die Bemessung der hier gewonnenen Räume hatte sich im wesentlichen als zu klein erwiesen und so wurde durch den Bau des Waschhauses in Eisenfachwerk mit Trockenboden, Leichenraum und Laboratorium noch so viel anderweiter Raum gewonnen, um dem Mangel abzuhelfen.

Aufserdem erwies sich noch der Bau eines Holzschuppens am Vorderhaus als nothwendig. Es empfiehlt sich, bei derartigen Anlagen die Wirthschaftsräume von vornherein etwas reichlich zu bemessen, um so mehr, als die Doekerschen Baracken die Räume für Krankenunterkunft an sich schon nicht zu grofs bieten, daher für Nebenräume nur schwer Platz zu gewinnen ist. Anders da, wo die Baracken zur Ergänzung bereits bestehender Anlagen dienen.

Bei der innern Einrichtung wurde auf die Wiederverwendung des Inventars für das definitive Krankenhaus Rücksicht genommen. Die Betten (Grotthof) sind aus Eisen, Nachttische (Lentz-Berlin) aus Eisen und Glas, alles in weißem Anstrich. Das Inventar ist durch Neubeschaffung, besonders soweit die chirurgischen Utensilien in Frage kamen, so ergänzt, dafs es den Vergleich mit anderen Anstalten nicht zu scheuen braucht. In der Einrichtung des Laboratoriums dürften wir ähnlichen Anlagen voraus sein.

Das Krankenhaus kann gegenwärtig 84 Betten bereitstellen, wobei zu bemerken ist, dafs die Raumabmessung in den Baracken bei weitem günstiger ist, als bei den von der preufsischen Militärbehörde in Verwendung genommenen Baracken gleichen Systems.

Die Pflege besorgen 8 Augustinerinnen mit 2 Wärtern und 4 Dienstmädchen. Die Leitung liegt in den Händen des Oberarztes, — zur Zeit Herr Dr. C. Stern — der von einem im Krankenhause wohnenden Hülfsarzt unterstützt wird. Mit dem Krankenhaus ist eine Poliklinik verbunden für städtische Arme (äufserlich Kranke, Haut- und chirurgische). In der letztern wurden im Jahre 1897 rund 600 Personen behandelt. Im Krankenhaus selbst wurden verpflegt im Jahre 1897: in Summa 590 Kranke (darunter 245 Hautkranke, 201 Geschlechtskranke, 144 Chirurgische Kranke).

Der bisher erreichte Höchstbestand am 30. September 1897 betrug 69 Kranke. Die gesammte Anlage wird demnächst in dem geplanten Neubau eines allgemeinen städtischen Krankenhauses aufgehen.

Die Vorarbeiten zu demselben sind soweit gediehen, dafs Bauskizze und Kostenüberschlag vorliegen, dieselben auch die Genehmigung der Stadtverordneten-Versammlung erfahren haben. Die Neuanlage soll zunächst eine Belegungsfähigkeit erhalten von etwa 320 Betten, vergröfserungsfähig bis auf 500 Betten, und in erster Linie dazu dienen, die der städtischen Fürsorge anheimfallenden Armenkranken aller Formen aufzunehmen. Falls keine unvorhergesehenen Schwierigkeiten sich in den Weg stellen, hoffen wir, die neue Anstalt in etwa 3 bis 4 Jahren ihrer Bestimmung übergeben zu können und hiermit ein Institut zu schaffen, welches neben seiner vorausgeführten vornehmlichsten Zweckbestimmung auch nach der rein wissenschaftlichen Seite hin fördernd und belebend zu wirken imstande ist.

6. Die Rheinische Provinzial-Irrenanstalt zu Grafenberg.

Von Sanitätsrath Dr. Peretti.

Die Provinzial-Irrenanstalt Grafenberg liegt ca. 1 Stunde von dem Mittelpunkt der Stadt Düsseldorf entfernt, auf dem ersten Abschnitt des aus der Rheinebene emporsteigenden und sich nach Osten zum Bergischen Lande ausbreitenden Höhenzuges, nach Norden und Nordosten geschützt durch Waldungen, nach Osten, Süden und Südost mit freiem Ausblick auf bewaldete Hügel, auf das industrielle Städtchen Gerresheim mit seiner alten romanischen Kirche und auf die Rheinebene, aus der sich am Horizont der Kölner Dom und an hellen Tagen sichtbar das Siebengebirge erhebt.

Das Areal der Anstalt, das durch die Düsseldorf-Elberfelder Strafse durchtheilt wird, umfafst 61 Hektar, wovon ca. 10 Hektar auf Gebäudeflächen, Gärten und Hofräume entfallen und 1,70 Hektar Wald sind, so dafs für die Landwirthschaft ca. 48 Hektar nutzbar bleiben. Die Anstalt wurde gleichzeitig mit den vier anderen Provinzial-Irrenanstalten in Andernach, Bonn, Düren und Merzig gebaut; die Grundsteinlegung erfolgte am 27. April 1872, die Eröffnung am 1. Juli 1876. Die Baukosten beliefen sich incl. Grunderwerb und Inventar auf 2418102 Mark 68 Pfg.; damals betrug aber das Areal der Anstalt nur 22,21 Hektar, seit dem Jahre 1880 wurden dann noch für Grunderwerb im ganzen 279617 Mark 12 Pfg. verwandt.

Nach dem ursprünglichen Plan war die Anstalt bestimmt zur Aufnahme aller Geisteskranken aus dem Regierungsbezirk Düsseldorf, und für 800 Kranke berechnet. Die Zahl der Aufnahmen wurde aber eine so grofse, dafs, trotzdem sich die Möglichkeit einer viel stärkeren Belegung ergab, doch die Abtrennung verschiedener Kreise des Regierungsbezirks Düsseldorf von dem Grafenberger Aufnahmebezirk nothwendig wurde. Seit 1882 überweisen die Kreise M.-Gladbach, Grevenbroich, Kempen und Krefeld ihre Geisteskranken der Provinzial-Irrenanstalt Düren, die Kreise Lennep, Remscheid und Solingen die ihrigen der Provinzial-Irrenanstalt in Bonn.

Der letzte Provinzial-Landtag, der im März 1897 tagte, hat die Vergröfserung der Anstalt Grafenberg, deren Etat jetzt bis zu 600 Kranke vorsieht, für die Zahl von 800 Kranken beschlossen; die dazu nöthigen Neu- und Umbauten sind weit vorgeschritten, zum Theil schon vollendet. Nach ihrer Fertigstellung, deren Kosten incl. Inventaranschaffungen 770000 Mark betragen, wird die Anstalt einen Complex von 35 Gebäuden darstellen, über deren Lage der beigegebene Situationsplan, auf dem die weitabliegende Gasfabrik und die vorgesehene Bäckerei nicht eingetragen sind, Aufschlufs giebt.

Die bei der Eröffnung der Anstalt 1876 vorhandenen Häuser liegen sämmtlich nördlich von der Elberfelderstrafse in dem gegen den Wald hin aufsteigenden Terrain. In der Mittelachse dieser sich im Halbkreise hinziehenden Häuser tritt das Verwaltungsgebäude A hervor, in dessen Erdgeschofs die verschiedenen Bureaux, Apotheke, Aufnahme- und Besuchszimmer gelegen sind, während die beiden Obergeschosse Wohnungen für den Director, den Oberarzt, drei Assistenzärzte, den Volontärarzt und den Apotheker enthalten. Hinter dem Verwaltungsgebäude liegt das Wirthschaftsgebäude H, in dessen Seitenflügel die Kochküche und Waschküche mit Magazin, Trockenraum, Bügelzimmer und Wohnungen für das dazugehörige weibliche Personal sich befinden. Zwischen den beiden Flügeln ist als mittlerer Theil das Kessel- und Maschinenhaus eingeschoben, die dafür benutzten Räume werden aber zur Vergröfserung der Kochküche und Anlage von gröfseren

Vorrathsräumen und Gemüseputzküche umgeändert. Für die Kessel- und Maschinenanlagen ist dann ein besonderer Neubau aufgeführt, das Maschinenhaus I. Das Ende der Mittelachse bildet die auf der Höhe liegende Kapelle K, in der für beide Confessionen Gottesdienst abgehalten wird. Hinter dem neuen Maschinenhaus soll noch ein Neubau für die Bäckerei, die sich jetzt im Kellergeschofs eines Krankengebäudes befindet, errichtet werden.

Nach Osten von dieser Mittelachse liegen dann die Gebäude für die männlichen, nach Westen die für die weiblichen Kranken vollständig symmetrisch gebaut. Den Abschlufs macht auf der Frauenseite das Leichenhaus L, auf der Männerseite das Oekonomiegebäude M, das nach Fertigstellung des neuen Oekonomiegebäudes V zu Werkstätten eingerichtet werden soll. Die aufgezählten alten Gebäude sind sämmtlich durch gedeckte Hallen und Laubengänge miteinander verbunden, die aber demnächst, wenigstens zum Theil, wegfallen sollen.

Das dem Verwaltungsgebäude auf jeder Seite zunächst gelegene Gebäude B beherbergt die 22 Kranken I. und II. Klasse. Es ist im Mittelbau und in den beiden Eckrisaliten drei-, sonst zweistöckig aufgeführt; die Kellerräume werden als Werkstätten (Buchbinderei, Anstreicherei, Klempnerei) und Vorrathsräume benutzt. In dem folgenden Gebäude C wohnen im Erdgeschofs ruhige, arbeitende Kranke IV. Klasse und im Obergeschofs die Kranken III. Klasse; der mittlere Theil des Gebäudes hat ein drittes Geschofs, das bei den Frauen ganz zu Schlafräumen für Kranke IV. Klasse, bei den Männern zu Tagesaufenthalts- und Schlafräumen für Kranke IV. Klasse benutzt wird. In dem Kellergeschofs dieses Gebäudes befinden sich bis jetzt auf der Frauenseite die Räume zum Gemüseputzen und Kartoffelschälen, und auf der Männerseite Schreinerei, Sattlerei, Schusterei, Schneiderei und Stuhlflechterei. In diesem Hause wohnen 28 Kranke III. und 76 Kranke IV. Klasse.

Das Gebäude für Halbruhige D ist zweistöckig und hat in jedem Geschofs Tages- und Schlafräume für je 22 Kranke. Im Erdgeschofs des Männergebäudes ist bis jetzt die Bäckerei untergebracht.

Hinter dem Hause für die Kranken der beiden ersten Klassen wieder zunächst an der Mittelachse des Anstaltscomplexes liegt das Gebäude E für Sieche und für besonders zu beobachtende ruhige Kranke; es hat 3 Geschosse, von denen das oberste ausschliefslich zu Schlafräumen benutzt wird. Im Erdgeschofs sind die Gelähmten, Siechen und Verblödeten untergebracht. Im ersten Obergeschofs befindet sich die Wachabtheilung für ruhige Kranke, bestehend aus 1 Tagesraum und 2 Wachsälen. In dieser Abtheilung ist Raum für zusammen 85 Kranke.

Das Gebäude für Unruhige F ist nur im Mittelbau zweistöckig; im Erdgeschofs des Mittelbaues liegt im Tagesraum 1 Bade- und Spülraum, im Obergeschofs 1 gröfseres und 3 kleinere Schlafzimmer sowie 1 Zimmer für den Stationspfleger. Der eine Seitenflügel enthält neben einem breiten Corridor 5 Isolirzimmer, der andere 4 Isolirzimmer und neugebaut 2 Wachsäle für je 6 unruhige Kranke und 1 zweites Bad. Die Isolirzimmer sind 3,95 m lang, 3,45 m breit und 4,08 m hoch, haben glatte, ganz in Oel gestrichene Wände, Fufsböden von Eichen-Parket und grofse Fenster aus starkem Glas, deren Oberlicht sich öffnen läfst. In diesem Hause lassen sich 30 Kranke unterbringen.

Zu beiden Seiten des neuen Maschinenhauses liegen die eben vollendeten neuen Lazarethe G, ganz symmetrisch gebaut, aber infolge des nach Nordosten sich erhebenden Terrains nicht symmetrisch zu den anderen Gebäuden situirt. Sie sind zur Unterbringung von je 25 Kranken bestimmt, einstöckig aufgeführt, haben in der Mitte einen Tages-, Bade-, Abort- und Geräthraum, in dem einen Seitenflügel einen grofsen Saal für 12 Betten, 2 Einzelzimmer und 1 Zimmer für Tuberkulöse, und

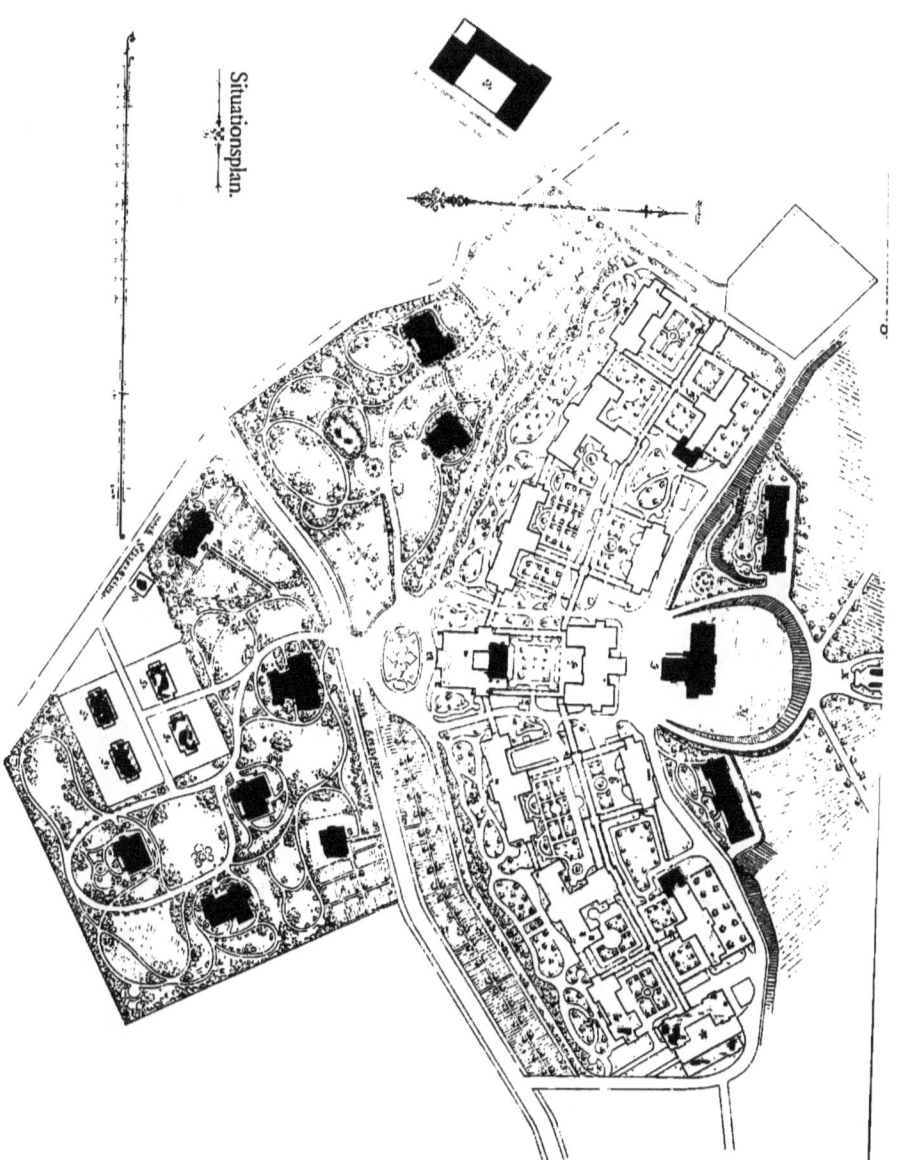

Situationsplan.

in dem anderen Seitenflügel 2 Säle für je 6 Betten, 1 Einzelzimmer, 1 Zimmer für krankes Personal und die Spülküche. Vor den Sälen sind Veranden angebracht.

Als kleinere Anlagen, die nicht auf dem Plane bezeichnet sind, wären noch zu erwähnen die abseits nach Osten gelegene, aufser Betrieb gesetzte Gasfabrik und das auf der Höhe im Walde hinter der Kapelle gelegene Wasserbassin.

Aufser den bisher genannten Gebäuden liegen auf der Nordseite der Elberfelder Strafse noch 3 Gebäude; das eine (R) ist bis jetzt von dem Verwalter und Rendant bewohnt und wird demnächst für ruhige weibliche Kranke IV. Klasse eingerichtet. Die beiden anderen Häuser sind neu im Villenstil aufgeführt und als offene Abtheilungen für gebildete weibliche Kranke bestimmt; das eine für 5 Kranke I. und 15 Kranke II. Klasse, das andere für 22 Kranke III. Klasse.

Das Areal südlich der Elberfelder Strafse gehörte ursprünglich nicht zum Eigenthum der Anstalt, ein Theil wurde 1882 angekauft mit den darauf stehenden 5 Häusern, von denen eines (U) als Wohnung für Oberpfleger und Maschinist, die anderen vier (S^1 bis S^4) zur sogenannten Colonie für 50 männliche Kranke, die vollständig freie Bewegung haben, und zu Wohnungen für Dienstleute eingerichtet wurden. Zu diesen Gebäuden kommen dann die Neubauten des letzten Jahres, das Wohnhaus T für Verwalter und Rendant, 3 Villen für ruhige männliche Kranke, P für Kranke I. und II., Q für solche III. und R für solche IV. Klasse, ein Wohnhaus für einen verheiratheten Arzt O und schliefslich das Gesellschaftshaus N mit Festsaal, Nebensälen und Bühne.

In den älteren Krankengebäuden ist die Anordnung der Räume nach dem sogenannten Horizontalsystem erfolgt, wonach die zusammengehörigen Tagesaufenthaltsräume und Schlafräume nebeneinander, nicht übereinander in verschiedenen Stockwerken liegen, mit der Ausnahme, dafs in einzelnen Gebäuden im dritten Geschofs nur Schlafräume vorhanden sind. Die neuen Villen für die Kranken III. und IV. Klasse dagegen sind nach dem Verticalsystem, Tagesräume unten, Schlafräume im oberen Geschofs, eingerichtet. Die Fufsböden in den alten Anstaltsgebäuden sind fast durchweg aus Dielen von Kiefernholz hergestellt, nur in den Räumen für unruhige Kranke und Sieche von Eichenholz; sie sind geölt und werden in einer grofsen Anzahl von Räumen gebohnt. In den neuen Gebäuden wird in ausgiebiger Weise von Linoleum Gebrauch gemacht. Alle Fenster der alten Krankenabtheilungen hatten ursprünglich Gitter, die jetzt an verschiedenen Stellen schon entfernt sind; an den neuen Gebäuden werden gar keine Fenstervergitterungen angebracht. Selbstverständlich wird auch von einer Ummauerung der neuen Villen abgesehen und bald wird auch die eine und andere der Mauern, die um die Binnengärten der alten Anstalt errichtet sind, in Wegfall kommen.

Die Wasserversorgung geschieht aus einem hinter dem Verwaltungsgebäude gelegenen Brunnen, aus dem das Wasser vermittelst eines durch eine Dampfmaschine getriebenen Pumpwerkes in das oben erwähnte Bassin gedrückt wird. Für den Nothfall ist die Wasserleitung auch an den Strang der Düsseldorfer Wasserleitung, deren Bassin sich in der Nähe der Anstalt befindet, angeschlossen. Zum Schutz gegen Feuersgefahr sind in sämmtlichen Gebäuden, und zwar in allen Geschossen, an passenden Stellen Feuerhähne angebracht, die mit der Wasserleitung in Verbindung stehen; in ihrer Nähe stehen Schränke mit den zugehörigen Hanfschläuchen und Strahlrohren. Die Anstalt besitzt zudem eine vollständige Feuerlöscheinrichtung (2 gröfsere und 5 kleinere Spritzen, grofse fahrbare Leitern, Steigleitern, Rettungsschlauch etc.), die von einer geübten, aus Angestellten und Bediensteten der Anstalt zusammengesetzten Feuerwehr bedient wird.

Die Heizungsanlagen sind nicht einheitlich, einzelne Gebäude jeder Geschlechtsabtheilung, nämlich das für Kranke III. und ruhige Kranke IV. Klasse und das für Sieche und zu Ueberwachende, haben Luftheizung, die Bäder in den nicht mit Luftheizung versehenen Gebäuden haben Warmwasserheizung, die neuen Gebäude Niederdruckdampfheizung und die anderen Gebäude Kachel- oder Eisenofenheizung.

Jedes Krankengebäude hat ein oder zwei Badezimmer, ein Centralbad besitzt die Anstalt nicht. Die Wascheinrichtungen für die Kranken IV. Klasse bestehen in Waschtischen mit Granitplatten, in die umkippbare oder feststehende emaillirte Becken eingelassen sind. Die Aborte waren ursprünglich nach dem d'Arcetschen System angelegt, wurden aber nach und nach ebenso wie die neuangelegten als Spülclosets eingerichtet. Zur Aufnahme der Abwässer ist im vorigen Jahre eine Rieselwiese in der Gröfse von 6¼ Hektar angelegt worden.

Bis jetzt wird die Anstalt durch Gas beleuchtet, das in früheren Jahren in eigener Gasfabrik hergestellt, in den letzten Jahren aus der Gerresheimer Gasfabrik bezogen wurde. Der nächste Winter wird jedoch die Anstalt in elektrischer Beleuchtung sehen.

Die Verpflegung geschieht in vier verschiedenen Klassen; die Kosten für die Verpflegung belaufen sich für Rheinländer: I. Klasse auf 8 Mark, II. Klasse 4 Mark, III. Klasse 2 Mark 50 Pfg., IV. Klasse für Selbstzahlende 1 Mark 50 Pfg. und für auf öffentliche Armenkosten Untergebrachte 1 Mark 35 Pfg. täglich. Für Nicht-Rheinländer erhöht sich der Kostensatz in der I. und II. Klasse um 1 Mark, in der III. und IV. Klasse um 50 Pfg. täglich.

Der Bestand an Kranken betrug am 1. Januar 1898:

	Männer	Frauen	Summa
in der I. Klasse	9	7	16
» II. »	16	15	31
» III. »	43	33	76
» IV. »	252	202	454
Summa	320	257	577

Die allgemeine Krankenbewegung seit Eröffnung der Anstalt ergiebt sich aus folgenden Zahlen: Aufgenommen wurden vom 1. Juli 1876 bis zum 31. December 1897:

4862 Männer und 4330 Frauen. Zusammen 9192 Kranke.

Entlassen wurden:

	Männer	Frauen	Summa
genesen	1126	1254	2380
gebessert	987	883	1870
ungeheilt	1510	1414	2924
gestorben	919	522	1441
Summa	4542	4073	8615

Das Personal der Anstalt besteht aus:

Director und I. Arzt, Oberarzt, 3 Assistenzärzten;
Volontärarzt;
Apotheker;
Oekonomieverwalter, Rendant, 2 Bureaugehülfen;
Oberpfleger, Oberpflegerin, je 5 Stations-Pflegern und -Pflegerinnen, je 41 Pflegern und Pflegerinnen;
Maschinist;

Gärtner, 3 Gärtnergehülfen;
Schreiner, Schneider, Schuster, Sattler, Anstreicher, Bäcker, Schlosser;
Oberköchin, Zweite Köchin, 5 Küchenmädchen;
Oberwäscherin, 5 Waschmädchen;
19 Dienstleuten.

Erläuterung des Situationsplanes.

A   Verwaltungsgebäude.
BB Abtheilungen für Kranke I. und II. Klasse.
CC Abtheilungen für Kranke III. Klasse und für ruhige Kranke IV. Klasse.
DD Abtheilungen für Halbruhige.
EE Wachabtheilungen für Ruhige und Siechenabtheilungen.
FF Abtheilungen für Unruhige mit Wachsälen.
GG Lazarethe.
H   Koch- und Waschkuchengebäude.
I   Maschinenhaus.
K   Kapelle.
L   Leichenhalle.
M   Altes Oekonomiegebäude, später Werkstättengebäude.
N   Gesellschaftshaus.
O   Wohnhaus für einen Arzt.
PP Offene Abtheilungen für Kranke I. und II. Klasse.
QQ Offene Abtheilungen für Kranke III. Klasse.
RR Offene Abtheilungen für Kranke IV. Klasse.
S¹ S¹ Colonie für männliche Kranke.
T   Wohnhaus für Verwalter und Rendant.
U   Wohnhaus für Oberpfleger und Maschinist.
V   Oekonomiegebäude (im Bau).

7. Die Departemental-Irrenanstalt zu Düsseldorf.
Nach Mittheilungen des Curatoriums.

1. Entstehung und Erweiterung der Anstalt.

Schon zur Zeit der Fremdherrschaft wurde die Errichtung einer Irrenanstalt zu Düsseldorf für den Umfang des zu dem damaligen Grofsherzogthum Berg gehörenden Rheindepartements beabsichtigt und für diesen Zweck ein kleiner Fonds angesammelt. Die Königlich Preufsische Landesregierung vergröfserte diesen Fonds und dehnte den Bereich der zu gründenden Anstalt auf den aus Theilen des Rheindepartements und anderer benachbarter, ehemals fremdherrlicher Gebietstheile gebildeten Regierungsbezirk Düsseldorf aus.

Die Anstalt wurde unter dem Namen »Departemental-Irrenanstalt« am 23. October 1826 mit 14 Kranken eröffnet. Ihre Frequenz stieg nach der ersten Erweiterung der Anstaltsbauten im Jahre 1838 auf 70, 1865 nach dem Neubau des Frauenhauses auf 261, 1880 nach dem Neubau des Männerhauses auf 488, 1882—1886 nach dem Bau des, Männer- und Frauenhaus verbindenden, Mittelbaues und Querbaues, sowie einer Baracke neben dem Frauenhause auf 557 und endlich 1895 nach dem Neubau der Abtheilungen für Unreine und Unruhige auf 592 Personen, darf aber gegenwärtig zufolge der neueren Bestimmung über die Belegungsfähigkeit der Irrenanstalten die Zahl von 550 Personen nicht überschreiten.

2. Organisation.

Die Anstalt ist eine öffentliche, mit Corporationsrechten versehene Wohlthätigkeitsanstalt, in welcher für unheilbar erklärte Geisteskranke beiderlei Geschlechts gegen ein nach bestimmten Sätzen allgemein festzustellendes Kost- und Pflegegeld Aufnahme finden. Sie wird von einem aus 5 Mitgliedern bestehenden Curatorium verwaltet und nach aufsen vertreten, und ist der oberen Aufsicht des Königl. Regierungs-Präsidenten zu Düsseldorf unterworfen, wie solche demselben über Wohlthätigkeits- und Irrenanstalten zusteht.

Die ärztlichen Geschäfte sind einem in unmittelbarer Nähe der Anstalt wohnenden, mit derselben in telephonischer Verbindung stehenden Oberarzte, der zugleich Mitglied des Curatoriums ist, und einem in dem Anstaltsgebäude selbst wohnenden Assistenzarzte übertragen. Ein Verwalter besorgt die innere Verwaltung der Anstalt. Die Kassengeschäfte, die Rechnungscontrole und bauliche Beaufsichtigung werden von dazu geeigneten Persönlichkeiten im Nebenamte wahrgenommen.

3. Lage und Bauten.

Die Anstalt liegt im Südwesten der Stadt Düsseldorf, in unmittelbarer Nähe des Rheines, auf einem von Hochwasser freien Terrain mit kiesigem Untergrunde. Sie ist, bis auf eine kleine Strecke an der Südseite, auf allen Seiten von öffentlichen Strafsen umgeben. Ihr ganzes, von massiven Mauern eingefafstes Areal ist 2 Hektar 22 Ar 19 qm grofs, von denen 50 Ar 18 qm bebaut sind. Die Gebäude bestehen aus dem Männerhause im Südwesten und dem Frauenhause im Nordosten, beide zweistöckig. Dieselben sind östlich durch einen einstöckigen Mittelbau und westlich durch einen einstöckigen Querbau, letzterer mit zwei einstöckigen Hinterbauten, verbunden. Südwestlich vom Männerhause befindet sich, isolirt liegend, ein kleineres, den Anstaltszwecken dienendes Gebäude; nordöstlich von dem Frauenhause, ebenfalls isolirt, eine Baracke. Zwischen den beiden Hinterbauten des westlichen Querbaues liegt das Maschinenhaus.

Innerhalb resp. vor den verschiedenen Gebäuden befinden sich Höfe und Hallen für den Aufenthalt der Kranken im Freien, östlich und nördlich von dem Frauenhause die Bleichen, auf dem südlichen Theile des Anstaltsterrains ein Garten für den Verwalter und der grofse Gemüsegarten der Anstalt, dessen westliche Ecke den Stroh- und Trockenschuppen, sowie die Düngersammelgrube enthält.

Die Abortanlagen sind nach dem Heidelberger Tonnensystem eingerichtet und mit Ventilationsdächern versehen. Täglich werden die luftdicht verschlossenen Tonnen auf einem Schienengeleise zu der vorerwähnten Sammelgrube gefahren und in dieselbe entleert. Der Inhalt dieser Grube wird dann zu gewissen Zeiten durch die städtische Dampfreinigungsmaschine abgefahren.

Sämmtliche Gebäude sind massiv in Ziegelsteinen ausgeführt. Nur die Baracke ist in Ziegelfachwerk hergestellt. Die Treppen bestehen aus Basaltlava. Die Gänge und Kellergeschosse, das Erdgeschofs des westlichen Querbaues, sowie die Küche im Mittelbau sind überwölbt. Die Fufsböden bestehen, je nach dem Zwecke der einzelnen Räume, aus Cement, aus hartgebrannten Sinziger Thonplatten, aus eichenen Riemen- oder aus starken Tannenböden. Die Bedachung ist aus Zink hergestellt. Die Fensterrahmen sind aus Eisen, mit verschliefsbaren Klappen zur Lüftung versehen.

Männer- und Frauenhaus enthalten im Erdgeschofs Aufenthalts- und Arbeitsräume und je einen Raum für die ständige Wache, sowie eine, auch von den Höfen aus zugängliche Abortanlage; im ersten und zweiten Stock Schlafsäle für ruhige und reinliche Kranke. Der Mittelbau enthält im Erdgeschofs die Räume für die Verwaltung, die Wohnung des Assistenzarztes, die Küche und Vorrathskammern, im ersten Stock die Wohnung des Verwalters und über der Küche einen Saal für den Gottesdienst. In dem Querbau und dessen Hinterbauten befinden sich die Wasch- und Baderäume, Einzelzimmer, Aufenthalts- und Schlafräume, sowie Aborte für unruhige und unreinliche Männer resp. Frauen. Die Waschvorrichtung besteht aus eisernen, drehbaren, in eine Abflufsrinne sich entleerende Waschbecken, für die Bäder dienen kupferne oder emaillirte Stahlblechwannen, denen das durch Dampf erwärmte Wasser in regulirbaren Temperaturgraden zugeführt wird.

Das südlich vom Männerhause liegende Wohngebäude wird von den mit Gartenarbeiten beschäftigten Pfleglingen bewohnt und enthält aufserdem abgesonderte Räume für tuberkulöse Männer. Die Baracke am Frauenhause ist für hinfällige und für körperlich kranke Frauen bestimmt, mit Badestube, Abort und Räumen für Einzelkranke versehen. Beide Gebäude sollen bei etwaigem Ausbruche von Epidemien evacuirt und mit den inficirten Kranken belegt werden.

Die hoch und trocken gelegenen Kellergeschosse enthalten unter dem Männerhause Werkstätten, Vorrathsräume und die Leichenhalle nebst Secirraum; unter dem Frauenhause die mit besonderen Einrichtungen für den Abzug der Dämpfe versehene Waschküche nebst Trockenapparat und Desinfectionsraum.

Die für die Anstalt erforderlichen Arbeiten werden, soweit es irgend thunlich erscheint, durch Pfleglinge unter Aufsicht des Wachtpersonals ausgeführt. Eine besondere Art der Beschäftigung ist den Kranken durch die Anfertigung von Papierdüten gegeben worden, deren Vertrieb einer hiesigen Dütenfabrik übertragen ist. An dieser Arbeit betheiligen Männer und Frauen sich mit grofsem Eifer. Ihr Ertrag wird zum gröfsten Theile für die Arbeitleistenden selbst an Diätzulagen, Tabak, Weihnachtsgeschenken und im Entlassungsfalle an baaren Gratificationen verwendet. Auf diese Weise gelang es, selbst denjenigen Kranken Lust und Liebe zur Arbeit einzuflöfsen, welche vordem zu keiner Thätigkeit zu bringen waren.

4. Wasserversorgung. Zu- und Abführung der Luft. Heizung und Beleuchtung.

Behufs Versorgung der Anstalt mit Wasser ist dieselbe in allen Theilen für Trink- und Nutzwasser an die städtische Wasserleitung und für die Abführung des verbrauchten Wassers an das städtische Kanalnetz angeschlossen.

Alle Räume erhalten frische Luft von aufsen durch regulirbare Rosetten. Aufserdem führen in den geheizten Räumen die mit der äufseren Luft durch Röhren in Verbindung stehenden Oefen jene Luft erwärmt ein. Die schlechte Luft wird durch besondere in der Nähe der Schornsteine liegende Schlote nach aufsen abgeführt.

Die Heizung erfolgt theils durch, mit eisernen Gitterkörben umgebene, Ventilation, theils durch Dampf-Luftheizung. Die Beleuchtung geschieht durch Gas.

Vereine zur Pflege der Naturwissenschaft und Medicin.

1. Der Naturwissenschaftliche Verein zu Düsseldorf.
Von Oberlehrer Dr. Berghoff.

Die gewaltigen Fortschritte auf allen Gebieten der Naturwissenschaften, welche das gesellschaftliche, industrielle und politische Leben der civilisirten Nationen vollständig umgestaltet haben, erweckten überall das Verlangen nach naturwissenschaftlicher Belehrung. Dieses Verlangen hält Hermann von Helmholtz nicht blofs für ein Haschen nach einer neuen Art von Unterhaltung oder für leere und fruchtlose Neugier, sondern für ein wohlberechtigtes geistiges Bedürfnifs, welches mit den wichtigsten Triebfedern der gegenwärtigen geistigen Entwickelungsvorgänge eng zusammenhängt. Aus dieser Erkenntnifs entstanden in England die populären Vorlesungen an der Royal Institution, an denen sich die ersten Männer der Wissenschaft, Humphry Davy, Faraday u. s. w. betheiligten. Aehnliche Einrichtungen sind in Deutschland erst in den letzten Jahren, insbesondere in Universitätsstädten, geschaffen. Früher als diese Einrichtungen, aber dasselbe Ziel wenn auch mit bescheideneren Mitteln verfolgend, erwuchsen in Deutschland aus diesem Streben die naturwissenschaftlichen Vereine. Ihre Aufgabe war und ist es, unter den Freunden der Naturwissenschaft eine Verbindung zu gegenseitiger Belehrung und Anregung herzustellen und auch Fernstehende auf den in der Beschäftigung mit der Natur liegenden edlen Genufs hinzuweisen.

In unserer Stadt erfolgte die Bildung eines derartigen Vereins erst ziemlich spät. Wohl bestand hier seit dem Jahre 1866 der »Verein für Insectenkunde am Niederrhein«, das sogenannte »Käferkranzchen«, doch führte er ein mehr beschauliches Dasein und trat wenig an die Oeffentlichkeit. Als nun im Jahre 1883 der bis dahin 6--7 Mitglieder zählende Verein einen Zuwachs von 12 Mitgliedern erhielt, regte sich bald der Wunsch, die Ziele des Kränzchens weiter zu stecken.

Es waren die Herren Dr. Ströbelt, Rentner C. Giesbers und Naturalienpräparator J. Guntermann, welche am 15. März 1884 den Entschlufs fafsten, einen naturwissenschaftlichen Verein zu gründen. Dem Gedanken folgte alsbald die That, und nach Constituirung des Vereins am 26. April konnte bereits am 13. Mai die erste Sitzung abgehalten werden. Der neue Verein zählte 19 Mitglieder, von denen die meisten dem Entomologischen Verein angehört hatten. Die Ausarbeitung der Satzungen übernahmen die Herren Dr. Ströbelt, welchem der Vorsitz übertragen war, und Oberlehrer Dr. Jansen, sein Stellvertreter. Als bald darauf Herr Dr. Ströbelt in die Dienste der Association international de Congo trat, um sich einer Expedition zur Erforschung des Congogebietes anzuschliefsen — am 21. November erlag er leider schon der Gewalt des Fiebers — trat Herr Oberlehrer Dr. Jansen an seine Stelle. Ihm zur Seite standen die Herren: Dr. Lackemann (stellvertretender Vorsitzender), Schumacher (Schriftführer), Braun (Kassenführer). J. Guntermann, C. Giesbers, Landesrath von Metzen, Dr. Rebling.

Die Zusammensetzung des Vorstandes hat im Laufe der Jahre mannigfache Aenderungen erfahren. Nach mehr als neunjähriger segensreicher Thätigkeit als Vorsitzender des Vereins sah sich Herr Dr. Jansen durch die ehrenvolle Beförderung zum Director des Realgymnasiums in Münster veranlafst, sein Amt niederzulegen, zum gröfsten Bedauern seiner hiesigen Freunde und Vereinsmitglieder. In Anerkennung seiner grofsen Verdienste um die Förderung des Vereins wurde er zum Ehrenmitglied ernannt. Sein Nachfolger wurde Herr Oberlehrer Dr. Maurer, der weitere vier Jahre mit Umsicht und Geschick den Verein leitete. Als ihn im vorigen Jahre gesundheitliche Rücksichten nöthigten, den Vorsitz abzugeben, wurde Herr Dr. Berghoff zum Vorsitzenden gewählt. Der Vorstand besteht heute aus folgenden Mitgliedern: Dr. Berghoff (Vorsitzender), Dr. Hoffmann (stellvertretender Vorsitzender), Schumacher (Schriftführer), Dr. Pfalz (Kassenwart), Director Frauberger (Verwalter der Bibliothek und Sammlung), Baessler, Oberlehrer Kreutzberg, Dr. Maurer, Oberrealschul-Director Viehotf, Ingenieur Vogel.

Die Mitgliederzahl ist bis jetzt stetig gewachsen. Am Schlusse des ersten Vereinsjahres hatte der Verein 42 Mitglieder, heute beträgt die Zahl 166, darunter 3 Ehrenmitglieder, nämlich die Herren: Realgymnasial-Director Dr. Jansen in Münster, Rentner C. Giesbers und J. Guntermann. Die beiden zuletzt genannten Herren wurden im Jahre 1897 als Stifter des Vereins hierzu befördert.

Die Sitzungen des Vereins finden mit Ausschlufs der heifsen Sommermonate in der Regel alle 14 Tage statt und zwar seit October 1896 in der Städtischen Tonhalle (Saal I). Um aber auch im Sommer die Vereinsthätigkeit nicht ganz zu unterbrechen, werden Ausflüge und Besichtigungen unternommen. Erstere erstreckten sich bisher auf die nächste Umgebung der Stadt, letztere auf industrielle und gewerbliche Anlagen sowie auf werthvolle naturhistorische Sammlungen in Privatbesitz.

Die Vorträge umfafsten das ganze Gebiet der Naturwissenschaften und Technik. Sie wurden vielfach durch Experimente, Demonstrationen und Lichtbilder unterstützt. Für diese Zwecke ist es sehr förderlich, jederzeit elektrischen Strom zur Verfügung zu haben. Es wurde daher Saal 1 der Tonhalle mit besonderer elektrischer Leitung versehen und ein grofser Projectionsapparat für Horizontal- und Verticalprojection angeschafft.

Seit längerer Zeit veranstaltet der Verein auch einzelne öffentliche Vorträge. So sprachen hier die Astronomen S. Tromholt aus Christiania und Jens Lützen, Docent an der Humboldt-Akademie in Berlin, in je vier Vorträgen über Sonne, Mond, Planeten, Kometen und den Sternenhimmel; ferner der Elektrotechniker Egts aus Oldenburg ebenfalls an vier Tagen über die Grundlagen der Elektrotechnik; der Vorsitzende Herr Dr. Jansen über die Spectralanalyse; Fürstenberg, Chemiker aus Berlin, über die Bacterien; Professor Gieseler aus Bonn über Röntgenstrahlen.

Aufserdem wurden von den Herren Director Frauberger, Dr. Pfalz, Dr. Cramer, O. Rautert, Professor Dr. Braun, Ingenieur Berger aus Elberfeld, Dr. W. Jost, Universitäts-Professor Dr. Detmer aus Jena Vorträge gehalten, zu denen auch die Damen der Vereinsmitglieder geladen und Einführungen von Nichtmitgliedern in weiterem Umfange gestattet waren.

Seit November 1887 ist mit den Vorständen der Vereine in den benachbarten Städten Köln und Krefeld ein Abkommen getroffen derart, dafs gelegentlich Redner des einen Vereins auch in dem anderen zum Vortrag eingeladen werden. Demzufolge hat wiederholt ein Austausch von Rednern unter den genannten Vereinen stattgefunden. Wird durch diese Einrichtung einerseits den Vereinsmitgliedern eine willkommene Abwechslung geboten, so trägt dieselbe andererseits in nicht geringem Mafse dazu bei, die freundschaftlichen Beziehungen zwischen den drei Vereinen zu pflegen.

Bei Gelegenheit der letzten Generalversammlung ist ferner von dem derzeitigen Vorsitzenden angeregt, in jedem Jahre den einen oder anderen Gegenstand von allgemeinerem oder gerade actuellem Interesse auf breiterer Grundlage zu behandeln. Es ist wohl kein Zweifel, dafs hierdurch ein tieferes Verständnifs naturwissenschaftlicher Lehren angebahnt wird und dafs auch die Zuhörer in einem solchen zusammenhangenden Cyklus von Vorträgen mehr Befriedigung finden.

Bei allen Veranstaltungen hat der Verein bisher stets den Grundsatz festgehalten, dafs die Vorträge jedem Gebildeten als solchem verständlich sind; aber auch dem Fachmann sollen sie, wenn auch weniger durch den Inhalt als durch die Form und Verknüpfung der Gedanken, Belehrung und Anregung geben.

Zu den Aufgaben des Vereins gehört es ferner, eine naturwissenschaftliche Sammlung und eine naturwissenschaftliche Bücherei anzulegen. Beides ist insbesondere von dem langjährigen Vorsitzenden Herrn Professor Jansen und auch unter seinem Nachfolger mit Eifer betrieben worden. Dank den Zuwendungen zahlreicher Mitglieder und Freunde des Vereins ist manches Werthvolle zusammengebracht, aber es fehlt ein Raum für eine ordnungsmäfsige Aufstellung und damit die erste und unerläfsliche Bedingung einer gedeihlichen Fortentwickelung. Während die Sammlung in einem Dachzimmer im Hauptgebäude des städtischen Gymnasiums und Realgymnasiums, theilweise sogar auf dem Flur untergebracht ist, befindet sich die Bücherei in einem Zimmer des östlichen Flügels, der kein directes Licht erhält, also fast dunkel ist. Trotz der eifrigsten Bemühungen ist es bis jetzt nicht gelungen, bessere Sammlungsräume zu gewinnen; durch das Entgegenkommen des Herrn Oberbürgermeisters Geh. Regierungsrath Lindemann steht jedoch zu hoffen, dafs in dem neu zu errichtenden Gebäude für den physikalischen und chemischen Unterricht am städtischen Gymnasium und Realgymnasium einige Zimmer für die Sammlung und Bücherei zur Verfügung gestellt werden. Nicht unerwähnt mag hier bleiben, dafs die Sammlung des Vereins, falls dieser sich auflösen sollte, gemäfs § 18 der Satzungen in den Besitz der Stadt übergeht.

2. Der Verein der Aerzte Düsseldorfs.
Von Dr. med. Pfalz.

Die ersten Anfänge des Düsseldorfer ärztlichen Vereinslebens lassen sich bis in die fünfziger Jahre zurückverfolgen. So berichtet Herr Dr. Hardt, der einzige noch lebende Düsseldorfer Arzt aus jener Zeit, dafs er, als er sich im Jahre 1858 hier niederliefs, bereits einen ärztlichen Verein vorgefunden habe, der im Sommer im Geifslerschen Garten (der jetzigen Tonhalle), im Winter in verschiedenen Localen der inneren Stadt in zwanglos geselliger Form zusammenkam. Der Verein bestand nur aus Civilärzten. Die Militärärzte hielten besondere Zusammenkünfte ab. Ein im Sommer 1865 zu Ehren des Oberstabsarztes Dr. Middendorf auf Anregung von Dr. Gerhardy abgehaltener collegialer Abend in der Tonhalle vereinte zum erstenmal Militär- und Civilärzte und bildete den Anlafs zu weiteren Zusammenküuften, aus denen dann im Anfang des Jahres 1866* der jetzige ärztliche Verein als solcher entstand. Er wurde in der Tonhalle begründet, in welcher er auch in den ersten beiden Jahren seine Versammlungen abhielt. Er siedelte dann in die Räume der Gesellschaft »Verein« über, deren Gastfreundschaft er bis 1892 genofs, um dann wieder, nach vollendetem Umbau der städtischen Tonhalle, in letztere zurückzukehren. Sie ist seitdem der Versammlungsort des Vereins geblieben. Dr. Gerhardy, dem das Hauptverdienst an der Begründung des Vereins gebührt, war bis zum Jahre 1878 dessen Vorsitzender und die Seele des ganzen Vereinslebens jener Jahre. Die Tendenz des Vereins war: Gegenseitiges Sichkennenlernen zum Zwecke gegenseitiger Unterstützung und Förderung in wissenschaftlicher und wirthschaftlicher Hinsicht. Das Hand in Handgehen von Civil- und Militärärzten, aus welchem der Verein entstand, hat sich im Laufe der verflossenen 32 Jahre zu einem in wissenschaftlicher und collegialer Beziehung innigen, organischen Verhältnifs entwickelt, zu dessen Charakterisirung hier nur angeführt sein mag, dafs in den letzten beiden Jahrzehnten fast ständig Militärärzte im Ausschufs des Vereins und mehrfach als Vorsitzende desselben thätig waren und regen und fördernden Antheil an seinen Bestrebungen genommen haben.

Aus dem Jahre 1868 datirt das erste überlieferte Mitgliederverzeichnifs. Danach gehörten von den 44 damaligen Düsseldorfer Aerzten 36, 24 Civil- und 12 Militärärzte, dem Verein an, von denen heute noch die Collegen Bartel, Hardt, Mooren, Nebe, Siering und von den Steinen sen. unter uns weilen. Die Organisation des Vereins wurde erst 1869 eine festere durch Annahme von Statuten, die leider ebenso, wie die Protokolle der ersten Jahre, verloren gegangen sind. Von 1872 datiren die ersten Satzungen über die Honorarhöhe. Das Jahr 1873 brachte eine Erweiterung der Statuten, deren § 1 noch heute gilt. Er lautet: »Der Verein hat zum Zweck die Besprechung wissenschaftlicher Fragen, sowie die Wahrung und Hebung der Collegialität und der Standesinteressen.« Seit 1878 sind uns die Protokolle, deren Anlegung und weitere Durchführung eines der vielen Verdienste unseres verstorbenen Ehrenmitgliedes Dr. Zimmermann war, erhalten. Auf deren erster Seite finden wir einen Vereinsbeschlufs, die sogenannten »bindenden Beschlüsse« betreffend, welche als Ergänzung der Statuten im Interesse der Collegialität und Standeswürde für die Mitglieder in einer Reihe von wirthschaftlichen und Standes-Fragen einheitliche Grundsätze des Handelns aufstellen, deren Nichtbeachtung den Ausschlufs aus dem Verein zur Folge hat. Im Jahre

---
* Genauere Daten fehlen, da schriftliche Aufzeichnungen aus den ersten Jahren des Vereins nicht vorhanden sind und die Geschichtsdarstellung auf mündlicher Ueberlieferung beruht. Man vergleiche auch die Sonder-Festschrift über die Geschichte der Naturwissenschaften und Medicin am Niederrhein.

1881 wurde der Vorstand, der bis dahin nur aus dem Vorsitzenden, dessen Stellvertreter, dem Schriftführer und dem Kassirer bestand, zu einem »Ausschuss« von 7 Mitgliedern erweitert. Die Ausschussmitglieder werden auf 2 Jahre gewählt, scheiden im Turnus zu je drei und vier nach Ablauf der Wahlperiode aus und sind dann für ein Jahr nicht wiederwählbar. Aus ihnen wählt die Generalversammlung jährlich den ersten und zweiten Vorsitzenden, welche abwechselnd die regelmässig jeden Monat stattfindenden Versammlungen leiten.

Damit war im allgemeinen die noch heute geltende Organisation des Vereins durchgeführt, wenn auch die spätere Gestaltung der ärztlichen Verhältnisse in Düsseldorf noch mancherlei Aenderungen und Ergänzungen erforderlich machte, um wenigstens für Düsseldorf, soweit es durch Selbsthülfe überhaupt möglich war, das durchzuführen, was in Gestalt officieller ärztlicher Ehrengerichte und einer ärztlichen Standesordnung im Interesse der moralischen Integrität und wirthschaftlichen Selbständigkeit des ärztlichen Standes und der eng damit verbundenen Volksgesundheit seit Jahren der laute Wunsch der Mehrheit aller deutschen Aerzte ist. Die Einführung des Krankenkassengesetzes im Jahre 1884, für Millionen Deutscher ein Segen, brachte dem ärztlichen Stande tiefe Schäden und schwere wirthschaftliche Krisen, unter denen derselbe noch heute, nach 16 Jahren, schwer leidet. Auch der Düsseldorfer Aerzteschaft blieben diese Krisen nicht erspart, hervorgerufen durch das, besonders in den ersten Jahren nach Einführung des Gesetzes, in schroffster Form hervortretende Bestreben zahlreicher Krankenkassenvorstände, auf Kosten der ärztlichen Honorare, durch Anstellung nur weniger fixirter Aerzte zur Behandlung Tausender Kassenmitglieder, und Vergebung dieser Stellen auf dem Submissionswege an den Mindestfordernden, Ersparnisse an den Kosten der Krankenfürsorge zu machen. Der Düsseldorfer Aerzteverein hat sich diesem, im gewerblichen Leben längst als Krebsschaden anerkannten, in seiner Anwendung auf ärztliche Leistungen absurden Submissionsunwesen von Anfang an einmüthig und kräftig entgegengestemmt durch Annahme einer für alle seine Mitglieder verbindlichen Minimaltaxe, deren Unterbietung den Ausschluss vom Verein nicht nur, sondern auch vom collegialen Verkehr zur Folge hatte. Da seine Forderungen als gerecht und billig anerkannt werden mussten, — blieben sie doch in Bezug auf die Honorirung der Einzelleistung selbst hinter der den modernen Lebensbedingungen in keiner Weise entsprechenden und deshalb seit 2 Jahren abgeschafften bezw. erhöhten preussischen Medicinaltaxe von 1815 zurück —, so hat sich das Verhältniss der Mitglieder des ärztlichen Vereins zu allen hiesigen Kassen, mit Ausnahme einzelner freier Hülfskassen und der 4 Ortskrankenkassen, zu einem beide Theile befriedigenden gestaltet. Mit den 4 Ortskrankenkassen freilich entbrannte 1885 ein wirthschaftlicher Kampf, der trotz weitgehenden Entgegenkommens des ärztlichen Vereins nur von einem kurzen Frieden (von 1890—1892) unterbrochen war und für eine Reihe von Aerzten, die treu zum Verein hielten, erhebliche pecuniäre Opfer mit sich brachte. Nicht die Honorarhöhe war es, über die es 1892 zum Friedensbruch kam, sondern die Einmischung des Kassenvorstandes in ärztliche Vereinsangelegenheiten und auf rein privatärztlichem Gebiete liegende Standesfragen, die vom Verein selbstverständlich entschieden abgewiesen wurde. Daraufhin proclamirte der Ortskrankenkassen-Vorstand den principiellen Ausschluss aller Mitglieder des ärztlichen Vereins von der Kassenpraxis bei den Ortskrankenkassen. Dieser Zustand besteht heute noch.

Einen erfreulichen Gegensatz zu dem geschilderten Verhältniss bildet das stetig zunehmende Verständniss und Entgegenkommen, welches der Verein unter den Vorständen der anderen hiesigen Krankenkassen für seine Bestrebungen in Richtung der sogenannten freien Arztwahl findet. Schon 1886 hatte er es unternommen, diesem Princip in der Weise Eingang zu verschaffen, dass er mit mehreren dafür geneigten Kassen Verträge über die Honorarbedingungen vereinbarte, wonach jedes Vereinsmitglied, welches letztere anerkannte, zu der Kassenpraxis bei den betreffenden Krankenkassen berechtigt war. Die Honorirung erfolgte in der Weise, dafs das Pauschalhonorar (3 ℳ pro Kassenmitglied und Jahr) halbjährlich auf die für jeden Krankheitsfall ausgestellten Krankenscheine vertheilt wurde. Gröfsere Operationen wurden besonders honorirt. Der Verkehr, die Liquidation und Honorirung erfolgte zwischen Kasse und Arzt direct. Mit dem System waren weder Aerzte noch Kassen zufrieden. Die Honorirung, wonach die einzelne Consultation in der Sprechstunde gleichwerthig honorirt wurde mit wochenlanger mühevoller Behandlung der Kranken in deren Wohnung, — denn in jedem Falle gab es nur je einen Schein —, erschien ungerecht. Die Kassen fühlten sich oft durch zu hohe Extra-Liquidationen und Luxus im Arzneiverschreiben beschwert. Aerztliche Controle fehlte. So löste denn eine Kasse nach der anderen ihr Verhältnifs zum Verein. Dafs der Mifserfolg nicht im Princip, sondern im bisherigen System begründet war, sollte die Folge lehren. Im Jahre 1892 nahm der Verein auf Antrag des Dr. August Müller (jetzt in Forbach), indem er sich zugleich einstimmig und principiell für das System der freien Arztwahl bei Krankenkassen als das für alle Betheiligten rationellste und beste aussprach, — der Deutsche Aerztetag in Eisenach 1895, auf dem der Düsseldorfer Verein zum erstenmal durch einen eigenen Abgeordneten (Dr. Pfalz) vertreten war, hat mit überwältigender Mehrheit in gleichem Sinne Beschlüsse gefafst —, eine Neuorganisation des Systems vor, welche, auf den eigenen und in zahlreichen deutschen Städten bereits gemachten Erfahrungen aufbauend, im wesentlichen darauf hinausläuft, dafs der Verein als solcher gleichsam als Unternehmer die ärztliche Fürsorge für die erkrankten Kassenmitglieder übernimmt und leitet. Den letzteren steht die Wahl des Arztes nach Mafsgabe der alljährlich vom Verein ausgegebenen Listen (jedem Kassenmitglied ausgehändigt) frei, doch darf während derselben Krankheit der Arzt nicht mehr, aufser mit schriftlicher Genehmigung des Vorstandes, gewechselt werden. Eine besondere Krankenkassen-Commission empfängt die Honorare von den Kassen und vertheilt sie nach Mafsgabe der Einzelleistungen, revidirt gelegentlich die Arzneiverordnungen und ist die Centralinstanz für Beschwerden von Aerzten und über Aerzte. Für die Art der Liquidationen sind bestimmte Tarife aufgestellt; festgestellte Mifsbräuche haben satzungsgemäfs von vornherein festgelegte Abzüge zur Folge. Diese Organisation hat nunmehr die Probe bestanden. Während bis 1892 die Zahl der Krankenkassen mit freier Arztwahl bis auf 3 mit ca. 400 Mitgliedern, bei denen sie noch dazu nur theilweise bestand, zurückgegangen war, ein Umstand, der sich in der Folge als höchst ungünstig für das Princip herausstellte, weil er von vornherein Mifstrauen bei den Kassenvorständen erwecken mufste, hob sich nach 1892 jene Zahl langsam zwar, aber stetig und haben heute 14 Kassen mit ca. 4000 Mitgliedern und 1500 Familien mit dem ärztlichen Verein Vertrag. 77 Aerzte, darunter 20 Specialärzte, sind an der Vereinskassenpraxis betheiligt.

Neben den Standesfragen nahmen wissenschaftliche Vorträge und Erörterungen stets einen breiten Raum in den Verhandlungen der Vereinsversammlungen ein, wenn ihrer auch an dieser Stelle nur mit kurzen Worten gedacht werden kann. Besonders, nachdem seit 1892 die Krankenkassen-Angelegenheiten geregelt waren, die bis dahin leider nur zu oft in wenig günstigem Sinne das Vereinsleben beeinflufst, oft schwer auf der Entfaltung desselben gelastet hatten, wehte ein frischerer Wind und es entwickelte sich ein so reges, allseitig anregendes und befruchtendes, wissenschaftliches Leben, dafs sehr häufig ein Theil der angemeldeten Vorträge für spätere Sitzungen zurückgestellt werden mufste. Die Zahl der von 1878—1897 gehaltenen Vorträge beträgt 210, von denen ein Theil in der allgemeinen medicinischen Presse, ein anderer seit 3 Jahren in der Vereinsbeilage der Deutschen medicinischen Wochenschrift veröffentlicht ist.

Seit 1893 gehört der Verein dem Deutschen Aerztevereinsbunde an, seit 1895 ist er regelmäfsig durch eigenen Delegirten auf den Deutschen Aerztetagen vertreten.

Der Verein besteht zur Zeit aus 120 Mitgliedern und 5 Ehrenmitgliedern. Der Ausschufs wird in diesem Jahre gebildet aus den Herren: Oberstabsarzt Dr. Hecker, I. Vorsitzender; Dr. Pfalz, II. Vorsitzender; Dr. Wirsing, Schriftführer; Sanitätsrath Dr. Hucklenbroich, Kassirer; Dr. Eckardt, Dr. Feldmann, Sanitätsrath Dr. Volkmann.

3. Die Ingenieur-Vereine Düsseldorfs.
Von Civilingenieur Fr. W. Lührmann.

Die Lage des diesjährigen Festortes inmitten des bedeutendsten Bergbau- und Industriebezirkes Deutschlands mit seinem vielgestaltigen Verkehrswesen gab dem geschäftsführenden Ausschufs der

70. Versammlung deutscher Naturforscher und Aerzte

Veranlassung, auch die »angewandte Mathematik und Physik« in den Kreis seiner Verhandlungen zu ziehen; die Vereine der Stadt, in welcher die Ingenieur-Wissenschaften ihre Pflegestätten haben, begrüfsten dieses Vorgehen aufs freudigste und liehen gerne ihre Unterstützung dazu. Es dürfte deshalb dem Leser dieser Schrift willkommen sein, Näheres über Entstehung und Thätigkeit dieser Vereine zu erfahren.

In Betracht kommen vornehmlich:
der Niederrheinische Bezirksverein deutscher Ingenieure,
der Verein deutscher Eisenhüttenleute mit dem Bezirksverein »Eisenhütte« und
der Architekten- und Ingenieur-Verein Düsseldorf.

Die Geschichte des erstgenannten Vereins steht im engsten Zusammenhang mit derjenigen des Hauptvereins und es sollen deshalb die wesentlichsten Vorgänge der Entstehung und Entwicklung desselben zugleich hier Erwähnung finden.

Die Anregung zur Gründung des Vereins ging von der »Hütte«, einer Vereinigung von Studirenden des Königlichen Gewerbe-Institutes zu Berlin aus. Gelegentlich der Feier ihres zehnten Stiftungsfestes zu Alexisbad im Harz am 12. Mai 1856 beschlossen 23, meist jüngere Fachgenossen, denen noch 14 abwesende ihre Zustimmung ausgesprochen hatten, einen Verein ins Leben zu rufen, dessen Zweck ein »inniges Zusammenwirken der geistigen Kräfte deutscher Technik zum Wohle der gesammten vaterländischen Industrie« — wie es in seinem Statut heifst — sein sollte und gaben ihm den Namen »Verein deutscher Ingenieure«.

Zum Sitz des Vereins wurde Berlin bestimmt und sowohl das von der Hütte entworfene und vorberathene Statut angenommen, als auch die Herausgabe einer eigenen technischen Zeitschrift in Aussicht genommen; als wesentliches Mittel zur Förderung der Zwecke des Vereins erkannte man vor allem die Zusammenschliefsung der in den verschiedenen Industriebezirken zerstreut wohnenden Mitglieder in einzelnen Bezirksvereinen, und als erster derselben bildete sich am 24. Mai desselben Jahres der Niederrheinische Bezirksverein in Düsseldorf.

Wie in den 42 Jahren seines Bestehens der Verein gewachsen ist, veranschaulicht die angefügte Tabelle, aus welcher hervorgeht, dafs seine Mitgliederzahl gegenwärtig bei 30 Bezirksvereinen rund 13 000 beträgt, von denen eine beträchtliche Zahl Ausländer sind oder im Auslande ihren Wohnsitz haben. Auf den Niederrheinischen Bezirksverein, welcher die Stadt Düsseldorf mit näherer Umgebung sowie hauptsächlich Neufs, M.Gladbach und Rheydt umfafst (ohne dafs eine strenge Abgrenzung der einzelnen Gebiete überhaupt stattfindet), entfallen hiervon rund 320 Mitglieder; auf die Rheinprovinz und Westfalen zusammen rund 4000 Mitglieder, welche Zahl die industrielle Bedeutung dieser Provinzen deutlich hervortreten läfst.

In der Thätigkeit seiner Mitglieder in den Bezirksvereinen wurzelt die Kraft und die Bedeutung des Vereins deutscher Ingenieure; hier werden in regelmäfsigen Versammlungen oder bei geselligen Zusammenkünften die wichtigsten Erscheinungen auf dem Gebiete der Technik und verwandter Kreise in Vorträgen oder zwanglosen Debatten erörtert, Experimente, Modelle oder Zeichnungen vorgeführt, gemeinsame Besichtigungen hervorragender Werkstätten, Bauwerke, Verkehrsanstalten etc. unternommen, geschäftliche, sociale, communale oder sonstige Begebenheiten besprochen und auch die Freuden der Geselligkeit durch gemeinsame Ausflüge, Festlichkeiten mit und ohne Betheiligung der Damen gepflegt; nur die Politik ist mehr oder weniger vollständig von der öffentlichen Erörterung ausgeschlossen. Berathungsgegenstände von allgemeinem Interesse werden auf Veranlassung oder durch Vermittlung des Hauptvereins an die einzelnen Bezirksvereine gesandt, in diesen geprüft und berathen und alsdann die Ergebnisse dem Gesammtverein zurückgegeben, welcher sie zusammenstellt, durcharbeitet und der Oeffentlichkeit oder ihrer sonstigen Bestimmung überweist.

In dieser Weise hat der Verein im Laufe der Zeit eine grofse Zahl der wichtigsten, die Stellung und Berufsthätigkeit des Ingenieurs, das Schulwesen, Fortschritte der Technik, Gesetze, Verordnungen u. a. m. betreffenden Fragen in seine Berathungen gezogen und eine segensreiche Wirksamkeit damit erzielt. Ferner hat der Verein durch Stellung von Preisaufgaben, Anregung von Versuchen zur Entscheidung wichtiger Fragen, Aufstellung von Normen u. s. w. die Verwirklichung seines Zieles angestrebt.

Die Satzungen des Hauptvereins erfuhren infolge des raschen Anwachsens seiner Mitgliederzahl, der gewaltigen Entwicklung der deutschen Industrie und der Veränderung der politischen Verhältnisse im Deutschen Reiche im Laufe der Zeit mehrfache Veränderungen, welche vornehmlich die Verwaltung betrafen.

Während anfänglich Geschäftsführung und Redaction der Zeitschrift in einer Person vereinigt waren, wurde später durch theilweise Abtrennung eine Entlastung vorgenommen. Nach dem Tode des um den Verein aufserordentlich verdienten ersten Directors Herrn Geheimrath Dr. Grashof aus Karlsruhe übernahm Herr Director Th. Peters, dem ein entsprechendes Hülfspersonal zur Seite steht, die alleinige Leitung des Vereins.

Im Jahre 1890 erwarb der Verein die Corporationsrechte; aus dem inzwischen auf ca. ℳ 50 000 angewachsenen Vermögensbestand wurden die Mittel zur Erbauung eines eigenen Hauses in Berlin NW. (Charlottenstr. 43) entnommen, welches im Jahre 1897 seiner Bestimmung übergeben werden konnte.

Eine vor mehreren Jahren eingerichtete Hülfskasse mit besonderen freiwilligen Beiträgen gewährt Unterstützungen an Mitglieder oder deren Hinterbliebene in Fällen der Noth.

Den Vorstand bilden 5 für je 2 Jahre gewählte Mitglieder, welchem ein Vorstandsrath zur Seite steht; zu diesem wählt jeder Verein für je 250 seiner Mitglieder einen Abgeordneten.

Alljährlich findet eine Hauptversammlung statt, in welcher alle wichtigen Fragen oder Anträge von allgemeiner Bedeutung und die inneren Angelegenheiten des Vereins zur Verhandlung gelangen, sowie bei Vorträgen, Besichtigungen und Festlichkeiten eine gröfsere Zahl der Mitglieder sich mit ihren Damen zusammenfinden. Den Ort der Hauptversammlung bestimmt der dazu einladende Bezirksverein, und zweimal bereits, in den Jahren 1868 und 1891, hatte Düsseldorf die Ehre, dieselbe in seinen Mauern tagen zu sehen.

Die Thätigkeit des Niederrheinischen Bezirksvereins deutscher Ingenieure dürfte aus dem vorstehend Mitgetheilten genügend ersichtlich sein. Mit lebhafter Antheilnahme, auch seitens weiterer Kreise der Bürgerschaft, werden in dem Verein mitunter auch technische Fragen, die ein allgemeines städtisches Interesse haben, verhandelt.

Die Leitung des Vereins liegt einem aus 5 Mitgliedern bestehenden, alljährlich zu wählenden Vorstand ob, während 2 Mitglieder zur Vertretung bei den Verhandlungen des Vorstandsrathes bestimmt werden.

Aufser den 320 ordentlichen, umfafst er noch 30 nicht stimmberechtigte, aufserordentliche Mitglieder.

Die Zeitschrift des Vereins deutscher Ingenieure erscheint wöchentlich in einer Auflage von etwa 15000 Exemplaren.

Der, oben an zweiter Stelle genannte, Verein deutscher Eisenhüttenleute ist entstanden aus dem »Technischen Verein für Eisenhüttenwesen«, welch letzterer im Jahre 1860 gebildet und bald darauf dem Verein deutscher Ingenieure als Zweigverein mit den gleichen Bestimmungen, wie diejenigen für die Bezirksvereine, angegliedert wurde. Im Jahre 1881 wurde diese Zusammengehörigkeit gelöst, und der Verein constituirte sich als selbständiger Verein unter obigem Titel mit dem Sitze in Düsseldorf.

Als Zweck des Vereins bezeichnen die Satzungen: »Die praktische Ausbildung des Eisen- und Stahlhüttenwesens, die Vertretung und Wahrnehmung der Interessen dieser Gewerbszweige, die Förderung des Verbrauches von Eisen und Stahl in allen Formen«. Regelmäfsige Versammlungen, literarische und sonstige angemessene Thätigkeit nach innen und aufsen sollen dieses Ziel erreichen helfen.

Ein Vorstand von 24 Mitgliedern, an dessen Spitze seit Bestehen des Vereins der Geh. Commerzienrath C. Lueg aus Oberhausen steht, leitet die Angelegenheiten des Vereins; die Geschäftsführung ruht in den Händen des Herrn Ingenieur E. Schrödter (für den technischen Theil) und Generalsecretär Dr. W. Beumer in Düsseldorf (für den wirthschaftlichen Theil). Die Mitgliederzahl ist von anfänglich 327 auf ca. 2000 gestiegen, von denen die Mehrzahl auch noch dem Verein deutscher Ingenieure angehört; auch viele Ausländer befinden sich darunter.

Die Vereinszeitschrift »Stahl und Eisen«, früher monatlich, seit 1892 alle vierzehn Tage erscheinend, hat eine Auflage von 3500 Exemplaren.

Alljährlich findet wenigstens einmal (im Winter) eine Hauptversammlung in Düsseldorf statt, zumeist auch eine zweite (im Herbst) auswärts, verbunden mit einem Ausflug zur Besichtigung interessanter Industriebezirke oder sonstiger hervorragender Anlagen. So besuchte der Verein im Jahre 1886 den Saar- und Luxemburger Eisenindustriebezirk, 1888 das Freihafengebiet in Hamburg und die Schiffswerften daselbst und in Kiel, 1890 die Vereinigten Staaten von Nordamerika, 1891 das Siegerland, 1896 den Oberschlesischen Bezirk und die Ausstellung in Budapest etc.

Diese Versammlungen und Fahrten gaben den Theilnehmern nicht nur vortreffliche Gelegenheit, die Fortschritte in den einzelnen Gebieten der Eisenhüttentechnik aus eigener Anschauung kennen zu lernen, sie ermöglichten auch in wirkungsvoller Weise den Austausch von Erfahrungen und Beobachtungen im zwanglosen persönlichen Verkehr.

An Bezirksvereinen haben sich bis jetzt gebildet:

die »Eisenhütte Düsseldorf« mit 70 Mitgliedern und
die »Eisenhütte Oberschlesien« mit 280 Mitgliedern.

Ehrenmitglieder des Vereins sind:

Se. Durchlaucht Fürst Otto von Bismarck, Friedrichsruh †.
Herr Geh. Commerzienrath F. A. Krupp, Essen,
Herr Geh. Bergrath, Professor Dr. H. Wedding, Berlin.

Ehren-Vorsitzender: Herr Geh. Commerzienrath Leop. Hoesch, Düren.

Von seinem Ehrenmitglied Herrn Geh. Commerzienrath Krupp erhielt der Verein im Jahre 1896 in hochherziger Weise die Summe von ℳ 125 000 zur Verfügung gestellt, um dafür ein eigenes Geschäftshaus zu erwerben; dies wurde in dem Hause Jacobistrafse 5 gefunden. Die Erwerbung desselben machte es erforderlich, dafs der Verein eine Aenderung der Statuten vornahm und Corporationsrechte erwarb. Der Verein besitzt ein Vermögen von ca. ℳ 250 000.

Der Architekten- und Ingenieur-Verein zu Düsseldorf wurde am 8. April 1891 von 18 Düsseldorfer Fachgenossen zunächst als Düsseldorfer Architekten-Verein gegründet und am 5. Juli 1893 von 38 Mitgliedern zum heutigen Verein umgestaltet; sein Zweck ist »eine Erweiterung der Fachbildung und ein freundschaftliches Verhältnifs unter seinen Mitgliedern anzustreben, sowie das Gedeihen des Baufaches in jeder Beziehung zu fördern«. Hierzu dienen die monatlich zweimal stattfindenden Versammlungen, ferner Ausflüge, Festlichkeiten u. s. w.

Als Verbands- und Vereinsorgan wird die »Zeitschrift für Architektur- und Ingenieurwesen« benutzt; der Verein, welcher jetzt 64 Mitglieder zählt, gehört dem »Verbande deutscher Architekten- und Ingenieur-Vereine« mit dem Sitze in Berlin an.

Thuringen Pommern Berlin	20. Juni 12. Juli 5. August	
Nachtwurfschütt Levenhattoeverz.	18. Mai 1. Januar	
Brücken	18. April	
Lausse	16. Juli	
Chemnitz	1. Januar	

Alf. Krupp
(† 1867)

R. v. Carnall
(† 1873)

Brahms | Brahms

www.ingramcontent.com/pod-product-compliance
Lightning Source LLC
Chambersburg PA
CBHW032148230426
43672CB00011B/2484